Le Droit de l'apatridie

Du même auteur

La Charte africaine pour la démocratie, les élections et la gouvernance : "Analyse et commentaires", éditions Publibook, 2012

Romuald Likibi

Le Droit de l'apatridie

Pratiques et controverses

Publibook

Retrouvez notre catalogue sur le site des Éditions Publibook :

http://www.publibook.com

Éditions Publibook
14, rue des Volontaires
75015 PARIS – France
Tél. : +33 (0)1 53 69 65 55

IDDN.FR.010.0118755.000.R.P.2013.030.31500

Cet ouvrage a fait l'objet d'une première publication aux Éditions Publibook en 2013

...au lieu de mettre les Roms à la porte, qu'on les aide à trouver leur place dans la société. Au lieu d'enlever la nationalité à celui qui est né à l'étranger, qu'on l'accueille pour lui donner la possibilité d'être un Français même encore plus dynamique que ses camarades. Voilà le changement d'orientation par lequel la société peut devenir autre !

Stéphane Hessel, février 2013

Acronymes

AMS :	Allocation mensuelle de subsistance
A.G :	Assemblée Générale des Nations Unies
ANAFE :	Association nationale d'assistance aux frontières pour les étrangers
ATA :	Allocation temporaire d'attente
CESEDA :	Code de l'Entrée et de Séjour des Etrangers et du Droit d'Asile
CADHP :	Commission Africaine des Droits de l'Homme et des Peuples
CEDH :	Cour Européenne des Droits de l'Homme
CIEC :	Commission Internationale d'Etat civil
CJUE :	Cour de Justice de l'Union Européenne
CNDA :	Cour Nationale du Droit d'Asile
HCR ou UNHCR :	Haut Commissariat des Nations Unies pour les réfugiés
O.I. (R) :	Organisation internationale (régionale)
OFII :	Office Français de l'Immigration et de l'Intégration
OFPRA :	Office Français pour la Protection des Réfugiés et Apatrides
PS :	Protection subsidiaire
UA :	Union Africaine
UE :	Union Européenne
UIP :	Union Interparlementaire

Préface

Objet d'un nombre restreint d'études, le droit de l'apatridie est trop souvent présenté comme un angle mort du droit des étrangers et de l'asile. Reposant sur plusieurs malentendus, cette présentation n'est, il est vrai, pas totalement illégitime si l'on veut déjà considérer que l'apatride est, par défaut, un « étranger » soumis aux contraintes du code de l'entrée et du séjour des étrangers et du droit d'asile. Son article L. 111-1 considère en effet simplement comme « étrangers (...) les personnes qui n'ont pas la nationalité française, soit qu'elles aient une nationalité étrangère, soit qu'elles n'aient pas de nationalité ». On prendra également acte que c'est l'Office français de protection des réfugiés et des apatrides qui accorde le statut d'apatride et qu'un apatride a une triste vocation à solliciter et obtenir le statut de réfugié. La perte ou la déchéance de nationalité traduit en effet une situation de persécution.

Ce constat n'est pas anodin car, sur un plan institutionnel, le candidat au statut d'apatride et l'apatride sont confrontés à des acteurs que le législateur a emprunté au droit de l'asile mais également au droit des étrangers en confiant historiquement et fort confusément le contentieux, non à un juge spécialisé, mais au tribunal administratif. Cette assimilation de l'apatride à un étranger et à un réfugié est également renforcée par le fait que le statut d'apatride est parfois présenté comme transitoire et serait, par là même, dépourvu d'une réelle autonomie. Même si aucune statistique ne permet de vérifier ce constat, il précéderait l'acquisition d'une nouvelle nationalité dans le pays d'accueil pour surmonter l'anomalie juridique la plus insupportable que constituent la déchéance ou la perte de nationalité.

Le principal mérite de l'ouvrage de Romuald Likibi n'est pas seulement de mettre à disposition une étude qui faisait jusqu'alors défaut. S'appuyant sur ses qualités de juriste et de praticien, l'auteur nous démontre l'autonomie bien réelle du droit de l'apatridie. Celle-ci s'alimente d'un triste constat : ce droit recoupe une réalité administrative et contentieuse qui ne s'est jamais démentie depuis l'entrée en vigueur des conventions du 28 septembre 1954 relative au statut des apatrides et du 30 août 1961 sur la réduction des cas d'apatridie. Certes, les seuils statistiques restent sans commune mesure avec ceux constatés en matière d'asile politique. Le rapport sur la politique de l'immigration et de l'intégration publié en mars 2013 fait état, au 31 décembre 2011, de 1 170 apatrides séjournant en France contre 175 341 réfugiés. Ce constat ne doit toutefois pas faire oublier que l'arme de la déchéance de nationalité correspond encore à une réalité tenace. En détaillant les méandres de ce droit et des pratiques contentieuses et administratives, M. Likibi n'offre pas seulement un outil aux praticiens, notamment aux avocats, pour assister les candidats au statut d'apatride. Il nous éclaire pour comprendre un droit qui, s'il emprunte aux droits des étrangers et de la protection, ne se confond pas pour autant avec ces deux disciplines : processus d'acquisition du statut, procédure contentieuse, spécificité du statut, droits reconnus pendant le séjour etc. Ces différentes questions font l'objet d'une analyse d'autant plus intéressante qu'elle est située dans un contexte de relations internationales.

Vincent Tchen
Professeur de droit public (université du Havre)
Auteur du code commenté du code de l'entrée
et du séjour des étrangers et du droit d'asile (Lexis-Nexis)

Introduction

> *« Perdre sa nationalité, c'est disparaître du monde, c'est comme retourner à l'état d'homme des cavernes ou de sauvage... on peut disparaître ou mourir sans laisser de trace ».*
>
> Hannah Arendt dans *Les Origines du Totalitarisme (1951).*

Est-il permis de nos jours d'écrire sur l'apatridie sans que cela ne puisse apparaitre comme anachronique ou intempestif ? Partout dans le monde, l'heure est aujourd'hui à la criminalisation[1] et la détention[2] d'immigrants irréguliers[3]. D'abord si nous prenons l'exemple de l'Europe, ses autorités ne reconnaissent-elles pas que : *« l'intolérance, le racisme et la xénophobie contre les immigrants et les minorités prennent de*

---

[1] Cf. *« La criminalisation des migrations en Europe : quelles incidences sur les droits de l'homme ? »*, Commissaire aux droits de l'homme, Conseil de l'Europe, Strasbourg, février 2010, 57 pages. Dans le même sens, *« Droits de l'homme en Europe : la complaisance n'a pas sa place, Points de vue de Thomas Hammarberg, Commissaire aux droits de l'homme du Conseil de l'Europe »*, Editions du Conseil de Europe, Strasbourg, Octobre 2011, P. 98 à 102.

[2] Voir Amnesty international dans *« Migrants en situation irrégulière et demandeurs d'asile : des solutions pour éviter la détention, synthèse de la position d'Amnesty international »*, Londres, 2009, 23 pages.

[3] Lire le Rapport du Secrétaire général de l'O.N.U portant sur la *« Promotion et protection des droits de l'homme, y compris les moyens de promouvoir les droits de l'homme des migrants »*. Dans celui-ci, il : *« h) Engage les États à mettre fin à la criminalisation des migrants en situation irrégulière. La détention administrative d'immigrants devrait être une mesure de dernier recours et les États devraient d'abord explorer des alternatives adéquates à cette détention. Les enfants, en particulier, ne devraient pas être détenus en raison de leur statut migratoire ou de leur entrée irrégulière dans le pays ».* A/65/156, 21/07/2010 P. 18-19. Idem le point f du rapport de Ban Ki-Moon sur la *« Protection des migrants »*, A/66/253 du 3/08/2011, P. 17.

l'ampleur » ?[4] En France, la lecture du dernier rapport de la Commission Nationale Consultative des Droits de l'Homme sur *« La lutte contre le racisme, l'antisémitisme et la xénophobie »*[5] est particulièrement édifiante à ce sujet. Ensuite, dans un Communiqué du Centre d'actualités de l'O.N.U, chacun peut sans surprise découvrir que : *« Dans son allocution d'ouverture, António Guterres a lancé une mise en garde contre la succession de crises politiques et le ralentissement économique mondial qui rendent plus difficile la protection des personnes forcées de fuir leur foyer. Il a vivement critiqué ceux qui jouent sur l'incertitude et l'inquiétude du public pour alimenter la xénophobie. « Des personnalités politiques populistes et des éléments irresponsables dans les médias exploitent les sentiments de peur et d'insécurité et font des étrangers des boucs émissaires, tout en tentant de forcer l'adoption de politiques restrictives et en encourageant activement des sentiments racistes et xénophobes », a-t-il affirmé, ajoutant que les gouvernements et les mouvements sociaux et politiques doivent faire preuve de plus de courage dans leur lutte contre l'intolérance »*[6]. Enfin en s'appuyant sur son rapport intitulé *« l'état de la migration dans le monde »*, l'Organisation Internationale des Migrations (O.I.M) confirme la perception objective suffisamment dégradée des migrants dans les sociétés d'accueil en ces termes : *« Bien qu'il soit de plus en plus largement admis que les migrants peuvent créer du capital social par-delà les frontières, que la diversification culturelle est un facteur de*

---

[4] Avis du Comité économique et social européen sur le thème : *« Le rôle de l'immigration légale dans un contexte de défi démographique » (avis exploratoire)*, (2011/C 48/03), Rapporteur : M. Pariza Castaños, Journal officiel de l'Union européenne, 15.02.2011.

[5] Paris, La documentation française, Mars 2013. *« Pour la troisième année consécutive, le sondage indique une montée de l'intolérance en France... on constate depuis 2010 que les indicateurs de racisme sont en hausse, que l'intolérance augmente. Le phénomène s'ancre dans la durée, et cette évolution est particulièrement préoccupante... rejet croissant de l'étranger, échec de l'intégration, banalisation des propos racistes... »* signale le dossier de presse qui accompagne la parution dudit rapport.

[6] Communiqué du 7/12/2011 intitulé : *« Le HCR appelle à renforcer l'assistance aux déracinés et apatrides du monde entier »*, Centre d'actualités de l'O.N.U. Dans la même veine *« Migrants : un expert de l'ONU s'inquiète de la montée des discours xénophobes »* Communiqué du même Centre en date du 21 octobre 2011.

stimulation de l'entreprenariat, et qu'une population active multiculturelle est particulièrement rentable, les migrants sont globalement mal perçus dans de nombreuses sociétés. La frontière entre un débat réaliste et honnête sur les enjeux de la migration et l'exploitation politique de stéréotypes et de boucs émissaires est souvent ténue. L'image négative des migrants s'explique en partie par le fait que les flux migratoires sont plus visibles et plus divers que jamais, soulevant des questions qui, laissées sans réponse, se traduisent par une distorsion de l'information et des représentations erronées. A l'évidence, les migrants en général, ainsi que les personnes de nationalités ou de groupes ethniques donnés, sont souvent stigmatisés dans les pays de destination »[7]. Et si cela ne pouvait se limiter qu'à ce simple reflet aussi négatif fut-il ? Bien plus, les migrants irréguliers ou non voient globalement leurs droits souvent très fortement et dangereusement minorés. En France, Emmanuel Aubin parle de l'étranger comme étant *« un être dans une situation d'infra-droit »*. Le droit des étrangers étant, selon lui, devenu *« un droit inconstant prisonnier de ses obsessions sécuritaires »*[8]. Les positions se cristallisent dans le débat sur l'immigration. Ainsi, suite aux tonitruantes déclarations du Ministre de l'intérieur et de l'immigration de l'époque, le Professeur François Julien-Lafferrière avait préféré répondre sur un ton ironique : *« Le marronnier quinquennal a enfin fait sa réapparition. Grâce au ministre de l'intérieur, le débat politique, à l'approche de l'élection présidentielle, porte enfin sur le vrai sujet, celui qui préoccupe tous les Français : l'immigration et le "trop d'étrangers" »*. Pour cet éminent juriste et spécialiste du droit des étrangers *: « Plus sérieusement : que signifie l'attaque de Claude Guéant contre les étrangers ? Qu'il les estime trop nombreux, c'est son droit, individuellement. Qu'il le déclame, en tant que ministre de l'intérieur, sous tous les tons, devant tous les médias et en tous lieux, c'est inadmissible, ir-*

---

[7] Cf. « *Etat de la migration dans le monde 2011, bien communiquer sur la migration* », O.I.M, Genève, 2011, P. 4.

[8] Dans *« Droit des étrangers »*, Paris, Gualino Lextenso édition, 2011, P. 28 et 34. Dans la même veine, Catherine Teule dans *« 5. Etrangers : la névrose obsessionnelle »*, extrait de l'*« Etat des droits de l'Homme en France 2012, Un autre avenir ? »*, Ligue des Droits de l'Homme, Paris, La découverte, 2012, 128 pages.

responsable, voire pénalement répréhensible... Le discours de Claude Guéant sur l'immigration est donc irresponsable car il ne peut être traduit dans des mesures concrètes, sauf à se mettre en marge de la légalité. Il est inadmissible et irresponsable, mais aussi probablement pénalement punissable, parce qu'il désigne un "bouc émissaire", qu'il tend à dresser l'opinion contre une partie de la population, qu'il a des relents xénophobes. Il risque de faire des dégâts durables pour un hypothétique profit électoral à court terme. Il sollicite ce qu'il y a de plus vil dans l'être humain. Bref, il rappelle d'autres temps que l'on croyait à jamais révolus »[9]. Dès lors que l'immigration légale est visée par la politique gouvernementale souvent contrairement au droit international et à certaines préconisations européennes[10], l'on peut se poser la question de savoir si c'est vraiment le meilleur moment pour soulever la problématique de l'apatridie ? Un point touchant précisément les « clandestins » par essence. Si la nationalité offre le droit à une carte nationale d'identité et à un passeport avec tous les droits y afférents à l'instar de la protection diplomatique, l'apatride lui ne dispose en principe d'aucun de ces documents. Soit il n'a effectivement pas d'acte de naissance, la base de toutes les autres pièces d'identité et administratives. Soit il dispose bien de ce document primordial, mais sans aucun lien direct et personnel n'ait pu être établi ni avec l'Etat d'origine d'au moins un de ses deux parents ni avec celui qui l'a vu naître. Existe-t-il toutefois un temps idéal pour engager la conquête des droits ou pour défendre les droits de l'homme ? La réponse va de soi surtout que : *« L'apatridie est l'un des domaines les plus oubliés dans le programme d'action mondial relatif aux droits de l'homme.*

[9] Lire son point de vue intitulé *« Le discours de Claude Guéant sur l'immigration est contraire aux normes juridiques »* dans le Monde du 08/12/2011.

[10] La lecture des conclusions suivantes est très intéressante à cet égard : *« 1.1 Le CESE estime qu'il est nécessaire d'adopter une approche holistique pour faire face au défi démographique, en agissant sur de nombreux aspects économiques, sociaux et politiques. L'immigration légale fait partie de la réponse de l'UE à cette situation démographique »*. Avis du Comité économique et social européen sur le thème : *« Le rôle de l'immigration légale dans un contexte de défi démographique » (avis exploratoire)*, (2011/C 48/03), Rapporteur : M. Pariza Castaños, Journal officiel de l'Union européenne, 15.02.2011.

Pour être honnête, l'apatridie a longtemps été le parent pauvre du mandat du HCR » comme l'avait avoué Antonio Guterres[11]. Rappelons avec Erika Feller que *: « La situation difficile des « apatrides » est sous-évaluée, insuffisamment documentée et nécessite de toute urgence des réponses plus fortes et plus efficaces »*[12]. Les apatrides sont effectivement une catégorie migratoire sur laquelle existe une sorte de mutisme généralisé non seulement de la part des Etats, des Organisations Internationales et de la société civile internationale, mais aussi de la doctrine. Il n'y a quasiment pas de littérature sur la question, ce qui est curieux et profondément injuste. Les ouvrages sur *« le droit des étrangers »* en France sont très nombreux à ne pas du tout en faire état si ce n'est de manière elliptique. Aucune association n'est spécialisée dans la défense des droits des apatrides. A titre d'exemple, France Terre D'Asile (FTDA) ne concède-t-elle pas que : *« Les défis à relever sont en effet nombreux, qu'ils concernent la protection des réfugiés climatiques, des déplacés internes ou encore celle des douze millions d'apatrides... »*[13] *?* Même celles qui se caractérisent par leur engagement généraliste pour les droits des migrants demeurent assez amorphes et particulièrement stériles sur cette cause. De ce point de vue, elles ne se singularisent certainement pas par rapport aux autres Organisations Internationales Non-Gouvernementales (O.I.N.G) à quelques rares exceptions près[14]. L'*« Open society »* est une entité considérée comme faisant partie de celles qui effectivement réalisent de très sérieuses études sur la nationalité et donc par ricochet sur l'apatridie aussi bien en Afrique[15] qu'en Europe. Quant aux Etats, exécutent-ils

---

[11] Lors de sa conférence de presse relative à la clôture de la Conférence ministérielle du 08/12/2011 à Genève sur les réfugiés et apatrides.

[12] Dans l'*« Avant-propos »* de : *« L'apatridie : Cadre d'analyse pour la prévention, la réduction et la protection »,* Sous la direction d'Emilie Irwin, Mark Manly, Unhcr, 2008, 94 pages.

[13] Lire Jacques Ribs et Pierre Henry dans leur édito intitulé *« Un joyau bien vivant »* tiré de *« 60 ans de protection internationale »,* Pro Asile, Revue France terre d'asile, numéro spécial 22, Paris, 2012, P. 3.

[14] L'association *The Equal Rights* Trust a publié une étude soutenue intitulée : *« unravelling Anomaly, Detention, Discrimination And the Protection Needs of Stateless Persons »,* Londres, Juillet 2010, 261 pages.

[15] Cf. *« Interprétation de la Convention de 1961 et prévention de l'apatridie chez les enfants »* Dakar, Sénégal, 23 et 24 mai 2011, co-parrainée par l'*Open Society Justice Initiative.* Idem : *« Les procédures de détermination de*

rope. Quant aux Etats, exécutent-ils de bonne foi tous les engagements internationaux contractés à ce sujet depuis plus de cinquante ans ? De toute évidence, le doute est permis. Est-il à présent possible de les croire notamment lorsqu'ils confessent que : *« 3. (...) la Convention de 1961 sur la réduction des cas d'apatridie et la Convention de 1954 relative au statut des apatrides sont les principaux instruments internationaux relatifs à l'apatridie, contenant des normes importantes pour la prévention et la résolution des cas d'apatridie et des garanties pour la protection des apatrides. Nous envisagerons, lorsqu'il conviendra, de devenir parties à ces instruments et/ou de renforcer nos politiques visant à prévenir et réduire les cas d'apatridie. 4. Nous exprimons notre préoccupation de voir que des millions de personnes sont privées de nationalité, ce qui limite leur jouissance des droits de l'Homme et nous nous efforcerons de traiter la question de l'apatridie et de protéger les apatrides, y compris, le cas échéant, par le biais de la législation nationale et du renforcement des mécanismes relatifs à l'enregistrement des naissances »*[16] ? La confiance ne s'est-elle pas déjà simplement émoussée avec le temps ? Souvenons-nous qu'en 2007, le Département de l'information du Secrétariat des Nations Unies avait déjà considéré l'apatridie comme l'un des *10 sujets dont le monde devrait entendre parler davantage*[17]. D'ailleurs quelques années auparavant l'Union Interparlementaire (UIP) et le H.C.R n'avaient-ils pas déjà fait ce même constat quand ils estimaient qu'une telle demande n'était malheureusement *« pas inscrite au nombre des priorités de la communauté internationale »*[18] ? Aussi dommageable que cela soit. Au regard de tout ce qui précède, écrire sur ce sujet, c'est d'abord se mettre en conformité avec cette idée onusienne tant elle recèle une puissante dose de véracité. Elle traduit une exigence de la conscience universelle.

---

l'apatridie et le statut des apatrides » Genève, Suisse, 6 et 7 décembre 2010, co-parrainage de la Commission européenne et l'*Open Society Justice Initiative »*.

[16] Communiqué ministériel, Ministres et Représentants des Etats membres des Nations Unies, réunis à Genève, en Suisse, les 7 et 8 décembre 2011.

[17] Voir le *« Rapport intérimaire sur l'apatridie en 2009, comité exécutif du programme du haut commissaire »*, Ec/60/sc/crp.10, 29 mai 2009, p. 2.

[18] Dans l'avant-propos de l'ouvrage intitulé « *Nationalité et apatridie : guide pratique à l'usage des parlementaires »*, Unhcr et Union Interparlementaire (U.I.P), Genève, 2005, p.4.

Soulever la question de l'apatridie, c'est aussi tenter dans la mesure du possible de réparer une monumentale injustice. Celle bien trop incrustée dont sont victimes tous ces êtres certes humains et néanmoins fantomatiques et ectoplasmiques. C'est enfin et surtout une exhortation de manière à ce que la communauté internationale passe concrètement et de façon efficiente à l'action. La société internationale faisant souvent preuve d'une mémoire dangereusement oublieuse à ce propos si ce n'est d'une pusillanimité plus que déconcertante. Elle est sans nul doute coupable dans son ensemble par inaction voire même par omission. Le traitement actuel de la question est assurément trop minimal et très loin des attentes. Parce que l'humanité ne peut ainsi continuer de refuser l'humanité à une partie de l'humanité, une telle cause mériterait que l'on s'y réfère continuellement afin que tous les acteurs internationaux s'en ressaisissent pleinement et sérieusement. Le but étant d'y apporter les réponses nécessaires et effectives. Au moment où de plus en plus des voix s'élèvent pour réclamer une (bonne) gouvernance mondiale des migrations[19], la gestion de l'apatridie est terriblement atavique pour ne pas dire anémiée et erratique. La détermination et la volonté politiques font cruellement défaut à tous les échelons. Nul ne peut valablement nier ce truisme. Signalons qu'il est difficile de croire que le Haut Commissariat des Nations Unies pour les réfugiés qui a une part de responsabilité en la matière soit véritablement à la hauteur des enjeux. Même s'il faut, à certains égards, relativiser cette opinion dans la mesure où toute structure internationale tire son dynamisme et son énergie avant tout des apports des Etats qui la constituent. Certes, le H.C.R ne manque jamais l'opportunité d'attirer l'attention de ces derniers sur cette interrogation centrale sans oublier les problèmes connexes qu'elle draine. La quantification du travail produit jusqu'à présent permet de conclure sans ambages que beaucoup reste à faire. C'est dans ce contexte que se situe notre réflexion. Depuis la prise de conscience sur la réalité du phénomène, les progrès significatifs de ce point de vue se font toujours attendre. Ce travail nécessaire que nous nous pro-

[19] Cf. B. Badie, R. Brauman, E. Decaux, G. Devin, C. W. de Wenden dans *« Pour un autre regard sur les migrations, Construire une gouvernance mondiale »*, Paris, La découverte, 2008, 125 pages.

posons de faire exige d'abord une bonne compréhension de la notion (I) avant d'en analyser successivement les causes (II) et les tentatives solutions aussi bien au plan national, régional qu'universel (III). Une comparaison sera inévitable à tous les niveaux afin de mieux cerner les différents enjeux. La procédure française de demande de cette forme particulière de protection internationale en sera le substrat (IV) ainsi d'ailleurs que l'examen des conséquences qui en résultent (V). L'objectif assumé étant non seulement de maintenir la problématique au cœur de l'actualité mais aussi la formulation d'un certain nombre de recommandations y relatives. Dans cette lutte sempiternelle pour les droits de l'homme, notre étude y prend toute sa part même si elle n'est raisonnablement qu'un épisode parmi tant d'autres.

Chapitre I.
Définition de l'apatridie

Etymologiquement le vocable apatridie se découpe en deux : le « a » en apposition induit l'idée de négation en face du mot « patrie ». La « patrie » étant la terre des pères et des ancêtres, le sol qui a vu naître un individu. Il s'établit ainsi un lien avec la terre dont on tire son origine autrement dit d'où l'on vient. « Apatride » veut littéralement dire celui qui n'a pas de patrie. Dans ce monde aujourd'hui si bien délimité, celui qui n'a guère ce repère géographique et matériel n'appartient tout simplement à aucune nation et à aucun pays. Il n'a pas de nationalité et n'est le citoyen d'aucun Etat. Ce qui est forcément bien plus qu'une curiosité, une monstruosité. Est apatride celui : « *qu'aucun État ne considère comme son ressortissant en application de sa législation* » selon les termes consacrés par la Convention de 1954[20]. Philippe Leclerc à l'époque responsable de l'Unité « apatridie » au H.C.R avait pris le soin de rajouter *« ou de sa constitution »*[21] comme pour marquer le fait que le droit de la nationalité puisse, dans certains cas, directement relever de la constitution elle-même et non pas seulement de la loi stricto sensu. De même Bronwen Manby dans le cadre de son étude comparée de la nationalité en Afrique avait écrit : *« Peu de pays africains prévoient explicitement un droit à la nationalité. Seules l'Afrique du Sud et l'Éthiopie prévoient dans leur Constitution qu'un enfant a droit à une nationalité, tandis qu'un petit nombre d'autres pays reconnaissent ce droit dans certaines parties de leur législation. Néanmoins, en Éthiopie, la*

[20] Une formule reprise dans le préambule de *« la Convention du Conseil de l'Europe sur la prévention des cas d'apatridie en relation avec la succession d'Etats (2006) »* et notamment en son article 1er point c.

[21] Lire son interview accordée à Haude Morel et Leo Dobbs le 18 mai 2007 sur www.unhcr.org

législation sur la nationalité est en contradiction avec la Constitution car elle ne prévoit pas le droit à la nationalité pour un enfant né dans le pays, qui autrement serait apatride »[22]. Retenons que le terme « législation » est ici considéré dans son acception large ou générique. A la suite de la définition conventionnelle précitée, le H.C.R précisera plus tard qu'est également apatride l'*« ...individu dont la nationalité n'est pas déterminée »*[23]. Mark Manly avait précautionneusement délimité le champ d'application de cette définition en soulignant que : *« le manque de documents d'identité ne vous rend cependant pas apatride... des réfugiés, des travailleurs migrants et d'autres personnes déplacées ne peuvent souvent pas prouver leur statut, tout en étant toutefois ressortissants d'un pays... La véritable apatridie intervient quand une personne n'a le droit d'être ressortissant d'aucun pays, parfois du fait de la dissolution d'Etats (comme l'ancienne Union soviétique), ou souvent à cause d'un conflit de lois en matière de citoyenneté et de mariage »*[24]. Il en découle fort logiquement que le simple défaut d'ordre matériel à l'instar de la non disposition d'un passeport (ou d'une pièce d'identité) n'est pas en soi constitutif d'apatridie. Relisons avec intérêt les conclusions de la réunion des experts tenue du 27 au 28 mai 2010 à Prato (en Italie) : *« La Commission du droit international a fait remarquer que la définition d'un apatride figurant à l'Article 1(1) faisait désormais partie du droit international coutumier »*[25]. Avec pour finalité qu'elle soit dorénavant respectée par tous les Etats y compris ceux qui ne

---

[22] Dans son livre portant sur *« Les lois sur la nationalité en Afrique, Une étude comparée »*, Open society Institute (New York) et Afrimap (Johannesburg), 2009, P. 3. L'auteur reconnait par la suite que : *« la Constitution nigériane prévoit la nationalité d'origine pour ceux qui sont nés au Nigéria avant la date de l'indépendance, et « dont l'un des parents ou grands-parents appartient ou a appartenu à une communauté autochtone du Nigéria » (P.48).* En réalité, il existe bien d'autres pays africains dans lesquels la constitution aborde aujourd'hui la problématique de la nationalité.

[23] Dans le Glossaire extrait de l'*« Appel global »*, HCR, Genève, 2009.

[24] Lors de la table ronde à la tenue de laquelle ont participé neuf Etats d'Asie du Sud-est. Co-organisée par la Commission nationale thaïlandaise et le HCR. Cf. Kitty McKinsey dans *« actualité HCR »*, Bangkok le 29 octobre 2010 sur www.unhcr.org

[25] Cf. *« Le concept d'apatridie et le droit international »* tiré de l'*« Anniversaire des conventions relatives aux réfugiés et à l'apatridie, 2010, 2011 »*, Unhcr, Genève, 2012, P.14

sont pas signataires de la Convention qui la consacre. La mise en rapport de l'apatridie avec d'autres notions similaires serait probablement le moyen idéal permettant de mieux cerner ses contours ainsi que sa portée réelle.

Section 1. Un apatride est-il un étranger ?

Dans cet exercice, force est de constater qu'il n'est nullement aisé de trouver la réponse à cette question. Une interrogation qui est à la fois ontologique et fondatrice en la matière. Dans *« la déclaration sur les droits de l'homme des personnes qui ne possèdent pas la nationalité du pays dans lequel elles vivent »*[26], les Nations Unies considèrent que : *« le terme "étranger" s'applique, compte dûment tenu des précisions apportées dans les articles suivants, à tout individu qui ne possède pas la nationalité de l'Etat dans lequel il se trouve ».* D'abord cette définition négative ne favorise en aucun cas une compréhension assurée du concept. En effet, un individu peut ne pas avoir la nationalité de l'Etat d'accueil et en même temps ne pas disposer d'une autre nationalité originelle. L'acception onusienne semble lacunaire et devrait être inévitablement complétée. L'étranger, c'est très certainement le non-ressortissant comme l'avait défini il y a quelques années le Haut Commissariat des Nations Unies aux droits de l'homme : *« Le non-ressortissant est une personne qui n'a pas été reconnue comme ayant des liens effectifs avec le pays dans lequel elle se trouve. Il existe différents groupes de non-ressortissants, qui comprennent les résidents permanents, les migrants, les réfugiés, les demandeurs d'asile, les victimes de la traite des personnes, les étudiants étrangers, les visiteurs temporaires et d'autres catégories de personnes comme les non-immigrants et les apatrides. Si chacun de ces groupes jouit éventuellement de droits fondés sur des régimes juridiques distincts, les difficultés auxquelles se heurtent la plupart des non-ressortissants, sinon tous, sont ex-*

[26] Adoptée par l'Assemblée générale des Nations Unies dans sa résolution 47/144 du 13 décembre 1985.

trêmement semblables »[27]. Là aussi, est-il vrai que l'on puisse être résident permanent dans un pays donné sans y avoir des liens effectifs, des points d'attaches ou des centres d'intérêt ? Il est manifestement difficile d'y consentir totalement. Par ailleurs, une telle notion peut-elle avoir un contenu juridique avéré ? Néanmoins, au regard de notre analyse, la précision apportée par cette définition valait la peine. Elle permet effectivement de conclure sans aucune réticence que pour l'instance onusienne, l'apatride fait bien partie des non-ressortissants. Une position que le Haut-commissaire confirma par la suite : *« Les non-ressortissants comprennent les travailleurs migrants et leur famille, ainsi que les réfugiés, les demandeurs d'asile et les victimes de la traite. Le terme « non-ressortissant » s'applique aussi aux apatrides, c'est-à-dire des personnes qui n'ont jamais acquis la nationalité du pays où ils sont nés ou qui ont perdu leur nationalité, d'une manière ou d'une autre, sans en obtenir une autre »*[28]. Certes la nationalité permet d'un côté de déterminer l'ensemble de la communauté nationale et de ce point de vue elle consacre une approche positive. Cependant, elle permet aussi d'en exclure tous ceux qui n'y entrent pas. Par conséquent, elle développe également une approche négative de la notion. Sont immédiatement versés dans une seconde catégorie tous ceux qui ne sont pas des nationaux. Lato sensu, les apatrides sont des étrangers dans la mesure où ils ne sont pas des citoyens de l'Etat dans lequel ils vivent ou séjournent. Il sied de retenir à ce stade que cette assertion n'est pas valable stricto sensu dans la mesure où le fait de ne pas faire partie du corps de la population nationale ne peut effectivement pas présupposer que tous les autres « étrangers » puissent chacun disposer d'une autre nationalité connue. Même dans cette masse des étrangers, des segmentations apparaissent en réalité car la situation n'est nullement univoque. On y trouve distinctement des demandeurs d'asile[29] lesquels juridiquement dépendent non pas du droit des

---

[27] Lire le Haut Commissariat des Nations Unies aux droits de l'homme dans *« Les droits des non-ressortissants »*, Nations Unies, Genève, 2006, P. 6.

[28] Dans *« Principes et directives concernant les droits de l'homme et la traite des êtres humains : recommandations »*, Nations Unies droits de l'homme, Haut-commissariat, New York et Genève, 2010, P. 57.

[29] Le demandeur d'asile étant celui qui aspire à obtenir la protection internationale c'est-à-dire à devenir un réfugié. C'est celui qui se trouve dans une

étrangers, mais du droit d'asile c'est-à-dire d'un droit qui apparaît comme dérogatoire au droit des étrangers. Ce droit est en vérité très largement inspiré par le droit international des réfugiés (non-refoulement, absence de poursuite en cas d'entrée irrégulière sur le territoire…). Toujours parmi les étrangers figurent les sans-papiers susceptibles d'être constitués par les déboutés du droit d'asile, les primo-arrivants n'ayant pas encore initié de demande d'asile, les clandestins qui ne sont dans aucune démarche administrative, les migrants économiques… A côté de toutes ces catégories, existe une dernière particulièrement mal lotie composée de demandeurs du statut apatride. Ils ont pourtant engagé une demande administrative et disposent effectivement d'un numéro d'enregistrement de leur dossier. Malheureusement, au regard du droit, ils sont souvent considérés comme des clandestins dans beaucoup de pays et comme tel sont susceptibles d'être reconduits à la frontière avant même l'examen minutieux de leur cas. Dans divers Etats ne disposant d'aucun mécanisme connu de détermination du statut d'apatridie, les choses sont encore plus complexes car ceux-ci sont tout simplement des clandestins n'ayant bien évidemment pas vocation à y demeurer. La Déclaration onusienne susmentionnée consacre plusieurs droits découlant du statut des étrangers. Or à la lecture de ce document, chacun peut facilement se rendre compte que tous ceux qui sollicitent le statut d'apatride ne sont pas des étrangers. Ils ne peuvent par exemple pas se marier (article 51d) dans les faits faute de documents. Ces derniers peuvent-ils exercer un quelconque droit à la propriété conformément à l'article 52d dudit texte ? Le droit au travail ou le droit syndical ne sont-ils tout simplement hors de leur portée ? Les autres droits étant en principe ceux qui s'attachent à la nature humaine et s'appliquent à l'homme indistinctement. Pour terminer, citons son article 10 selon lequel : « *Tout étranger doit pouvoir à tout moment se mettre en rapport avec le consulat ou la mission diplomatique de l'Etat dont il possède la nationalité ou, à défaut, avec le consulat ou la mission diplomatique de tout autre Etat chargé de la protection des intérêts de l'Etat dont il possède la nationalité dans l'Etat*

situation d'attente de la décision des autorités appelées à statuer sur son dossier.

où il réside ». Une disposition confirmant si besoin était l'exclusion d'office des prétendants à la protection internationale au titre de l'apatridie de la catégorie juridique des étrangers. L'apatride serait-il vraiment un étranger ? Ou plus exactement ne serait-il pas en fin de compte un étranger « sui generis » ? La réponse est sans aucun doute affirmative car bien qu'étranger, celui-ci ne peut malgré tout pas prétendre à la totalité des droits qui leur sont ouverts sur le plan international tant qu'il n'est pas encore officiellement reconnu. Contrairement aux autres pays, tout ce débat est inexistant en France dans la mesure où législateur a été très explicite à cet égard. En effet, le Ceseda en son article L111-1 dispose : *« Sont considérés des étrangers au sens du présent code les personnes qui n'ont pas la nationalité française, soit qu'elles aient une nationalité étrangère, soit qu'elles n'aient pas de nationalité »*. La seconde partie de cette phrase est suffisamment formelle au point où elle permet de clore définitivement ce débat. Sachant par ailleurs que pour notre demandeur une bonne partie des droits contenus dans la déclaration onusienne visée ne seront susceptibles d'être exercés qu'après l'obtention du statut sollicité. Ici, dans tous les cas, la survivance des particularismes propres au statut ne fait pas obstacle à ce que l'apatride ne retombe ultérieurement dans le groupe dit des étrangers voire de bénéficier au nom du principe de non-discrimination des mêmes droits socio-économiques que les nationaux de l'Etat d'accueil. En résumé, les apatrides sont certes des étrangers, mais des étrangers pas comme les autres. Loin d'être de simples arguties, le périmètre de cette notion n'est effectivement pas toujours facile à cerner. Poursuivons tant soit peu notre démonstration :

Section 2. Le tryptique nationalité, citoyenneté et apatridie

Quels rapports existent entre la nationalité, la citoyenneté et l'apatridie ? Commençons par rechercher la définition du concept de citoyenneté ? Au regard de l'histoire, Dominique Schnapper avait souligné qu' : *« On oppose ainsi traditionnellement le pluralisme de la tradition libérale anglaise, qui fait sa place aux ordres, aux corps, aux classes et aux groupes parti-*

culiers à la conception unitaire et totale de la citoyenneté qui s'est imposée brutalement en France par la révolution. Dans la démocratie anglaise (...) on est citoyen par l'appartenance à une communauté particulière. [En France], le citoyen, expression directe de la volonté générale, devrait tout au contraire de l'Angleterre, être indépendant de tous liens intermédiaires et rester en relation étroite et directe avec l'Etat... La citoyenneté était, comme la nation, un tout indivisible, elle devait être organisée et garantie par un Etat centralisé... »[30]. Y a-t-il pour autant une réelle synonymie entre nationalité et citoyenneté ?[31] Manifestement, les deux concepts sont interchangeables dans leur acception large. A en croire Emmanuel Aubin : *« Concept « janus », la citoyenneté est étroitement liée à la notion de nationalité et remplit une double fonction inclusive et exclusive ; elle contribue, en effet, à inclure les individus détenteurs d'une même nationalité dans le corps électoral et à exclure, par voie de conséquence, les étrangers du droit de participer à la vie politique »*[32]. Une telle formulation ne nous semble-t-elle pas

---

[30] Cf. Dominique Schnapper avec la collaboration de Christian Bachelier dans *« Qu'est-ce que la citoyenneté » ?*, Folio actuel, Paris, 2000, P. 39 à 44. Idem, A. Le Pors dans *« La citoyenneté »* Que-sais-je n° 665, 4è édition, 2011, Paris, Puf, 128 pages.

[31] Dans *« Les enjeux de la citoyenneté : un bilan sociologique »*, Danielle Juteau résumait ainsi le débat : *« ... Lochak (1991) précise que la nationalité est un concept bien défini, qui distingue le national de l'étranger. La nationalité représente pour elle un préalable, voire une condition nécessaire, à la citoyenneté qui constitue à son tour un sous-ensemble de la nationalité. Pour Lochak, l'accès à la nationalité est le point de passage obligé de l'accès à la citoyenneté. Elle ajoute cependant que le sens de citoyen est double, incluant le national du pays et le titulaire des droits civiques. De plus, la nationalité ne serait pas la seule condition à la citoyenneté puisque plusieurs nationaux sont privés de l'exercice de droits politiques. Borella (1991) observe par ailleurs que l'extension de nouvelles formes de participation des individus aux affaires sociales, économiques et politiques, certes encore timides mais qui semblent universelles, rompt le lien préalable entre nationalité et citoyenneté. Cette situation prévaut aussi en Allemagne, ainsi que le montrent les travaux de Soysal. Pour Balibar (1992 : 5), le lien entre nationalité et citoyenneté est indissoluble, résultant de la construction d'un État-providence qui est à la fois national et social. Il perçoit ce lien comme étant dorénavant conflictuel, la citoyenneté constituant ici le moteur du changement... »* tiré de *« Les enjeux de la citoyenneté, Un bilan interdisciplinaire »*, Juin 1998, Université McGill, Canada, P. 55-56.

[32] Cf. *« Droit des étrangers »*, Paris, édition Guarlino, 2009, P. 66.

bien trop réductrice et quasi-exclusivement orientée vers la participation électorale ? La citoyenneté ne pouvant valablement se limiter à cette seule caractérisation, elle va sûrement au-delà. Selon Chantal Nast : *« je voudrais signaler que l'on s'accorde aujourd'hui, internationalement, à considérer qu'il n'y a pas de différence de sens entre les termes « citoyenneté » et « nationalité ». Dans son article 2, la Convention européenne sur la nationalité précise qu'au sens de la Convention, le terme « nationalité » désigne le lien juridique entre une personne et un Etat et n'indique pas l'origine ethnique de la personne ». L'emploi de l'un ou de l'autre pour désigner ce lien juridique, est un choix terminologique fondé sur les traditions juridiques. La plupart des pays d'Europe centrale et orientale emploient le terme « citoyenneté » qui a la même signification que le terme « nationalité » employé dans la Convention européenne sur la nationalité et la plupart des Etats d'Europe occidentale »*[33]. Toutes ces considérations induisent immanquablement la nature juridico-politique de la corrélation y compris à l'endroit des personnes. De toute évidence, ce rapport est dual. En effet, la double dimension non seulement juridique mais aussi politique est de surcroit mise en avant par certaines institutions à l'instar de la Cour Interaméricaine des Droits de l'Homme qui considère la loyauté et la fidélité de l'individu visé comme la contrepartie de la protection diplomatique à laquelle il pourrait prétendre le cas échéant. Pour l'Assemblée nationale française : *« Le mot « nationalité » est apparu à la fin de la période révolutionnaire, à l'époque où le concept de « nation » se dotait d'un contenu politique mais pas encore mémoriel ni historique... Par la suite, le mot « nationalité » devint usuel en France. Il fallut toutefois attendre le célèbre arrêt Nottebohm rendu le 6 avril 1955 par la Cour internationale de justice (CIJ) pour que le mot « nationalité » soit clairement et durablement défini comme « un lien juridique ayant à sa base un fait social de rattachement, une solidarité effective d'existence, d'intérêts, de sentiments, joints à une réciprocité de droits et de devoirs », et comme « l'expression juridique du fait que l'individu... soit directement, soit par la loi, soit par un acte d'autorité, ... plus*

---

[33] Dans son intervention au 11è séminaire de la Commission internationale d'état civil tenu du 12 au 16 novembre 2006 à Strasbourg.

étroitement attaché à la population de l'État qui la lui confère qu'à celle de tout autre État ». Mais il s'agit là d'une définition du droit international, et non du droit interne, qui occulte le caractère également politique de ce lien (2). Votre rapporteur définit donc la nationalité comme un lien juridique et politique entre une personne et un État »[34]. Plus loin, ces mêmes élus démontreront que : *« Cette définition fait certes de la nationalité un lien juridique mais elle intègre aussi la dimension idéologique (« solidarité effective d'intérêts », « réciprocité de droits et de devoirs »), affective (« solidarité effective de sentiments ») et culturelle (« fait social de rattachement ») qu'ont prise les notions de nation et de nationalité à la Révolution française et à la fin du XIXe siècle. C'est donc une conception enrichie et ambitieuse de la nationalité que la Cour internationale de justice met en avant »* (P. 143-144 du rapport). Nonobstant ce nouvel éclairage, dans la pratique le flou peut sembler persister. La confusion étant effectivement accentuée non seulement par le développement inédit de la plurinationalité mais aussi la consécration de la citoyenneté européenne. En outre, la citoyenneté elle-même est devenue diffuse à cause entre autres du repli identitaire. Ainsi dans sa conception de *« la citoyenneté revisitée »*[35], W. de Wenden affirmait d'une part que : *« la citoyenneté s'ethnicise, c'est-à-dire se définit de plus en plus en référence à des appartenances ethniques et non civiques »*. D'autre part : *« le modèle de citoyenneté hier unitaire devient multiculturel (...) le multiculturalisme est devenu le fondement de la démocratie et de la citoyenneté moderne »*. De même, en tirant les enseignements des développements politiques en cours actuellement en Europe, force est de reconnaître que les deux mots tendent à se différencier dans la mesure où la citoyenneté européenne en

---

[34] Rapport d'information déposé *en application de l'article 145 du règlement* par la Commission des lois constitutionnelles, de la législation et de l'administration générale de la République *« sur le droit de la nationalité en France »* et présenté par M. Claude Goasguen. Ce sont les conclusions des travaux d'une mission d'information présidée par M. Manuel Valls. Paris, le 29 juin 2011, P. 27.

[35] Lire son livre intitulé *« La question migratoire au XXIe siècle, Migrants, réfugiés et relations internationales »*, Paris, Presse de la Fondation Nationale de Science Politique, 2010, P. 173.

construction aujourd'hui englobe et dépasse les concepts de nation et de la nationalité[36]. L'expression habermassienne de *« citoyenneté post-nationale »* tend de nos jours à prendre pleinement tout son sens. Certains auteurs préférant évoquer la *« citoyenneté supranationale »*. Même si toutes proportions gardées : « *Cette citoyenneté de l'Union ne se substitue pas à la nationalité que les ressortissants dans les vingt-sept conservent intégralement, mais s'y ajoute* » comme le précisent P. Daillier, M. Forteau et A. Pellet[37]. Sur le plan historique, souvenons-nous que pour les grandes puissances coloniales comme de la France, une telle configuration n'est très certainement pas une première expérience. La création de la Communauté Franco-Africaine en 1958 avait réellement institué une citoyenneté commune[38]. M. Gonidec par exemple soutenait à l'époque que : *« Juridiquement, les Etats (ou Républiques) d'outre-mer sont sortis de la République Française tout en demeurant dans un ensemble politique nouveau, doté d'institutions communes. Ils sont autonomes dans les domaines qui n'ont pas été réservés à la Communauté. Une telle situation modifie-t-elle les solutions admises antérieurement en matière de nationalité et de citoyenneté ? Le constituant a été extrêmement discret sur ces problèmes. L'article 77 de la Constitution du 4 octobre 1958 se borne à faire allusion à une citoyenneté de la Communauté. Il*

---

[36] Référons-nous également au titre II portant sur la *« Non-discrimination et citoyenneté »* articles III-123 à 129 du traité établissant une constitution européenne. Ce texte n'est pas entré en vigueur suite au rejet par référendum successivement par les peuples français le 29 mai 2005 et hollandais le 1er juin 2005. Rappelons que la fonction publique française est ouverte sous réserve de réciprocité aux ressortissants communautaires depuis la réforme constitutionnelle de 1993.

[37] Dans *« Droit international public »*, Paris, LGDJ Lextenso Edition, 8è édition, 2009, P. 551. Dans la même veine lire avec intérêt Benlolo Carabot dans *« Les fondements juridiques de la citoyenneté européenne »*, Bruylant, Bruxelles, 2006, 782 pages. Pour aller loin : *« La citoyenneté européenne, Désirs d'Europe, Regards des marges »*, Christine Delory-Momberger, Gunter Gebauer, Marianne Krüger-Potratz, Christiane Montandon, Christoph Wulf, Paris, L'harmattan, 2011, 398 pages.

[38] Voir Jane Burbank et Frederick Cooper dans leur article *« Paris et l'Afrique, citoyenneté et nation (1945-1960) »* tiré du mensuel *« Le Monde Diplomatique »*, Décembre 2011.

ne parle pas de la nationalité »[39]. Une étonnante acception de cette notion. Pour être plus concret, cet article 77 était ainsi stipulé : *« Il n'existe qu'une citoyenneté de la Communauté. Tous les citoyens sont égaux en droit, quelles que soient leur origine, leur race et leur religion. Ils ont les mêmes devoirs ».* A quelques détails près, les conséquences de ce point de vue semblent identiques au processus actuel en cours à l'initiative des instances européennes. A ce propos, le traité établissant « une constitution pour l'Europe » contenait un article I-10 très instructif et portant sur « la citoyenneté de l'Union » avec le mérite de mettre l'accent sur toutes ces notions : « *1. Toute personne ayant la nationalité d'un État membre possède la citoyenneté de l'Union. La citoyenneté de l'Union s'ajoute à la citoyenneté nationale et ne la remplace pas. 2. Les citoyens de l'Union jouissent des droits et sont soumis aux devoirs prévus par la Constitution. Ils ont : a) le droit de circuler et de séjourner librement sur le territoire des États membres ; b) le droit de vote et d'éligibilité aux élections au Parlement européen ainsi qu'aux élections municipales dans l'État membre où ils résident, dans les mêmes conditions que les ressortissants de cet État ; c) le droit de bénéficier, sur le territoire d'un pays tiers où l'État membre dont ils sont ressortissants n'est pas repré-*

---

[39] Cf. P.F Gonidec dans *« Note sur la nationalité et les citoyennetés dans la Communauté »*, Annuaire français de droit international, volume 5, 1959. pp. 748-761. Pour ce dernier : *« la citoyenneté, conçue comme l'aptitude à jouir des droits politiques et civiques ».* Dans le rapport entre les deux notions, il avait fait observer qu' : *« Ils sont en effet distincts. Rappelons que la nationalité est le lien juridique qui unit un individu à un Etat déterminé, qui le place dans la dépendance de cet Etat. Il en résulte des effets en droit interne, par exemple en ce qui concerne le droit applicable aux relations de droit privé, mais aussi en droit international. Ainsi tout le droit de la protection diplomatique et de la responsabilité internationale fait intervenir la notion de nationalité. Par contre, la citoyenneté n'a que des effets d'ordre interne. Elle permet à des individus de jouir des droits politiques et civiques prévus par le droit d'un Etat déterminé ; mais elle n'a aucun effet sur le plan international ».* D'après lui : *« A juste titre, l'arrêt Nottebohm insiste sur la relation qui existe entre le lien juridique de la nationalité et le fait social du rattachement d'un individu à un Etat déterminé. La nationalité n'est, à vrai dire, que la traduction juridique de ce fait ».* L'auteur opposait la citoyenneté de la communauté aux citoyennetés locales. Pour approfondir son analyse, cf. Gonidec P.F. dans *« La nationalité dans les Etats de la Communauté et dans les Etats "marginaux" ».* Tiré de l'Annuaire français de droit international, volume 7, 1961. pp. 814-835.

senté, de la protection des autorités diplomatiques et consulaires de tout État membre dans les mêmes conditions que les ressortissants de cet État ; d) le droit d'adresser des pétitions au Parlement européen, de recourir au médiateur européen, ainsi que le droit de s'adresser aux institutions et aux organes consultatifs de l'Union dans l'une des langues de la Constitution et de recevoir une réponse dans la même langue. Ces droits s'exercent dans les conditions et limites définies par la Constitution et par les mesures adoptées en application de celle-ci »[40]. Ici, le contenu était nettement plus explicite. Dans ce cas typique, le substrat politique n'est nullement le seul à être mis en avant dans la mesure où la citoyenneté envisagée est globale. Ainsi sans vouloir opposer les citoyennetés politique et sociale, Ismail Hakkı MUSA avait de son côté pu écrire que : « *La citoyenneté européenne, instaurée par le Traité de Maastricht, sous l'effet de la jurisprudence, se présente comme un élément actif dans le processus de constitutionnalisation politique de l'Union européenne. En se fondant sur ce concept, la Cour de Justice interprète les textes communautaires d'une manière extensive, elle leur donne ainsi un contenu plus fort, en particulier à ceux relatifs aux droits sociaux fondamentaux... Dans le processus de mise en œuvre de cet espace, la citoyenneté sociale européenne, caractérisée par le droit pour tous les citoyens européens, indépendamment de leur activité économique, de bénéficier des systèmes sociaux des pays membres de résidence, joue également un rôle capital. Or, la reconnaissance de droits sociaux fondamentaux contribue, dans cette perspective, à l'affirmation de l'espace public européen »*[41]. La citoyenneté européenne se façonne indéniablement par touches successives. Qu'en est-il de la *« Charte des droits fondamentaux »*[42] par exemple ? Ce document contient plusieurs dispositions en lien avec notre thématique parmi lesquelles :

[40] Cf. *« Traité établissant une constitution pour l'Europe »,* La documentation française, Paris, 2004, P.14.

[41] Dans sa thèse de doctorat en droit intitulée *« Les droits sociaux et le processus de constitutionnalisation de l'Union européenne »,* Faculté de droit de Nancy II (France), 2008, P. 506.

[42] Adoptée à Nice en le 7 décembre 2000, elle a été révisée le 12 décembre 2007 à Strasbourg avant d'entrer en vigueur le 1er décembre 2009 en même temps que le traité de Lisbonne.

« *Chapitre V, Citoyenneté, Article 39, Droit de vote et d'éligibilité aux élections au Parlement européen, « 1. Tout citoyen ou toute citoyenne de l'Union a le droit de vote et d'éligibilité aux élections au Parlement européen dans l'État membre où il ou elle réside, dans les mêmes conditions que les ressortissants de cet État* ». Plus loin dans le texte, on trouve l'article 40 portant sur le « *Droit de vote et d'éligibilité aux élections municipales : « Tout citoyen ou toute citoyenne de l'Union a le droit de vote et d'éligibilité aux élections municipales dans l'État membre où il ou elle réside, dans les mêmes conditions que les ressortissants de cet État* ». Recourons une nouvelle fois à Dominique Schnapper : *« La construction de l'Europe pose un certain de problèmes proprement politiques qu'on peut résumer en ces termes. Les pratiques de la citoyenneté se sont toujours exercées dans le cadre national. Les institutions de la citoyenneté ont toujours été nationales... Encore une fois, le principe de la citoyenneté ne se traduit pas de manière nécessaire au niveau de l'Etat-nation. Ce sont les nationalismes du XIXe siècle et la philosophie sociale qui les accompagnait qui ont posé que le principe que la nationalité et la citoyenneté devraient être confondues. La citoyenneté peut parfaitement s'exercer au niveau infranational ou supranational. Entre la nation et la citoyenneté, le lien n'est pas logique mais historique... Pour l'instant, il n'existe pas de citoyenneté européenne indépendante de la citoyenneté nationale : c'est le fait d'être citoyen français ou allemand qui confère la citoyenneté européenne... Tout ce qui donne une réalité concrète au principe de citoyenneté a toujours été et reste, pour l'instant, national... les élections européennes gardent une signification politique qui est d'abord nationale »*[43]. Une opinion partagée par les députés français lesquels confirment que : *« Les traités européens eux-mêmes soulignent d'une part que l'attribution de la citoyenneté européenne dépend de l'acquisition ou de l'attribution de la nationalité d'un État membre, qu'elle en est le prolongement, qu'elle y est subordonnée, et, d'autre part, que la citoyenneté européenne ne saurait absorber la nationali-*

---

[43] Voir Dominique Schnapper avec la collaboration de Christian Bachelier dans *« Qu'est-ce que la citoyenneté » ?,* Paris, Folio actuel, Paris, 2000, P. 246 à 249.

té (ou « citoyenneté nationale ») ni se confondre avec elle »[44]. Loin d'être de simples ratiocinations, de telles considérations demeurent d'actualité. Voilà pourquoi dans une de ses résolutions, le Parlement européen : *« 16. Invite la Commission à faire de 2013 « l'année européenne de la citoyenneté » afin d'impulser le débat sur la citoyenneté européenne et d'informer les citoyens européens sur leurs droits, notamment les nouveaux droits découlant de l'entrée en vigueur du Traité de Lisbonne ; ... »*[45]. En partant de la définition du concept d'apatride contenu à l'article 1er de la Convention de 1954, le H.C.R veut brider les prérogatives exorbitantes des Etats en y circonscrivant des limites. Il y a en effet un intérêt immédiat : *« Il s'agit là d'une définition purement juridique. Rien n'y est dit sur la qualité de la nationalité, sur la manière dont la nationalité est conférée ou sur l'accès à une nationalité. Cette définition porte simplement sur un fait juridique, une application de la loi, qui permet à l'Etat concerné, soit en légiférant soit automatiquement, de définir dans sa législation sur la nationalité qui détient sa nationalité. Il est cependant des principes liés à l'acquisition, à l'octroi, à la perte de la nationalité et à la renonciation à cette nationalité qu'il impose de tenir en compte au moment de déterminer qui devrait avoir accès à la citoyenneté même dans les cas où, par application de la loi, les personnes concernées n'acquièrent pas cette citoyenneté ».* Pareilles stipulations et autres circonspections forment une sorte de *« terra incognita »* pour l'apatride qui, dans sa situation pas du tout enviable, ne dispose ni de nationalité ni de citoyenneté. Ces débats peuvent lui sembler surréalistes pour ne pas dire superfétatoires voire même incongrus. Esseulé, celui-ci n'a strictement aucune ac-

---

[44] Rapport d'information déposé *en application de l'article 145 du règlement* par la commission des lois constitutionnelles, de la législation et de l'Administration générale de la République « *sur le droit de la nationalité en France* » et présenté par M. Claude Goasguen. Ce sont les conclusions des travaux d'une mission d'information présidée par M. Manuel Valls. Paris, le 29 juin 2011, P. 63.

[45] Résolution du Parlement européen du 15/12/2010 sur *« la situation des droits fondamentaux dans l'Union européenne (2009-2010)- aspects institutionnels à la suite de l'entrée en vigueur du traité de Lisbonne (2009/2161(INI)) ».*

cointance ni avec la notion de citoyen ni avec celle de nationalité[46].

Section 3. Les notions de réfugié et d'apatride

L'objectivation de la notion d'« apatride » ne peut enfin se faire qu'en référence à celle de « réfugié ». Quelques précisions sont sans doute nécessaires. En guise de prolégomènes, soulignons que 6.223 apatrides avaient sollicité la protection au titre de l'asile dans 44 pays développés entre 2009 et 2010 dont 3.890 dans l'U.E selon les chiffres de l'instance habilitée[47]. Par définition le terme « réfugié » s'applique à toute personne : *« ...craignant avec raison d'être persécutée du fait de sa race, de sa religion, de sa nationalité, de son appartenance à un certain groupe social ou de ses opinions politiques, se trouve hors du pays dont elle a la nationalité et qui ne peut ou, du fait de cette crainte, ne veut se réclamer de la protection de ce pays ; ou qui, si elle n'a pas de nationalité et se trouve hors du pays dans lequel elle avait sa résidence habituelle à la suite de tels événements, ne peut ou, en raison de ladite crainte, ne veut y retourner ».* Tel est le contenu de l'article 1A2 de la Convention de Genève de 1951. Or certaines personnes ont parfois individuellement ou collectivement été privées de leur nationalité à cause de l'un des motifs sus-indiqués. Dans ces conditions, il est patent qu'elles aient été indiscutablement victimes de persécutions. Dès lors, elles peuvent prétendre à la protection internationale au titre des deux statuts indistinctement. Schématiquement la persécution est conçue comme étant *« une violation grave des droits de l'homme ».* Comme l'a toujours très justement rappelé l'Assemblée générale de l'O.N.U dans une série de ses résolutions, le droit à la nationalité est un droit fondamental de la personne humaine. Une privation injuste de

---

[46] En guise de complément d'informations, il est recommandé de lire : *« Le droit international et nationalité »* colloque SFDI 2011, Paris, Pedone, 2012, 528 pages.

[47] Voir *« Niveaux et tendances de l'asile dans les pays industrialisés en 2010 »,* Division du soutien et de la gestion des programmes, 25 mars 2011, *Bilan statistique des demandes d'asile déposées en Europe et dans certains pays non européens »* tableau 3, Unhcr, Genève, 2011, P. 17.

la nationalité équivaut en principe à une persécution telle que prévue par le droit international des réfugiés. Un acte d'une telle gravité devrait instinctivement donner droit au statut de réfugié ou même à celui d'apatride. « *Il convient de noter ici qu'il y a une étroite similitude entre les problèmes des réfugiés et des apatrides, l'absence de protection internationale constituant leur dénominateur commun et la privation de la nationalité constituant un facteur d'importance dans les nouveaux problèmes de réfugiés. C'est en partie pour ces raisons que les dispositions de la Convention de 1951 relative aux réfugiés et la Convention de 1954 sur les apatrides sont dans l'ensemble parallèles (...) Dans un sens, tous les réfugiés sont au moins des apatrides de facto, si l'on entend par apatridie l'absence d'une nationalité effective pour la protection des droits fondamentaux. La non-jouissance des droits et obligations attachés à la possession d'une nationalité est en fait un élément crucial de la définition du réfugié, comme le précise la Convention de 1951 relative au statut des réfugiés. Bon nombre de réfugiés reconnus sont toutefois également des apatrides de jure et c'est l'élément d'apatridie dans leur situation qui donne lieu à des problèmes particulièrement complexes tant au plan de leur protection qu'au plan de solutions à leur sort. Tous les apatrides ne sont cependant pas des réfugiés. Il y a des individus ou des groupes de personnes de par le monde qui n'ont pas été victimes de persécutions ou qui n'ont pas été contraints de fuir mais dont la situation est néanmoins complexe et souvent précaire, en raison de l'incapacité de ces personnes à s'identifier juridiquement à un Etat quelconque. Ces apatrides constituent un groupe vulnérable, virtuellement privé de protection et dont les difficultés réelles n'attirent pas, en règle générale, suffisamment l'attention de la communauté internationale* » confiait avec méticulosité le H.C.R.[48] De surcroit l'O.N.U est persuadée qu' : « *Il se pose un problème particulier à propos des minorités et de la nationalité : trop souvent, les membres de certains groupes se voient refuser la nationalité ou en sont privés en raison de leurs particularités nationales ou ethniques, religieuses ou linguistiques. Or cette pratique est*

[48] Dans « *Apatrides : une note d'information* », EC/1992/SCP/CRP.4, Sous Comité protection, 01/04/1992, P.3-4.

contraire au droit international, notamment à l'article 9 de la Convention sur la réduction des cas d'apatridie de 1961, selon lequel « les États contractants ne priveront de leur nationalité aucun individu ou groupe d'individus pour des raisons d'ordre racial, ethnique, religieux ou politique ». C'est pourquoi il importe de souligner que toute discrimination fondée sur l'un des motifs en question et qui aboutit à la privation arbitraire de la nationalité peut constituer un des critères d'octroi du statut de réfugié »[49]. L'élément factuel et pour le moins insolite se situe dans l'usage par cette entité du verbe « peut », là où sans hésiter elle aurait dû dire « doit ». L'usage du présent de l'indicatif en droit suppose l'impératif et rend obligatoire. L'objectif d'harmonisation du droit d'asile en Europe a permis l'adoption de plusieurs textes parmi lesquels : la directive 2004/83/CE du Conseil du 29 avril 2004 concernant *« les normes minimales relatives aux conditions que doivent remplir les ressortissants des pays tiers ou les apatrides pour pouvoir prétendre au statut de réfugié ou les personnes qui, pour d'autres raisons, ont besoin d'une protection internationale, et relatives au contenu de ces statuts »* (JO L 304/12 du 30.9.2004)[50]. Cet instrument juridique comportait un article 2 particulièrement pertinent : *« Définitions, aux fins de la présente directive, on entend par : ... c) « réfugié », tout ressortissant d'un pays tiers qui, parce qu'il craint avec raison d'être persécuté du fait de sa race, de sa religion, de sa nationalité, de ses opinions politiques ou de son appartenance à un certain groupe social, se trouve hors du pays dont il a la nationalité et qui ne peut ou, du fait de cette crainte, ne veut se réclamer de la protection de ce pays ou tout apatride qui, se trouvant pour les raisons susmentionnées hors du pays dans lequel il avait sa résidence habituelle, ne peut ou, du fait de cette crainte, ne veut y retourner et qui n'entre pas dans le champ d'application de l'article 12 ».* Tout bien considéré, dès l'instant où se pose la question de la nationalité dans un processus de détermination du statut de réfugié, le recours à la notion de « résidence habituelle » devient une impérieuse

[49] Cf. *« Droit des minorités : normes internationales et indications pour leur mise en œuvre »*, Nations Unies, Droits de l'Homme, Genève, 2010, P. 6.

[50] Sa refonte introduite par la directive 2011/95/UE (J.O du 12/12/2011) du Parlement Européen en date du 13/12/2011 n'a vraiment pas bouleversé ni l'économie ni les précédents équilibres du texte.

nécessité[51]. Le « *Guide des procédures et critères à appliquer pour déterminer le statut de réfugié au regard de la Convention de 1951 et du Protocole de 1967 relatifs au statut des réfugiés* » est plus complet et plus explicite dans la distinction entre les deux catégories juridiques étudiées. Ainsi assure-t-il : « *Dans le présent contexte, la « nationalité » désigne la « citoyenneté », le lien entre un individu et un Etat déterminé. Les mots « se trouve hors du pays dont elle a la nationalité » se rapportent aux personnes qui ont une nationalité, par opposition aux apatrides. Dans la majorité des cas, les réfugiés conservent la nationalité de leur pays d'origine (…) 101. Dans le cas d'une personne qui est apatride, le « pays de la nationalité » est remplacé par le « pays dans lequel elle avait sa résidence habituelle » et les mots « ne veut se réclamer de la protection de ce pays » sont remplacés par « ne veut y retourner ». Un réfugié apatride ne peut évidemment pas « se réclamer de la protection » du pays dans lequel il avait précédemment sa résidence habituelle. En outre, lorsqu'un apatride a quitté le pays où il avait sa résidence habituelle pour les raisons indiquées dans la définition, il n'est généralement pas en mesure d'y retourner. 102. On notera que tous les apatrides ne sont pas des réfugiés. Pour être réfugiés, ils doivent se trouver hors du pays dans lequel ils avaient leur résidence habituelle, pour les raisons indiquées dans la définition. Lorsque ces raisons n'existent pas, l'apatride n'est pas un réfugié (...) Par conséquent, lorsqu'un demandeur prétend craindre des persécutions dans le pays dont il a la nationalité, il convient d'établir qu'il possède effectivement la nationalité de ce pays. Il peut cependant y avoir des doutes sur le point de savoir si une personne a une nationalité. Elle peut ne pas être elle-même en mesure de le dire avec certitude ou prétendre à tort qu'elle a telle ou telle nationalité ou qu'elle est apatride. Lorsque la nationalité de l'intéressé ne peut être clairement établie, sa demande de reconnaissance du statut de réfugié doit être traitée de la même manière que dans le cas d'un apatride, c'est-à-dire qu'au lieu du pays dont il a la nationalité, c'est le pays dans lequel il avait sa résidence habi-*

[51] Lire également la décision du Conseil du contentieux des étrangers (Belgique), 24/06/2010, Nr 45.396.

tuelle qui doit être pris en considération »[52]. La doctrine n'est nullement en reste sur ce point précis. Citons par exemple Denis Alland et Catherine Teitgen-Coly : *« La Convention de Genève n'envisage pas le cas des personnes qui n'ont pas de nationalité, auquel cas le rattachement entre le persécuté et un Etat se fait par le biais de la « résidence habituelle ». De plus, bien souvent, l'incertitude est grande quant à la nationalité des demandeurs d'asile (...) la nationalité est ici ce qui permet de rattacher à un Etat donné les craintes de persécution dont le demandeur se prévaut. La nationalité est donc la condition essentielle d'imputation des persécutions à l'Etat dont un individu est le ressortissant »*[53]. Assurément, dans le cas d'une personne disposant de plusieurs nationalités : *« l'expression pays dont il a la nationalité vise chacun des pays dont cette personne a la nationalité »*. Pour contourner la difficulté à établir la nationalité du demandeur d'asile, le juge de l'asile fait donc recours à dernière partie de l'article 1A2 de la convention de Genève selon laquelle : *« ou qui, si elle n'a pas la nationalité et se trouve hors du pays dont il a la résidence habituelle... ne peut ou en raison de ladite crainte, ne veut y retourner »*. Sur cet aspect, ces deux auteurs n'hésitent pas exprimer leur opinion dissidente : *« Cela revient à assimiler l'indétermination sur la nationalité à l'absence de nationalité. Cette assimilation est préoccupante. Elle est abusive au regard de la situation réelle d'un grand nombre de personnes et elle risque d'emporter des conséquences non souhaitables : multiplication des cas d'apatridie de fait... »*[54]. Voici le raisonnement développé par le juge belge sur ces entrefaites : *« Pour l'appréciation de la condition que la partie requérante ne peut pas ou, du fait de sa crainte de persécution, ne veut pas se réclamer de la protection du pays de sa nationalité, la notion de nationalité doit être comprise comme étant « le lien entre un individu et un Etat déterminé » (Guide des procédures et critères à appliquer pour déterminer le statut de réfugié, HCR, Genève, 1979, réédition,*

---

[52] Cf. Le *« Guide des procédures et critères à appliquer pour déterminer le statut de réfugié au regard de la Convention de 1951 et du Protocole de 1967 relatifs au statut des réfugiés »*, HCR/1P/4/FRE/REV.1, UNHCR 1979 Réédité, Genève, janvier 1992, P. 16 et 24.

[53] Lire le *« Traité du droit d'asile »*, Paris, Puf, 2002, P. 438-439.

[54] Dans *« Traité du droit d'asile »*, Op cit, P. 446.

1992, page 22, §87). Aucune disposition spécifique applicable en droit belge ne règle l'hypothèse où la nationalité d'un demandeur d'asile ne peut pas être clairement établie et où il n'est pas pour autant apatride. Conformément au considérant 15 de la directive 2004/83/EG précitée, il y a lieu de résoudre la question en s'inspirant des indications utiles données par le Haut Commissariat des Nations Unies pour les réfugiés. Selon ces indications, la demande d'asile doit dans ce cas « être traitée de la même manière que dans le cas d'un apatride, c'est-à-dire qu'au lieu du pays dont il a la nationalité, c'est le pays dans lequel il avait sa résidence habituelle qui doit être pris en considération » (Guide des procédures et critères..., page 22, §89). Il résulte de ce qui précède que le besoin de la protection prévue par les articles 48/3 et 48/4 de la loi du 15 décembre 1980 doit être examiné par rapport au pays ou aux pays dont le demandeur d'asile a la nationalité ou au pays où il avait sa résidence habituelle. Cette exigence découle de la nécessité d'apprécier si la partie requérante ne peut pas se réclamer de la protection de ce pays ou si elle invoque des motifs valables pour refuser de s'en prévaloir. 6.2. Cet examen suppose que ce pays de protection puisse être déterminé. Or, la question de la preuve de la nationalité du demandeur ou du pays de sa résidence habituelle se heurte à des difficultés tant en droit qu'en fait dont il convient de tenir compte dans le raisonnement qui est suivi (...) 6.4. Ce rappel ne peut évidemment avoir pour effet de rendre impossible l'examen du bien-fondé d'une demande d'asile. Il s'en déduit toutefois qu'en cas de doute au sujet de la nationalité du demandeur d'asile ou, s'il n'en a pas, du pays dans lequel il avait sa résidence habituelle, il revient aux deux parties d'éclairer le Conseil de la manière la plus précise et la plus circonstanciée possible quant à la détermination du pays par rapport auquel l'examen de la demande de protection doit s'effectuer. » (L'Assemblée générale du Conseil du contentieux des étrangers, n° 45 396 du 24 juin 2010, dans l'affaire X contre le Commissaire général aux réfugiés et aux apatrides). En définitive, seule l'impossibilité d'un retour dans le pays dans lequel l'impétrant vivait habituellement permet une appréciation portant sur le bien-fondé ou non de la demande de protection. Une bonne intellection de la notion de « pays de résidence » s'impose à bien des égards. Comment les juges appréhendentils la notion de « pays de résidence » ? De la jurisprudence française[55], tâchons d'en tirer deux exemples susceptibles de nous éclairer : *(CNDA, 14 décembre 2009, 640897/08021356, Mlle H.) « le pays à l'égard duquel les craintes de la requérante doivent être examinées : Considérant que Mlle H. est née en Corée du Nord et qu'elle a été abandonnée à l'âge de cinq ans dans un orphelinat en Fédération de Russie ; qu'à sa majorité, elle a été mise à la porte de l'orphelinat sans document d'identité ; qu'elle a engagé des démarches pour se voir reconnaître la citoyenneté russe mais sans succès ; que n'étant pas en mesure de solliciter la nationalité nord-coréenne en raison de la situation politique qui y prévaut et des soupçons de trahison qui risquent de peser sur elle du fait de son séjour prolongé à l'étranger, l'intéressée se trouve dépourvue de nationalité ; qu'elle s'est pour ces différentes raisons retrouvée dans une situation d'apatridie de fait ; qu'au regard de ce qui précède et en tenant compte du fait qu'elle a longuement vécu en Fédération de Russie et qu'elle y a établi ses centres d'intérêt, il convient de retenir la Fédération de Russie comme étant son*

---

[55] En Belgique, dans une décision (Arrêt n° 61 557 du 16 mai 2011, affaire X contre Commissaire général aux réfugiés et apatrides), le juge du Conseil du contentieux des étrangers a récemment soutenu que : *« 4.3. Les arguments des parties portent donc essentiellement sur deux questions : la question de l'établissement de la nationalité somalienne de la partie requérante d'une part, et la question de l'établissement des faits invoqués par celle-ci à l'appui de son recours d'autre part. 4.4. Concernant l'établissement de la nationalité... le Conseil rappelle que la preuve de la nationalité d'un demandeur d'asile se heurte à des difficultés tant de droit que de fait dont il faut tenir compte dans le raisonnement suivi. 4.4.1. En effet, les contestations portant sur la nationalité d'une personne n'ayant pas pour objet un droit politique soustrait par le législateur à la juridiction des cours et tribunaux, le Conseil est sans juridiction pour déterminer la nationalité du demandeur d'asile, qu'il s'agisse de décider quelle nationalité celui-ci possède, s'il en a plusieurs ou s'il est apatride. Ce rappel ne peut évidemment avoir pour effet de rendre impossible l'examen du bien-fondé d'une demande d'asile. Il s'en déduit toutefois qu'en cas de doute au sujet de la nationalité du demandeur d'asile ou, s'il n'en a pas, du pays dans lequel il avait sa résidence habituelle, il revient aux deux parties d'éclairer le Conseil de la manière la plus précise et la plus circonstanciée possible quant à la détermination du pays par rapport auquel l'examen de la demande de protection doit s'effectuer. 4.4.2. Il revient, au premier chef, au demandeur d'asile de fournir les informations nécessaires afin de permettre de procéder à l'examen de sa demande, y compris sous l'angle de la détermination du pays censé lui assurer une protection ».*

pays de résidence habituelle à l'égard duquel ses craintes doivent être appréciées ; »[56]. Difficile de critiquer la logique juridique qui sous-tend cet arrêt. A contrario, (C.N.D.A 5/11/2009, 703270/09008653, H) *: « Considérant, en premier lieu, qu'il résulte de l'instruction que l'intéressé, qui déclare ne pas avoir de nationalité, est en droit de se voir reconnaître la nationalité de la République d'Arménie en application de l'article 10.3 de la loi sur la nationalité adoptée en novembre 1995 ; que, conformément aux dispositions de cette loi, sa mère a d'ailleurs acquis la nationalité arménienne ; que, dès lors, les craintes alléguées par le requérant à l'égard de la Fédération de Russie n'ont pas lieu d'être examinées au titre de pays de résidence habituelle dans la mesure où il est éligible à la nationalité arménienne ; Considérant, en troisième lieu, qu'il ne résulte pas de l'instruction que le requérant serait personnellement exposé, du fait de l'origine azérie de sa concubine, rencontrée en Fédération de Russie en 2000, à des persécutions au sens des stipulations de l'article 1er, A, 2 de la convention de Genève en cas de retour en Arménie ou à l'une des menaces graves visées par l'article L 712-1 du code de l'entrée et du séjour des étrangers et du droit d'asile ; (...) Considérant qu'il résulte de tout ce qui précède que le recours ne peut être accueilli ; ... (Rejet) »*. Quelle est la position de la plus haute juridiction administrative française ? Le Conseil d'Etat a une jurisprudence établie dans la mesure où il ne conçoit pas que la CNDA se limite à apprécier les craintes uniquement en rapport avec le pays de résidence, alors qu'elle devrait préalablement le faire à l'égard du pays dont le requérant a la nationalité. Voilà pourquoi il n'hésite jamais à sanctionner régulièrement une telle « erreur de droit ». Son interprétation de la Convention de Genève est de ce point de vue authentique et donc difficilement contestable. Par ailleurs, des dispositions complémentaires étaient également contenues dans la directive « qualification » susmentionnée et notamment à l'article e) ainsi stipulé : *« personne pouvant bénéficier de la protection subsidiaire », tout ressortissant d'un pays tiers ou tout apatride qui ne peut être*

---

[56] Idem : CNDA, 2 septembre 2010, Mme L., n° 08018788, C dans *« Année 2012, Contentieux des réfugiés, Jurisprudence du Conseil d'État et de la Cour nationale du droit d'asile »*, P. 53.

considéré comme un réfugié, mais pour lequel il y a des motifs sérieux et avérés de croire que la personne concernée, si elle était renvoyée dans son pays d'origine ou, dans le cas d'un apatride, dans le pays dans lequel il avait sa résidence habituelle, courrait un risque réel de subir les atteintes graves définies à l'article 15, l'article 17, paragraphes 1 et 2, n'étant pas applicable à cette personne, et cette personne ne pouvant pas ou, compte tenu de ce risque, n'étant pas disposée à se prévaloir de la protection de ce pays ». Signalons que cet élément est enfin pris en compte pour l'appréciation de la « clause de cessation » par la Convention de Genève de 1951 en ce qui concerne les réfugiés apatrides, paragraphe 6, section A, Article 1er de la Convention de 1951 pour lequel : *« S'agissant d'une personne qui n'a pas de nationalité, si, les circonstances à la suite desquelles elle a été reconnue comme réfugié ayant cessé d'exister, elle est en mesure de retourner dans le pays dans lequel elle avait sa résidence habituelle ».* Selon le Guide de l'Unhcr précité : *« Cette sixième et dernière clause de cessation est l'équivalent, pour les apatrides, de la disposition prévue par la cinquième clause à l'intention des personnes qui ont une nationalité. [Elle] concerne uniquement les apatrides qui sont en mesure de retourner dans le pays où ils avaient leur résidence habituelle. 138. Les « circonstances » qui ont « cessé d'exister » doivent s'entendre de la même façon que dans la cinquième clause de cessation. 139. Il convient de souligner qu'indépendamment du changement de circonstances intervenu dans le précédent pays de résidence habituelle, l'intéressé doit être en mesure de retourner dans ce pays. S'agissant d'un apatride, il se peut que cela ne soit pas toujours possible »*[57]. Qu'en est-il en cas de pluralité de lieux de résidence habituelle ? : *« Pour un apatride, il peut y avoir plusieurs pays dans lesquels il a eu sa résidence habituelle et il peut craindre des persécutions sur le territoire de plusieurs d'entre eux. La définition n'exige pas que le réfugié apatride satisfasse aux conditions qu'elle pose vis-à-vis de tous ces pays. 105. Lorsqu'un apatride*

---

[57] Dans le *« Guide des procédures et critères à appliquer pour déterminer le statut de réfugié au regard de la Convention de 1951 et du Protocole de 1967 relatifs au statut des réfugiés »*, HCR/1P/4/FRE/REV.1, UNHCR 1979 Réédité, Genève, janvier 1992, P. 25.

a été reconnu comme réfugié dans ses rapports avec le « pays dans lequel [il] avait sa résidence habituelle », aucun changement ultérieur du pays de résidence habituelle ne remet en question son statut de réfugié »[58]. De plus, si un apatride a vécu dans plusieurs pays de résidence avant de solliciter le bénéfice des dispositions pertinentes de la Convention de 1951 – ce qui peut être le cas s'il s'est retrouvé dans un pays non signataire de la convention de 1954 – quel est le pays qui serait retenu ? La question s'est posée devant le juge canadien en 1995, il s'agissait : *« d'une demande de contrôle judiciaire concernant une décision de la CISR statuant que le requérant n'était pas un réfugié au sens de la Convention parce qu'il n'avait pas de raison de craindre d'être persécuté s'il retournait dans l'un des deux pays dans lequel il avait sa résidence habituelle. Le requérant est apatride. Il est né au Koweït et y a vécu aux termes d'un permis de résidence parrainé par son père, réfugié palestinien muni d'un permis de travail, pendant 18 ans. Il est parti faire ses études universitaires aux États-Unis et y est demeuré pendant 11 ans. Pendant la guerre du Golfe, alors qu'il vivait en Louisiane, le requérant a fait l'objet de harcèlement en raison de ses origines palestiniennes. Le requérant est arrivé au Canada en 1994 et y a réclamé le statut de réfugié. Selon la définition du paragraphe 2(1) de la loi sur l'immigration un « réfugié au sens de la Convention » est « toute personne qui, craignant avec raison d'être persécutée..., si elle n'a pas de nationalité et se trouve hors du pays dans lequel elle avait sa résidence habituelle, ne peut ou, en raison de cette crainte, ne veut y retourner ». Dans sa formule de renseignements personnels, le requérant a indiqué que le Koweït était son seul pays de résidence habituelle, mais qu'il craignait d'être persécuté à la fois au Koweït et aux États-Unis. La Commission a conclu que le requérant avait sa résidence habituelle aux États-Unis et au Koweït. Elle a aussi conclu que le requérant n'avait pas raison de craindre d'être persécuté aux États-Unis ailleurs qu'en Louisiane et donc qu'il n'avait pas réussi à démontrer qu'il avait raison de craindre d'être persécuté aux États-Unis. Elle a conclu qu'il n'avait pas non plus raison de craindre d'être per-*

[58] Cf. Le *« Guide des procédures et critères à appliquer pour déterminer le statut de réfugié...* », Op cit, P. 18.

sécuté au Koweït parce que les membres de sa famille y résidaient et y menaient un train de vie semblable à celui qu'ils avaient avant l'invasion du Koweït par l'Irak. La Commission a reconnu qu'à l'époque pertinente le Koweït refusait l'admission aux Palestiniens apatrides. Les questions consistent à savoir si les États-Unis étaient un pays de résidence habituelle et si le requérant devait établir sa crainte d'être persécuté à l'égard des deux pays dans lesquels il avait sa résidence habituelle... Les dispositions de la Loi sur l'immigration et de la Convention qui traitent des cas de nationalité multiple indiquent que chaque pays dont l'intéressé a la nationalité doit être pris en compte dans l'évaluation de la revendication du statut de réfugié. Il n'y a pas de dispositions semblables pour ce qui a trait à de multiples pays de résidence habituelle. Le fait qu'aucune tentative n'a été faite pour résoudre l'ambiguïté laisse entendre qu'il n'y a pas d'ambiguïté à dissiper. C'est le cas si l'on considère que le pays de « résidence habituelle » d'un apatride s'entend du dernier pays dans lequel il avait sa résidence habituelle. Cette interprétation est compatible avec l'un des deux principaux sens attribué au mot « former » et c'est celui qui doit être retenu. Si l'expression « résidence habituelle » faisait référence à tous les pays de résidence habituelle passés, elle serait l'expression d'un désir conscient des auteurs de la Convention d'établir la symétrie avec la notion de nationalité, et l'ambiguïté qui en résulterait ne pourrait logiquement leur avoir échappé. La question doit reposer sur l'importance des liens qui rattachent un apatride à un pays donné au moment où la revendication est présentée. La proximité de ces liens dans le temps est l'élément qui, invariablement, unit plus étroitement un apatride à son dernier pays de résidence habituelle qu'à tout autre pays et c'est ce que les auteurs de la Convention avaient à l'esprit quand ils ont formulé la définition. Cette conclusion coïncide également avec l'intention du législateur canadien qui peut être dégagée des Règlements établis en application de la Loi sur l'immigration. Le paragraphe 14(3) des règles de la section du statut de réfugié prescrit que la mention de la nationalité d'une personne vaut mention de son dernier pays de résidence habituelle. La version française précise « son dernier pays de résidence habituelle ». Bien qu'elle appelle un sens qui s'harmonise avec celui de la version anglaise, la version fran-

çaise est plus précise et devrait être préférée au texte anglais. Le requérant avait sa résidence habituelle aux États-Unis où il s'est marié deux fois, a produit ses déclarations d'impôt sur le revenu et était titulaire d'une carte de sécurité sociale. Comme le requérant a reconnu qu'il n'avait aucune raison de craindre d'être persécuté ailleurs aux États-Unis, sa revendication a été à bon droit rejetée pour ce qui a trait à ce pays »[59]. Tel avait été en définitive le sens de la décision rendue par la justice canadienne en l'espèce. Elle n'a pour autant pas pu faire jurisprudence. La Cour d'appel fédérale ayant été obligée plus tard d'apporter des précisions nécessaires quant au contenu de la notion : *« [Elle] a examiné quatre choix possibles – le premier pays de résidence habituelle, le dernier, tous les pays ou l'un ou l'autre des pays – mais elle les a tous rejetés. Elle a plutôt adopté comme critère ce que l'on appelle « l'un ou l'autre des pays, mais en tenant compte de l'arrêt Ward », principe qui respecte le libellé de la définition de réfugié au sens de la Convention et qui est compatible avec les règles établies par la Cour suprême du Canada dans Ward. Le juge Linden a formulé la décision de la Cour d'une autre façon dans les motifs de jugement : Une personne n'est pas un réfugié lorsqu'elle pourrait vraisemblablement retourner dans un pays où elle a eu sa résidence habituelle et s'y trouver à l'abri de la persécution. Le revendicateur aurait donc le fardeau [...] de démontrer, selon la probabilité la plus forte, qu'il ne peut ou ne veut retourner dans aucun des pays où il a eu sa résidence habituelle. (p. 39). Cela signifie en fait que l'apatride qui a de multiples pays de résidence habituelle antérieure peut établir le bien-fondé de sa demande d'asile à l'égard de n'importe lequel de ces pays. Cependant, si le demandeur d'asile est en mesure de retourner dans l'un ou l'autre de ces pays, il doit, pour établir le bien-fondé de sa demande d'asile, également démontrer une crainte fondée d'y être persécuté »*[60]. La controverse juridique

---

[59] Marwan Youssef Thabet c. Ministre de la Citoyenneté et de l'Immigration, 20/12/1995, IMM-1398-95, http://www.unhcr.org/refworld/docid/3ae6b6e5b.html [accessed 11 April 2012] position du juge Noël, Toronto.

[60] Lire *« Interprétation de la jurisprudence, Sur la définition de réfugié au sens de la convention, Points saillants »*, Document du 31 décembre 2005,

est-elle pour autant définitivement close ? La question reste ouverte[61]. Dans « Le contentieux 2012 des réfugiés », nous pouvons lire : *« Détermination de la nationalité. Saisie de nombreux cas de requérants démunis de tout document d'identité, ne se réclamant d'aucune nationalité, alléguant une naissance en Azerbaïdjan avant l'éclatement de l'Union soviétique, des origines arméniennes ou des origines mixtes azéries et arméniennes et une résidence irrégulière continue en Russie à compter des pogroms de 1988, la Cour a rappelé dans une décision de principe l'obligation première pour le juge de l'asile de se prononcer, pour l'examen des craintes et des menaces graves alléguées, sur le ou les pays successifs de nationalité du requérant avant d'envisager le rattachement subsidiaire à un pays de résidence habituelle (CNDA SR 16 novembre 2011 M. B. n°10018108 R). S'agissant de personnes se présentant comme sans nationalité, cette obligation conduit à rechercher si les législations du pays d'origine et de résidence(s) leur permettent d'acquérir de plein droit leur nationalité. Si tel est le cas, comme en l'espèce, le rattachement, est opéré vis-à-vis du pays en cause. L'existence de craintes de persécution ou de menaces graves et l'absence éventuelle de protection des autorités doivent donc être appréciées au regard de cet Etat »*[62]. En tout état de cause, comme l'observe le H.C.R : *« Une personne ne peut être un réfugié que si elle se trouve hors du pays dont elle a la nationalité ou, pour celles qui sont apatrides – c.-à-d.*

Services juridiques, Commission de l'immigration et du statut de réfugié du Canada, p. 56 à 64 (2-9 à 15).

[61] Dans la jurisprudence française, relire CRR 27 janvier 2005, 486811, Barcelyan. *« Confrontée à la question de la détermination du pays de résidence habituelle de requérants sans nationalité, la Commission fait toujours prévaloir le pays d'origine même si ceux-ci l'ont quitté longtemps avant leur arrivée en France… Toutefois, lorsqu'après avoir quitté son pays d'origine, un requérant a longtemps résidé et établi des liens stables dans un pays tiers, celui-ci peut être désigné comme étant celui de sa résidence habituelle. En l'espèce, l'existence de résidences successives d'une durée comparables et également significatives au regard du récit a conduit la Commission à prendre en compte les deux pays de résidence à l'égard desquels le requérants invoquait des craintes de persécution »* dans *« Contentieux des réfugiés, Jurisprudence du Conseil d'Etat et de la Commission des recours des réfugiés Année 2005 »*, Centre d'information juridique, P. 63.

[62] Lire *« Année 2012, Contentieux des réfugiés, Jurisprudence du Conseil d'État et de la Cour nationale du droit d'asile »*, P. 3.

qui n'ont la nationalité d'aucun pays – hors de leur pays de résidence habituelle. Il s'agit là d'un aspect factuel, qui doit être établi sur la base de documents, de déclarations ou de tout autre information soumise par le demandeur ou obtenue à partir d'autres sources »[63]. Il prolonge parcimonieusement son argumentaire comme suit : *« La « nationalité » en tant que motif d'octroi du statut de réfugié ne fait pas uniquement référence à la « citoyenneté » mais s'étend aussi aux groupes de personnes définies par leur identité ethnique, religieuse, culturelle ou linguistique réelle ou perçue comme telle, que cette différence ait ou non été juridiquement officialisée »*[64]. Une interprétation lato sensu qui, à certains égards, rapproche inévitablement la notion de celle de « groupe social ». Les deux étant des critères inclusifs à la Convention de Genève de 1951. Interrogé relativement récemment sur la question de savoir quelle est la différence entre un apatride et un réfugié, le H.C.R a fait une réponse sans ambiguïté : *« Les apatrides et les réfugiés ont tous deux besoin de la protection internationale. Ils se trouvent dans une situation précaire parce que le lien avec l'Etat a été brisé. Tous deux bénéficient donc d'un statut spécial mais différent en vertu du droit international. L'un des éléments majeurs de la définition du réfugié réside dans le fait qu'il craint avec raison d'être persécuté. Le fait d'être apatride ne signifie pas nécessairement que la personne fait l'objet de persécutions. De même, pour être un réfugié, un apatride doit également se trouver hors de son pays de résidence habituelle. Or, la plupart des apatrides n'ont jamais quitté le pays où ils sont nés. Cependant, l'apatridie est souvent une cause majeure du déplacement forcé. Lorsque des apatrides sont aussi des réfugiés, ils sont couverts par la Convention de 1951 relative au statut des réfugiés et par le droit international des réfugiés »*[65]. Eu égard à ce qui précède, nous ne pouvons nous empêcher de faire chorus avec Yves Beigbeder quand il écrivait que : *« Les réfugiés apatrides relèvent de la compétence du HCR au titre de son statut,*

---

[63] Dans *« Détermination du Statut de Réfugié, déterminer qui est un réfugié, Module d'autoformation 2 »*, Unhcr, Genève, 1er septembre 2005, P. 33.
[64] Cf. *« Détermination du Statut de Réfugié, déterminer qui est un réfugié, Module d'autoformation 2 »*, Unhcr, Genève, 1er septembre 2005, P. 43.
[65] Voir *« Protection des droits des apatrides, la Convention de 1954 relative au statut des apatrides »* Unhcr, Genève, 2010, P. 12.

dans la mesure où ils se trouvent hors du pays dans lequel ils avaient leur résidence habituelle, et ne peuvent ou ne veulent y retourner en raison de leur crainte de persécution du fait de leur race, de leur religion ou leurs opinions politiques, ou pour des raisons autres que de convenance personnelle. Ils ont donc le droit à la même protection que les réfugiés non apatrides »[66]. En définitive, les deux statuts ne sont ainsi pas dans une irréductible opposition car le statut de réfugié peut encore aujourd'hui englober en son sein bon nombre de personnes apatrides. Mais cela veut aussi dire que tous les apatrides ne sont pas des réfugiés. Bien plus encore, tous les apatrides ne sont pas dans une situation objective identique et/ou unique. Un apatride africain dont la naissance n'a jamais été enregistrée n'est certainement pas dans la même configuration qu'un enfant né en Europe de parents apatrides, réfugiés ou de nationalités différentes par exemple. Contrairement au premier qui se caractérise par une absence totale de document, celui-ci dispose forcément d'un acte de naissance en bonne et due forme même si sa nationalité n'est pas toujours immédiatement déterminée ou établie. Cet élément induira ultérieurement des conséquences, le cas échéant, au moment de solliciter la protection internationale. Tous ces divers cas de figure se regroupent dans l'apatridie. Tout en restant autour de ce paradigme, n'est-il pas difficile au demeurant de ne pas évoquer la singularité de la situation des palestiniens depuis 1948 ? D'après Terry M. Remple : *« La plupart des palestiniens sont, à l'heure actuelle, en même temps réfugiés et apatrides »*[67]. A sa façon, Abbas Shiblak confessait que : *« Les Palestiniens représentent la plus grande communauté apatride au monde. L'apatride a dominé et a formé les vies de quatre générations de réfugiés Palestiniens depuis leur exode en 1948 »*[68]. Un peuple ayant véritablement la particulari-

[66] Lire Yves Beigbeder dans *« Le Haut Commissariat des Nations Unies pour les Réfugiés »*, Que-sais-je n° 3489, Paris, Puf, 1999, P. 57.

[67] *« Qui sont les réfugiés palestiniens ? »* tiré de la revue *« Migrations forcées »* n° 62, intitulé *« Le déplacement palestiniens : un cas d'exception ? »*, Centre d'études sur les réfugiés, université d'Oxford, Octobre 2006, P. 5.

[68] Cf. *« Vivre en fantôme : les Palestiniens apatrides »* tiré de la revue *« Migrations forcées »* n° 62, intitulé *« Le déplacement palestiniens : un cas d'exception ? »*, Centre d'études sur les réfugiés, université d'Oxford, Octobre 2006, P. 8. Idem Françoise de Bel-Air dans : *« Les réfugiés palestiniens dans*

té d'avoir été considéré depuis des décennies comme étant à la fois des réfugiés et des apatrides.

Une fois que la notion d'« apatride » est explicitée ainsi que son champ d'application, le temps est venu de voir en quoi consiste cet épineux problème.

---

le monde arabe » tiré de *« 60 ans de protection internationale »,* Pro Asile, Revue France Terre d'Asile, numéro spécial 22, Paris, 2012, P. 18 à 21.

Chapitre II.
Les caractéristiques et les causes de l'apatridie

Commençons par circonscrire notre problématique si particulière avant d'axer notre réflexion sur sa nature, ses principales caractéristiques ainsi que ses sources. Tels sont les questionnements qui nous actuellement soumis et auxquels il convient d'apporter des réponses dans la mesure du possible sans équivoques de façon à combler toutes les attentes.

Section 1. L'apatridie est un problème

Il conviendrait, en réalité, de parler d'une somme de problèmes pour désigner l'apatridie. Son ampleur ainsi que sa portée méritent d'être prospectées avec minutie tout en ayant pour objectif, entre autres, d'en découvrir les caractérisations essentielles. Que des êtres humains soient dépourvus de capacité et de personnalité juridiques, cela est manifestement une gageure. C'est le moins que l'on puisse dire. Mais de quel ordre est cet obstacle et quelle est sa nature intrinsèque ? *« ...L'apatridie est loin de se limiter à un problème technique pour des individus isolés, à la périphérie des préoccupations internationales. Envisager le problème sous un angle aussi étroit, c'est ne pas voir, comme un commentateur l'a exprimé, que « la dénaturalisation et l'apatridie ne sont pas, ou du moins pas exclusivement, liées au droit d'entrée ou de revenir dans un Etat ; ces problèmes touchent au déni d'un large éventail de droits qui découlent de l'appartenance d'un individu à une communauté territoriale spécifique »* avait indiqué le H.C.R voici plusieurs années[69]. Se trouve ainsi exposée et résumée la redoutable infortune que constitue immanquablement l'apatridie. Par définition, n'est-ce pas extrêmement ardu de mesurer objectivement les contours d'un tel phénomène si diffus ? D'où l'impossibilité quasi-totale de déterminer avec exactitude le nombre d'apatrides dans le monde. Selon le H.C.R : *« Il n'est pas possible de quantifier aujourd'hui de façon fiable l'étendue exacte du problème de l'apatridie dans le monde ; il ne fait aucun doute néanmoins que d'innombrables apatrides sont confrontés continuellement à la difficulté d'exercer leurs droits humains, d'obtenir des papiers d'identité, d'enregistrer leurs enfants et d'avoir accès aux procédures. L'élaboration de normes concernant la prévention, la réduction et la protection des apatrides s'est donc poursuivie »*[70]. D'après les estimations fournies par l'U.I.P et l'Unhcr en 2005, il y avait quelque onze millions de personnes en état d'apatridie dans le monde[71]. L'année suivante le H.C.R avouera ce qui est plus qu'un embarras, une difficulté certaine : *« Il y a actuellement 8,4 millions de réfugiés dans le monde et 23,7 millions de personnes déplacées. Mais il y a également plusieurs millions d'apatrides à travers le globe... le cas des apatrides, ces « non-personnes, ces fantômes sur le plan juridique » comme le formule un expert, est, quant à lui, souvent moins compris »*[72]. En 2007, ce même programme des Nations Unies avait doctement prétendu que : *« Selon les chiffres officiels de l'UNHCR (dont le mandat englobe les apatrides et les réfugiés), on compte actuellement 5,8 millions de personnes apatrides dans 49 pays, disséminées à travers le monde. L'agence estime toutefois que leur nombre réel pourrait avoisiner les 15 millions »*[73]. Ces chiffres peuvent laisser perplexe dans la mesure où ils tradui-

---

[69] Dans *« Apatrides : une note d'information »*, EC/1992/SCP/CRP.4, Sous Comité protection, 1er avril 1992, P. 1.

[70] *« Note sur la protection internationale »*, Rapport du Haut Commissaire, A/AC.96/1085, 30/06/2010, P. 15.

[71] *« Nationalité et apatridie, guide pour les parlementaires »*, Union Interparlementaire (UIP), Unhcr, 2005, P. 3.

[72] Cf. *« Le monde des apatrides, Questions et réponses »*, Unhcr, Genève, 2006, P. 4-5.

[73] Lire le Magazine *« Réfugiés »*, n° 147, Volume, 3, Edition spéciale intitulée : *« L'univers étrange et mal connu des apatrides, les exclus »*, Unhcr, Genève, 2007, P. 2.

sent une augmentation de quatre millions d'apatrides en seulement deux ans. En mai 2007, Philippe Leclerc, alors responsable de l'Unité *« apatridie »*, évoquait lui aussi ce même chiffre de quinze millions. La confusion peut sembler totale. Le point de vue extérieur au H.C.R est celui exprimé par Indira Goris, Julia Harrington et Sebastian Köhn lesquels à leur tour confiaient qu' : *« il se trouve aujourd'hui entre 11 et 15 millions d'apatrides dans le monde. Non seulement n'y a-t-il aucune volonté systématique de recueillir des données fiables, mais des divergences sont aussi apparues quant aux populations à inclure sous le terme générique d'apatrides. Il existe un consensus général pour que soient prises en compte les personnes apatrides de jure (légalement), c'est-à-dire les individus qui ne sont considérés juridiquement comme étant ressortissants d'aucun pays. Cependant, il existe des millions de personnes privées de leur nationalité mais qui n'ont pas pour autant la possibilité de prouver leur nationalité ou... ne peuvent jouir de nombreux droits humains dont jouissent les autres citoyens. Ces personnes peuvent donc être définies comme apatrides de facto, c'est-à-dire apatrides dans les faits, même s'ils ne le sont pas aux yeux de la loi. Ainsi ces personnes ne peuvent-elles pas compter sur le pays dont elles sont citoyennes pour garantir leur protection »*[74]. Les évaluations ainsi présentées sont celles, sans aucun doute, produites par le H.C.R. Au demeurant, la complication supplémentaire qu'elles soulèvent dans leur analyse avait poussé l'U.I.P et le H.C.R à apporter quelques indications relativement à ce distinguo entre les deux sous-catégories : *« Les personnes n'ayant pas obtenu la nationalité automatiquement ou par décision individuelle conformément à la législation d'un Etat sont réputées apatrides de jure : c'est-à-dire au regard de la loi applicable. Toute personne est censée avoir une nationalité tant que rien ne prouve le contraire. Cependant, il arrive que les Etats avec lesquels une personne peut avoir des liens authentiques ne parviennent pas à déterminer lequel d'entre eux a donné sa citoyenneté à cette personne.*

---

[74] Voir leur article : *« Qu'est-ce que l'apatridie et pourquoi est-ce une question importante ? »* tiré de la revue *« Migrations forcées »* n° 32, intitulé *« Apatrides, pas d'identité légale. Peu de droits. Cachés aux marges de la société »*, Centre d'études sur les réfugiés, université d'Oxford, Mai 2009, P. 4 à 6.

Dans ce cas, la personne concernée ne peut faire la preuve de son statut d'apatride de jure, et ce, alors qu'elle n'a pas de nationalité et ne bénéficie d'aucune protection nationale. Une telle personne est considérée comme apatride de facto »[75]. Pareille dichotomie du statut d'apatride est malencontreusement un obstacle de plus dans l'appréciation et la quantification du phénomène. A contrario, un invariant fait l'unanimité et concerne la tendance depuis longtemps affichée à la baisse du nombre d'apatrides reconnus. En 2009, Antonio Guterres concédait que : *« Dans les pays disposant de données fiables, au moins 6 millions de personnes étaient reconnues comme apatrides ; toutefois, le chiffre global pourrait être deux fois plus élevé »*[76]. Enfin en 2010, ses services rapportaient que : *« 25. Plus de 3,5 millions d'apatrides [avaient] obtenu ou [s'étaient] vu confirmer officiellement une nationalité entre la fin 2004 et 2010. De nombreux Etats [avaient] adopté des dispositions juridiques pour prévenir l'apatridie »*[77]. Douze millions d'apatrides semble effectivement être un chiffre plus proche de la réalité aujourd'hui selon le H.C.R. A titre de comparaison, rappelons que la population totale de réfugiés dans le monde s'élève à environ 15,2 millions de personnes (dont 10,4 millions relèvent de la compétence du H.C.R). Les proportions sont dans les deux cas particulièrement importantes pourtant leur traitement est foncièrement différencié. Il s'agit certes de

---

[75] Cf. *« Nationalité et apatridie, guide pour les parlementaires »*, Union Interparlementaire (UIP), H.C.R, 2005, P. 11. Les experts réunis à Prato en Italie en mai 2010 étaient parvenus à la conclusion suivante : *« Si les apatrides de facto sont couverts par le droit international relatif aux droits de l'homme, il n'existe pas de régime conventionnel spécifique concernant les besoins de protection des personnes qui ne relèvent pas des instruments régionaux et universels de protection des réfugiés. Certaines recommandations relatives au traitement des apatrides de facto ont été faites dans les Actes finaux des Conventions de 1954 et de 1961 et dans la Recommandation CM/ Rec(2009)13 sur la nationalité des enfants adoptée par le Comité des ministres du Conseil de l'Europe »*. Dans *« Le concept d'apatridie et le droit international »* tiré de l'*« Anniversaire des conventions relatives aux réfugiés et à l'apatridie, 2010, 2011 »*, Unhcr, Genève, 2012, P.20.

[76] Dans la *« Note sur la protection internationale »*, 5 juin 2009, EC/60/SC/CRP.9, p. 1.

[77] Dans *« Capacité et fourniture de protection »*, Comité exécutif du Programme du Haut Commissaire, Comité permanent, 48e réunion, EC/61/SC/CRP.12, 31 mai 2010, P. 9.

personnes physiques dont le déplacement géographique permet, en fonction du motif, de déterminer le statut auquel elles devraient relever. Cependant, les apatrides sont aussi des personnes mêlées à d'autres dans une masse à peu près compacte et indissociable. Il n'est pas aisé de découvrir a priori si quelques unes d'entre elles disposent ou non de documents d'identité, mieux de nationalité. Là où les réfugiés peuvent collectivement bénéficier d'une détermination prima facie de leur statut, une telle hypothèse demeure rarissime pour les apatrides sauf dans le cas de déchéance collective de nationalité. D'où la conclusion péremptoire du H.C.R selon laquelle : *« L'analyse adéquate et systématique de la portée et de l'ampleur de l'apatridie dans toutes les régions du monde continue de susciter une vive préoccupation. A ce jour, il s'est révélé impossible d'adopter un mécanisme statistique permettant d'identifier les cas d'apatridie au plan mondial... »*[78]. Sauf à s'en réclamer ouvertement, la désignation d'office des individus appartenant à ce groupe est quasiment impossible. Objectivement, la tâche est ainsi rendue encore plus laborieuse.

Section 2. Les différentes caractéristiques de l'apatridie

Plus aucun doute n'est permis à l'idée que l'apatridie apparaisse comme un véritable nœud gordien. Or celui-ci présente des traits saillants dont l'étude s'imposent à nous.

§1. Au-delà d'être un problème, l'apatridie est un vrai scandale

Environ douze millions d'hommes sur les sept milliards que compte de nos jours l'humanité sont inexistants juridiquement. En vérité ces chiffres, nous l'avons déjà dit, sont forcément très en deçà de la réalité car ils n'intègrent nullement les statistiques d'un certain nombre de pays dans lesquels la question se pose pourtant avec beaucoup plus d'acuité à l'instar de la Chine, de

---

[78] Lire les *« Activités du H.C.R dans le domaine de l'apatridie : Rapport intérimaire »*, EC/53/SC/CRP.11, Comité exécutif du programme du Haut-commissaire, 3 juin 2003, p. 6.

l'Inde… Pour illustrer le caractère irréfutable de cette affirmation, voici les conclusions pertinentes auxquelles étaient déjà parvenus les experts de l'Unicef en 2003 : *« L'exclusion se manifeste dès la naissance pour les 48 millions d'enfants qui, selon les estimations, n'ont pas été déclarés en 2003 – 36 pour cent du nombre total de naissances cette année là. L'enregistrement permet à l'enfant d'obtenir un acte de naissance, qui est la preuve légale que le gouvernement reconnaît l'enfant en tant que membre de la société. L'acte de naissance est également la preuve du lien fondamental qui unit l'enfant avec ses parents et il détermine généralement aussi sa nationalité »*[79]. Deux ans auparavant, la même agence onusienne soutenait que : *« Bien qu'une proportion beaucoup plus importante des naissances soit déclarée aujourd'hui par rapport à la décennie précédente, deux bébés sur cinq, soit plus de 50 millions d'enfants par an, n'ont toujours pas d'extrait de naissance »*[80]. Ces chiffres sont considérables et proprement scandaleux à notre époque. Toutes ces victimes sont neutres et démagnétisées juridiquement dans la mesure où elles ne peuvent accomplir aucun acte de droit. Elles ne peuvent ni justifier d'aucune identité ni présenter aucun document y afférent. Par conséquent, elles ne sont pas susceptibles d'agir sur le plan juridique encore moins d'être sujets et titulaires de droits. Point de lien de nationalité avec aucun pays au monde – « orphelin de l'Etat » disait Denis-Linton – jusqu'à ce que le statut d'apatride leur soit officiellement accordé. Première étape sur le chemin de leur reconnaissance en tant qu'être humain. L'humanité ne peut accepter une condition aussi vile qu'intolérable pour des personnes dotées de raison, de conscience et de langage. Elle doit, ne serait-ce que par obligation morale, tout tenter afin de les sortir de cette ignominieuse enclave. Le droit à la nationalité demeure donc encore aujourd'hui pour de millions de personnes une profonde aspiration existentielle, autrement dit, le rêve d'une vie inexistante en droit[81]. A

[79] Tiré de *« La situation des enfants dans le monde 2006 », intitulé « Exclus et invisibles », Pour chaque enfant, Santé, Education, Egalité, Protection, Faisons avancer l'humanité,* Unicef, New York, 2005, P. 36.

[80] Déclaration faite lors de la Session extraordinaire de l'Assemblée générale consacrée aux enfants, 19 au 21/09/2001, O.N.U, New York.

[81] *« Note sur la protection internationale »* 2008, Rapport du Haut Commissaire, A/AC.96/1053, 30/06/08, P. 14.

quoi peut penser le demandeur du statut d'apatridie en France quand le débat se focalise sur le thème de la bi-nationalité ? Nul doute que ce qui est un grave problème pour chacun des individus concernés est collectivement un scandale pour l'ensemble de l'humanité.

§2. L'apatridie est un problème ancien et nouveau à la fois

« L'apatridie n'était pas seulement un legs du passé mais un problème d'actualité, non seulement il reste des groupes importants d'apatrides dans de nombreuses régions du monde, mais l'évolution politique d'un certain nombre de pays au cours des dernières années a fait, ou pourrait faire naître des problèmes nouveaux et complexes d'apatridie... » concédait l'Unchr[82]. N'est-ce pas une simple et pure vérité ? A nos dépends, le temps ne semble malheureusement pas avoir de prise sur le substrat de notre étude. En effet, l'interrogation ontologique a commencé à tarauder les esprits très sérieusement depuis la fin de la première guerre mondiale. La problématique ne s'épuisera certainement pas de si tôt. W. de Wenden est particulièrement formelle : *« Bien que la notion ne commence à prendre de l'importance qu'à la suite de la première guerre mondiale, l'apatridie n'est pas un phénomène nouveau. On le rencontre déjà dans le droit romain sous la dénomination de « peregrini sine civitae ». Jusqu'au début du XXe siècle, on utilise le terme allemand « heimatlos » dont la traduction signifie « sans patrie ». Il semble que le mot français « apatride » ait été utilisé pour la première fois dans une étude de 1918 »*[83]. Malgré tout la cause ne reste-t-elle pas encore quasi-inconnue de nos jours comme l'avoue l'Unhcr ? *« Le problème a une dimension mondiale et aucune région n'est épargnée... Mais la condition des apatrides demeure en grande partie inconnue du grand public »*[84]. Ce constat ne sonne-t-il pas comme un aveu

---

[82] Cf. *« Apatrides : une note d'information »,* EC/1992/SCP/CRP.4, Sous Comité protection, 01/04/1992, P. 1.

[83] Dans « *La question migratoire au XXIe siècle, Migrants, réfugiés et relations internationales »,* Paris, Presse de la Fondation nationale de science politique, 2010, P. 162.

[84] Lire l'*« Appel Global 2011-Actualisation »,* Unhcr, Genève, 2011, P. 45.

d'impuissance voire d'échec pour ledit programme onusien même s'il est impensable d'imaginer un monde sans aucun apatride ? Une drastique réduction du nombre de victimes d'apatridie ne serait-elle pas déjà en soi une formidable avancée, une mémorable victoire ? A la question suivante : *« Pensez-vous qu'un jour il n'y aura plus d'apatrides ?* Il y a quelques temps déjà, Philippe Leclerc avait répondu avec réalisme : *« La communauté internationale a, dans le passé, pensé à adopter un instrument appelé la Convention sur l'élimination de l'Apatridie. A ce moment-là, dans les années 60, ils s'étaient mis d'accord sur le fait que c'était peut-être un objectif trop ambitieux, alors ils ont créé la Convention sur la réduction des cas d'apatridie. Mais si les Etats mettent réellement en œuvre les traités sur les droits de l'homme auxquels ils sont signataires, et si l'enregistrement des naissances est pratiqué de façon plus systématique, le niveau de l'apatridie pourra être réduit de façon importante, si ce n'est totalement éliminé »*[85]. Des évolutions de cette nature seraient effectivement significatives et déterminantes. Cependant, elles ne sauraient suffire pour contenir et résorber définitivement le problème compte tenu de la multiplicité de ses sources. S'ajoutant à ce dernier, l'aspect touchant au nombre étriqué d'Etats signataires des deux Conventions cibles. L'apatridie demeure, à en point douter, une problématique neuve et toujours d'actualité. En décembre 2010, en prélude de la présidence hongroise de l'U.E (janvier à juin 2011), l'Unhcr a produit un catalogue de recommandations en rapport non seulement avec le cinquantième anniversaire de la Convention de 1961 mais aussi avec le soixantième de celle de 1951 sur les réfugiés. Parmi celles-ci nous avons pu apprendre que : *« La Hongrie [était] le seul parmi les Etats membres de l'Union Européenne... non seulement à être partie aux deux conventions, mais aussi le seul a disposer d'une procédure formelle permettant de déterminer le statut d'apatride. La Présidence hongroise devrait encourager plus d'Etats membres de l'U.E à accéder à ces deux importants instruments. Ainsi l'Unhcr incite fortement la Hongrie a attirer l'attention sur le besoin de protection des apatrides dans le monde et promouvoir*

[85] Cf. Son interview accordée à Haude Morel et Leo Dobbs le 18/05/2007, article d'actualité sur www.unhcr.org

l'échange d'expérience et d'informations dans le but d'identifier les problèmes et y apporter des solutions en droit et en pratique [86] *»*. L'on ne peut que regretter qu'un effort si louable n'ait pas été poursuivi et surtout renforcé par les autres Etats l'ayant succédée dans ce rôle provisoire et tournant. Parfaitement consciente de son échec relatif, depuis peu, le H.C.R a raisonnablement adopté une série de préconisations : *« Le déplacement forcé, l'apatridie et les mouvements migratoires complexes resteront des problèmes majeurs dans le monde – au plan de leur nature, ampleur et complexité – nécessitant des réponses de protection décisives. Le soixantième anniversaire du HCR, célébré cette année, ainsi que le soixantième anniversaire de la Convention de 1951 relative au statut des réfugiés et le cinquantième anniversaire de la Convention de 1961 sur la réduction des cas d'apatridie l'année prochaine seront des occasions de sculpter l'avenir, tant au plan opérationnel que conceptuel. De concert avec les gouvernements et les partenaires, le HCR cherchera des solutions à long terme pour toutes les personnes relevant de sa compétence tout en s'attaquant aux causes profondes de l'apatridie et du déplacement ; En avançant des concepts modernes de protection ; En préconisant le respect des normes de protection internationale ; En cultivant les alliances ; En forgeant de nouveaux partenariats ; Et en autonomisant les communautés locales »*[87]. Aujourd'hui un engagement tous azimuts est requis du fait de la réactualisation du sujet.

§3. L'apatridie est un problème compliqué, paradoxal et redoutable

L'apatridie est un problème, c'est un truisme. Ceci dit, elle soulève également un certain nombre d'autres préoccupations additionnelles. En 1992, l'Unchr retenait entre autres que : *« a) Les problèmes résultant de l'apatridie ne découlent pas de l'absence d'un cadre juridique international, dans la mesure où la Convention de 1951 relative au statut des réfugiés s'applique*

---

[86] Voir la page 2 de ce document et notamment le point relatif à la nationalité.

[87] *« Note sur la protection internationale »*, Rapport du Haut Commissaire, A/AC.96/1085, 30 juin 2010, P. 19.

aux (réfugiés) apatrides et la Convention de 1954, très similaire, relative au statut des apatrides ainsi que la Convention de 1961 sur la réduction des cas d'apatridie répondent au problème des apatrides non réfugiés. b) Si les problèmes surgissent, c'est parce que ces instruments ne font pas l'objet d'une adhésion suffisamment large ou d'une application stricte. En outre, il y a un vide institutionnel au niveau international concernant le contrôle de leur application effective »[88]. Ces défis sont de nature structurelle. Mais les manquements substantiels décelés ne sont-ils pas, de prime abord, fondamentalement imputables au H.C.R lui-même ? En se fondant sur les statistiques de 2010 en effet : *« Sur les 192 Etats membres des Nations Unies, seuls 65 % [étaient] des Etats parties à la Convention de 1954 relative au statut des apatrides, alors que seulement 37 [avaient] adhéré ou ratifié la Convention de 1961 sur la réduction des cas d'apatridie. L'adhésion, ou la ratification, est nécessaire pour qu'une convention puisse acquérir force de loi dans le cadre des législations nationales »*[89]. En outre, les Etats ayant adhéré aux deux principales Conventions citées ne les mettent pas toujours en œuvre de bonne foi comme l'exige le droit international. N'est-ce pas curieux de savoir d'où provient ce paradoxe ? Tâchons d'en rechercher les explications. En premier lieu, il découle du hiatus entre deux réalités. Référons-nous en premier lieu à l'exclamation parfaitement vérifiée du professeur Paul Lagarde : *« Aussi le droit à la nationalité surgit-il comme une exigence de la conscience universelle ! »*[90]. Le contraste est apparent avec l'observation formulée par le Comité exécutif dans un de ses rapports : *« Bien que les Etats aient de plus en plus reconnu le HCR comme l'Organisation des Nations Unies mandatée pour s'occuper de l'apatridie, la prise de conscience de cette question est restée limitée [...] au sein des Nations*

---

[88] Dans *« Apatrides : une note d'information »*, EC/1992/SCP/CRP.4, Sous Comité protection, 1er avril 1992, P. 2.

[89] Voir *« ExCom : Il faut accélérer les adhésions des Etats aux Conventions sur l'apatridie »* selon le HCR, *Article d'actualité, 6 octobre 2010, sur www.unhcr.org*

[90] Cité dans *« Le droit à une nationalité »* dans *« Liberté et droits fondamentaux »*, sous la direction de Rémy Cabrillac, Marie-Anne Frison-Roche et Thierry Revet, 17è édition, Paris, Dalloz, 2011, P. 318.

Unies et des organisations non gouvernementales, [et] a réduit le nombre de partenaires pouvant éventuellement s'attaquer à l'apatridie »[91]. La thèse de la dévaluation de la nationalité[92] à cause de la propension à l'égalisation des droits entre nationaux et étrangers[93] contrarie et parfois heurte celle qui fait de ce droit une sorte de *« saint graal »* tant il est ardemment recherché par de milliers d'individus parcourant le monde dans une quête sempiternelle. Si la première peut se limiter à l'Europe, la seconde est manifestement un invariant universel. En deuxième lieu, officiellement le nombre des bénéficiaires du statut d'apatride a partout drastiquement diminué depuis la fin de la seconde guerre mondiale. Alors même que la somme des apatrides repérés, entre autres parce que jusque là ignorés, est presque toujours en constante évolution. Autrement dit, le développement des recherches démontre de manière indiscutable que le phénomène est loin d'avoir été définitivement maîtrisé car on découvre progressivement qu'une large frange de l'humanité n'en fait hélas toujours pas partie. L'ensemble de ces personnes accablées se renouvelant continuellement. Se trouve ainsi corroboré le caractère paradoxal déjà évoqué. En Belgique par exemple : *« Si le nombre d'apatrides enregistrés dans les statistiques officielles a pu être conséquent, il est aujourd'hui des plus réduits. Ainsi de plus de 14.000 apatrides au début des années 1970 selon le recensement, on est passé à 359 apatrides au 1er janvier 2006... »* comme l'avait signalé le Groupe d'Etude de Démographique Appliquée (UCL) et le Cen-

[91] Cf. *« Rapport intérimaire sur l'apatridie en 2009, Comité exécutif du programme du haut commissaire »*, ec/60/sc/crp.10, 29 mai 2009, P. 2.

[92] Défendue par le professeur Yves Lequette cité dans le Rapport parlementaire d'information *« sur le droit de la nationalité en France »* présenté par M. Claude Goasguen. Cf. Les conclusions des travaux d'une mission d'information présidée par M. M. Valls. Paris, le 29/06/2011, P. 34.

[93] Lire l'observation générale n° 15 : situation des étrangers au regard du Pacte (1986). Dans celle-ci le Comité pour les droits civils et politiques fait observer que : *« 1. Souvent, les rapports des États parties ne tiennent pas compte du fait que chaque État partie doit garantir les droits visés par le Pacte à « tous les individus se trouvant dans leur territoire et relevant de leur compétence » (art. 2, par. 1). En général, les droits énoncés dans le Pacte s'appliquent à toute personne, sans considération de réciprocité, quelle que soit sa nationalité ou même si elle est apatride. 2. Ainsi, la règle générale est que chacun des droits énoncés dans le Pacte doit être garanti, sans discrimination entre les citoyens et les étrangers. »*.

tre pour l'égalité des chances et la lutte contre le racisme[94]. Loisel révélait déjà en son temps que : *« Les apatrides non réfugiés, dits « apatrides techniques », sont peu nombreux (5.000 au maximum) »*[95]. Un postulat venant de ce que : *« Sur le long terme, cette diminution du nombre des apatrides est vraisemblablement due à la relative faiblesse des reconnaissances du statut, à la relativement forte ampleur des acquisitions de la nationalité belge et aux modifications introduites dans la législation en 1984 pour attribuer la nationalité belge aux mineurs nés en Belgique qui seraient apatrides si la nationalité belge ne leur était pas attribuée... »* avançait sereinement l'étude belge[96]. Des conclusions susceptibles d'être généralisées aux pays de l'U.E alors qu'elles sont aux antipodes de la réalité notoire des Etats membres de l'U.A. Les deux structures internationales agissant chacune sur un des paramètres explicatifs du paradigme analysé. A ce propos, nous pouvons tout de même nous étonner que l'Unhcr ne publie guère l'équivalent pour les apatrides des *« niveaux et tendances de l'asile dans les grands pays industrialisés »*[97] c'est-à-dire le *« panorama statistique des demandes d'apatridie présentées en Europe et dans des pays non européens choisis »*. Là aussi la mauvaise volonté manifeste des Etats semble indubitablement établie. D'un côté, en refusant de

---

[94] Cf. *« Demandeurs d'asile, réfugiés et apatrides en Belgique : un essai de démographie des populations demandeuses ou bénéficiaires d'une protection internationale »*, Juillet 2008, P. 62. Dans ce document, on retrouve la notion de *« nationalité indéterminée »*. Elle concerne la personne qui n'est pas encore apatride, mais dont les recherches sont en cours afin d'en déceler la nationalité. Autrement dit, *« elle n'a pas encore pu prouver sa nationalité »*, P. 3.

[95] Voir Maurice Loisel dans *« Les anomalies des lois sur la nationalité : doubles nationaux et apatrides »* extrait de : Population, 6e année, n°2, 1951 pp. 249-260. Cet article peut-être retrouvé sur :
http://www.persee.fr/web/revues/home/prescript/article/pop_0032-4663_1951_num_6_2_2483

[96] Dans *« Demandeurs d'asile, réfugiés et apatrides en Belgique : un essai de démographie des populations demandeuses ou bénéficiaires d'une protection internationale »*, Juillet 2008, P. 64.

[97] Pour ce qui concerne l'un des derniers en date (2009) concernant justement les demandeurs d'asile, voir la Division du soutien et de la gestion des programmes, Unhcr, le 23 mars 2010, 37 pages. A l'inverse, les apatrides apparaissent bien dans *« 2009 Tendances mondiales Réfugiés, demandeurs d'asile, rapatriés, personnes déplacées à l'intérieur de leur pays et apatrides »*, Unhcr, Genève, 15 juin 2010, 30 pages.

procéder à l'exercice requis c'est-à-dire l'élaboration d'une cartographie fidèle de l'ampleur du phénomène sur le plan national. Et de l'autre, en faisant délibérément de la rétention d'informations ainsi recueillies pour les quelques rares pays qui s'y sont attelés. Un tel obstacle réel n'est toutefois pas rédhibitoire. Dans l'exercice de la totalité des ses prérogatives et attributions, l'Unhcr a assurément une responsabilité entière et surtout une tâche rude. Il n'hésite absolument pas à le faire savoir : *« Les formes contemporaines de déplacement et d'apatridie posent des problèmes de plus en plus complexes... Sur cette toile de fond, la fourniture de la protection nécessite la garantie des droits et libertés essentiels des personnes prises en charge, y compris les réfugiés, les déplacés internes... ainsi que les apatrides. Il convient en effet de lutter contre le racisme, diverses formes de violence... Cela recouvre également la protection de la vie privée et de la dignité, la couverture des besoins fondamentaux en vivres, abris, éducation, santé et assainissement ainsi que les besoins spécifiques des personnes vulnérables. Cela signifie l'identification précoce des personnes ayant besoin de protection et des mesures nécessaires pour couvrir leurs besoins. La fourniture d'une protection requiert également l'aménagement d'un espace humanitaire suffisant : un espace de sécurité pour ceux que nous nous efforçons de protéger et un lieu sûr pour ceux qui œuvrent à leur protection. La garantie d'une protection exige une réponse collective, y compris des partenariats solides et efficaces entre les Etats, les institutions des Nations Unies, les organisations intergouvernementales et non gouvernementales (ONG), les experts, la société civile, les communautés hôtes et les personnes déplacées de force et apatrides. Enfin, dernier point et non des moindres, la fourniture d'une protection requiert un engagement sans faille, y compris moyennant un financement stable, pour permettre l'élaboration et la mise en œuvre d'une multitude des réponses en matière de protection et de solutions »*[98]. Des difficultés matérielles évidentes permettent d'expliquer que les tâches ne se réalisent pas toujours dans des conditions physiques et sociales idéales.

---

[98] Cf. *« Note sur la protection internationale »*, Rapport du Haut Commissaire, A/AC.96/1085, 30 juin 2010, P. 3.

§4. L'apatridie est un problème qui ne bénéficie pas de la publicité nécessaire

L'humanité a aussi ses propres turpitudes. Il s'agit-là probablement d'une des raisons de cet oubli volontaire. *« Une faible prise de conscience dans le public du problème de l'apatridie a engendré des faiblesses au niveau des réponses concrètes aux situations d'apatridie et aux problèmes des apatrides »* reconnaissait logiquement l'Unchr[99]. Son Haut-commissaire A. Guterres a encore récemment admis qu' : « *...à mon sens, la plus grande avancée, le saut quantique, concerne la protection des apatrides. L'apatridie est l'un des sujets les moins en vue au niveau de l'Agenda mondial des droits de l'homme. Pour être honnête, elle a été quelque peu considérée comme l'enfant pauvre du mandat du HCR* »[100]. Triste constat aux effets incalculables pour d'innombrables individus ! Les personnes apatrides semblent lutter seules. La prise en compte par les sociétés civiles aussi bien nationales qu'internationale est extrêmement timide là où il aurait fallu justement en faire plus. Alors que, compte tenu des difficultés réelles de la population concernée, la cause qui est la leur aurait certainement pu bénéficier davantage de publicité. Quelle autorité avait la charge de la vulgariser et, bien plus, de la défendre ?[101] Le faible nombre de demandeurs du statut d'apatride et le taux infinitésimal de reconnaissance du statut d'apatride ne découlent-ils pas d'abord de l'ignorance savamment entretenue par les Etats eux-mêmes et notamment par les pays d'accueil ? Exciper un nombre anodin de personnes sollicitant le bénéfice des conventions visées

---

[99] Dans *« Dialogue du haut commissaire de 2010 sur les défis de protection, document de base, lacunes et réponses de protection »*, Unhcr, 60è anniversaire, 2010, P. 11.

[100] Cité par P. Leclerc dans son article *« Pour une véritable mobilisation pour réduire l'apatridie et protéger les apatrides »*, Notes de l'observatoire – numéro 9 – Décembre 2011, P. 4.

[101] *« Pour que le HRC puisse honorer la responsabilité qui lui a été confiée à l'égard des apatrides et répondre à leurs problèmes, il est essentiel de repérer les cas d'apatridie. Cette responsabilité ne se limite pas à la prévention de l'apatridie, à la réduction des cas d'apatridie et à la protection des apatrides. Elle implique aussi d'informer la communauté internationale sur l'ampleur du problème... »* tiré des *« Tendances mondiales en 2008 : Réfugiés, demandeurs d'asile, rapatriés, personnes déplacées à l'intérieur de leur pays et apatrides »*, Juin 2009, 21 pages.

est utilisé comme un artifice et un argument décisif pour ces derniers. Une donnée qui leur permet de ne pas sérieusement envisager d'y adhérer encore moins de les appliquer de manière adéquate. Pour les autres Etats parties, c'est la preuve irréfutable de l'inopportunité d'adopter un mécanisme officiel tout à la fois clair, efficace et équitable de détermination du statut. L'on peut d'abord légitimement s'interroger sur le point de savoir pourquoi aucun Etat, y compris parmi les grands pays développés, n'est en mesure de présenter décemment une photographie exacte ou un diagramme complet de ce fléau sur son ressort territorial ? En Europe par exemple, le Commissaire aux droits de l'homme avait été catégorique : *« Il est inacceptable que des citoyens européens soient privés du droit fondamental à la nationalité. D'où la nécessité de prendre enfin le problème à bras-le-corps... Ce problème est largement méconnu. Bien sûr, il est difficile d'établir des faits dans ce domaine mais les pouvoirs publics ne se donnent pas suffisamment la peine de recueillir des données utiles en ce qui concerne l'étendue et la nature de cette marginalisation systématique. Le Comité européen des droits sociaux a répété bien des fois qu'il incombe aux Etats de prendre la mesure de l'exclusion des groupes vulnérables tels que les Roms, y compris par des moyens statistiques »*[102]. Ensuite, n'est-il est étonnant que l'O.I.M ne puisse jamais se pencher sur la question au motif qu'elle relève de la compétence ainsi considérée comme étant exclusive de l'Unhcr ? Le défaut de concurrence en la matière est forcément préjudiciable. Pire lorsqu'elle appréhende la migration irrégulière, elle évoque pourtant les demandeurs d'asile et ne fait strictement aucune allusion à ceux qui sont en droit de solliciter le statut d'apatride. Tout se passe comme si une telle composante catégorielle était tout simplement inexistante. Une approche dangereusement nihiliste de l'apatridie. Ainsi a-t-on pu lire dans son *« Etat de la migration dans le monde 2010 »* : *« Il convient, dans un premier temps, de préciser avec soin ce que l'on entend par cette notion complexe et pluridimensionnelle. Une distinction est*

[102] Dans *« De nombreux Roms en Europe sont apatrides et vivent sans protection sociale »* dans *« Droits de l'homme en Europe : les écarts se creusent, points de vue du commissaire aux droits de l'homme du conseil de l'Europe Thomas Hammarberg »*, Conseil de l'Europe, Strasbourg, 2010, p. 63-64.

généralement faite entre les flux et les populations, deux réalités elles-mêmes délicates à cerner. On a souligné plus haut l'importance de prendre en considération la multiplicité des circonstances qui mènent à l'illégalité. Il est tout aussi important d'extraire les demandeurs d'asile des données globales sur la migration irrégulière. Une autre difficulté découle du fait que le statut des migrants peut changer, souvent rapidement. De manière plus pragmatique, le dénombrement est souvent inexact car les personnes en situation irrégulière ont tendance à éviter les contacts avec les pouvoirs publics, par crainte d'être arrêtées et éloignées... »[103]. Parce qu'ils sont en demande de protection internationale, les demandeurs du statut d'apatride doivent également être différenciés des autres migrants irréguliers. D'ailleurs, le mot *« apatride »* est complètement absent de ce rapport annuel. Ce n'est nullement parce que les deux conventions majeures ont été conçues sous ses hospices, qu'il faille laisser au H.C.R l'exclusivité de la gestion de cette problématique. Etonnant enfin que le H.C.R lui-même parle sans réticence de *« problèmes oubliés »*[104] ainsi que des « hommes sans aucune patrie » alors que cela s'explique en grande partie à cause de son incapacité non seulement à les mettre en avant, mais aussi à attirer les projecteurs sur ces démunis. Parler de « vide institutionnel » alors que la responsabilité internationale lui incombe en la matière est une attitude blâmable à tous égards.

§5. Un problème mondial qui ne fait pas l'objet d'un traitement efficace

« En vérité, le monde fait souvent comme si les apatrides n'existaient pas, en les reléguant dans les limbes de la société »[105] avait placidement indiqué le H.C.R. Certains trouveront cynique une telle phraséologie de sa part surtout compte tenu de

---

[103] Cf. *« Etat de la migration dans le monde 2010, l'avenir des migrations : Renforcer les capacités face aux changements »*, O.I.M, Genève, Avril 2010, P. 31.

[104] *« Note conceptuelle, dialogue du haut commissaire sur les défis de protection : lacunes et réponses de protection »*, Unhcr, Genève, 8-9 décembre 2010, p. 4.

[105] Extrait de son *« Rapport global 2008 »* Unhcr, Genève, P. 38.

sa propre imputation sur ce terrain. Sans être polémiste, chacun s'accorde à avouer que l'apatridie est un problème mondial et comme tel il y aurait dû faire l'objet d'une gestion véritablement universelle et surtout à la hauteur des enjeux. Le qualificatif mondial vient précisément de ce qu'aucune partie du monde n'en est réellement épargnée. Le Comité exécutif du HCR n'avait-il pas, à plusieurs reprises, eu l'occasion de le marteler ? Relisons entre autres ses conclusions de 2004 : *« o) Note la dimension mondiale de l'apatridie, se félicite des efforts du HCR dans le cadre de son mandat pour élargir ses activités, tant au plan géographique qu'au plan de la substance, et encourage les Etats à coopérer avec le HCR pour identifier des mesures visant à réduire les cas d'apatridie et à mettre au point des solutions appropriées pour les apatrides qui sont des réfugiés ainsi que pour les apatrides qui ne le sont pas ; »*[106]. Pourtant, dans une large mesure, le traitement actuel du sujet laisse à désirer. L'apatridie est une cause quasiment abandonnée dirons les militants les plus engagés. D'abord les grands Etats ne montrent pas très clairement l'exemple. Les USA, le Japon, la Chine, pour ne citer que ceux-là, ne sont même pas signataires des conventions aussi bien de 1954 que 1961. Ceux qui comme l'Allemagne, la Suisse… les ont signées ne disposent pas pour la plupart ni de procédures ni de mécanismes connus et crédibles de détermination du statut. Un infime nombre d'Etats établissent malgré tout de règles et formalités moyennement connues. Cependant, celles-ci n'offrent nullement de garanties nécessaires en termes d'équité, d'impartialité et de justice. *« La note sur la protection internationale »* de 2012 nous apprend que : *« 64. Les Etats ont manifesté un intérêt croissant pour l'établissement de procédures officielles de détermination de l'apatridie, dix Etats s'étant formellement engagés à le faire. »*[107] De telles promesses ne sont pourtant pas nouvelles. Aucun effort réel de quantification du problème sur le ressort national n'est dûment effectué, y compris de la part des Etats

[106] Cf. Ses conclusions No. 90 (LII)-2001. Dans le même sens No. 95 (LIV)-2003 ou le point aa) de conclusions No. 99 (LV)-2004.

[107] Dans *« La note sur la protection internationale »* de 2012, HCR, EC/63/SC/CR11, Genève, 5 juin 2012, P. 16.

développés[108]. Comment en effet comprendre le vide juridique consécutif à l'inexistence d'une procédure formelle et ordinaire de demande dudit statut en Suisse ? En Afrique, la situation est encore plus aléatoire pour ces individus en quête de protection internationale au titre de l'apatridie. Les grands Etats africains à l'instar du Nigéria et de l'Afrique du Sud ne sont pas non plus parties aux conventions « ad hoc ». De façon générale : *« Il existe peu de procédures visant à déterminer l'apatridie et, lorsqu'elles existent, elles sont souvent inaccessibles et ne contiennent pas de garantie procédurale adéquate pour défendre les droits des personnes concernées »*[109] avait timidement assuré le H.C.R. A-t-il seulement bien accomplie la tâche qui lui est dévolue par la communauté des nations ? Nombreux en doutent encore aujourd'hui. L'inadaptation de la gestion apparaît aussi à l'échelon régional. Au sein de l'U.E par exemple, il n'y a jamais eu de livre vert sur l'apatridie à l'instar de celui sur le futur régime d'asile européen commun (Com (2007) 301 final du 08/06/2007). Une vraie prise en compte de la problématique à ce niveau fait encore cruellement défaut. L'apatridie n'apparait pas toujours dans les résolutions y compris au niveau du Parlement européen sur l'état des droits fondamentaux sur le continent[110]. La préoccupation est tout simplement reléguée car très probablement considérée comme relevant de l'accessoire. En fin de compte que dire du côté de la société civile européenne ? La communautarisation du droit d'asile en cours a inévitablement été à l'origine de l'émergence d'une vraie société civile européenne à travers la constitution de l'E.C.R.E et de bien d'autres structures. L'on peut vainement rechercher la démarche équivalente ou des développements similaires concernant l'apatridie. En France, il n'existe aucune association dont le but principal est de défendre la cause analysée. Certes,

---

[108] Voir *« Mapping stateless in the United Kingdom »*, Unhcr, 2011, P. 62 à 89.

[109] *« Dialogue du haut commissaire de 2010 sur les défis de protection, document de base, lacunes et réponses de protection »*, Unchr, Genève, 60è anniversaire, 2010, P.10.

[110] Prendre connaissance de la dernière Résolution du Parlement européen du 15/12/2010 sur *« la situation des droits fondamentaux dans l'Union européenne (2009-2010) – aspects institutionnels à la suite de l'entrée en vigueur du traité de Lisbonne (2009/2161(INI)) »*.

le catalogue 2012-2013 de l'association France terre d'asile contient une rubrique sur ce thème. Mais aucune synonymie n'est envisageable entre donner des informations sur un problème et le gérer. Plus concrètement lorsque l'on analyse par exemple les quarante dernières propositions de la Cimade[111] en matière d'immigration, aucune attention n'est portée sur les demandeurs du statut d'apatride en France. Grosso modo, il ne s'agit nullement d'opposer l'apatride au réfugié encore moins les demandeurs de chacun des deux statuts. Remettons les choses à leur place. Point n'est besoin d'affaiblir la conquête des droits des demandeurs d'asile ou de tous les autres étrangers. Et, de ce point de vue, les efforts de tous et principalement des associations ne peuvent qu'être appréciés à leur juste valeur. Mais à l'évidence, de toutes ces catégories migratoires, les demandeurs du statut d'apatride sont les moins soutenus et les moins défendus alors qu'ils sont paradoxalement les plus exposés. L'apatridie est une donnée rhizome. Chacun sait que le problème existe et personne ne veut l'examiner encore moins le traiter de manière idoine. Se donner bonne conscience en feignant de l'occulter sans ménagement est depuis trop longtemps la règle. Le cas patent d'une hypocrisie généralisée et communément partagée par l'ensemble de la communauté internationale. Au H.C.R, les résultats se font incontestablement attendre. L'adoption depuis quelques années d'un *« Cadre d'analyse des lacunes de protection, Renforcer la protection des réfugiés, Projet de renforcement de la capacité de protection, 2008 »*[112] avait été une excellente introspection. Une trame similaire et relative aux apatrides est-elle encore symptomatiquement chimérique ? Ce problème de l'apatridie a-t-il aujourd'hui trouvé de solutions ou est-il depuis le début resté insoluble ? Avant d'aborder les réponses apportées, mieux vaudrait dans un premier temps rechercher ses différents faits générateurs.

---

[111] Cf. *« Inventer une politique d'hospitalité, 40 propositions de la Cimade »*, Paris, Septembre 2011, 48 pages. Dans le même sens, *« Réfugiés, Un scandale planétaire. 10 propositions pour sortir de l'impasse »*, Amnesty international, Paris, Coédition Autrement, Janvier 2012, 176 pages.

[112] Sous la direction de Ninette Kelley, l'Unhcr, 2008, 76 pages.

Section 3. L'Origine et le contenu du problème

Commençons par faire un rapide état des lieux au niveau mondial avant de scruter son diaporama originel. Un choix imposé par la cohérence. Il est clair que plusieurs millions de personnes humaines ne peuvent aujourd'hui revendiquer aucune attache juridique avec un quelconque Etat. Elles ne sont en droit des ressortissants d'aucun pays au monde alors qu'elles font bien partie de l'ensemble que constitue l'humanité. Une condition si avilissante est inacceptable car elle implique non seulement une inaptitude juridique mais aussi une exclusion sociale certaine. Tout bien considéré, Philippe Leclerc et Rupert Colville avaient raison d'écrire que : « *...pour de nombreuses autres personnes à travers le monde, la condition d'apatride est une expérience destructrice et démoralisante, qui influence pratiquement chaque aspect de leur vie* ».[113] Quant à l'origine géographique du problème, selon le Groupe d'Etude de Démographique Appliquée (UCL) & le Centre pour l'égalité des chances et la lutte contre le racisme : « *L'Europe, en dehors de la Belgique, est de loin le continent de naissance le plus fréquent des apatrides (50 %). A l'intérieur de cet ensemble, la Roumanie se distingue et est le premier pays de naissance après la Belgique pour les apatrides (16 %) du fait notamment de la possibilité de perte de la nationalité pour les émigrants. L'ex-URSS et l'ex-Yougoslavie sont ensuite les principales zones (12 % pour chaque groupe). En dehors de l'Europe, seule l'Asie et quasi exclusivement le Proche-Orient est une zone d'origine importante d'apatrides, principalement le Liban, Israël, la Palestine et la Turquie* »[114]. De telles constatations ne peuvent être exhaustives dès lors qu'elles semblent superbement ignorer d'autres régions du monde à l'instar du continent africain. Il n'est pas incongru de chercher à savoir ce qu'il en est de l'Afrique ? Tâchons de prendre l'exemple de l'Angola. Si l'on en croit l'Organisation suisse d'aide aux réfugiés : « *La*

---

[113] Lire le Magazine « *Réfugiés* », n° 147, Volume, 3, Edition spéciale intitulée : « *L'univers étrange et mal connu des apatrides, les exclus* », Unhcr, Genève, 2007, P. 6.

[114] Dans « *Demandeurs d'asile, réfugiés et apatrides en Belgique : un essai de démographie des populations demandeuses ou bénéficiaires d'une protection internationale* », Juillet 2008, P. 69.

cédula pessoal angolaise est un acte de naissance. [Elle] est généralement délivrée par le bureau d'enregistrement national (conservatoria), qui fait partie du ministère de la justice... Dans le document, on trouve le nom de la personne concernée, ses parents (mère et père), la date de naissance, le lieu de naissance, la date de délivrance et la signature du fonctionnaire qui a délivré le document. Théoriquement, dès dix ans un tel document est obligatoire pour tout le monde, mais le gouvernement n'a jamais mis cette loi en pratique. Le ministère de la justice a organisé en 1998 et 2001 des campagnes d'enregistrement gratuits, qui ont été prolongées avec l'aide de l'UNICEF jusqu'à la fin 2004. Malgré tout, selon des estimations de l'UNICEF, aujourd'hui encore près de 3.9 millions d'enfants de moins de cinq ans n'ont pas de carte de naissance... On reçoit la carte d'identité (bilhete d'identidade) après la présentation de la carte de naissance (cédula pessoal) ou la carte de résidence (carta de residência) ...Toutefois, peu d'Angolais possèdent une carte d'identité, beaucoup l'ont perdue pendant la guerre civile et ne disposent pas d'un acte de naissance ou une attestation d'établissement qui sont nécessaires pour en obtenir... »[115]. Une si typique observation généralisable s'est-elle pour autant sensiblement améliorée depuis en Afrique ? On peut en douter aussi bien sur ce continent que dans d'autres parties du monde parmi les plus touchées par cette calamité. Dans tous les cas, Gérard-François Dumont, Président de la revue *« Population et avenir »*, avait relativement récemment et fort utilement rappelé une vérité : 30 % d'enfants naissent aujourd'hui encore dans le monde sans être déclarés à l'état civil[116]. Déjà en 2002, l'Unicef estimait ce chiffre à 50 millions[117]. Peut-être vaudrait-il la peine maintenant d'analyser plus en détail les sources du phénomène.

---

[115] Voir les *« Informations sur les documents d'identité africains »*, Extraits traduits de *« Identitätsdokumente in ausgewählten afrikanischen Flüchtlings-Herkunftsländern »*, Angela Benidir-Müller, Berne, Mars 2005, P. 1 à 2.

[116] Réécouter l'émission *« Géopolitique »* diffusée le 12/03/2011 sur Radio France Internationale (R.F.I).

[117] Cf. Unicef dans *« L'enregistrement à la naissance, un droit pour commencer »* dans le *« Digest Innocenti »* n° 9, Mars 2002, P. 34.

§1. Les causes proprement dites

Celles de l'apatridie sont multiples et variées. L'on peut naître apatride à cause de l'apatridie de ses propres parents. On parle alors d'une apatridie héréditaire, une forme d'apatridie subie. Un ensemble qui en englobe bien d'autres parmi lesquelles peuvent être cités :

A. La législation

Le terme est générique et permet de désigner toutes sortes de lois et autres textes réglementaires (décrets...) des différents pays concernés. Pour le Gisti : *« L'apatridie peut être la conséquence... de l'application stricte soit du droit du sang, soit du droit du sol »*[118]. Or ces genres de choix sont déterminés par les législations adoptées dans et par les Etats eux-mêmes. Philippe Leclerc et Rupert Colville considéraient que : *« Certains – comme Hannah Arendt, qui a perdu la nationalité allemande après avoir fui le régime nazi en 1933, ou les kurdes feilis expulsés d'Irak sous Saddam Hussein – sont devenus apatrides en raison de décrets officiels, délibérément adoptés afin de les priver de toute place significative dans la société, de les pousser hors d'un pays, ou en prélude à une tentative de les exterminer comme ce fut le cas pour les juifs d'Europe pendant la période nazie »*[119]. Pareille initiative est incontestablement une action volontaire d'un Etat à travers ses organes et/ou ses gouvernants. L'imputation de ces actes répréhensibles ne fait ainsi l'objet d'aucun doute. Habituellement, tout Etat édicte des normes permettant de désigner lesquels parmi les étrangers présents régulièrement sur son territoire peuvent prétendre acquérir sa nationalité. Il s'agit-là bien entendu son droit le plus légitime. Mais, l'Etat peut tout aussi bien être à l'origine du pire. La loi par définition est censée consacrer des droits et obligations s'imposant à tous les citoyens. A partir de là, comment comprendre qu'elle puisse parfois dévier en allant jusqu'à

[118] Dans les *« Notes pratiques »* sur *« l'état civil, validité des actes étrangers, transcription, recours »*, Gisti, Paris, Mars 2011, P. 23.

[119] Lire le Magazine *« Réfugiés »*, n° 147, Volume, 3, Edition spéciale intitulée : *« L'univers étrange et mal connu des apatrides, les exclus »*, Unhcr, Genève, 2007, P. 5.

créer intentionnellement des *« fantômes »*[120] ou des *« effacés »* comme on les appelle en Lettonie ? En d'autres termes, des êtres humains sans plus aucune existence légale ? Ce qui aurait tout lieu de n'être qu'une simple conjecture est malheureusement une réalité avec laquelle le monde s'est souvent naïvement accoutumé. En effet, qu'il s'agisse d'une loi scélérate de dénaturalisation de tout un groupe sociologique donné ou de conflit de lois[121] fréquent en droit international privé, le corollaire est souvent le même à savoir : l'exclusion de ceux qui ont été discriminés et/ou déchus de leur nationalité initiale. L'acte commis traduisant une intention manifeste de répudiation de la part de l'Etat lequel, soudainement, cesse d'être protecteur. Dans une seconde hypothèse, l'Etat a estimé nécessaire de consacrer souverainement un droit de la nationalité qui lui convienne. La législation qu'elle s'est donnée peut, sans qu'il n'y ait eu une quelconque intention malveillante, entrer en flagrante contradiction avec celle d'un autre. Plusieurs individus se sont ainsi parfois retrouvés empêtrés dans d'inextricables contradictions juridiques interétatiques. Avouons-le, en fin de compte : *« La loi peut ainsi mal faire ».* Dans ce cas de figure, elle peut se départir de sa tendance naturelle à protéger en optant pour une choquante propension : celle de desservir volontairement ou non l'homme. Quelques exemples pour bien l'illustrer. Primo, selon Thomas Hammarberg : *« La République tchèque a appliqué une loi sur la citoyenneté qui a rendu apatrides des dizaines de milliers de Roms (dans l'intention de les faire partir en Slovaquie). Sur l'intervention du Conseil de l'Europe et d'autres acteurs, cette loi a été modifiée en 1999 et le problème a été en grande partie (mais pas entièrement) résolu »*[122]. N'est-

[120] Voir Abbas Shiblak dans *« Vivre en fantôme : les Palestiniens apatrides »* tiré de la revue *« Migrations forcées »* n° 62, intitulé *« Le déplacement palestiniens : un cas d'exception ? »*, Centre d'études sur les réfugiés, université d'Oxford, Octobre 2006, P. 8 à 9.

[121] Pour E. Feller : *« ... En outre, même lorsqu'il y a une sensibilisation à ces questions [d'apatridie], des problèmes de souveraineté subsistent ».* Dans l'*« Avant-propos »* de : *« L'apatridie : Cadre d'analyse pour la prévention, la réduction et la protection »*, Sous la direction d'Emilie Irwin, Mark Manly, Unhcr, 2008, 94 pages.

[122] Dans *« Droits de l'homme en Europe : la complaisance n'a pas sa place, Points de vue de Thomas Hammarberg, Commissaire aux droits de l'homme*

il pas sidérant de voir un Etat entreprendre une œuvre législative d'aussi mauvais aloi avec de si condamnables arrière-pensées politiques ? Secundo, si l'on prend prosaïquement l'exemple de la loi zambienne sur la citoyenneté de 2001 interdisant la double nationalité, chacun peut s'interroger sur le nombre de personnes concernées ayant été convenablement informées de sa portée réelle ? Dans les pays d'Afrique où il n'y a pas toujours un accès à internet suffisamment large et où les journaux officiels sont généralement indisponibles, l'analphabétisme aidant, il est particulièrement difficile que l'exigence de publicité de la loi soit décemment satisfaite. Dans environnement aussi atypique, une législation si tranchée a indubitablement des conséquences destructrices pour des milliers de vies humaines. De telles décisions normatives occasionnant un anéantissement de la dignité humaine ne sont pas si rares dans notre vie contemporaine. Intentionnellement ou pas, la loi peut avoir des failles engendrant d'incalculables méfaits. Assurément aucun pays n'est à l'abri d'autant de déviances : *« Quelques erreurs lors de l'élaboration d'une loi sur la nationalité peuvent avoir de profondes répercussions, comme les Canadiens ont pu le constater à leur grande surprise... D'après la loi, telle qu'elle existait de 1947 à 1977, les Canadiens nés à l'étranger et qui ne résidaient pas au Canada le jour de leur 24e anniversaire étaient obligés de remplir un formulaire indiquant qu'ils souhaitaient conserver leur citoyenneté. Malheureusement, il semble que plusieurs personnes n'aient jamais été informées de cette obligation, ni de plusieurs autres... Les autorités canadiennes, décontenancées par la multitude de problèmes brusquement apparus, [avaient présenté] un projet de loi sur la citoyenneté à l'automne 2007... Hélas, bien trop souvent les dysfonctionnements législatifs restent non résolus. Chaque cas doit être examiné dans le détail, ce qui prend beaucoup de temps. L'élaboration de nouvelles lois est également un long processus, d'ailleurs indispensable sous peine d'empirer la situation. Les législateurs doivent être vigilants. Si ce genre de situation peut survenir au Canada, elle est susceptible de se reproduire partout dans le monde »*

---

du Conseil de l'Europe », Editions du Conseil de Europe, Strasbourg, Octobre 2011, P. 85.

comme l'avait commenté le H.C.R[123]. Que dire et surtout que penser par exemple de la saillie législative ayant frappé les populations musulmanes de Thrace (Grèce) en 1998[124] ou les 70 000 Tatars ouzbecks vivant en Ukraine après la debacle de l'U.R.S.S ? Sans compter que l'histoire nous donne différentes références d'autres écarts légaux. Citons d'abord Maurice Loisel qui à l'époque écrivit : *« L'Allemagne hitlérienne, et surtout l'U.R.S.S, n'ont pas eu autant de scrupules pour faire de la déchéance une sanction politique largement appliquée. Le cas des Espagnols est très spécial : juridiquement, ce ne sont pas des apatrides ; cependant, ils sont assimilés par les autorités françaises aux « statutaires » depuis 1945. Il est à noter que les déchéances de la nationalité allemande ayant frappé les israélites entre 1933 et 1945, ont eu un sort voisin de celui des dénationalisations effectuées par le Gouvernement de Vichy à l'encontre de Français »*[125]. La législation française promulguée à partir de 1940 était effectivement le pendant des lois allemandes décriées[126]. Elles partageaient le même objectif, celui d'écarter les personnes juives de leur nationalité originelle. L'autre exemple nous est ensuite donné par Indira P. Ravindran en faisant observer que : « *La Tamil Nadu abrite aussi des Tamouls apatrides d'origine indienne qui ont perdu leurs droits civiques en 1948 suite à la loi sur la citoyenneté de Ceylan*

---

[123] Lire le Magazine *« Réfugiés »*, n° 147, Volume 3, Edition spéciale intitulée : *« L'univers étrange et mal connu des apatrides, les exclus »*, Unhcr, Genève, 2007, P. 15-17.

[124] Cf. Thomas Hammarberg dans sa présentation intitulée : *« Les droits des personnes apatrides doivent être protégés »* faite à la 4è Conférence du Conseil de l'Europe sur *« Les notions de nationalité au temps de la mondialisation »*, Strasbourg, 17 décembre 2010.

[125] Dans *« Les anomalies des lois sur la nationalité : doubles nationaux et apatrides »* Extrait de : Population, 6e année, n°2, 1951 pp. 249-260. Cet article peut-être retrouvé sur :
http://www.persee.fr/web/revues/home/prescript/article/pop_0032-4663_1951_num_6_2_2483

[126] Les statuts des juifs aussi bien du 3 octobre 1940 que du 2 juin 1941, l'abrogation le 7 octobre 1940 du décret Crémieux pour les juifs d'Algérie… ont fait perdre la nationalité ou la citoyenneté française aux populations juives de France. La Belgique, la Turquie et l'U.R.S.S ont adopté des politiques similaires. Dans ce dernier pays, les multiples déportations des populations ont posé et posent encore de nos jours de nombreuses difficultés dans la détermination des nationalités.

(Ceylan Citizenship Act) »[127]. Enfin selon Susanne Bachmann : *« Entre 120.000 et 150.000 Kurdes ont été déchus de la nationalité syrienne lors du recensement 1962, par un décret arbitraire du gouvernement. Celui-ci a mis un terme à cette pratique depuis. Le H.C.R estime le nombre actuel de Kurdes apatrides à environ 200.000 ; d'autres estimations vont de 120.000 à 360.000 personnes. Mais les autorités ne rétablissent pas la nationalité des personnes concernées. Celles-ci et leurs enfants n'obtiennent pas de passeport, de carte d'identité personnelle ou d'acte de naissance. En outre, le gouvernement fait la différence entre les Kurdes enregistrés (Ajanib) et non enregistrés (Maktumin). Les Ajanib sont considérés comme des étrangers et tolérés en Syrie. Mais ils ont un autre statut juridique par le fait qu'ils sont enregistrés dans le registre d'état civil de leur lieu d'origine et ont un carnet d'étranger orange qui ne constitue toutefois pas un document de voyage et ne permet pas de quitter la Syrie. Les Maktumin n'ont pas de papiers d'identité mais disposent tout au plus d'une attestation plus ou moins officieuse délivrée par le chef de la localité. Les Kurdes apatrides sont nettement plus fortement discriminés que les Kurdes « arabisés » ayant la nationalité syrienne. Ils n'ont pas le droit de participer aux élections ni de posséder des terres, ne peuvent obtenir que très difficilement un permis de construire, n'ont pas accès à une formation supérieure, à des emplois dans le secteur public, ni à certaines professions (médecin, ingénieur, etc.), n'ont pas d'infrastructures médicales ni d'un approvisionnement en eau propre dans les régions du nord-est de la Syrie où vivent essentiellement des Kurdes, ne reçoivent pas de prestations de l'Etat, comme par exemple des denrées alimentaires subventionnées. Les mariages entre Kurdes ne sont pas reconnus et les enfants n'obtiennent pas non plus la nationalité syrienne. »*[128]. Les remous politiques aux-

---

[127] Des *« réfugiés-ressources : le cas des Tamouls sri-lankais en Inde »*, Revue *« Migrations forcées »* n°33, Octobre 2009, l'Université d'Oxford et Centre d'études sur les réfugiés, Oxford, 2009, P. 39.

[128] Susanne Bachmann *« Syrie, Mise à jour de la situation », Septembre 2001-mai 2004, Osar, P. 14.* Dans ce pays, la situation des kurdes est analogue à celle des Yesides. Voilà pourquoi cette auteure avait pu écrire que : *« Le gouvernement traitent les Yesidi comme les Kurdes musulmans, [c'est-à-dire] comme des citoyens de seconde classe et ne leur [accordent] pas la nationali-*

quels ce pays avait été en butte depuis le début du printemps 2011 et avant l'éclatement de la guerre civile ayant poussé le pouvoir en place entre autres à envisager sérieusement de concéder la nationalité à ces franges de la population. Promesse partiellement tenue comme l'a expliqué le H.C.R : *« La meilleure solution pour ces personnes consiste à acquérir ou, dans le cas de celles qui ont perdu leur nationalité par le passé, à réacquérir la nationalité du pays où elles résident. En République arabe syrienne, un décret présidentiel promulgué en 2011 a remédié en partie à une situation d'apatridie prolongée, accordant la nationalité à de nombreux Kurdes, qui étaient apatrides depuis 1962 »*[129]. Le non-respect des droits des minorités est irrémédiablement une cause de l'apatridie[130]. Au demeurant, toute mesure légale de dénaturalisation est une démarche en flagrante contradiction avec les dispositions prévues à l'article 26 du Pacte sur les droits civils et politiques de 1966. En effet, ce texte est ainsi stipulé : *« Toutes les personnes sont égales devant la loi et ont droit sans discrimination à une égale protection de la loi. À cet égard, la loi doit interdire toute discrimination et garantir à toutes les personnes une protection égale et efficace contre toute discrimination, notamment de race, de couleur, de sexe, de langue, de religion, d'opinion politique et de toute autre opinion, d'origine nationale ou sociale, de fortune, de naissance ou de toute autre situation »*. Le Conseil des droits de l'homme a lui aussi, à plusieurs reprises, indiqué sa préoccupation à ce propos notamment lorsque : *« des personnes ou groupes de personnes sont privés arbitrairement de leur nationalité, particulièrement en raison de considéra-*

---

té syrienne. 60 % des Yesidi vivant dans le district de Hassake sont apatrides, autrement dit ne peuvent faire valoir leurs droits garantis dans la constitution, comme le droit d'élire et d'être élu, le droit à la propriété, le droit de changer de domicile, la possibilité de quitter le pays ou d'exercer une fonction publique ». Dans *« Syrie, Mise à jour : développements actuels »*, Berne, 20 août 2008, Alexandra Geiser (Osar) avait confié que la question restait pendante et n'avait toujours pas trouvé de solution idoine malgré les promesses politiques itératives. Pour approfondir la question, lire le *« Rapport 2010 »* (rapport annuel) d'Amnesty International, Londres, P. 325.

[129] Dans la *« Réponse aux situations d'apatridie »* tiré de l'*« Appel global 2012-2013 »*, P. 31 à 33.

[130] Tiré du Rapport mondial *« Human Rights watch* 2013 », Extraits en français, Janvier 2013, P. 5-6.

tions discriminatoires fondées sur leur race, la couleur de leur peau, leur sexe, leur langue, leur religion, leurs opinions politiques ou d'autres convictions, leur origine nationale ou sociale, leur fortune, leur naissance ou toute autre situation »[131]. Pour W. de Wenden : *« On ne peut exiger des Etats qu'ils éradiquent l'apatridie, mais on peut exiger d'eux de ne pas rejeter massivement certains de leurs nationaux dans l'apatridie. Il a été clairement affirmé que la transformation par un Etat de ses nationaux en apatrides est contraire au droit international. On vise par là les dénationalisations collectives »*[132]. En ce qui concerne les modalités, précisons que l'exclusion peut également revêtir la forme d'un acte administratif individuel à travers la déchéance de nationalité. Relativement à la seconde hypothèse des dommages causés par la législation, selon W. de Wenden : *« une autre distinction permet de comprendre la notion d'apatridie, celle faite entre les conflits positifs de nationalités et les conflits négatifs. L'apatridie tombe sous le coup du deuxième terme. Il y a conflit négatif quand un individu est repoussé comme national par les lois de tous les pays auxquels il prétend se rattacher : cet individu est alors sans nationalité ; il est un apatride, un heimatlos »*[133]. Jean-Philippe Thiellay pense lui aussi que : *« Le conflit négatif de nationalité intervient lorsqu'aucun Etat ne revendique un individu comme un de ses nationaux »*[134]. En définitive, le H.C.R résume distinctement toute l'étendue des difficultés relevées : *« l'apatridie est la conséquence imprévue d'un changement dans la législation nationale, ou de l'incompatibilité entre les lois de deux pays. Une minorité non négligeable de gens est victime d'une forme d'apatridie encore plus pernicieuse : l'exclusion délibérée de groupes entiers du fait d'une discrimination politique, reli-*

---

[131] A/HRC/RES/13/2, Conseil des droits de l'homme des Nations Unies, le 14 avril 2010, P. 3.

[132] Dans « *La question migratoire au XXIe siècle, Migrants, réfugiés et relations internationales* », Paris, Presse de la Fondation Nationale de Science Politique, 2010, P. 172.

[133] Cf. « *La question migratoire au XXIe siècle, Migrants, réfugiés et relations internationales* », Op cit, P. 164.

[134] Se référer à son livre : « *Le droit de la nationalité française* », 3è édition, Paris, Berger Levrault, 2011, P. 18.

gieuse ou ethnique »[135]. Mais quel est le mécanisme à l'origine de la neutralisation interétatique aux résultats dévastateurs ? Les conflits de lois naissent parce que comme le déclarait Hans Christian Krüger : *« La nationalité fait aussi partie intégrante de l'identité de l'Etat ; mais, tout comme les identités des Etats sont très différentes, les manières choisies par les Etats pour déterminer leurs ressortissants sont elles aussi très différentes »*[136]. En somme, une législation peut devenir tout à coup scélérate et insidieuse parce qu'elle exclut. Elle peut aussi être prise d'une part dans ses propres contradictions et d'autre part heurter celle des autres Etats. Elle peut enfin tout simplement être lacunaire : *« Le problème des apatrides est dû au fait que beaucoup d'États africains ne disposent pas de véritables procédures de naturalisation, en particulier pour les réfugiés »* comme l'avait fait remarquer B. Manby.[137] Dans les faits, le postulat tel que posé est vérifiable y compris en dehors du continent désigné.

B. Les changements territoriaux et géographiques

- L'apatridie peut aussi provenir des changements volontaires ou non survenus au niveau de l'Etat lesquels affectent entre autres l'un de ses principaux éléments constitutifs à savoir son territoire. Il peut donc s'agir d'une succession d'Etat[138]. C'est

---

[135] Lire le Magazine *« Réfugiés »*, n° 147, Volume 3, Edition spéciale intitulée : *« L'univers étrange et mal connu des apatrides, les exclus »*, Unhcr, Genève, 2007, P.2.

[136] Extrait de son allocution introductive à la *« 1ère conférence européenne sur la nationalité, tendances et développement en droit interne et international sur la nationalité »*, Strasbourg, France, 18-19/10/1999, dans *« Les actes »*, P. 9.

[136] Voir *« Dialogue du haut commissaire de 2010 sur les défis de protection, document de base, lacunes et réponses de protection »*, Unhcr, 60è anniversaire, 2010, P. 11.

[137] Dans son livre portant sur *« Les lois sur la nationalité en Afrique, Une étude comparée »*, Open society Institute (New York) et Afrimap (Johannesburg), 2009, P. 1.

[138] Concernant les Nations Unies, rappelons les résolutions 55/153, 59/34 et 63/118 de l'Assemblée générale, en date du 12 décembre 2000, du 2 décembre 2004 et du 11 décembre 2008, respectivement, sur les travaux de la Commission du droit international à propos de la nationalité des personnes physiques en relation avec la succession d'États.

l'hypothèse la plus courante. Le Conseil de l'Europe la qualifie à juste titre de *« raison majeure de cas d'apatridie »*[139]. Pour l'instant, il n'y a pas encore eu une disparition pure et simple de celui-ci sans qu'aucune succession n'ait pu avoir lieu. Un des exemples parmi les plus en vue de succession d'Etats est évidemment celui de l'ex-U.R.S.S[140]. Le rapport d'activité de l'Ofpra en 2009 mentionnait sans surprise que : *« La part des personnes nées dans un pays d'Europe continue à s'accroître année après année. Ainsi, les personnes nées dans ce qui était l'URSS représentent à elles seules 39 % des demandes déposées en 2009 tandis que la part des demandes d'apatridie émanant de personnes nées dans ce qui était la Yougoslavie est de 18 % (problématiques des Roms) »*[141]. La seconde hypothèse renvoyant à la disparition sans possibilité de succession d'Etat qui semblait plus incertaine n'est plus uniquement une simple hypothèse d'école de nos jours. En principe, écrivait Hervé Raimana Lallemant : *« ...le Droit international public ne prend pas en considération la disparition d'un Etat. Cette disparition est impossible, car il n'y a qu'une succession ou plus simplement une continuation, l'Etat continuant d'exister malgré les changements provoqués ou subis... Cette situation risque pourtant de radicalement changer. De par les effets du changement climatique, le mythe d'une île engloutie sous les eaux, autrement dit celui de l'Atlantide, risque de devenir une triste réalité pour certains Petits Etats Insulaires du Pacifique Sud (PEIPS) et notamment pour l'Etat du Tuvalu... Bien qu'il soit peu probable que cet Etat disparaisse totalement sous les flots à moins d'une fonte très prononcé des glaces... Cette situation risque d'entraîner une véritable disparition d'Etat et par extension un déplacement total de la population de cet Etat vers d'autres territoires. Dans cette hypothèse, il ne sera pas possible de qualifier les citoyens de l'Etat du Tuvalu comme étant des réfugiés mais comme de véritables apatrides, climatiques de surcroît. En effet, la disparition de leur Etat ne pourra*

---

[139] Cf. Le Préambule de la *« Convention du Conseil de l'Europe sur la prévention des cas d'apatridie en relation avec la succession d'Etats »* (2006).

[140] Ce fait relève d'une des tendances lourdes de la demande du statut d'apatride en France comme le confirme la lecture des trois derniers rapports annuels de l'O.F.P.R.A.

[141] Voir *« OFPRA, rapport d'activité 2009 »*, P. 29.

qu'entraîner la déchéance de leur nationalité et l'absence d'Etat successeur ne pourra leur permettre de pallier à ce défaut. La définition donnée par le premier article de la Convention de New York du 28 septembre 1954 relative au statut des apatrides expliquant que « le terme apatride désigne une personne qu'aucun Etat ne considère comme son ressortissant par application de sa législation » est ainsi malheureusement respectée »[142]. Une éventualité déjà intégrée par le H.C.R : *« Des petites îles-États pourraient bientôt disparaître du fait des changements climatiques. Parmi celles que l'on considère comme particulièrement vulnérables figurent Kiribati, Vanuatu, les îles Marshall, Tuvalu, les Maldives et les Bahamas... Les insulaires seront alors face à un choix : soit trouver une solution pour reconstituer ailleurs leur État disparu, soit identifier un autre État qui veuille bien les adopter comme citoyens, leur donner un passeport et leur fournir toute la protection et l'assistance qu'un État se doit de garantir à ses ressortissants. La dernière alternative est qu'ils deviennent apatrides, aussi apatrides qu'on puisse l'être sur cette terre »*[143]. Voici la raison pour laquelle il profite de cette opportunité pour attirer l'attention de la communauté internationale sur ces changements radicaux à venir. *« Progressivement, davantage de gouvernements se rendent compte que la politique de l'autruche n'est pas une solution quand il est question des groupes d'apatrides résidant sur leurs territoires. Si cette tendance se confirme, il est possible que, lorsque la première île-État sera submergée par les eaux, ses anciens habitants trouveront un monde plus disposé à prendre les mesures nécessaires pour leur éviter de tomber dans le sombre ghetto planétaire des apatrides. Arrêter le changement climatique est une tâche gigantesque, mais la communauté internationale devrait au moins avoir la capacité collective d'empêcher cet effet secondaire*

[142] Dans son article intitulé : *« L'apatride climatique et la disparition d'Etat dans le Pacifique Sud »*, dans la Revue juridique polynésienne (RJP) 15, 2009, P. 77 à 93.

[143] Cf. *« Aube nouvelle en terre d'apatridie »*, Magazine *« Réfugiés »* n° 147, Vol 3, Edition spéciale intitulée *« l'Univers étrange et mal connu des apatrides, Exclus »*, Unhcr, Genève, 2007, P. 2.

précis » avait estimé le H.C.R[144]. Sur ces entrefaites, le débat est toujours en cours. Entre-temps, Christel Cournil et François Gemenne avaient, eux aussi, apporté leur contribution : *« 43. La disparition « physique » de l'État et le déplacement de sa population suscitent des réflexions prospectives sur la continuité juridique ou la fin des micros États insulaires et sur le devenir du lien de nationalité de ses ressortissants. S'agit-il de penser dès maintenant une forme nouvelle d'apatridie ? (...) La spécificité des États nations insulaires menacés de disparaître semble, selon nous, s'écarter de la conception « classique » de l'apatridie du droit international en ce qu'il n'existe pas de déni de nationalité. Comment alors amender ce droit international sans en transformer le sens premier ? Comment réinventer ou actualiser la catégorie juridique de l'apatride afin de faire émerger « l'apatridie climatique » ? Cette entreprise sera difficile à réaliser d'autant que la problématique des déplacements climatiques est justement de protéger, voire de prolonger les liens étatiques malgré la disparition physique étatique due aux changements climatiques. Par ailleurs, il conviendra de reconnaître collectivement des droits à une population et non seulement à quelques individus. Jane McAdam estime que même si les Conventions d'apatridie s'appliquaient aux populations insulaires, les textes ne lient que les États qui les ont ratifiés, et seulement pour ce qui est des apatrides du territoire. Par ailleurs, peu d'États ont développé dans leur législation une procédure de détermination du statut d'apatride, contrairement au statut de réfugiés. En conséquence, son application pratique restera très limitée. Sans doute que des actions de prévention de l'apatridie seraient plus pertinentes... »*[145]. Ainsi étaient-ils parvenus à la conclusion suivante : *« Quoi qu'il en soit, il est encore aujourd'hui préma-*

---

[144] Lire le Magazine *« Réfugiés »*, n° 147, Volume, 3, Edition spéciale intitulée : *« L'univers étrange et mal connu des apatrides, les exclus »*, Unhcr, Genève, 2007, P. 2.

[145] Voir Christel Cournil et François Gemenne, *« Les populations insulaires face au changement climatique : des migrations à anticiper »*, *VertigO – la revue électronique en sciences de l'environnement* [En ligne], Volume 10 Numéro 3 | décembre 2010, mis en ligne le 20 décembre 2010, Consulté le 27 octobre 2011. URL : http://vertigo.revues.org/10482 ; DOI : 10.4000/vertigo.10482

turé d'affirmer que l'on va vers une protection spécifique pour les réfugiés ou apatrides climatiques toutefois, l'idée fait lentement son chemin... Reste à penser dès maintenant la direction que l'on souhaite prendre ». Le démembrement d'un Etat multinational, la cession territoriale ou la disparition pure et simple d'un micro-Etat sont autant de sources d'insécurité juridique compte tenu de la rupture du lien d'affectation à l'Etat. Tous ces facteurs déstabilisateurs sont pourvoyeurs de contingents d'apatrides même s'ils ne sont hélas pas les seuls.

C. La condition de la femme

La troisième grande cause d'apatridie est la résultante de la discrimination dont souffrent les femmes : d'un côté les tribulations découlant de la relation matrimoniale ainsi que de sa dissolution. De l'autre, l'impossibilité pour la femme de transmettre sa nationalité à sa propre progéniture. Concernant le premier aspect, force est de reconnaître que sa prise en compte est ancienne. Déjà à l'époque, la Société des Nations (SDN) essaya d'y apporter une réponse avec la Convention et le protocole de 1930[146]. Un défi que les Nations Unies ont aussi tenté de relever à travers divers instruments juridiques[147] parmi lesquels la Convention de 1957 sur *« la nationalité de la femme mariée »*. Adoptée le 20 février 1957, elle est entrée en vigueur le 11 août 1958[148]. Prenons un exemple parmi d'autres pour mettre en lumière le poids de cette donnée créatrice d'apatridie : *« Des milliers de Vietnamiennes qui se sont mariées à des Taïwanais se sont retrouvées apatrides car elles avaient dû renoncer à*

---

[146] En Amérique avait été adoptée à Montevideo la *« Convention sur la nationalité des femmes »* le 26 décembre 1933 et entrée en vigueur le 29 août 1934.

[147] A titre d'exemple, se référer au Comité sur l'élimination de la discrimination à l'égard des femmes, et notamment sa Recommandation 21 : égalité dans le mariage et les rapports familiaux (Convention sur l'élimination de toutes les formes de discrimination à l'égard des femmes, treizième session, 1992).

[148] Citons son article premier : *« Chaque Etat convient que ni la célébration ni la dissolution du mariage entre ressortissants et étrangers, ni le changement de nationalité du mari pendant le mariage, ne peuvent ipso facto avoir d'effet sur la nationalité de la femme »*. Et que, article 2 : *« ... ni l'acquisition volontaire par l'un de ses ressortissants de la nationalité d'un autre Etat, ni la renonciation à sa nationalité par l'un de ses ressortissants, n'empêche l'épouse dudit ressortissant de conserver sa nationalité »*.

leur citoyenneté pour demander la citoyenneté taïwanaise. Toutefois si elles divorçaient avant d'avoir obtenu leur nouvelle nationalité, elles revenaient au Viet Nam en étant apatrides au sein même de leur pays d'origine, ainsi que bien souvent leurs enfants. En 2009, le Viet-Nam a adopté une nouvelle loi sur la nationalité qui permet d'obtenir la double citoyenneté et qui empêche des femmes de subir ce vide juridique. Le Vietnam a également décidé la restauration systématique de la citoyenneté pour les femmes apatrides divorcées, dont la plupart s'étaient mariées pour des motifs économiques »[149]. A l'opposé, dans plusieurs pays d'Afrique, il n'est pas rare de constater l'impossibilité pour le mari venu d'ailleurs de bénéficier de la nationalité de son épouse autochtone. Le but étant très certainement de décourager les concitoyennes à prendre pour époux des étrangers aussi absurde que cela puisse apparaître. A propos du second aspect, de nos jours, nombreux sont les Etats ayant fort heureusement pris conscience de cette insoutenable dimension. Encore récemment le Bangladesh et le Zimbabwe s'y sont attelés en établissant une égalité parfaite entre femmes et hommes dans la transmission filiale de la nationalité[150]. En tout état de cause, faire nôtre le point de vue de M. Chebihi (Algérie) est loin d'être un simple exercice de style dès lors que ce dernier avoue : *« Le fait que les femmes peuvent aujourd'hui transmettre leur nationalité à leurs enfants contribue à réduire le nombre de cas d'apatridie ».*[151] C'est une incontestable lapalissade. Rappelons avec le Haut-commissaire que : *« Dans de nombreux pays, l'apatridie résulte du fait que les femmes et les hommes ne sont pas égaux en matière de transmission de la nationalité à leurs enfants, contrairement à la Convention sur l'élimination de toute forme de discrimination contre les femmes (CEDAW). Dans ces pays, un enfant né d'une femme*

[149] Information recueillie lors de la table ronde à la tenue de laquelle ont participé neuf Etats d'Asie du Sud-est. Co-organisée par la commission nationale thaïlandaise et le HCR, voir actualité HCR (Bangkok) le 29 octobre 2010 sur www.unhcr.org

[150] *« Note sur la protection internationale »,* Rapport du Haut Commissaire, A/AC.96/1085, 30 juin 2010, P. 15.

[151] Voir A/AC.96/SR.644, 12 octobre 2010, Comité exécutif du Programme du Haut-commissaire des Nations Unies pour les réfugiés, Soixante et unième session, Compte rendu analytique de la 644e séance, P. 11.

détentrice de la nationalité dudit pays et d'un homme qui ne l'est pas peut se trouver apatride si le père est lui-même apatride ou si la législation de ce pays ne l'autorise pas à transmettre sa nationalité aux enfants nés à l'étranger. Plus communément, l'enfant peut ne pas être considéré comme un national du pays du père s'il n'est pas enregistré auprès d'un consulat à sa naissance à l'étranger, par exemple du fait que le père a abandonné la famille ou n'a pas pu assumer les frais de déplacement jusqu'au consulat. Un examen préliminaire des Etats parties à la CEDAW dont la législation sur la nationalité ne permettait pas aux hommes et aux femmes de conférer leur nationalité à leurs enfants sur un pied d'égalité lorsque la CEDAW a été adoptée en 1979, suggère toutefois que la moitié d'entre eux ont depuis lors amendé ces dispositions, éliminant par là une cause majeure de l'apatridie, du moins dans ces pays. »[152]. Dans un aperçu de la réalité africaine en la matière, Indira Goris, Julia Harrington et Sebastian Köhn assuraient qu' : *« Au Swaziland, la constitution adoptée en 2005 stipule que tout enfant né après l'entrée en vigueur de cette constitution ne peut devenir citoyen que si son père est aussi citoyen. Si l'on considère la seule Afrique, plus de 20 pays refusent d'accorder aux femmes le droit de transmettre leur nationalité à leur époux. Toutefois, certains progrès ont eu lieu : au Botswana, au début des années 1990, la Constitution a été modifiée après que la constitutionnalité de la loi sur la Citoyenneté a été contestée devant les tribunaux, car elle introduisait des discriminations à l'encontre des femmes. Plusieurs pays nord-africains ont aussi fait de grands progrès ces 15 dernières années dans le but de mettre fin à la discrimination gouvernementale contre les femmes, en retirant toute mention du sexe de leurs lois sur la citoyenneté. Néanmoins, un long chemin reste à faire dans de nombreux pays du globe ».*[153] La césure dans la dévolution naturelle mère-enfant de la nationalité est donc loin d'être une sinécure. Cet élément démontre formellement que l'apatridie ne

---

[152] Cf. *« Note sur la protection internationale »*, Rapport du Haut Commissaire, A/AC.96/1053, 30/06/2008, P. 2.

[153] Dans « *Qu'est-ce que l'apatridie et pourquoi est-ce une question importante ?* Tiré de la revue *« Migrations forcées » n° 32,* mai 2009 intitulé *« Pas d'identité, peu de droit. Cachés aux marges de la société, Apatrides »,* Centre d'études sur les Réfugiés et l'université d'Oxford, P. 5.

saurait être une tâche et une mission exclusives du H.C.R. Le régime juridique est profondément discriminatoire vis-à-vis de la femme non seulement en tant qu'épouse mais aussi en tant que mère. Bien d'autres facteurs accentuent la fragilité de la condition féminine. En effet, en poursuivant notre réflexion sur les sources génératrices d'apatridie, on peut vite se rendre compte qu'il est difficile d'occulter parallèlement les suites désastreuses de la traite des êtres humains[154] ainsi que de l'esclavage moderne. Ici aussi nul doute que les femmes et les filles sont les plus exposées. Ainsi, comme l'avait indiqué le Comité exécutif du H.C.R : *« ...la traite des personnes, particulièrement des femmes et des enfants (...) représente une violation grave de leurs droits humains (...). [Se déclare] préoccupé de voir que de nombreuses victimes de la traite deviennent apatrides du fait de leur inaptitude à établir leur identité et leur nationalité, prie instamment les Etats à coopérer à l'établissement de l'identité et de la nationalité des victimes de la traite afin de faciliter une solution appropriée à leur situation, respectant les droits humains universellement reconnus des victimes »*[155]. Auparavant, il avait pris le soin de préciser que : *« Lorsque l'on cherche à évaluer la situation d'une victime de la traite et à y remédier, il est important de reconnaître les conséquences potentielles de cette situation au regard de l'apatridie. Le simple fait d'être une victime de la traite ne rend pas en soi une personne apatride. Les victimes de la traite continuent à posséder la citoyenneté qu'elles avaient lorsqu'elles sont tombées sous l'emprise des trafiquants. Toutefois, si ceux-ci ont confisqué leurs documents d'identité, comme ils le font souvent pour exercer un contrôle sur leurs victimes, celles ci peuvent ne pas être en mesure de prouver leur citoyenneté. Cette absence de pièces d'identité et cette incapacité temporaire à établir son identité n'est pas nécessairement le seul fait*

---

[154] Lire Awa N'deye Ouedraogo dans *« Mettre fin au trafic des enfants : de l'importance de la collaboration »* tiré de *« La situation des enfants dans le monde »* numéro spécial intitulé « *Célébrer les 20 ans de la Convention des droits des enfants* », Unicef, Unissons-nous pour les enfants, New York, 2009, P. 54. Idem : *« La traite des enfants dans l'Union européenne – Défis, perspectives et bonnes pratiques »*, Agence des droits fondamentaux de l'U.E, 2010, 188 pages.

[155] *Se référer à ses conclusions No. 90 (LII) – 2001.*

des victimes de la traite. Le problème doit être [ ] facilement résolu avec l'assistance des autorités du pays d'origine »[156]. Reconnaissons que les choses ne sont toujours pas aussi simples dans la réalité. Si bien que, de nos jours encore, le Haut-commissariat aux droits de l'homme continue constamment de mettre l'accent sur ce rapport de causalité : *« Il existe également un lien très net entre l'apatridie et la traite. Premièrement, parce que l'apatridie accroît la vulnérabilité à la traite. Deuxièmement, les apatrides qui sont victimes de la traite sont confrontés à des difficultés singulières, par exemple lorsqu'il s'agit d'établir leur identité et d'accéder à la protection et au soutien. Troisièmement il arrive que la traite débouche sur l'apatridie, par exemple lorsque les personnes sont victimes de traite liée au mariage et perdent alors leur nationalité dans la procédure. Les droits et obligations identifiés ci-dessous, s'appliquent aux apatrides comme normes a minima. Ceux-ci peuvent aussi se voir accorder des droits spéciaux ou supplémentaires dans certaines circonstances »*[157]. Dans des pays comme la Mauritanie où sévissent encore aujourd'hui des formes d'esclavage, les enfants nés des femmes réduites à la servitude ne sont souvent pas reconnus par « le propriétaire » de leur mère qui se trouve être en même temps leur géniteur. Celui-ci n'y trouve strictement aucun intérêt. Tous ces actes[158] de nature criminelle se perpétuent ainsi dans le temps non seulement en laissant perdurer le phénomène tant décrié de l'apatridie, mais aussi en le massifiant. La mère « chosifiée » n'a strictement aucun moyen de remplir les formalités administratives requises dans l'intérêt de ses enfants. Malheureusement les autorités de ce pays persistent et réitèrent inlassablement les pratiques institutionnelles discriminatoires à l'instar du dernier recensement administratif de 2011

---

[156] Cf. Les *« Principes directeurs du HCR sur la protection internationale : Application de l'Article 1A(2) de la Convention de 1951 et/ou du Protocole de 1967 relatifs au statut des réfugiés aux victimes de la traite et aux personnes risquant d'être victimes de la traite »*, 7 avril 2006.

[157] Dans *« Principes et directives concernant les droits de l'homme et la traite des êtres humains : recommandations »*, Nations unies droits de l'homme, Haut-commissariat, New York et Genève, 2010, P. 57

[158] Lire *« Combattre la traite des personnes, guide à l'usage des parlementaires n° 16, 2009 »*, Unodc, Un.gift, UIP, New York, Mars 2009, 125 pages.

en écartant une fois de plus nombre de leurs concitoyens noirs. Globalement la condition de la femme respectivement en tant que mère, femme mariée[159], victime de traite des êtres et de trafic illicite de migrants ou d'esclavage et de discrimination… est une très sérieuse pourvoyeuse d'apatridie. L'on peut ainsi mieux mesurer la teneur des récentes conclusions du Comité pour l'élimination des discriminations contre les femmes notamment quand il : *« ...relève en outre que la Convention est un outil important dans les efforts internationaux pour prévenir et réduire l'apatridie résultant de la discrimination contre les femmes en matière de droit à la nationalité. [Il] demande ainsi aux Etats de prendre les mesures nécessaires pour que le mariage n'entraîne pas automatiquement de changement de nationalité de la femme, ne la rende pas apatride ni ne la force à adopter la nationalité de son mari. Les États parties sont également tenus d'accorder aux femmes des droits égaux à ceux des hommes s'agissant de la transmission de la nationalité aux conjoints étrangers ainsi qu'aux enfants... qu'en dépit des progrès accomplis jusqu'ici, il reste beaucoup à faire pour parvenir à l'égalité des sexes, notamment dans le cadre des déplacements forcés et de l'apatridie. Il estime que la protection des femmes et des filles contre les risques encourus dans ce contexte – notamment la violence sexiste et sexuelle et la traite des êtres humains – reste une préoccupation primordiale. Le Comité appelle donc les Etats à rester saisis de cette question à titre prioritaire et à améliorer encore la protection des femmes et des filles »*[160]. Difficile d'en contester la portée et l'opportunité tant elles sont empreintes de bon sens.

D. La migration

L'Ultime grande cause est bien évidemment la migration. Quels que soient ses caractères régulier ou non, forcé ou volontaire, ancien ou récent, la fixation à l'étranger peut conduire à l'apatridie. Indépendamment du fait qu'une telle énonciation

[159] Cf. La *« Recommandation générale n° 21 : égalité dans le mariage et les rapports familiaux »* du Comité pour l'élimination de la discrimination à l'égard des femmes (1994).

[160] *« L'appel relatif aux femmes réfugiées et apatrides »*, Comité CEDAW, Genève, Octobre 2011, 50è session.

n'épuise nullement la liste des sources avérées du fléau, Amnesty international l'avait déjà naturellement retenue comme facteur engendrant de l'apatridie : *« Les enfants nés à l'étranger, en particulier de parents sans papiers, peuvent ne pas avoir bénéficié de l'enregistrement de leur naissance. Par conséquent, de nombreux enfants de travailleurs migrants ne sont pas enregistrés et risquent d'être apatrides. Les enfants de migrants en situation irrégulière ont également beaucoup moins de chances de fréquenter l'école ou de recevoir les soins de santé dont ils ont besoin dans leur enfance (...) Tous les apatrides ne sont pas des migrants. Mais l'absence de reconnaissance des droits humains des migrants depuis des années, des décennies, et même des siècles constitue une cause significative des cas d'apatridie dans diverses parties du monde. Les migrants, en particulier ceux qui sont en situation irrégulière, sont souvent dans l'impossibilité de faire enregistrer la naissance de leurs enfants dans leur pays de destination, ou ont trop peur de le faire, et ces enfants peuvent donc se retrouver apatrides. Les lois relatives à l'immigration de certains pays refusent les droits de citoyen aux enfants nés de parents ressortissants étrangers même si la conséquence en est que l'enfant est apatride. Un grand nombre de personnes victimes de la traite, en particulier des femmes et des enfants, se retrouvent de fait apatrides par confiscation de leurs documents d'identité par les trafiquants. »*[161]. La stricte observance des droits des migrants travailleurs tels que proclamés par exemple dans la Convention des droits des travailleurs migrants et leur famille (1990) permet, sans équivoque, de lever les barrières relatives aux déclarations des naissances d'enfants étrangers[162]. Ce texte n'a malheureusement jamais fait flores compte tenu de la franche opposition entre les pays développés et les pays pauvres. Un

[161] Dans son rapport intitulé *« Vivre dans l'ombre, les droits des migrants »*, Amnesty international France, 1er septembre 2006, P. 17.

[162] Son étude permet de considérer que le droit à la nationalité y est bien affirmé ainsi d'ailleurs que la prohibition de toute discrimination sur cette même base alors qu'elle exclut très formellement les réfugiés et apatrides (Article 1, 7 et 29). Selon l'article 3 : *« [Elle] ne s'applique pas : d) Aux réfugiés et aux apatrides, sauf disposition contraire de la législation nationale pertinente de l'État partie intéressé ou des instruments internationaux en vigueur pour cet État ».*

long séjour à l'étranger peut aboutir à une perte de la nationalité d'origine et donc à l'apatridie si l'étranger n'a pas, entretemps, songé à acquérir la nationalité du pays dans lequel il est durablement installé. Surtout si, parallèlement, ses relations avec les autorités consulaires et diplomatiques de son pays d'origine se sont depuis longtemps distendues. Pour les personnes en situation de migration, pareille déconvenue conduisant à la rupture de l'attache nationale originelle peut émaner d'une simple omission ou d'un choix volontaire. Celui de ne pas accomplir des formalités administratives imposées par la loi alors même qu'elles étaient connues. L'apatridie peut donc aussi relever d'une renonciation soit involontaire soit volontaire. *« Certains individus deviennent aussi apatrides à cause de circonstances personnelles, plutôt que suite aux persécutions dont est victime le groupe auquel ils appartiennent. L'apatridie peut aussi survenir... parce que les individus renoncent à leur nationalité sans toutefois en acquérir une nouvelle »* avaient pu écrire I. Goris, J. Harrington et S. Köhn[163]. L'on peut légitimement s'interroger sur les raisons pouvant motiver une prise de risques aussi insensée consistant à se défaire de sa nationalité de naissance sans avoir auparavant pu faire valoir ou jouir pleinement des effets d'une nouvelle préalablement acquise. L'initiation d'une démarche aux motifs si profondément obscurs est en soi absurde, répréhensible et surtout lourde de conséquences. Une éventualité aux antipodes de l'apatridie subie.

E. les diverses autres sources d'apatridie

La liste est décidément longue des causes de l'apatridie tant elle n'est pas exhaustive. Outre le défaut d'enregistrement des naissances que nous avons déjà évoqué, nous pouvons affirmer sans hésiter que le diptyque histoire-modernité est tout aussi générateur de contingents d'apatrides. Primo, la colonisation a aussi suscité l'apatridie notamment avec les déplacements de populations qu'elle a occasionnés dans le cadre des empires existants. En effet : *« Nombre des 100.000 Nubiens, emmenés*

---

[163] Lire *« Qu'est-ce que l'apatridie et pourquoi est-ce une question importante ? »* Dans la revue *« Migrations forcées » n° 32,* mai 2009 intitulé *« Pas d'identité, peu de droit. Cachés aux marges de la société, Apatrides »,* Centre d'études sur les Réfugiés et l'université d'Oxford, *P. 4.*

du Soudan au Kenya par les Britanniques pendant la période coloniale, vivent dans le bidonville de Kibera à Nairobi. Ils n'ont jamais été reconnus comme des citoyens kényans à part entière »[164]. Selon *l'Institute for Human Rights and Development in Africa (IHRDA) : « Après plus d'un siècle de résidence au Kenya, le gouvernement du Kenya ne reconnaît pas les nubiens Kenyans comme des citoyens Kenyans même s'ils le sont de jure ainsi que le prévoit la législation kenyane. Par ailleurs, les émigrés anglais, asiatiques et arabes sont reconnus comme des tribus kenyanes. La majorité de nubiens vivent par conséquent de facto comme des apatrides ne bénéficiant pas de la protection de l'Etat et ne jouissant pas des droits qui leur sont reconnus par les textes nationaux et internationaux suite aux discriminations systématiques de la part du gouvernement kenyan. Depuis 6 ans, la Haute cour du Kenya est en train d'examiner les questions préliminaires liées à une plainte portée par cette communauté au sujet de cette discrimination. Le cas est présentement devant la CADHP »*[165]. Notons que cette même ONG s'était déjà félicitée, dans une déclaration publique, de la condamnation de l'Etat kényan par le Comité africain d'experts pour le bien-être des enfants[166] en mars 2011. En effet : *« Dans la décision rendue le 22 mars 2011 sur la communication 002/2009 IHRDA et OSJI (au nom des enfants d'origine nubienne au Kenya) contre Kenya, le Comité a déclaré le Kenya coupable de violation des droits des enfants nubiens à la non-discrimination, la nationalité et la protection contre l'apatridie »*[167]. Une première qui aura très certainement une portée considérable. Pour remédier à ces violations, ledit Comité avait formulé les recommandations suivantes à mettre en œuvre dans un délai de six mois : prendre toutes les mesures législatives, administratives et autres afin de s'assurer que les

---

[164] Voir le Magazine *« Réfugiés »* n° 147, Vol 3, Edition spéciale intitulée *« l'Univers étrange et mal connu des apatrides, Exclus »*, Unhcr, Genève, 2007, P. 7. Idem *« Kibera la plaie de Nairobi »* F. Beaugé dans *« le Monde »* du 1er avril 2011.

[165] Cf. *« Droit à la citoyenneté (Communication de la CADHP 317/06 Communauté nubienne au Kenya/Kenya) »*, 29 Octobre 2010.

[166] Créé en 2001, cet organe de suivi découle de la Charte africaine des droits et du bien-être de l'enfant adoptée en 1990 et entrée en vigueur en 1999.

[167] Voir *« Le Comité des Droits de l'Enfant Africain publie sa toute première décision »*, I.H.R.D.A, Gambie, 2011.

enfants d'ascendance nubienne au Kenya, qui autrement seraient apatrides, puissent acquérir la nationalité kenyane et la preuve d'une telle nationalité à la naissance ; S'assurer que [ces enfants], dont la nationalité kenyane n'est pas reconnue reçoivent systématiquement le bénéfice de ces nouvelles mesures comme une question de priorité ; Mettre en œuvre son système d'enregistrement des naissances de manière non discriminatoire, et prenne toutes les mesures législatives, administratives et autres pour s'assurer que les enfants d'origine nubienne soient enregistrés immédiatement à la naissance...[168] Cette illustration touche deux des causes déjà citées et notamment la migration et la discrimination. Elle ne couvre toutefois pas tous les enchainements désastreux de la colonisation et de l'histoire. Secundo, la décolonisation a soulevé de nombreuses difficultés. Le cas des populations françaises des anciennes colonies[169] et particulièrement la promesse faite et jamais tenue de la naturalisation d'office d'anciens combattants originaires des colonies après la seconde guerre mondiale[170]. Le Sénat français y consacra un rapport très prolixe dont voici un extrait : *« Lors de la décolonisation, la nationalité française a été retirée aux personnes, non originaires de métropole, domiciliées dans les nouveaux États. La possibilité a cependant été donnée par la loi du 28 juillet 1960 aux personnes originaires des pays de l'Afrique noire et de Madagascar de faire reconnaître leur nationalité française par déclaration. Mais cette possibilité, inscrite à l'article 152 du code de la nationalité, était conditionnée par la nécessité d'établir sa résidence en France. Elle a été supprimée en 1973 et remplacée par la procédure de réintégration par déclaration sur autorisation prévue à l'article 153 du code de la nationalité, sachant que les anciens combattants*

---

[168] Dans « *La note sur la protection internationale* » de 2012, il apparaît que : « *Le Kenya a fait état d'une avancée avec sa loi sur la citoyenneté et l'immigration de 2011 qui prévoit que les apatrides qui ont résidé au Kenya depuis l'indépendance peuvent s'enregistrer comme citoyens s'ils le font dans les cinq ans suivant l'adoption de cette législation* ». HCR, EC/63/SC/CR11, Genève, 5 juin 2012, P. 15-16.

[169] Lire le « *Le droit à une nationalité* » dans « *Liberté et droits fondamentaux* », sous la direction de Rémy Cabrillac, Marie-Anne Frison-Roche et Thierry Revet, 17è édition, Paris, Dalloz, 2011, P. 329.

[170] Sénat, Session ordinaire de 1999-2000 annexe au procès-verbal de la séance du 14 décembre 1999.

étaient dispensés de l'autorisation. Cette procédure a été elle-même supprimée en 1993, si bien que les anciens ressortissants de ces territoires désirant reprendre la nationalité française doivent désormais recourir à la procédure de droit commun de la réintégration prévue à l'article 24-1 du code civil. La procédure de reconnaissance de nationalité prévue à l'article 152 du code de la nationalité a été également rendue applicable en Algérie, par l'ordonnance du 21 juillet 1962, aux personnes de statut civil de droit local, les personnes de statut civil de droit commun ayant gardé leur nationalité française de plein droit. Cette disposition a cessé de s'appliquer en 1967. Beaucoup d'anciens combattants ont ainsi perdu leur nationalité française sans s'en rendre compte, ne s'en apercevant qu'à l'occasion d'une démarche de renouvellement de documents d'identité. Leur déception fut très vive. Certains continuaient d'ailleurs à servir la France sous les drapeaux. La Cour de Cassation avait au départ assimilé la présence dans l'armée française à la résidence en France leur permettant ainsi d'être reconnus français. Mais le législateur a précisé que l'assimilation de résidence en France prévue par les textes ne concernait que la procédure d'acquisition de la nationalité et non celle de reconnaissance. La condition de résidence en matière de nationalité exige, comme on l'a vu plus haut, que l'intéressé fixe en France le centre de ses intérêts. Elle a ainsi éliminé de la reconnaissance de la nationalité française un grand nombre de personnes qui ne souhaitaient pas ou n'avaient pas les moyens financiers de faire venir en France leur famille, alors même qu'elles y résidaient et manifestaient pour la France un réel attachement ». Si la législation dans cette matière est une vraie nécessité, elle requiert néanmoins parcimonie et méticulosité. La multitude de revirements législatifs énoncés ne sont pas de nature à aider les impétrants encore moins favoriser les choses bien au contraire. La déduction est aisément tirée : un manque de lisibilité savamment entretenu à dessein. Imaginons les tribulations de ceux qui avaient fait le choix de la nationalité française en renonçant à celle de l'ancienne colonie devenue indépendante. Aux antipodes, à la suite de l'accession à la souveraineté internationale de l'Erythrée en 1993 ainsi que des différentes péripéties du conflit avec l'Ethiopie, les personnes d'origine érythréenne avaient perdu leur nationalité à Addis-Abeba. Ces événements ayant bien évidemment eu les mêmes issues de l'autre côté de la nouvelle frontière internationale. Des familles séparées et surtout les enfants des couples mixtes avaient été menacés d'apatridie. Nombre d'entre eux étaient effectivement tombés dans ce « trou noir » selon l'expression de Kitty MacKinsley. Tertio, à l'inverse du paradigme historique et avec l'évolution des technologies, les pratiques actuelles se traduisant par le recours aux mères porteuses exposent dangereusement les enfants qui en sont nés à des risques d'apatridie[171]. Des difficultés similaires peuvent également surgir des adoptions irrégulières d'enfants étrangers… L'action des pouvoirs publics doit être guidée par le seul intérêt de l'enfant.

Somme toute, l'U.I.P et le H.C.R synthétisent ainsi le catalogue des causes de l'apatridie : *« Des millions de personnes dans le monde n'ont pas de nationalité. Elles sont apatrides. L'apatridie peut découler de diverses causes dont des lois contradictoires, des cessions de territoires, les lois sur le mariage, les pratiques administratives, la discrimination, le défaut de déclaration de naissance, la déchéance (lorsqu'un Etat retire sa nationalité à une personne), et la renonciation (lorsqu'une personne refuse la protection d'un Etat). Un grand nombre d'apatrides dans le monde sont également victimes de déplacements forcés. Les personnes arrachées à leur foyer sont en effet guettées par l'apatridie, notamment lorsque leur déplacement s'accompagne ou est suivi d'un redécoupage territorial. A l'inverse, beaucoup d'apatrides et de personnes déchues de leur nationalité ont été obligées de fuir leur lieu habituel de résidence. Ce sont ces liens avec les situations de réfugiés qui ont, à l'origine, incité l'Assemblée générale des Nations Unies à charger le Haut Commissariat des Nations Unies pour les réfugiés (HCR) de superviser l'action pour la prévention et la*

[171] En témoigne le débat suscité par la circulaire de la Garde des sceaux, Ministre de la Justice Christiane Taubira N° NOR JUSC1301528C en date 25 janvier 2013 et portant sur la délivrance des certificats de nationalité française aux enfants nés de cette pratique. Pour approfondir la question, lire le *« Rapport de la Secrétaire générale »* de la CIEC présenté à l'Assemblée générale de Bruxelles le 20/09/2011 et notamment le point sur *« les filiations artificielles »*, P. 7 à 10. Les Etats membres de cette instance recherchent des solutions en droit international privé dans le cadre de la Convention de la Haye du 29 mai 1993 sur la protection des enfants et la coopération en matière d'adoption internationale.

réduction de l'apatridie »[172]. Ce point de vue est aussi celui d'Yves Beigbeder pour lequel : *« Une forte proportion d'apatrides est victime du déplacement forcé, ou de l'expulsion du pays qu'ils considèrent comme le leur. L'apatridie n'est pas seulement une source d'insécurité humaine, mais elle peut aussi représenter une menace à la stabilité politique nationale et régionale »*[173]. Cependant le tableau synoptique dressé n'est nullement achevé car il présente le défaut de mettre de côté bien d'autres paramètres créateurs d'apatridie. Et quand le Bureau du H.C.R s'approprie seule la donne originelle de l'apatridie, le condensé qui en ressort reste tout aussi insuffisant et incomplet : *« L'apatridie peut se produire sous l'effet de plusieurs facteurs, notamment : (1) Conflits de lois, par exemple l'Etat A, où l'intéressé est né, accorde la nationalité par filiation (jus sanguinis) tandis que l'Etat B dont ses parents possèdent la nationalité accorde la nationalité en raison du lieu de naissance (jus soli), ce qui fait de l'intéressé un apatride ; (2) Transfert de territoire (qui englobe des questions telles que l'indépendance, la dissolution ou la succession des Etats, la restauration des Etats ; (3) Lois sur le mariage ; (4) Pratiques administratives ; (5) Discrimination ; (6) Lois sur l'enregistrement des naissances ; (7) "Jus sanguinis" (nationalité accordée seulement par filiation, souvent seulement paternelle, ce qui dans certaines régions amène à hériter du statut d'apatride) ; (8) Privation de la nationalité ; (9) Renonciation à la nationalité (sans acquisition préalable d'une autre nationalité) ; (10) Déchéance automatique par application de la loi (du fait de la perte du lien effectif et authentique que l'intéressé n'indique pas expressément vouloir maintenir. Peut être liée à des pratiques administratives défectueuses qui font que l'intéressé n'a pas été informé de cette obligation) »*[174]. Le fait que son Comité exécutif s'y mêle n'y change rien sur le

---

172 *« Nationalité et apatridie, guide pour les parlementaires »*, Union Interparlementaire (UIP), Unhcr, 2005, P. 3.

173 Cf. Yves Beigbeder dans *« Le Haut Commissariat des Nations Unies pour les Réfugiés »*, Que-sais-je n° 3489, Paris, Puf, 1999, P. 57.

174 Bureau du Haut-commissaire des Nations Unies pour les Réfugiés, Genève, *« Module d'information et d'adhésion : La convention de 1954 relative au statut des apatrides et La convention de 1961 sur la réduction des cas d'apatridie »*, publié en juin 1996 et révise en novembre 1998, P. 4.

fond car celui-ci : *« j) Note que l'apatridie peut découler de restrictions s'appliquant aux parents concernant la transmission de la nationalité à leurs enfants ; du refus de la possibilité pour une femme de transmettre la nationalité ; de la renonciation sans avoir obtenu auparavant une autre nationalité ; de la perte automatique de la nationalité en cas de séjour prolongé à l'étranger ; du non respect des obligations militaires ou civiles ; du mariage d'une personne à un étranger ou du fait du changement de nationalité du conjoint au cours du mariage ; et la privation de la nationalité du fait de pratiques discriminatoires ; et demande au HCR de continuer à fournir des conseils techniques à cet égard »*[175]. Il est objectivement ardu d'être exhaustif dans cet exercice. Aussi curieux que cela puisse paraître, certaines causes du fléau peuvent être insoupçonnées : *« par un effet pervers, même l'avancée du processus démocratique peut inciter à retirer certains groupes de la liste des ressortissants d'un pays »* avait avoué le H.C.R [176]. A juste titre, selon Cécile Pouilly : *« Ironiquement, le nombre croissant d'élections qui se déroulent dans les pays africains a, dans certains cas, enflammé le débat sur la nationalité. « La question de savoir qui peut – ou ne peut pas – voter devient brusquement très importante... De ce fait, le pouvoir d'octroyer, de retirer ou de refuser la citoyenneté est devenue une arme politique tentante »*[177]. Les souvenirs du débat sur l'*« ivoirité »* ainsi que de ses méfaits sont encore suffisamment prégnants dans la conscience collective et dans l'opinion internationale. La lutte pour la démocratie peut donc conduire à l'apatridie : Au Bahreïn : *« Le 6 novembre 2012, le Ministère de l'Intérieur a privé de leur nationalité 31 personnes, dont des militants politiques de l'opposition, des avocats et des militants des droits humains, les accusant de « porter atteinte à la sécurité de l'État ». À la suite de cette ordonnance, la plupart des personnes affectées sont*

---

[175] Voir ses conclusions No. 106 (LVI) – 2006 portant sur *« L'identification, la prévention et la réduction des cas d'apatridie ainsi que la protection des apatrides ».*

[176] Lire le Magazine *« Réfugiés »*, n° 147, Volume, 3, Edition spéciale intitulée : *« L'univers étrange et mal connu des apatrides, les exclus »*, Unhcr, Genève, 2007, P. 6-7.

[177] Dans le Magazine *« Réfugiés »*, n° 147, Volume, 3, Edition spéciale, Op cit, P. 28.

devenues apatrides »[178]. Que dire des rapports ambigus entre la guerre et l'apatridie ? Elle peut être source d'apatridie tout comme l'apatridie peut être la cause de la guerre. *« Le souci d'éviter l'apatridie est l'une des principales préoccupations. Il s'agit d'une question qui peut menacer la paix et la stabilité. »* déclarait très justement Hans Christian Krüger[179]. Ainsi la guerre internationale entre le Sénégal et la Mauritanie en 1989 a eu pour origine le retrait de la nationalité des négro-mauritaniens suivi de leur expulsion vers ce pays voisin. La C.A.D.H.P avait, à plusieurs reprises, exhorté ses autorités à : *« ...prendre des mesures minutieuses pour remplacer les documents d'identité nationale de ces citoyens mauritaniens, qui leur ont été pris au moment de leur expulsion et veiller à leur retour sans délai en Mauritanie, ainsi que la restitution des biens pillés au moment de la ladite expulsion ; et prendre les mesures nécessaires à l'indemnisation des privations endurées par les victimes des événements cités ci-dessus... »*. Néanmoins, toutes les décisions ainsi édictées n'ont toujours pas totalement été appliquées d'après les O.N.G africaines[180] : *« Alors que nous célébrons la Journée mondiale des réfugiés 2011, l'Institute for Human Rights and Development in Africa (IHR-DA) tient à exprimer sa préoccupation croissante concernant la mise en œuvre de la recommandation de la décision de la* Commission africaine des droits de l'Homme et des Peuples *citée ci-dessus. Le rapatriement des réfugiés, le rétablissement de leur pleine citoyenneté et la restauration de leur état pré-expulsion ont été quasiment arrêtés »*. En effet plus de trois ans après, les rapatriés mauritaniens attendent inlassablement le rétablissement complet de leurs documents de citoyenneté ainsi que les indemnisations telles que préconisées. L'autre cas susceptible d'être cité est celui de la R.D.C. Dans ce pays, la guerre civile résulte entre autres de la même idéologie d'exclusion de l'altérité. Cécile Pouilly avait doctement considéré que :

---

178 Rapport mondial *Human Rights watch* 2013, Extraits en français, Janvier 2013, P. 126-127.

179 Cf. Son allocution à la *« 1ère conférence européenne sur la nationalité, « tendances et développement en droit interne et international sur la nationalité »*, Strasbourg, 18-19/10/1999, dans *« Les actes »*, P. 9.

180 Relire la Déclaration d'IHRDA lors de la Journée mondiale du réfugié le 20 Juin 2011.

« L'État que forme aujourd'hui la République démocratique du Congo (RDC) a ainsi reçu plusieurs vagues de migrants et de réfugiés originaires du Rwanda. En 1910, une convention entre les puissances coloniales allemande et belge eut pour effet d'annexer au Congo belge plusieurs zones précédemment contrôlées par le Roi du Rwanda, ainsi que leurs habitants. Ce groupe, connu sous le nom de Banyarwandais, a continué à s'agrandir, au gré des mouvements migratoires ayant pris place après la Première Guerre mondiale et des diverses crises politiques qui ont déchiré le Rwanda en 1959, et à nouveau dans les années 70. Depuis l'indépendance, la question de la nationalité des Banyarwandais constitue un important facteur de dissension sur la scène politique congolaise. Ils se sont vu, de manière répétée, octroyer et retirer la nationalité congolaise, et ont été fréquemment mêlés à la compétition pour le contrôle des terres et du pouvoir politique. Ils ont aussi entretenu des relations tumultueuses avec le petit pays voisin surpeuplé auquel ils sont liés par nom et par origine, mais pas par nationalité. La Constitution de 1964, suivie par l'ordonnance-loi de mars 1971, a attribué la nationalité congolaise à tous les Banyarwandais vivant dans l'est de la RDC avant 1960. Toutefois, par une sorte de retour en arrière partiel, moins d'une année plus tard une nouvelle loi établissait que les Banyarwandais arrivés après le 1er janvier 1950 au Zaïre (le nom du pays à cette époque) n'étaient pas des ressortissants du pays. En 1981, la législation fut une nouvelle fois amendée, avec pour effet de n'accorder la nationalité zaïroise qu'aux Banyarwandais pouvant prouver que leurs ancêtres vivaient au Zaïre depuis 1885. Sachant qu'au XIXe siècle l'enregistrement des naissances n'avait pas de caractère systématique – loin s'en faut –, les droits de la plupart des Banyarwandais furent donc révoqués rétroactivement, faisant ainsi d'eux des apatrides... L'afflux massif de réfugiés et de combattants dans l'est de la RDC en juillet 1994, suite au génocide rwandais, a renforcé la méfiance entre les différents groupes ethniques et intensifié le débat houleux sur la question de la nationalité. Ce problème a constitué un facteur essentiel dans la guerre de 1996 et a continué à alimenter l'instabilité chronique dont a souffert cet immense pays situé au cœur de l'Afrique. La situation des Banyarwandais a récemment connu une amélioration : la nouvelle loi sur la na-

tionalité promulguée en 2004 et la Constitution de 2005 ont confirmé que les Banyarwandais qui peuvent prouver qu'ils se trouvaient dans le pays au moment de l'indépendance et leurs descendants sont, à nouveau, considérés comme des citoyens congolais. »[181]. Est ainsi inévitablement relativisée l'approche de Louis-Marie Musau Bakajika lequel n'avait appréhendé la crise que sous un prisme bien moins ancré dans le temps en exprimant ainsi sa conviction : *« Suite à plusieurs facteurs : famine, exil, infiltrations... les populations d'expression kinyarwanda immigrent en République démocratique du Congo. Si au départ, la présence des « allogènes » n'a pas posé de problèmes, la cohabitation deviendra conflictuelle. La situation a dégénéré suite à la non-reconnaissance de la qualité de Congolais aux rwandophones conformément à la loi 81/002 du 29 juin 1981 qui les rendait « apatrides ». Dès lors de fortes tensions ont entraîné de l'instabilité de fonctionnement des institutions politiques nationales. En effet la question identitaire qui était locale (limitée à l'est de la R.D.C) devenait « nationale » suite à la succession de deux guerres de libération ayant à leur tête des personnalités rwandophones »*[182]. Ces exemples illustrent raisonnablement et confirment, si besoin était, les conclusions de Bronwen Manby selon lesquelles : *« Dans un trop grand nombre de pays africains, les lois et pratiques régissant la nationalité ont pour effet de laisser des centaines de milliers de gens sans nationalité. Les apatrides africains constituent l'un des groupes des populations les plus vulnérables du continent... ils sont exposés aux violations des droits humains. La situation d'apatride sous-tend et exacerbe les tensions inter-*

[181] Cf. *« Le problème caché de l'Afrique »* tiré du Magazine *« Réfugiés »*, n° 147, Volume, 3, Edition spéciale intitulée : *« L'univers étrange et mal connu des apatrides, les exclus »*, Unhcr, Genève, 2007, P. 28.

[182] Lire sa contribution intitulée *« Implantation des populations rwandophones à l'Est de la République démocratique du Congo et l'émergence des conflits politiques pendant la transition »*, Colloque international organisé par le Remidac de Brazzaville sur le thème « *Migrations et recompositions territoriales en Afrique centrale* » du 13 au 15/12/2006. P. 34. Pour approfondir la question : Mwayila Tshiyembe dans *« Refondation de la nation et nationalité en R.D.C »*, Paris, l'harmattan, 2007, 95 pages.

communautaires, interethniques, et interraciales dans beaucoup de régions du continent »[183].

Eu égard à tout ce qui précède, convenons que les causes de l'apatridie sont multiples et diverses. Loin d'être holistique, quelques autres vont encore apparaître tout au long de notre étude. De toute évidence, connaître les causes des phénomènes est important. Cependant, parvenir à les résorber l'est encore bien plus. C'est réellement la seule voie susceptible de permettre tant soit peu la résolution graduelle du problème. Commençons par procéder à ce qui est bien plus qu'une radioscopie de l'anomalie afin de saisir la différence des droits et obligations entre les Etats et les individus autour du paradigme de la nationalité.

§2. La dissection du problème

S'il n'existe pas de droit « à » l'apatridie, on ne saurait dire la même chose du droit « de » l'apatridie ou du droit relatif à l'apatridie. En effet, le droit touchant à la nationalité est internationalement consacré et devrait par conséquent relever du droit positif des Etats. Nul individu ne peut sérieusement et valablement exciper un hypothétique « droit à l'apatridie ». Celui qui est dans la lumière ne peut raisonnablement pas chercher à repartir dans l'ombre voire dans l'obscurité. Faut-il ressortir la dialectique de l'« être » et du « non-être » ou du néant pour s'en convaincre ? Subsiste toutefois la question cruciale de savoir ce que l'on entend par nationalité ? Selon Yvon Loussouarn, Pierre Bourel ainsi que Pascal de Vareilles-Sommières : *« La nationalité peut se définir comme la qualité d'une personne à raison des liens politiques et juridiques qui l'unissent à un Etat dont elle est un des éléments constitutifs. La nationalité comprend donc trois éléments : l'Etat donneur de nationalité ; l'individu qui reçoit la nationalité ; le lien entre l'individu et l'Etat »*[184]. Bien évidemment : *« La nationalité française ne peut être conférée que par l'Etat français... il s'agit là d'un principe...*

[183] Dans son livre portant sur *« Les lois sur la nationalité en Afrique, Une étude comparée »*, Open society Institute (New York) et Afrimap (Johannesburg), 2009, P. 1.
[184] Voir *« Droit international privé »*, Paris, Dalloz, 9è édition, 2007, P. 821.

consacré par la Cour internationale de justice de la Haye dans son arrêt Nottebohm du 6 avril 1955... Le corollaire de cette règle est que l'Etat ne peut donner à un individu une nationalité étrangère... »[185] confirment-ils. Comme l'avait déjà prévu l'article 2 de la Convention de la Haye du 12 avril 1930[186] : « *Toute question relative au point de savoir si un individu possède la nationalité d'un Etat doit être résolue conformément à la législation de cet Etat* ». Quelques années auparavant et notamment dans l'avis consultatif n° 4 sur décrets de nationalité promulgués en Tunisie et au Maroc, la Cour permanente de justice internationale avait en 1923 estimé qu' : *« ... il convient d'abord de relever que la question de la souveraineté d'une nation pour légiférer en matière de nationalité sur son territoire domine la situation et d'ailleurs pas contestée, et que l'application de ce principe au différend soulevé par le Gouvernement anglais ne peut être contredite ou suspendue que par une règle formelle de droit international applicable aux faits de la cause ou par une stipulation des traités ou conventions internationaux existant entre les parties ; ...Par ces motifs, desquels il résulte qu'aucune raison de droit international ne saurait s'opposer au principe primordial de la souveraineté territoriale en matière de nationalité ».* N'en résulte-t-il pas une limitation de l'action du juge en matière d'apatridie provenant d'un conflit négatif des nationalités ? A vrai dire : *« lorsqu'un individu est apatride [...] selon la conception traditionnelle, aucun Etat ne le reconnaît comme son national, le juge ne tranche pas le conflit. Dans ce cas, le juge ne lui attribuera pas de nationalité. Les raisons théoriques et pratiques se rejoignent pour imposer une solution, ou plutôt cette absence de solution. En effet, selon la conception classique de la nationalité, elle est établie en fonction du choix de l'Etat. Elle n'a aucun autre fondement. Dans le cas d'un apatride, précisément aucun Etat n'a pris la décision d'accorder sa nationalité. Le juge n'a aucun autre critère à sa disposition pour déterminer la nationalité d'un individu. Il ne peut donc que constater le conflit et en aucun cas le trancher »*

---

[185] Lire « *Droit international privé* », Op cit, P. 823.

[186] Cf. La « *Convention concernant certaines questions relatives aux conflits de lois sur la nationalité* » en vigueur depuis le 1er/07/1937.

relève à juste titre Amélie Dionisi-Peyrusse[187]. Somme toute, le droit régissant l'apatridie est en réalité le droit de la nationalité pris à rebours. Une asymétrie patente existe entre les deux dans la mesure où c'est exactement l'absence de nationalité qui rend apatride une personne. La complexification provient de ce que ce droit se décompose en différents aspects dont l'étude s'impose à nous. D'un côté, des obligations négatives pesant sur les Etats parmi lesquelles :

A. Le droit qualifié d'impératif c'est-à-dire celui pour un individu d'avoir une nationalité

Deux voies sont ouvertes à ce propos :

1. A la naissance

Pour Amélie Dionisi-Peyrusse *« Le droit à une nationalité comporte ainsi, une obligation en vers les Etats, ce qui lui donne un contenu plus concret. De telles dispositions sont extrêmement utiles pour lutter contre l'apatridie, mais elle ne garantisse pas à toute personne, quelque soit sa situation, que le droit international imposera à un Etat de lui accorder sa nationalité. Ces lacunes empêchent le droit à la nationalité d'être totalement effectif et le relègue au rang d'idéal. Cependant, il faut souligner que la simple affirmation du droit à la nationalité fait entrer la nationalité dans le champ des droits de l'homme. En effet, elle laisse supposer que le droit à la nationalité n'est pas imperméable aux droits de l'homme, mais au contraire qu'il doit les respecter. C'est la démonstration d'une prise de conscience que les intérêts de l'Etat ne sont peut-être pas les seuls qui doivent être pris en compte pour déterminer la nationalité d'une personne. Ceux des individus doivent aussi être pris en considération notamment grâce au respect des droits considérés comme fondamentaux en la matière »*[188]. L'on peut parallèlement s'interroger sur la manière dont se détermine ce droit à la nationalité. Patrick Weil avait bien réussi à en cer-

---

[187] Cf. « *Essai sur une nouvelle conception de la nationalité* », Paris, Defrenois lextenson éditions, 2008, p. 53-54.

[188] Dans « *Essai sur une nouvelle conception de la nationalité* », Op cit, P. 231.

ner l'essence en faisant observer que : « *Lorsque l'on parle du droit de la nationalité, deux de ses « couleurs » sont systématiquement mentionnées : I. le lieu de naissance – ou jus soli : le fait d'être né sur un territoire sur lequel l'Etat exerce, a exercé ou souhaite étendre sa souveraineté ; II. le droit du sang – ou jus sanguinis : la citoyenneté est accordée en fonction de la nationalité d'un parent ou d'un ascendant plus éloigné. Deux autres "couleurs" existent mais sont souvent omises ou négligées : – le statut matrimonial : épouser un ressortissant d'un pays autre que le sien peut permettre d'acquérir la nationalité du conjoint ; – la résidence passée, présente ou future à l'intérieur des frontières passées, présentes ou futures ou du pays (y compris les frontières coloniales) ». C'est la combinaison de ces instruments et des techniques permettant leur application (automaticité, acte volontaire, décision de l'Etat, etc.) qui constitue une législation de la nationalité »*[189]. La nationalité peut ainsi s'acquérir à la naissance par deux moyens sur lesquels tous les spécialistes s'accordent. Elle découle donc soit du *« jus soli »*, soit du *« jus sanguini »*. Dans le premier cas, il s'agit d'une acquisition en principe automatique étant entendu qu'une conclusion est tirée du seul fait de la naissance sur une aire géographique donnée. Parmi les grands pays dans lesquels cette idée est encore d'actualité figurent les Etats-Unis. La France avait toujours fait partie de ce premier groupe jusqu'en 1993. En l'état actuel de sa législation, l'automaticité dans l'acquisition de la nationalité à la naissance a effectivement disparu. L'enfant né sur le territoire de parents étrangers ne peut acquérir la nationalité qu'à la condition d'en faire personnellement la demande à sa majorité (18 ans). Sauf si les parents en prennent l'initiative à son profit dès l'âge de treize ans[190]. Afin de déceler les différentes variantes acquisitives de nationalité, essayons de nous intéresser à ce qui se passe sous

---

[189] Dans *« L'accès à la citoyenneté : une comparaison de vingt-cinq lois sur la nationalité, Nationalité et citoyenneté, nouvelle donne d'un espace européen »*, travaux du Centre d'études et de prévision du Ministère de l'intérieur, Mai 2002, P. 1. Idem, P. Weil et Randall Hansen dans *« Nationalité et citoyenneté en Europe »*, Paris, La découverte, 1999, 330 p.p. *« Les quatre piliers de la nationalité »*, P. Weil, 2011, Paris, 36 p.p.

[190] Sur la question, lire *« les jeunes et la nationalité française »* Notes pratiques, Gisti, Paris, 2005, 20 pages.

d'autres cieux. En Tunisie par exemple, le droit du sol ne s'applique pas et n'ouvre droit à la nationalité d'origine que pour un enfant né dans ce pays d'un père et d'un grand-père qui y sont également nés. Un droit de répudiation est admis à la majorité, sauf engagement dans l'armée. Tel est le sens des dispositions contenues dans le Décret-loi n°63-6 du 28 février 1963 portant refonte du Code de la nationalité. Dans le cadre de la législation malienne[191] est malien : l'enfant né au Mali de parents inconnus (Article 11) ; l'enfant légitime ou naturel né au Mali d'un père ou d'une mère d'origine africaine qui y est lui-même né (Article 12). Cette stipulation est plus favorable comparée aux exigences posées par la loi tunisienne laquelle impose de remonter jusqu'aux grands-parents[192]. En réalité dans les deux cas, le sang prime sur le sol. La conception de nationalité de ce point de vue demeure très peu libérale et surtout restrictive. L'adoption d'un *« jus soli »* dans sa plénitude partout dans le monde ne serait pas non plus une réponse définitive à la question de l'apatridie, bien au contraire. De toute façon, une telle configuration reste une hypothèse d'école surtout que le postulat n'est pas véridique. La précision apportée par Philippe Leclerc dans ce débat est intéressante : *« Néanmoins pour que ce principe exclue totalement l'apatridie, il est nécessaire que*

---

[191] Cf. Le Code de la nationalité malienne, loi no 62 18 AN-RM du 3 février 1962.

[192] Le code algérien de la nationalité (article 9) ne permet à l'enfant d'avoir la nationalité de la mère que : *« - s'il est né d'un père inconnu ou d'un père apatride ; - s'il est né en Algérie, d'une mère algérienne et d'un père étranger lui-même né en Algérie ; - de même, l'enfant né en Algérie d'une mère algérienne et d'un père étranger né hors du territoire algérien peut acquérir la nationalité de sa mère sauf opposition du Ministre de la Justice, conformément à l'article 26 du code de la nationalité algérienne »*. De son côté : *« le Code de la nationalité marocaine ne permet à l'enfant d'avoir la nationalité de la mère que s'il est né d'un père inconnu, quel que soit le lieu de la naissance, ou d'un père apatride, avec naissance au Maroc, et ce afin que le droit de nationalité soit garanti à tout enfant. De même, l'enfant né au Maroc d'une mère marocaine et d'un père étranger peut acquérir la nationalité de sa mère à condition qu'il déclare, dans les deux années précédant sa majorité, vouloir acquérir cette nationalité [...] à condition qu'il ait, au moment de la déclaration, une résidence habituelle et régulière au Maroc »* Amnesty international, *« Moyen-Orient et Afrique du nord les réserves à la convention sur l'élimination de toutes les formes de discrimination à l'égard des femmes affaiblissent la protection des femmes contre la violence »* Index AI : IOR 51/009/2004 p. 32.

l'enregistrement des naissances soit effectif et permette également d'enregistrer la naissance des enfants quel que soit le statut juridique de leurs parents sur le territoire de l'État »[193]. De même l'approche théorique que développe Rainer Bauböck : *« En l'absence de migration internationale, le droit du sang et le droit du sol ne font aucune différence. L'un et l'autre garantissent la reproduction intergénérationnelle de l'ensemble des citoyens d'un territoire. C'est la migration au-delà des frontières de l'État qui rend un régime strict de droit du sang exclusionniste. Les enfants d'immigrants établis qui grandissent dans le pays d'accueil sont évidemment des participants à l'avenir de cette société. De ce point de vue, leur refuser la citoyenneté ou même exiger qu'ils passent par une procédure de naturalisation est manifestement indéfendable. Ils sont membres de naissance de la société et doivent être reconnus comme tels. Le modèle états-unien inconditionnel de droit du sol n'est, par contre, pas nécessairement la meilleure solution. Tout d'abord, en tant que principe constitutionnel fédéral, ses racines historiques remontent à la reconstruction postérieure à la Guerre civile et n'ont rien à voir avec l'immigration ; de plus, ce modèle attribue la citoyenneté aux enfants dont la naissance dans le territoire est accidentelle ; enfin, il n'inclut pas ceux qui arrivent avec leurs parents en très bas âge. De nos jours, il n'y a aucune possibilité d'introduire le modèle états-unien dans l'un ou l'autre des pays d'Europe. L'Irlande, le seul pays européen qui avait adopté ce principe (lui aussi pour des raisons non liées à l'immigration) l'a abandonné en 2004 »*[194]. A l'inverse, la seconde grande tradition est celle qui prend en compte la filiation de telle sorte que l'enfant prenne la nationalité de ses parents. Partant de là, plusieurs types d'accommodements sont possibles. De nombreux Etats procèdent par la combinaison de ces deux modalités d'attribution de la nationalité. La schématisation qu'en fait Rainer Bauböck est instructive à plus d'un titre : *« La citoyenneté de naissance peut*

---

[193] Dans « *Pour une véritable mobilisation pour réduire l'apatridie et protéger les apatrides* », Notes de l'observatoire – numéro 9 – Décembre 2011, P. 2.

[194] Rainer Bauböck, *« Citoyens mobiles : normes démocratiques d'adhésion des migrants »*, Revue canadienne intitulée *« Diversités »*, Vol 6, n° 4, Automne 2008, P. 6-7.

être obtenue par transmission héréditaire (jus sanguinis ou droit du sang) ou par la naissance dans le territoire (jus soli ou droit du sol). Les deux règles sont complémentaires plutôt que substitutives. Virtuellement tous les pays du monde appliquent le droit du sang, introduit à l'origine en Europe par la Révolution française. Dans un nombre beaucoup plus modeste de pays, la naissance sur le territoire est le principe dominant et la citoyenneté par hérédité ne s'y applique qu'aux enfants nés des expatriés. Plusieurs États européens modifient leurs régimes de droit du sang par une forme conditionnelle de droit du sol. Dans certains pays, l'acquisition de la citoyenneté par la naissance sur le territoire dépend du statut juridique des parents ou de la durée de résidence (Allemagne, Irlande, Portugal, Royaume-Uni) ; dans d'autres États, l'un des parents doit être né dans le pays. Dans plusieurs États européens, la citoyenneté, pour les personnes de la deuxième génération, n'est généralement pas automatique à la naissance, mais dépend de la décision des parents après la naissance ou est accordée au moment de la majorité »[195]. Après l'accession à la nationalité au moment de la naissance s'ajoute la possibilité d'acquisition d'une autre nationalité au cours de la vie d'une personne. C'est donc la deuxième voie susceptible de mener à son d'obtention communément appelée :

2. La naturalisation

Un individu peut aussi obtenir la nationalité par naturalisation. Les Etats ont une ardente obligation de favoriser la naturalisation aussi bien des apatrides que des réfugiés. Eu égard à cette démarche administrative, un distinguo existe entre ces deux premières classifications migratoires et les autres étrangers. La Cour Interaméricaine des Droits de l'Homme (C.I.D.H) la présente comme *« un acte volontaire visant à établir une relation avec une société politique donnée, sa culture, son mode de vie et ses valeurs »*[196]. Ce qui revient à démontrer

[195] Rainer Bauböck *« Citoyens mobiles : normes démocratiques d'adhésion des migrants »*, Op cit, P. 6.
[196] Cf. La proposition de modification des dispositions relatives à la naturalisation contenues dans la constitution de l'Etat du Costa Rica, C.I.D.H, Avis consultatif, OC-4/84 du 19 janvier 1984.

la place qu'occupe l'autonomie de la volonté non seulement dans l'amorce d'une telle demande mais aussi le dépôt d'une requête à dessein. Elle est avant tout une initiative personnelle. Aujourd'hui, en Europe, se dégage une tendance paradoxale consistant à accentuer et à durcir les conditions à remplir pour les immigrés désirant obtenir le certificat de naturalisation. La nationalité n'est plus heureusement attribuée et fièrement acquise par l'impétrant. Elle désormais parcimonieusement concédée parfois même sans réelle envie voire sans conviction. N'est-ce pas antinomique quant à la volonté d'une intégration réussie des migrants dans les sociétés d'accueil ?[197] Alors qu'au Canada et aux Etats-Unis, comme le souligne Irène Bloemraad, la propension est diamétralement opposée : « *Les personnes qui n'ont pas la citoyenneté américaine ou canadienne à la naissance doivent l'acquérir par naturalisation. Les procédures de naturalisation sont remarquablement libérales dans les deux pays* »[198]. J'ai déjà eu l'occasion d'indiquer que : *« ...la tendance à vouloir par des sortes d'astuces et autres manœuvres dilatoires voire vexatoires restreindre l'accès à la citoyenneté comme le préconisent un certain nombre d'États européens (à l'instar du Royaume-Uni) peut s'avérer superfétatoire et stérile. Elle est même dangereuse à cause de la frustration occasionnée et accumulée mais aussi la perception qu'auront en fin de compte ceux qui se seront fait notifier une fin de non-recevoir à ce titre. Même si le leitmotiv est l'intégration des populations venues d'ailleurs, cette logique doit visiblement être poursuivie jusqu'au bout, c'est-à-dire à l'acquisition de la nationalité*

[197] En France, les dispositions de la section 2 du titre n° II du décret n° 931362 du 30/12/1993 relative aux déclarations de nationalité en raison du mariage ont récemment été modifiées par le Décret n° 2011-1265 du 11/10/2011 relatif au niveau de connaissance de la langue française requis des postulants à la nationalité française à ce titre. Cet acte réglementaire est entré en application au 1er/01/2012. C'est dans ce même sens qu'a été pris l'Arrêté ministériel du 11/10/2011 fixant la liste des diplômes et attestations requis des postulants à la nationalité française en application du décret de 1993 précité. Manuel Valls, le nouveau ministre chargé de ces questions a promis revoir toutes ces conditions.

[198] Dans son article intitulé : *« Citoyenneté aux États-Unis et au Canada : Importance de la politique gouvernementale pour l'intégration politique des immigrants »*, Revue canadienne intitulée *« Diversités »*, Vol 6, n° 4, Automne 2008, P. 129 à 133.

(stade ultime dudit processus). Au quel cas, il s'agit en définitive d'une intégration mi-figue, mi-raisin »[199]. Ces interrogations légitimes existent également chez Rainer Bauböck : *« Un nombre croissant de pays d'Europe ont des cours et des examens d'intégration en tant que conditions d'accès à la citoyenneté, à la résidence permanente, voire au regroupement familial dans la société d'accueil. Aucune de ces conditions ne s'applique aux citoyens de l'UE. Quelle est la fonction remplie par ces examens ? Est-ce d'encourager les immigrants à acquérir des compétences linguistiques et une connaissance générale de l'histoire et des institutions publiques de leur société de résidence ou l'objectif est-il de sélectionner ceux qui méritent de devenir citoyens et d'exclure les autres ? Les gouvernements européens actuels diffèrent dans leur perception de la naturalisation comme étape et outil du processus d'intégration ou comme fin et récompense ultime de la réussite individuelle dans le processus. Ces deux buts sont difficiles à réconcilier. Relever les obstacles d'accès à la demi-naturalisation ou à la citoyenneté amplifiera les problèmes d'intégration socioéconomique ou culturelle si les groupes qui sont exclus demeurent dans le pays avec un statut juridique incertain. Le retour forcé en masse vers les pays d'origine est non seulement moralement indéfendable, mais actuellement, tout aussi infaisable politiquement. Être exclus de la citoyenneté contribue donc au problème même que les tests d'intégration plus rigoureux visent à régler. À l'opposé, la politique visant à promouvoir activement la naturalisation ne limite pas le recours aux tests comme moyen incitatif pour acquérir des compétences supplémentaires, plutôt que comme moyen de dissuader les candidats potentiels de présenter leur demande. Ce qu'il faut, à cet égard, ce n'est pas simplement de peaufiner les conditions menant à la naturalisation, mais d'instaurer un changement général des idéologies publiques concernant la citoyenneté. Jusqu'à maintenant, tous les pays d'Europe considèrent la naturalisation comme une procédure légale par laquelle un individu essaie d'améliorer son statut juridique tandis que les autorités de l'État doivent vérifier si le demandeur satisfait aux critères*

[199] Voir Romuald LIKIBI dans *« l'Union Africaine face à la problématique migratoire »*, Paris, L'harmattan, 2010, P. 283-284.

établis par les intérêts publics pour la sélection de ceux qui seront admis à faire partie du régime. La non-concordance entre les citoyens et les résidents permanents régis par les lois laisse toutefois penser que les démocraties ont aussi un intérêt public à promouvoir la naturalisation des immigrants afin d'éviter un déficit croissant de légitimité démocratique. Cet aspect rend problématiques non simplement les tests populaires actuels d'intégration, mais aussi toute une gamme d'autres conditions menant à la naturalisation, notamment des aspects très courants comme la preuve d'un revenu indépendant et l'absence de casier judiciaire »[200]. L'argumentaire ainsi développé est difficilement récusable. D'ailleurs, les critiques contre les pratiques institutionnelles actuelles des Etats sont de plus en plus nombreuses non seulement de la part des sociétés civiles, mais aussi de la doctrine. Dans la même lignée, peut enfin être reconnu le bien fondé de l'analyse produite par Thomas Huddleston, Jan Niessen avec Eadaoin Ni Chaoimh et Emilie White dès lors qu'ils décrivent et critiquent les cas les moins favorables en Europe : *« Les Etats qui découragent les migrants d'acquérir la nationalité génèrent un déficit démocratique, social et économique à long terme. Les enfants et les petits-enfants des migrants continuent d'être traités comme des étrangers. Un migrant n'est pas considéré comme pouvant prétendre à la nationalité, s'il n'a pas vécu dans le pays au moins 12 ans. Les nouveaux citoyens ne peuvent avoir la double nationalité, alors que les autres le peuvent. Les autres conditions sont trop onéreuses à remplir (par ex. revenus, redevance de 1 500 euros) pour de nombreux résidents établis – voire des nationaux. Le candidat à la naturalisation doit passer des tests de langue et d'intégration difficiles, discrétionnaires et onéreux. La procédure est totalement discrétionnaire, sans contrôle judiciaire. En tant que nouveau citoyen, le migrant peut se voir retirer sa nationalité à tout moment de sa vie, ce qui peut même le conduire à devenir apatride »*[201]. Toujours selon ces auteurs, de

[200] Rainer Bauböck *« Citoyens mobiles : normes démocratiques d'adhésion des migrants »,* Revue canadienne intitulée *« Diversités »,* Vol 6, n° 4, Automne 2008, P. 9.

[201] Cf. *« Migrant integration policy index iii France »,* British Council et Migrations Policy Group, Bruxelles, 2011, P. 22. C'est une synthèse des politiques nationales recensées en mai 2010 dans au moins l'un des 31 pays.

manière générale sur le continent européen : « *La double nationalité et le droit du sol sont en train de devenir la norme pour les pays d'immigration. La majeure partie de la procédure continue de décourager ou d'exclure de nombreuses personnes de toute tentative. Pour demander la nationalité, les migrants attendent en moyenne sept ans au total en Europe, à cause des exigences de résidence de longue durée. La moitié des pays assujettissent l'acquisition de la nationalité à des conditions de revenus et au paiement de frais élevés. Les candidats doivent normalement connaître la langue, souvent à un niveau élevé ou qui n'est pas clairement indiqué. Les tests s'accompagnent rarement de l'aide nécessaire pour réussir. A l'issue de procédures relativement discrétionnaires, les candidats peuvent au moins faire appel et bénéficier de certaines protections contre l'apatridie et le retrait de la nationalité* ». Une perspective foncièrement dommageable. Rappelons à toutes fins utiles les dispositions pertinentes d'une délibération du Comité pour l'élimination de la discrimination raciale selon laquelle : *« 13. Veiller à ce que des groupes particuliers de non-ressortissants ne subissent pas des discriminations en matière d'accès à la citoyenneté ou de naturalisation, et accorder l'attention requise aux éventuels obstacles à la naturalisation des résidents de longue date ou des résidents permanents ; 14. Reconnaître que la privation de citoyenneté en raison de la race, de la couleur, de l'ascendance ou de l'origine nationale ou ethnique est une violation des obligations des États parties d'assurer la jouissance sans discrimination du droit à une nationalité ; 15. Prendre en considération le fait que, dans certains cas, la privation de citoyenneté de résidents de longue date ou de résidents permanents peut les placer dans une situation désavantageuse en matière d'accès à l'emploi et aux prestations sociales, en violation des principes antidiscriminatoires énoncés dans la Convention »*[202]. La prise de position de cet organe

[202] Voir la *« recommandation générale no 30 concernant la discrimination contre les non-ressortissants »*, adoptée à la 65è session de 2005 par le Comité précité. Tirée de *« récapitulation des observations générales ou recommandations générales adoptées par les organes créés en vertu d'instruments internationaux relatifs aux droits de l'homme, (additif) le présent document contient le texte de la recommandation générale no 30 du comité pour*

du système des Nations-Unies est nette et sans ambiguïté. L'O.I.M quant à elle appelle avec raison à la simplification des règles sur la citoyenneté, la nationalité et la double nationalité. Au demeurant, elle prend le soin d'expliquer aussi bien l'opportunité que l'intérêt de ces choix pour les Etats : *« Il est largement admis, dans le contexte européen à tout le moins, qu'un Etat a intérêt sur le plan démocratique, social et économique à faciliter la naturalisation de la population étrangère qui séjourne pendant une longue période sur son territoire, en particulier les enfants nés dans le pays. Pour leur part, les immigrants qui souhaitent s'installer de manière définitive ont intérêt à prendre la nationalité du pays dans lequel ils résident et à accepter l'ensemble des droits et obligations qui l'accompagnent, dont la possibilité d'entrer dans la fonction publique, le droit de circuler librement et l'intégralité des droits démocratiques. L'acquisition de la nationalité lève les obstacles juridiques à une pleine participation civique, dont elle est une forme en soi, et vient grandement épauler l'intégration »*[203]. Sur ces questionnements d'une brûlante actualité, les Etats ne répondent pas tous avec le même entrain. Que peut-il en être sur le continent africain ? Avec leurs difficultés patentes d'état civil, certains Etats oublient même de légiférer en la matière. En réalité, il existe presque souvent de bribes de législations datant des premières années des indépendances et imposées par les circonstances. Néanmoins, elles ne sont pas toujours bien appliquées faute d'Etats de droit. Après avoir minutieusement exploré la réalité africaine, Bronwen Manby avait fini par reconnaître que : *« Dans certains pays, l'acquisition de la nationalité par naturalisation est, au moins théoriquement, simple. Plus de vingt pays prévoient le droit à la naturalisation après cinq ans de résidence légale sur leur territoire... Cependant, dans la pratique l'obtention de la nationalité par naturalisation, y compris via ces procédures, reste difficile... L'acquisition de la nationalité par naturalisation peut s'avérer très difficile même si les conditions ne sont*

---

l'élimination de la discrimination raciale, concernant la discrimination contre les non-ressortissants (2004) ». HRI/GEN/1/Rev.7/Add.1, le 4 mai 2005.

[203] Cf. *« Etat de la migration dans le monde 2010, l'avenir des migrations : Renforcer les capacités face aux changements »*, O.I.M, Genève, Avril 2010, P. 60-61.

pas strictes sur le papier »[204]. Des faiblesses institutionnelles identiques avaient également été observées par ce dernier à propos de la double nationalité : *« Aujourd'hui, le nombre de pays africains qui permettent la double nationalité est à peu près égal au nombre de ceux qui l'interdisent. Mais même dans les pays où la double nationalité est interdite, les règles ne sont souvent pas appliquées dans la pratique, et si un citoyen acquiert une autre nationalité, aucune conséquence ne s'ensuit. Dans d'autres cas, la loi est ambigüe ou silencieuse, mais permet de fait la double nationalité »*[205]. En France l'idée d'un retrait de la nationalité à ceux qui l'ont acquise avant le terme d'une période de dix ans quelle qu'en soit la raison participe de cet état d'esprit visant le morcellement pur et simple d'une notion si essentielle. La demi-naturalisation retient forcément l'attention dans la mesure où elle est particulièrement pernicieuse. En effet, elle renvoie instinctivement à une citoyenneté de seconde zone. Par définition, la nationalité doit être une, globale et indivisible à l'instar de la nation que tous les nationaux forment collectivement. Ce *« plébiscite de tous les jours »* (E. Renan) ne peut être véritablement assumé que si l'individu concerné se considère réellement et donc pleinement citoyen. « Citoyen à part entière » ou « citoyen entièrement à part » comme disaient jadis les tenants de la négritude. *« Par citoyenneté, on peut entendre un statut, une identité et un ensemble de pratiques »* concluait Daniel Weinstock[206]. Quant à sa nature intrinsèque et juridique, nul doute que : *« la naturalisation n'est pas un droit car le gouvernement est en mesure de s'opposer à la naturalisation mais sous le contrôle du juge administratif qui considère que « la naturalisation constitue une faveur accordée par l'Etat français à un étranger et n'est donc pas un droit pour l'étranger »* comme le soulignent P. Daillier, M. Forteau et A.

---

[204] Lire : *« Les lois sur la nationalité en Afrique, Une étude comparée »*, Open society Institute (New York) et Afrimap (Johannesburg), 2009, P. 7.

[205] Cf. *« Les lois sur la nationalité en Afrique, Une étude comparée »*, Op cit, P. 66.

[206] Daniel Weinstock dans *« La théorie et la pratique de la citoyenneté au 21e siècle : Quelques tendances internationales »* tiré de la « Revue canadienne intitulée *« Diversités »*, Vol 6, n° 4, Automne 2008.

Pellet[207]. Par conséquent, seule la nationalité soit du lieu de naissance soit du pays d'origine de ses parents est un droit pour l'enfant qui vient de naître. La naturalisation n'est nullement du même ordre. Or l'existence d'une simple faveur dans une société démocratique est singulièrement gênante. Elle peut ou ne pas être accordée au gré des événements, des humeurs et des aléas. Même assortie au minimum d'un contrôle juridictionnel, elle demeure aléatoire voire préjudiciable. Là où la sécurité juridique, une exigence de l'Etat de droit et partant de la démocratie, impose la consécration d'un véritable droit. N'est-ce pas moralement contestable qu'une fois acquise, cette qualité puisse encore demeurer évasive et évanescente parce que susceptible de retrait intempestif ? La naturalisation ne permet guère d'épuiser l'étude des différents modes ou modalités d'accès à la nationalité.

3. La réintégration

Le droit à une nationalité implique que soit ouverte la possibilité d'une réintégration dans la nationalité d'origine. A travers ce mécanisme, d'anciens colonisés ont pu par exemple solliciter une réintégration dans leur nationalité de naissance. Les colonies étaient le prolongement territorial de la métropole. Réintégrer la nationalité de ses parents ou de ses grands-parents est ainsi autorisé par quelques législations nationales. La femme qui avait perdu sa nationalité d'origine à cause de son union avec un étranger peut aussi la retrouver sur la base de cette même procédure. Le cas symptomatique des femmes britanniques peut être cité dans la mesure où elles avaient été réintégrées automatiquement à leur nationalité de naissance le 1er janvier 1959 en application de la loi de 1948. Selon le glossaire de l'Unhcr, la réintégration est un : *« ...processus par lequel le rapatrié recouvre la sécurité physique, sociale, juridique et matérielle nécessaire pour demeurer en vie, assurer sa subsistance et conserver sa dignité et qui entraîne, à terme, la disparition des signes qui le distinguaient de ses compatrio-*

---

207 Dans *« Droit international public »*, Paris, LGDJ Lextenso Edition, 8è édition, 2009, P. 550. Ils citent la décision du Conseil d'Etat du 18 janvier 1993, Ministre de la solidarité contre Dlle Arab, Recueil Lebon, 14.

tes »[208]. Le cas précis fait allusion à une réinsertion dans son pays d'origine pour les réfugiés et personnes déplacées. Les personnes concernées n'ont jamais perdu leur nationalité initiale. Alors que dans la réintégration que nous analysons, les bénéficiaires d'une telle décision administrative avaient préalablement et donc ponctuellement perdu ou renoncé formellement à leur nationalité d'origine. Un distinguo est donc nécessaire entre les deux notions parce qu'elles traduisent deux réalités complètement différentes. La Convention européenne sur la nationalité (1997) aborde naturellement la notion notamment en maintenant cette perspective dans son article 9 : *« Chaque Etat Partie facilitera, pour les cas et dans les conditions prévues par son droit interne, la réintégration dans sa nationalité des personnes qui la possédaient et qui résident légalement et habituellement sur son territoire ».* L'ultime moyen d'accès à la nationalité est celui du :

4. Mariage[209]

De nombreux pays offrent la possibilité d'obtention de la nationalité par le lien matrimonial. Une condition souvent assortie d'une ou de plusieurs autres. En réalité, cette institution est considérée comme l'une des modalités de la naturalisation. L'assise du mariage se traduisant par une communauté de vie renforcée par une certaine durée de résidence sur le territoire. L'acquisition de la nationalité française par le biais du mariage n'est donc pas automatique. Elle est soumise à une vie commune d'au moins quatre ans à compter de l'échange des consentements. Le délai est porté à cinq ans si le conjoint étranger n'a pas résidé de manière permanente et régulière sur le territoire pendant au moins trois années à partir de la célébration de l'union. Notons toutefois que ce domaine n'échappe guère à quelques curiosités législatives. Au Mali par exemple, la loi et notamment sa section II portant sur l' : *« Acquisition de la nationalité malienne par mariage »,* contient un article 23 ainsi

---

[208] *« Appel global 2009 du HCR – actualisation »,* Unhcr, Genève, 2009, P. 105.

[209] En Europe et notamment au sein du Conseil de l'Europe a été adoptée une recommandation 1081 (1988) relative aux problèmes de nationalité dans les mariages mixtes.

libellé : « *La femme étrangère qui épouse un Malien acquiert la nationalité malienne. Toutefois, si la loi nationale lui permet de conserver sa nationalité, elle a la faculté de décliner avant la célébration du mariage la qualité de Malienne. Elle peut, même si elle est mineure, exercer cette faculté sans autorisation* »[210]. Des remarques s'imposent : une hypothèse unique est envisagée celle d'une femme étrangère se mariant avec un malien comme si l'inverse n'était pas possible. Un archaïsme à toute épreuve qui tranche avec le principe d'égalité entre les genres humains. Contrairement au droit ivoirien par exemple, un étranger marié avec une malienne tout en ayant une résidence au Mali ne peut exciper et bénéficier des dispositions acquisitives favorables[211]. Par ailleurs, le mariage est possible avec une enfant dans ce pays car faut-il le rappeler : « *Au sens de la présente Convention, un enfant s'entend de tout être humain âgé de moins de dix-huit ans, sauf si la majorité est atteinte plus tôt en vertu de la législation qui lui est applicable* » Article 1 de la Convention relative aux droits de l'enfant de 1989. Le Mali n'est pas une exception dans son refus de prendre en compte la légitimité des préoccupations d'un étranger marié à une de ses ressortissantes. Au Lesotho, un étranger ne peut en aucun cas obtenir la nationalité en étant mariée avec une femme mosotho[212]. En d'autres termes, seul le citoyen de ce pays peut transmettre sa nationalité à son épouse étrangère et pas le contraire. L'U.A avait déjà pris position à propos du mariage et de ses effets dans le « Protocole à la Charte africaine des droits de l'homme et des peuples relatif aux droits des femmes »[213] et notamment en son article 6 : « *Les États veillent à ce que l'homme et la femme jouissent de droits*

---

[210] Cf. Le Code de la nationalité malienne, loi no 62 18 AN-RM du 3 février 1962. Autre exemple : au Portugal, avant l'adoption de la loi entrée en vigueur le 8 octobre 1981, une femme qui épousait un ressortissant portugais obtenait automatiquement la nationalité portugaise, alors que la femme portugaise perdait la nationalité portugaise suite à son mariage avec un ressortissant étranger si elle ne déclarait pas vouloir la conserver. Une logique assurément punitive pour la gente féminine.

[211] Sur les difficultés de transmission de la nationalité de la femme vers son mari en Afrique, écouter l'interview de Pape Ibrahima Kane (Open society) sur R.F.I le 19 mai 2011 à la suite de la rencontre de Dakar sur « *La nationalité* ».

[212] Voir l'article 40 de la Constitution du Lesotho datant de 1993.

[213] Adopté le 11 juillet 2003 avec une entrée en vigueur en 2005.

égaux et soient considérés comme des partenaires égaux dans le mariage. A cet égard, les États adoptent les mesures législatives appropriées pour garantir que : f) la femme mariée a le droit de conserver son nom, de l'utiliser à sa guise, séparément ou conjointement avec celui de son mari ; g) la femme mariée a le droit de conserver sa nationalité et d'acquérir la nationalité de son mari ; h) la femme a le même droit que l'homme en ce qui concerne la nationalité de leurs enfants sous réserve des dispositions contraires dans les législations nationales et des exigences de sécurité nationale ». L'étude comparée menée par Bronwen Manby lui avait permis d'aboutir à la synthèse sans surprise selon laquelle : *« La reconnaissance pour les femmes du droit à transmettre leur nationalité à leur époux reste encore minoritaire. Plus de deux douzaines de pays ne permettent pas du tout aux femmes de transmettre leur nationalité à leur conjoint non citoyen, ou appliquent des conditions de résidence discriminatoires aux hommes étrangers mariés à des femmes citoyennes et qui veulent obtenir la nationalité »*[214]. Ainsi poursuivait-il : *« Le Protocole à la Charte africaine des droits de l'homme et des peuples relatif aux droits de la femme en Afrique va même à l'encontre des normes internationales en ne faisant pas mention du droit de la femme à transmettre sa nationalité à son époux et en prévoyant la primauté des lois nationales sur les dispositions du traité concernant la non-discrimination dans l'octroi de la nationalité aux enfants ».* D'où ce conseil en guise de conclusion : *« L'Union africaine doit prendre des mesures concrètes en vue de réaliser les idéaux et les aspirations d'une plus grande unité africaine en garantissant le droit à la nationalité sur la base de la non-discrimination, de la sauvegarde des libertés individuelles et du respect des droits humains »*[215].

---

[214] Dans son livre portant sur *« Les lois sur la nationalité en Afrique, Une étude comparée »*, Open society Institute (New York) et Afrimap (Johannesburg), 2009, P. 6.

[215] Lire *« Les lois sur la nationalité en Afrique, Une étude comparée »*, Op cit, P. 11. Sur ce point spécifique, les attentes ne sont toujours pas satisfaites comme chacun peut s'en rendre compte à la lecture du dernier *« Rapport d'intersession du mécanisme sur les droits de la femme en Afrique depuis sa création »* présenté par Me Soyata Maiga, Commissaire, 52è session ordinaire de la C.A.D.H.P, Yamoussoukro, Côte-d'Ivoire, 09-22/10/2012.

Contrairement à P. Weil dans son article précité, bon nombre d'auteurs estiment que la résidence n'est pas en soi une modalité à part entière d'acquisition de la nationalité, mais une simple option corroborant une des conditions de fond exigées dans la procédure de naturalisation. Le débat actuel en France sur le droit de vote des étrangers aux élections locales a permis à ses partisans et autres défenseurs d'énoncer la notion de *« citoyenneté de résidence »* considérée comme une première étape vers la citoyenneté tout court.

B. Existe-t-il un droit à une nationalité effective ?

Il est, à n'en point douter, fondamental. D'un côté Carol A. Batchelor laquelle, reprenant Hudson Manley (ancien rapporteur spécial de la Commission du droit international des Nations unies, 1952), avait pu écrire : *« ...le principe qu'il a inventé et qualifié de « jus connectionis », ou droit de rattachement, est à cet égard supérieur à ceux du jus soli ou du jus sanguinis, car il est en faveur de la nationalité de l'Etat avec lequel l'individu a les liens avérés les plus étroits dans sa vie de tous les jours »*[216]. De l'autre, Indira Goris, Julia Harrington et Sebastian Köhn jugeaient importun de préciser qu'*« En l'absence de traité international amplement ratifié et qui définirait les critères d'octroi de la citoyenneté, un principe semble émerger, selon lequel la nationalité est définie comme un « lien réel et authentique » entre l'individu et l'État. Ce principe prend surtout en compte les « liens factuels » comme fondement du droit à une nationalité, déterminés par « [] la résidence habituelle de l'individu en question [], ses centres d'intérêts, ses liens familiaux, sa participation à la vie publique, l'attachement qu'il/elle démontre à un pays particulier et le transmet à ses enfants... L'application de ce principe permettrait de résoudre la plupart des cas d'apatridie de facto à travers le monde, et certainement ceux ou certains groupes, victimes de discrimination ethnique,*

[216] Cité dans les conclusions de son rapport portant sur les *« progrès en droit international : la réduction des cas d'apatridie grâce à l'application positive du droit à une nationalité »* présenté lors de la *« 1ère conférence européenne sur la nationalité, « tendances et développement en droit interne et international sur la nationalité »*, Strasbourg, 18-19 octobre 1999, voir *« Les actes »* y relatifs, P. 64.

se sont vus refuser la citoyenneté alors qu'ils résident dans le pays depuis des générations, ainsi que ceux provoqués par l'incapacité des femmes de transmettre leur nationalité à leur mari ou à leurs enfants. L'utilité du « lien réel et authentique » comme critère de citoyenneté est encore accentuée par le fait que ce lien reflète de manière significative la volonté et le désir de la personne d'appartenir à un pays »[217]. Peut-être serait-il judicieux de redéfinir juridiquement la nature de ce rapport nécessaire ? La nationalité établit, de toute évidence, un lien légal et non pas contractuel qui relève du droit public pour dire mieux du droit public interne complètent sans hésiter Yvon Loussouarn et alii [218]. En cas de conflit suscité par le cumul des nationalités, la doctrine et la jurisprudence retiennent la notion de nationalité effective ou active concluent-ils. C'est le principe posé par l'arrêt Nottebohn (C.I.J 1955) selon lequel : « *un lien juridique ayant à sa base un fait social de rattachement, une solidarité effective d'existence d'intérêts, de sentiments jointe à une réciprocité de droits et de devoirs* ». Cette conception est aussi celle qui est prise en compte par la justice administrative en France. Ainsi, dans son commentaire de l'arrêt *Subramanian* du Conseil d'Etat[219] du 9 octobre 1981, A. Dionisi-Peyrusse avait pu écrire que : *« Le Conseil d'Etat admet donc l'éventualité qu'un individu soit apatride alors qu'un Etat le reconnaît comme son national si l'individu ne peut pas, en fait, utiliser cette nationalité. En d'autres termes, si la nationalité n'est « pas bonne ou entière », il peut être considéré comme apatride... La seule décision de l'Etat ne serait donc pas suffisante pour pouvoir considérer qu'un individu a une nationalité puisqu'il peut malgré cela être apatride « de facto ». Posséder une nationalité serait donc avoir une nationalité effective. Ce qui est recherché est la réalité vécue de l'apatridie, son objecti-*

[217] Cf. Leur article : *« Qu'est-ce que l'apatridie et pourquoi est-ce une question importante ? »* tiré de la revue *« Migrations forcées »* n° 32, intitulé *« Apatrides, pas d'identité légale. Peu de droits. Cachés aux marges de la société »*, Centre d'études sur les réfugiés, université d'Oxford, Mai 2009, P. 6.

[218] Dans *« Droit international privé »*, Paris, Dalloz, 9è édition, 2007, P. 828-829.

[219] La Cour de Cassation avait eu la même position depuis l'arrêt du 15 mai 1974 dans la revue critique du DIP 1975, P. 260.

vité... ; Il est possible de penser que l'effectivité pourrait à l'avenir remettre en cause le principe traditionnel selon lequel la détermination de la nationalité dépend uniquement du choix du souverain de l'Etat et devenir un élément fondamental de la détermination de la nationalité. Cette solution est d'autant plus probable que les signes en ce sens ne sont pas visibles uniquement dans le domaine du conflit de nationalités. En effet, la législation française semble évoluer dans la même direction »[220]. Quant à P. Daillier, M. Forteau et A. Pellet, nul doute que : *« La nationalité doit traduire un fait social de rattachement réel dont la consistance demeure cependant imprécise »*[221]. L'on peut dès lors s'étonner à l'évocation de l'imprécision dans la mesure où comme tout fait social, des efforts de quantification sont possibles. Dans son interprétation de la jurisprudence française, C-A. Chassin était parvenue à une conclusion antinomique susceptible d'être ainsi résumée : *« En d'autres termes, les autorités françaises s'attachent à vérifier l'absence de nationalité du requérant, et les difficultés éventuelles que peut rencontrer un ressortissant étranger avec les autorités publiques de son pays d'origine n'entrent pas en considération pour la détermination de l'existence du lien de nationalité. Ainsi, « l'absence d'effectivité » de la nationalité du requérant est un moyen inopérant dès lors que le lien de nationalité existe. En d'autres termes, le droit français contemporain rejette le concept d'« apatridie de fait »... ».* Rappelons à toutes fins utiles que la réunion de Prato en Italie (27-28 mai 2010) avait fait ressortir une position commune : *« L'Article 1(1) n'exige pas l'existence d'un « lien authentique et effectif » avec l'État de nationalité pour qu'une personne soit considérée comme un « ressortissant ». Le concept de « lien authentique et effectif » a essentiellement été appliqué pour déterminer si un État pouvait exercer sa protection diplomatique en faveur d'une personne ayant la double nationalité ou des nationalités multiples, ou lorsque la nationalité est contestée. Il est donc possible d'être un « ressortissant » même si l'État de nationalité est un*

---

[220] Cf. *« Essai sur une nouvelle conception de la nationalité »*, Paris, Defrenois lextenson éditions, 2008, P. 219.

[221] Tiré de *« Droit international public »*, Paris, LGDJ Lextenso Edition, 8è édition, 2009, P. 549.

État dans lequel l'intéressé n'est pas né et ne réside pas habituellement. Le critère pertinent consiste à savoir si l'État en question considère ou non une personne comme son ressortissant »[222]. La solution retenue par le juge ne serait donc pas identique selon qu'il y ait ou non multiplicité de nationalités ? En tout état de cause, le droit étant au service de l'homme, peu importe l'approche choisie, il est impérieux d'empêcher tout glissement vers l'apatridie. Concrètement, dans la première conception analysée, il n'est guère question d'avoir une nationalité rendue fictive ou hypothétique. En d'autres termes, se savoir de telle nationalité sans pouvoir en faire éventuellement la démonstration encore moins l'exciper matériellement. Ce cas est celui d'un individu qui peut se prévaloir d'une nationalité impossible à établir réellement faute de documents et de droits afférents. De nombreuses personnes se retrouvent dans ce cas de figure. Une configuration renvoyant immanquablement à l'apatridie. La nationalité putative ou la possession d'état peuvent dans certaines hypothèses avoir des conséquences difficilement insoupçonnées. Est-il vraiment possible de prétendre avoir la nationalité de tel pays sans pouvoir exercer décemment et surtout pleinement les droits y relatifs ? En vérité : *« La citoyenneté et la capacité d'exercer les droits inhérents à la nationalité sont des facteurs stabilisateurs qui contribuent à prévenir les mouvements involontaires de personnes entre les Etats. (...) la capacité d'exercer effectivement une nationalité et la prévention et la réduction des cas d'apatridie constituent une contribution à la promotion des droits de l'homme et des libertés fondamentales, à la sécurité des peuples et à la stabilité des relations internationales (...) La citoyenneté ou la nationalité a été décrite comme un droit fondamental de l'homme, en fait, le droit d'avoir des droits. Vu sous cet angle, deux aspects de la citoyenneté deviennent évidents : d'abord, la citoyenneté est un droit, ensuite, la jouissance de ce droit est un préalable indispensable à la jouissance des autres droits. La citoyenneté assure, entre une personne et un Etat, le lien juridique qui sert de base à certains droits, y compris le droit de l'Etat*

---

[222] Dans *« Le concept d'apatridie et le droit international »* tiré de l'*« Anniversaire des conventions relatives aux réfugiés et à l'apatridie, 2010, 2011 »*, Unhcr, Genève, 2012, P.15.

d'accorder une protection diplomatique et d'assurer la représentation de l'intéressé au niveau international. » avait assuré le H.C.R[223]. Dès lors qu'un individu est dans l'incapacité d'établir sa nationalité et surtout de faire valoir ses droits dans son propre pays natal, force est de constater qu'il cherchera inévitablement à se déplacer dans la quête d'une existence juridique. Dans ses représentations, la sollicitation d'une légalisation extra-nationale de son état est obligatoirement le point de départ d'une nouvelle vie sociale, civile, et économique. Concédons avec le H.C.R que : *« L'apatride n'a pas de nationalité, il se trouve dans une condition anormale et inférieure, ce qui diminue sa valeur sociale et détruit sa confiance en lui-même... situation incompatible avec une conception saine du droit ».* Une bonne description des tribulations quotidiennes auxquelles peuvent être confrontés les apatrides semble indispensable : *« C'est alors que les apatrides, qui vivent peut-être déjà depuis longtemps dans le pays considéré, connaissent des difficultés découlant directement de leur situation irrégulière. Ils éprouveront presque toujours des difficultés à avoir accès aux services sociaux de base, à l'éducation, aux soins de santé et au marché du travail. Leur liberté de mouvement peut être restreinte et il peut leur être extrêmement difficile de voyager à l'étranger. Les griefs sont quotidiens, axés sur les besoins concrets tels que permis de travail, emploi stable, scolarité des enfants, ou titres de voyage »*[224].

C. L'obligation de ne pas priver arbitrairement de nationalité un individu et les autres cas de perte de la nationalité

Comme l'avait si bien mentionné le Secrétaire général de l'O.N.U : *« Le Haut-commissariat des Nations Unies pour les réfugiés fait observer que toute privation de la nationalité qui entraîne l'apatridie est généralement arbitraire, sauf si elle sert*

---

223 Lire *« Bureau du Haut-commissaire des Nations Unies pour les Réfugies, Genève, module d'information et d'adhésion : la convention de 1954 relative au statut des apatrides et la convention de 1961 sur la réduction des cas d'apatridie »*, publié en juin 1996 et révisé en novembre 1998, p. 2.

224 Voir *« Apatrides : une note d'information »*, EC/1992/SCP/CRP.4, Sous Comité protection, 1er avril 1992, P. 5. [224]Dans *« Apatrides : une note d'information »*, EC/1992/SCP/CRP.4, Sous Comité protection, Op cit, P. 6.

un but légitime et si elle est conforme au principe de proportionnalité. Ainsi, l'article 8 de la Convention sur la réduction des cas d'apatridie prévoit un nombre limité de circonstances dans lesquelles la privation de la nationalité aboutissant à l'apatridie est autorisée. Les exceptions ainsi autorisées sont énoncées aux paragraphes 2 et 3 de l'article 8. Le paragraphe 2 a) dispose qu'une personne naturalisée peut être rendue apatride par perte de sa nationalité si elle a résidé à l'étranger pendant au moins sept années et n'a pas déclaré son intention de conserver sa nationalité. Un État peut également priver une personne née à l'étranger de sa nationalité si, un an après avoir atteint l'âge de la majorité, elle ne réside pas dans l'État concerné ou ne s'est pas fait immatriculer auprès de l'autorité compétente. Le paragraphe 2 b) dispose que la privation de la nationalité aboutissant à l'apatridie est également autorisée si la nationalité a été obtenue par le biais d'une fausse déclaration ou de tout autre acte frauduleux. Des exceptions supplémentaires sont prévues au paragraphe 3 mais elles ne peuvent s'appliquer que si l'État a indiqué expressément son intention de les maintenir dans sa législation nationale au moment où il a signé la Convention ou lorsqu'il y est devenu partie par ratification ou adhésion. Cependant, du fait qu'elles dérogent à un principe général, ces exceptions doivent être interprétées de manière restrictive »[225]. A quel moment et surtout dans quelles circonstances la privation est-elle qualifiée d'arbitraire ? Que recouvre vraiment cette notion ? La réponse ne paraît pas toujours aller de soi. A cette interrogation, Ban Ki-Moon avait distinctement répondu que : *« même si le droit international autorise la privation de la nationalité dans certaines circonstances, cette privation doit être conforme au droit interne et satisfaire à des normes précises en ce qui concerne la forme et le fond, en particulier le principe de proportionnalité. Les mesures conduisant à la privation de la nationalité doivent servir un but légitime, qui soit conforme au droit international et, surtout, aux objectifs du droit international des droits de l'homme. Ces mesures doivent être, parmi celles qui permettraient d'atteindre le résultat recherché, les*

[225] A/HRC/13/34, *« Droits de l'homme et privation arbitraire de la nationalité »*, Rapport du Secrétaire général, 14 décembre 2009, P. 8.

moins attentatoires aux droits d'autrui, et elles doivent être proportionnelles à l'intérêt qu'elles visent à protéger. À cet égard, la notion d'arbitraire s'applique à tout acte de l'État, qu'il soit de nature législative, administrative ou judiciaire. La notion d'arbitraire peut être interprétée comme visant non seulement les actes contraires à la loi, mais aussi, plus largement, ceux qui ont un caractère inapproprié, injuste ou même imprévisible »[226]. Quelques illustrations en valent la peine. La déchéance et le retrait pour des raisons politiques inavouées et dont l'objectif ultime est d'écarter un adversaire politique de la compétition sont manifestement arbitraires. Certains groupes sociologiques sont parfois injustement privés de leur nationalité par des artifices afin de les empêcher d'influer sur des consultations électorales nationales. Du point de vue de la gestion administrative deux pratiques peuvent être énoncées pour matérialiser des actes si amplement répréhensibles parmi lesquelles : – L'automaticité de la déchéance qui est adoptée par quelques Etats dans des cas limitativement énumérés. L'objectif étant de réduire les abus au maximum. – La déchéance du fait d'une décision soit judiciaire, soit de l'autorité administrative ou/et politique. Ce peut être enfin le législateur qui par une loi écarte de la nationalité une minorité de la communauté nationale. A titre d'exemple, au Niger : *« ...il[le pouvoir politique] menace depuis des années d'expulser en masse les centaines de milliers d'Arabes mahamides du pays »*[227]. En France, voici ce qu'écrivait le professeur Gonidec en 1961 : *« La perte de la nationalité est liée au comportement des individus qui sont dans une situation telle que le lien de nationalité n'a plus aucun intérêt. La législation française prévoit ainsi un certain nombre de cas où un Français perd sa nationalité soit automatiquement soit sur décision de l'autorité publique. Les législations africaines et malgache se sont inspirées de la législation française... En droit français, la déchéance est essentiellement un moyen*

---

[226] Cf. A/HRC/13/34, *« Droits de l'homme et privation arbitraire de la nationalité »*, Op cit, P. 7.

[227] Cf. I. Goris, J. Harrington et S. Köhn dans « *Qu'est-ce que l'apatridie et pourquoi est-ce une question importante ? Dans la revue « Migrations forcées » n° 32,* mai 2009 intitulé *« Pas d'identité, peu de droit. Cachés aux marges de la société, Apatrides »,* Centre d'études sur les Réfugiés et l'université d'Oxford, *P. 4.*

d'éliminer de la communauté nationale des éléments indésirables dont la conduite a prouvé que la nationalité française leur avait été octroyée prématurément. Le code français prévoit quatre cas de déchéance : atteinte à la sûreté intérieure ou extérieure de l'Etat, insoumission ou désertion, commission d'actes incompatibles avec la qualité de Français et préjudiciables aux intérêts de la France, condamnation à 5 ans d'emprisonnement au moins pour une infraction qualifiée « crime » par la loi française. Ces actes doivent avoir été commis dans un délai de 10 ans après l'acquisition de la nationalité et le décret de déchéance ne peut intervenir que dans un délai de 10 ans à compter de la perpétration des faits »[228]. De nos jours, citons le professeur Paul Lagarde : *« L'hypothèse la plus spectaculaire de perte de la nationalité française à titre de sanction est l'institution connue de la déchéance de la nationalité française... La sanction, qui ne peut être prise que sur avis conforme du Conseil d'Etat (article 25 du C.civ), est encourue lorsque l'intéressé a été condamné pour un certain nombre d'infractions énumérées par l'article 25 du Code civil ou lorsqu'il « s'est livré au profit d'un Etat étranger à des actes incompatibles avec la qualité des Français et préjudiciables aux intérêts de la France. L'effet le plus notable de la déchéance de la nationalité est qu'elle ne peut frapper que les Français « qui ont acquis la nationalité française » si les faits reprochés à l'intéressé se sont produits antérieurement à l'acquisition de na nationalité française ou dans un délai de dix ans à compter de la date de l'acquisition de la nationalité française. Il y a là une discrimination entre les Français d'acquisition et les Français d'origine sur laquelle il y aurait lieu de s'interroger »*[229]. Ce dernier fait, à juste titre, une différenciation dans les effets émanant des décisions administratives négatives frappant un individu en rapport avec sa nationalité : *« Le retrait de naturalisation est même, d'une certaine façon, plus grave que les décrets de perte de la nationalité française*

[228] Voir *« La nationalité dans les Etats de la Communauté et dans les Etats " marginaux" »* tiré de l'Annuaire français de droit international, volume 7, 1961. pp. 814-835.

[229] Lire *« Le droit à une nationalité »* dans *« Liberté et droits fondamentaux »*, sous la direction de Rémy Cabrillac, Marie-Anne Frison-Roche et Thierry Revet, 17è édition, Paris, Dalloz, 2011, P. 327-328.

car, à la différence de ces derniers, il se répercute sur les enfants de l'intéressé qui perdent, au moins s'ils sont encore mineurs lors du retrait, le bénéfice de l'effet collectif rattaché à la naturalisation de leur père ou mère... Exceptionnellement, le retrait peut entrainer l'apatridie, soit que le naturalisé ait été antérieurement apatride, soit qu'il ait perdu du fait de sa naturalisation sa nationalité antérieure, sans pouvoir la récupérer »[230]. Ce risque est aujourd'hui bien réel comme l'avait démontré l'affaire Rottmann. Dans celle-ci, la C.J.U.E avait rendu un arrêt en date du 02 mars 2010[231] en suivant les conclusions du Commissaire du Gouvernement : *« 33. ... le retrait de la nationalité n'est pas lié à l'exercice des droits et libertés découlant du traité et la condition établie par la République fédérale d'Allemagne, qui a déterminé en l'espèce la perte de la nationalité, ne méconnaît aucune autre règle communautaire. Au contraire, il me semble que le fait pour un État de retirer sa nationalité obtenue par fraude correspond à un intérêt légitime, qui est de s'assurer de la loyauté de ses ressortissants. En effet, faire montre de loyauté à l'égard de l'État dont il est le ressortissant est un des devoirs constitutifs du statut dont jouit un individu en sa qualité de national et ce devoir commence dès le moment de l'acquisition de la nationalité. Or, un individu qui, lors du processus d'obtention de la nationalité, fournit délibérément de fausses informations ne peut être considéré comme loyal vis-à-vis de l'État choisi. C'est, du reste, la raison pour laquelle le droit international n'interdit pas la perte de la nationalité dans ce cas, quand bien même elle emporterait l'apatridie. 34. En ce qui concerne, enfin, la réintégration dans la nationalité autrichienne, le droit communautaire n'impose aucune obligation de ce type, même si, à défaut, le requérant au principal demeure apatride et, partant, privé de la citoyenneté de l'Union. En décider autrement serait méconnaître que la perte de la citoyenneté autrichienne est le fruit de la décision personnelle du citoyen de l'Union d'acquérir délibérément une autre nationalité et que le droit communautaire ne s'oppose pas non plus à la réglementation*

[230] Dans *« Le droit à une nationalité »* tiré de *« Liberté et droits fondamentaux »,* Op cit, P. 331.
[231] Cf. http//ec.europa.eu/dgs/legal_service/arrets/08c135_fr.pdf

autrichienne selon laquelle un Autrichien perd sa citoyenneté lorsqu'il acquiert, à sa demande, une nationalité étrangère. Certes, il pourrait être considéré que le retrait de la naturalisation allemande ayant un effet rétroactif, M. Rottmann n'aurait jamais eu la nationalité allemande, si bien que l'évènement déclenchant la perte de la nationalité autrichienne n'aurait jamais eu lieu. En conséquence, il aurait un droit à une réintégration automatique dans la nationalité autrichienne. Mais il s'agit là d'un raisonnement qu'il appartient au droit autrichien de décider s'il y a lieu à l'appliquer. Aucune règle communautaire ne saurait l'imposer. Il n'en irait autrement que si le droit autrichien prévoyait déjà une solution semblable dans des cas similaires, et, dans ce cas, au nom du principe communautaire d'équivalence »[232]. En définitive, le droit communautaire ne peut plus efficacement empêcher qu'un des ressortissants de l'U.E ne tombe dans l'apatridie. La seule réserve concerne le caractère proportionnel de la sanction individuelle ainsi prononcée. Nous sommes ainsi très loin pour ne pas dire aux antipodes des conclusions du rapporteur Roland Schärer en 1999 car disait-il presque péremptoirement : *« Pour ce qui est de l'apatridie découlant d'une conduite frauduleuse, plusieurs participants ont exprimé l'idée que les aspects négatifs de l'apatridie étaient tels qu'une privation de nationalité ne devrait pas être tolérée si elle entraîne l'apatridie, même en cas de conduite frauduleuse »*[233]. En Belgique, le cas le plus en vue ayant abouti à la perte du précieux attribut demeure celui de Mohammed R'ha à qui la Cour d'appel d'Anvers avait retiré la nationalité parce qu'il avait *« gravement manqué aux obligations d'un citoyen belge »*. Ce dernier né en Belgique de parents marocains avait été condamné à 10 ans au Maroc pour participation à des activités terroristes[234]. En Europe en général, les

232 Ce sont les conclusions de l'avocat général M. Poiares Maduro présentées le 30 septembre 2009 dans l'affaire c-135/08 Janko Rottmann contre Freistaat Bayern. Il s'agissait d'une demande de décision préjudicielle formée par le Bundesverwaltungsgericht (Allemagne).

233 Voir les *« conclusions par le rapporteur général »* présentées par Roland Schärer lors de la *« 1 ère conférence européenne sur la nationalité, « tendances et développement en droit interne et international sur la nationalité »*, Strasbourg, 18-19 octobre 1999, dans *« Les actes »*, P. 157.

234 Pour se faire une idée précise du droit belge sur ce sujet, une lecture est conseillée : *« Un code de la nationalité régissant la déchéance de la nationa-*

raisons susceptibles d'expliquer ce type de sanctions ultimes tournent aujourd'hui autour des infractions suivantes : la trahison, le terrorisme, le service militaire effectué pour le compte d'un Etat étranger, et l'atteinte à la sûreté. En France, la plus haute juridiction administrative est particulièrement attentive de ce point de vue dans la mesure où elle exerce un contrôle vigilant : *« En ce qui concerne le retrait du décret de naturalisation obtenue par mensonge ou par fraude, en application des dispositions de l'article 27-2 du code civil, le Conseil d'État applique la jurisprudence contentieuse admettant la légalité du retrait en cas de déclaration mensongère relative au statut matrimonial de la personne en cause. Cette circonstance est en effet regardée comme de nature à influencer l'appréciation portée par l'administration sur la condition de résidence posée par l'article 21-16 du code civil, c'est-à-dire sur la stabilité de la fixation par le demandeur du centre de ses intérêts matériels et familiaux en France. Mais si, dans une telle situation, l'administration peut légalement retirer le décret de naturalisation, il n'en demeure pas moins qu'elle ne se trouve pas en situation de compétence liée. Le Conseil d'État, qui est associé à la procédure de retrait au travers d'un avis conforme, a estimé qu'il lui appartenait, dans ce cadre, d'apprécier s'il existait des éléments de nature à s'opposer au retrait, tels, par exemple, la présence ancienne de l'intéressé en France et l'établissement désormais clair du centre de ses intérêts en France. L'appréciation... tient également compte de la gravité de la fraude constatée. Saisi de plusieurs projets de décret portant déchéance de la nationalité française, le Conseil d'État a d'abord rappelé la nature particulière d'une telle mesure qui constitue une sanction administrative, ainsi que le Conseil constitutionnel l'a, d'ailleurs, indiqué dans sa décision no 96-377 DC du 16 juillet 1996 relative à la loi tendant à renforcer la répression du terrorisme et des atteintes aux personnes dépositaires de l'autorité publique ou chargées d'une mission de service public et comportant des dispositions relatives à la police judiciaire. Ce faisant, le Conseil d'État, faisant application*

---

lité belge de manière adéquate » dans « Migrations, Rapport Annuel 2010, Centre pour l'égalité des chances et la lutte contre le racisme » Bruxelles, 2011, P. 207.

des exigences constitutionnelles issues de l'article 8 de la Déclaration des droits de l'homme et du citoyen à laquelle fait référence le Préambule de la Constitution du 4 octobre 1958, et notamment du principe de non-rétroactivité de la loi pénale plus sévère, a considéré qu'en l'absence de toute disposition spéciale, le principe de l'application immédiate de la loi nouvelle vaut pour les mesures de déchéance, sauf à ce que la loi nouvelle s'avère plus répressive. Ainsi, alors qu'il était saisi de projets de décret portant déchéance à raison de condamnations pénales pour des délits constitutifs d'actes de terrorisme prononcées en 2005, il a estimé qu'ils devaient faire application de l'article 25 du code civil dans sa rédaction en vigueur au moment de leur édiction. De même, il y a lieu, en principe, d'appliquer la rédaction de l'article 25-1 du code civil en vigueur au moment de l'édiction de tels textes, sauf à ce qu'une des prescriptions que cette disposition prévoit ait été, dans le cadre de la rédaction antérieure, définitivement acquise au profit de la personne qu'il est envisagé de déchoir de sa nationalité française. Enfin, le Conseil d'État s'est attaché à systématiquement vérifier que la mesure de déchéance n'avait pas pour effet de rendre apatride la personne qui en est l'objet »[235]. Deux observations en émanent : la première touche à la nature de la fraude en l'occurrence à son état civil de la personne sanctionnée. La seconde est relative au « verrou » de l'apatridie. Nonobstant ces spécificités, le juge français peut-il longtemps rester imperméable aux changements introduits par l'arrêt Rottmann susmentionné ? Toujours en vue d'éviter l'écueil, le H.C.R à travers son Comité exécutif a donné des recommandations extrêmement limpides : « *b) Prie instamment les Etats d'adopter une législation sur la nationalité en vue de réduire les cas d'apatridie, conforme aux principes fondamentaux du droit international, en particulier en empêchant la privation arbitraire de la nationalité et en supprimant les dispositions permettant de répudier sa nationalité sans en*

[235] Cf. *« Conseil d'Etat, Rapport public 2007, Jurisprudence et avis de 2006, l'administration française et l'Union européenne, quelles influences ? Quelles stratégies ? »* Etudes et documents n° 58, Paris, Documentation française, 2007, P. 124.

posséder ou en avoir acquis une autre au préalable »[236]. Sur la base de telles considérations, nous aurions largement voulu partager les conclusions auxquelles étaient parvenus I. Goris, J. Harrington et S. Köhn dès lors qu'ils soulignaient que : *« ...Les États conservent un large contrôle sur les conditions d'accession à la nationalité, leur capacité à retirer à quelqu'un sa nationalité est bien plus limitée. »*[237]. Selon P. Daillier, M. Forteau et A. Pellet : *« Ce que les Etats sont libres de faire, ils sont libres de le défaire. Le retrait, la déchéance de la nationalité est également une des compétences des Etats »*[238]. Paul Lagarde parvient à la même conclusion en inversant l'idée. Pour lui en effet : *« la positivité de ces textes (relatifs à l'apatridie) est toutefois freinée par le principe général de droit qu'il appartient à chaque Etat de déterminer qui sont ses nationaux »*[239]. Reconnaissons toutefois qu'un tel postulat favorable aux Etats n'est pas sans restrictions parce qu'effectivement limité par le droit international. Les Etats disposent assurément de prérogatives en la matière, cependant celles-ci ne sont pas extensibles à volonté. Leur liberté ne saurait réellement être totale. Des décisions si négatives ne peuvent être ni arbitraires, ni collectives mais avoir un but légitime et surtout obéir à la règle de la proportionnalité. Relisons Ban Ki-Moon : *« Bien que l'acquisition et la perte de la nationalité soient essentiellement régies par la législation interne de chaque État, leur réglementation touche directement l'ordre international. À ce propos, dans son projet d'articles sur la nationalité des personnes physiques en relation avec la succession d'États, la Commission du droit international souligne que « la compétence des États dans ce domaine ne peut s'exercer que dans les limites fixées par le droit international... cette*

[236] Tiré de la Conclusion n° 78 du Comité exécutif du HCR sur *« la Prévention et la Réduction de l'Apatridie et la Protection des Apatrides »* de 1995.

[237] Dans « *Qu'est-ce que l'apatridie et pourquoi est-ce une question importante ? Dans la revue « Migrations forcées » n° 32,* mai 2009 intitulé *« Pas d'identité, peu de droit. Cachés aux marges de la société, Apatrides »,* Centre d'études sur les réfugiés et l'université d'Oxford, P. 5.

[238] Lire *« Droit international public »,* Paris, LGDJ Lextenso Edition, 8è édition, 2009, P. 548.

[239] Voir *« Le droit à une nationalité »* dans *« Liberté et droits fondamentaux »,* sous la direction de Rémy Cabrillac, Marie-Anne Frison-Roche et Thierry Revet, 17è édition, Paris, Dalloz, 2011, P. 317.

disposition reprend le raisonnement suivi par la Cour permanente de Justice internationale dans son avis consultatif no 4 rendu en l'affaire des Décrets de nationalité promulgués en Tunisie et au Maroc, dans lequel la Cour a fait observer que le point de savoir si une certaine matière relevait ou non de la compétence exclusive d'un État était une question essentiellement relative et dépendait du développement des rapports internationaux. La Cour a ajouté que même dans une matière qui n'est pas, en principe, réglée par le droit international, la liberté de l'État de disposer à son gré pouvait être restreinte par les engagements qu'il pourrait avoir pris envers d'autres États, de sorte que sa compétence se trouvait limitée par des règles de droit international »[240]. Au demeurant, la position de la Cour interaméricaine des droits de l'homme dans ce débat est particulièrement formelle voire même plus engagée : *« Bien qu'il soit généralement accepté que l'octroi et la reconnaissance de la nationalité soient du ressort de chaque Etat, l'évolution contemporaine indique que le droit international impose bel et bien certaines limites aux pouvoirs étendus dont jouissent les Etats dans ce domaine, de sorte que la façon dont les Etats réglementent les questions ayant un effet sur la nationalité ne peut plus, aujourd'hui, être considérée comme relevant de leur juridiction exclusive »* (Cour interaméricaine des droits de l'homme, opinion consultative, *« Amendments to the Naturalization Provision of the Constitution of Costa Rica »*, paragraphes 32-34 ; 1984). Tâchons de ne pas occulter la contribution de la société civile. Le Centre belge contre le racisme a adopté une orientation certes tonitruante, mais parfaitement justifiée : *« La déchéance de la nationalité doit être mise à l'épreuve des dispositions constitutionnelles, nationales, européennes et internationales. La nationalité est un élément central du statut personnel de chaque individu et détermine ses droits civiques et politiques. Pour cette raison, il faut éviter le plus possible des situations qui mèneraient à l'apatridie... Concevoir la déchéance comme une « peine supplémentaire » pour une infraction, ou comme conséquence d'une condamnation, peut créer de sérieux problèmes aux ni-*

---

[240] A/HRC/13/34, *« Droits de l'homme et privation arbitraire de la nationalité »*, Rapport du Secrétaire général, 14 décembre 2009, P. 5-6.

veaux du principe de légalité en droit pénal et des dispositions relatives à la discrimination. Afin d'éclairer le débat difficile sur la déchéance de la nationalité, le Centre a jugé utile de demander une contribution externe qui jette un regard sur les législations existant à ce sujet dans les Etats membres de l'UE et sur le cadre offert par deux conventions internationales clés en la matière : la Convention de 1961 sur la réduction des cas d'apatridie des Nations Unies, et la Convention européenne sur la nationalité de 1997. Ces deux conventions formulent des standards de qualité et offrent des garanties légales. Ces standards doivent faire autorité... ».[241] Que penser de la pratique institutionnelle sous d'autres horizons ? Du fait de la place du droit dans les sociétés africaines, sans surprise, nous avions pu apprendre de Bronwen Manby que : *« Même dans les pays où la nationalité ne peut être perdue que par ceux qui l'ont acquise par naturalisation, les motifs de déchéance sont souvent très nombreux et vont bien au-delà de la fraude. Les recours contre les décisions de déchéance de la nationalité ne sont pas toujours possibles. Dans beaucoup de pays, le ministre a le pouvoir discrétionnaire de prononcer l'annulation de la naturalisation, sans possibilité d'appel devant un tribunal indépendant, et dans certains pays, la loi prévoit même expressément que nul n'a le droit d'attaquer une décision de rejet d'une demande de naturalisation. Ces dispositions ont été utilisées par beaucoup de gouvernements africains à des fins politiques, pour retirer la nationalité à des opposants virulents ou à des candidats à la présidence susceptibles de gagner... »*[242]. En guise d'exemple, citons l'une des très rares décisions de la CADHP en la matière datant du 6 novembre 2000 dans l'affaire 97/93-14AR : John K. Modise/Botswana. Voici les faits de l'espèce : *« 1. Le requérant revendique la citoyenneté botswanaise dans les circonstances ci-après : Son père, citoyen botswanais, a immigré en Afrique du Sud pour y travailler. Pendant son séjour, il s'est marié et le requérant est issu de ce mariage. Sa mère étant décédée quelque temps après*

[241] *« Migrations rapport annuel 2010 centre pour l'égalité des chances et la lutte contre le racisme »*, Bruxelles, Avril 2011, P. 207.

[242] Cf. Son livre portant sur *« Les lois sur la nationalité en Afrique, Une étude comparée »*, Open society Institute (New York) et Afrimap (Johannesburg), 2009, P. 9-10.

sa naissance, il a été amené au Botswana où il a grandi. Le demandeur revendique par conséquent la nationalité botswanaise par les liens du sang. 2. Il allègue qu'en 1978, il était l'un des fondateurs et responsables du parti d'opposition "Botswana National Front". Il estime que c'est à cause de ses activités politiques qu'il a été déclaré " immigré indésirable" au Botswana par le gouvernement. 3. Plusieurs fois arrêté et remis à la police sud-africaine sans avoir comparu devant un tribunal. Après sa troisième tentative de retour, il a été inculpé, condamné pour entrée illégale et déclaré immigré indésirable. Il purgeait une peine d'emprisonnement de dix mois et avait interjeté appel lorsqu'il a été déporté pour la quatrième fois vers l'Afrique du Sud, avant que la procédure n'aboutisse... 5. Le requérant n'ayant pas la nationalité sud-africaine, a été obligé de s'établir dans le "homeland" du Baphutatswana. Il y a vécu pendant sept ans jusqu'à ce que le gouvernement du Baphutatswana émette à son encontre un ordre de déportation et qu'il se retrouve dans un no man's land entre le Baphutatswana et le Botswana où il est resté pendant cinq semaines avant d'être admis au Botswana sur une base humanitaire. Il a obtenu un permis de séjour d'une durée de trois mois renouvelable à l'entière discrétion du Ministère compétent, jusqu'au mois de juin 1995. 6. Le demandeur ne possède pas et n'a jamais été en possession ni du passeport sud africain, ni de la nationalité du Baphutatswana. 7. Il allègue avoir subi de lourdes pertes financières dans la mesure où ses biens et sa propriété ont été confisqués par le gouvernement du Botswana. Il ne peut pas travailler parce qu'il n'en a pas l'autorisation, et [ ] est constamment menacé de déportation. Il a déployé de nombreux efforts pour prouver sa nationalité botswanaise, et l'appel interjeté contre sa peine d'emprisonnement demeure en instance. Il affirme ne plus disposer d'argent pour poursuivre la procédure devant les juridictions locales. 8. [et] demande au gouvernement de lui reconnaître sa nationalité à la naissance ». Après examen, la Commission avait fait droit à toutes ses requêtes : *« Par ces motifs, la Commission déclare qu'il y a eu violation des articles 3(2), 5, 12(1) et (2), 13(1) et (2), 14 et 18(1) de la Charte par la République du Botswana ; Demande instamment au gouvernement du Botswana de prendre les mesures appropriées pour reconnaître à M. John Modise sa citoyenneté par la naissance et pour lui donner une compensation appropriée pour tous les dommages subis à la suite de cette violation de ses droits »*. Le seul embarras provenant de la très faible autorité d'une décision rendue par cette entité fut-elle une instance panafricaine. Avec l'espoir que les arrêts de la Cour africaine des droits de l'homme – désormais fonctionnelle en plus de la Commission – puissent avoir une portée et une consistance beaucoup plus significatives. L'affaire en référence est une preuve supplémentaire de la nécessité non seulement de poursuivre la lutte contre l'apatridie, mais aussi et surtout de l'amplifier partout dans le monde.

D. L'interdiction de la discrimination par la nationalité

La non-discrimination est un principe notable et bien ancré en droit international. Les Nations Unies disposent, entre autres, dans leur corpus juridique de la *« Convention internationale sur l'élimination de toutes les formes de discriminations raciales »* adoptée en 1965[243]. En 2005, le Comité qui en est issu avait formulé une célèbre recommandation générale selon laquelle : *« 4. Aux termes de la Convention, l'application d'un traitement différent fondé sur le statut quant à la citoyenneté ou à l'immigration constitue une discrimination si les critères de différenciation, jugés à la lumière des objectifs et des buts de la Convention, ne visent pas un but légitime et ne sont pas proportionnés à l'atteinte de ce but... »*[244]. Quel qu'en soit le motif (race, genre, origine, religion, nationalité...), les Etats ne pouvant adopter ni de pratiques discriminantes ni de politiques discriminatoires sans enfreindre le droit tel que reconnu par la communauté des « nations civilisées ». Ce bloc normatif se

---

[243] Cf. La résolution 2106 A (XX) du 21 décembre 1965. Elle est entrée en vigueur le 4 janvier 1969.

[244] Voir la *« recommandation générale no 30 concernant la discrimination contre les non-ressortissants »*, adoptée à la soixante-cinquième session de 2005 par le Comité pour l'élimination de la discrimination raciale. Dans *« récapitulation des observations générales ou recommandations générales adoptées par les organes créés en vertu d'instruments internationaux relatifs aux droits de l'homme, (additif) le présent document contient le texte de la recommandation générale no 30 du comité pour l'élimination de la discrimination raciale, concernant la discrimination contre les non-ressortissants (2004) »*. HRI/GEN/1/Rev.7/Add.1, le 4 mai 2005.

justifie pleinement dans la mesure où la nationalité a parfois été utilisée dans diverses entreprises prohibées. C'est ainsi que les textes internationaux touchant à la nationalité interdisent ce type d'approches. Nous pouvons citer le cas non seulement du Préambule de la Convention européenne du 6 novembre 1997, mais aussi de son article 5 ainsi libellé : *« Non-discrimination, 1. Les règles d'un Etat Partie relatives à la nationalité ne doivent pas contenir de distinction ou inclure des pratiques constituant une discrimination fondée sur le sexe, la religion, la race, la couleur ou l'origine nationale ou ethnique. 2. Chaque Etat Partie doit être guidé par le principe de la non-discrimination entre ses ressortissants, qu'ils soient ressortissants à la naissance ou aient acquis sa nationalité ultérieurement ».* En la matière, avouons que le H.C.R ne se départit guère de sa pugnacité notamment en attestant que : *« Les problèmes d'apatridie constituent habituellement une conséquence accidentelle de législations nationales entrant en conflit, ou une retombée d'une législation discriminatoire particulièrement bien ciblée, aux termes de laquelle des individus ou des groupes ne répondent pas aux critères de nationalité dans leur propre pays de résidence. Ils sont donc ou deviennent apatrides. (...) une législation sur la citoyenneté qui établit entre des groupes une discrimination d'ordre religieux, ethnique, racial ou sexuel, y compris marital, constitue également une cause fréquente de perte ou de privation de la nationalité »*[245]. En 2010, en France, le principe avait abondamment fait couler de l'encre à cause d'un projet de loi sur l'immigration et la nationalité conformément à la volonté présidentielle. Dans un communiqué, l'Agence Reuters avait pu écrire : *« Le gouvernement... s'apprête à faire modifier la législation, pour élargir les conditions de déchéance de nationalité. Deux amendements en ce sens seront ajoutés au projet de loi sur l'immigration présenté fin septembre à l'Assemblée nationale, a annoncé ce mardi 3 août 2010 le ministre de l'Immigration... Chaque pays européen possède son propre arsenal juridique en la matière, mais le champ d'application évoqué par le ministre français de l'Intérieur... serait le plus étendu en Europe. Priver de nationa-*

---

[245] Lire *« Apatrides : une note d'information »*, EC/1992/SCP/CRP.4, Sous Comité protection, 1er avril 1992, P. 4.

lité française les coupables d'excision, de traite d'êtres humains ou d'« actes de délinquance grave », c'est la volonté affichée... Le président Nicolas Sarkozy avait manifesté auparavant son intention de faire modifier la législation afin que la nationalité française puisse être retirée à toute personne d'origine étrangère qui aurait « volontairement porté atteinte » à la vie d'un policier, d'un gendarme, ou de toute autre « dépositaire de l'autorité publique »[246]. Or le projet de loi proposé par le gouvernement de l'époque avait l'inconséquence d'être contraire au droit international, au droit européen et au droit français. L'argumentaire juridique développé à ce propos par la Commission Nationale Consultative sur les Droits de l'Homme était particulièrement solide : *« 15... le projet de loi a réduit les droits des personnes ayant acquis la nationalité française dans les dix dernières années en donnant compétence à l'administration pour déchoir de sa nationalité un Français dès lors qu'il a acquis cette nationalité depuis moins de dix ans et qu'il a été condamné pour un acte qualifié de crime prévu et réprimé par le 4° des articles 221-4 et 222-8 du Code pénal. A l'inverse de la Convention européenne sur la nationalité, seulement signée par la France mais ratifiée par vingt Etats membres du Conseil de l'Europe, qui ne permet la déchéance de la nationalité que pour un comportement portant un préjudice grave aux intérêts essentiels de l'Etat Partie, le droit français permettrait de déchoir de sa nationalité un Français pour certaines infractions, qui pour être criminelles, n'en sont pas moins des infractions de droit commun. Cette extension du champ d'application de la déchéance qui ouvre la porte à sa banalisation est préoccupante à divers titres dont au plan symbolique. 16. La CNCDH relève en premier lieu que la nouvelle disposition instaure une différence de traitement entre les citoyens français selon leur origine, qui parait contraire au principe d'égalité consacré tant dans la Constitution de 1958 (...) que dans divers engagements internationaux, le Conseil constitutionnel ayant pour sa part explicitement reconnu que les Français sont dans la même situation au regard du droit de la nationalité. En outre s'il a pu alors considérer qu'une différence de traitement entre les personnes ayant acquis la*

[246] Communiqué du 03/08/2010 sous la plume de Tudor Tepeneag.

nationalité française et celles auxquelles la nationalité française a été attribuée à leur naissance ne portait pas atteinte au principe d'égalité, c'est en prenant en compte l'objectif particulier de renforcement de la lutte contre le terrorisme poursuivi par le législateur. Tel n'est pas l'objectif de la nouvelle mesure de déchéance qui pourra être prononcée pour de simples infractions de droit commun. L'extension de la déchéance de nationalité pour des crimes de droit commun peut paraître d'autant moins justifiée que son champ d'application est étendu à un nombre important de personnes et d'infractions »[247]. Le moyen portant sur l'opportunité d'une telle mesure était tout aussi irrecevable dès lors que : *« la disposition nouvelle maintient les personnes ayant acquis la nationalité française dans l'insécurité juridique, puisqu'elles ne peuvent se considérer comme pleinement françaises qu'à l'issue de l'expiration d'une période de dix ans. Une telle insécurité fragilise évidemment le sentiment d'appartenance à la nation française qui est pourtant une condition de leur intégration »*. Pour de nombreux constitutionnalistes, la position gouvernementale était effectivement en flagrante dysharmonie avec le texte constitutionnel précisément en son article 1er. *« La France est une République indivisible, laïque, démocratique et sociale. Elle assure l'égalité devant la loi de tous les citoyens sans distinction d'origine, de race ou de religion. Elle respecte toutes les croyances... »*. L'égalité devant la loi suppose l'existence d'une même peine pour la même infraction quel qu'en soit l'auteur. Si cette intention s'était vraiment concrétisée, cela aurait conduit à envisager des peines différentes pour les Français. Elles n'auraient effectivement pas pu être les mêmes pour tous. Autrement dit, un Français d'origine étrangère serait plus sanctionné qu'un autre appartenant selon l'expression très maladroite d'un politique au *« corps social traditionnel français »*. Les Français étant égaux en droit, il aurait surement été difficile de faire valoir de tels arguments y compris devant les instances européennes chargées de faire respecter les droits de l'homme. Une déchéance étant bien entendu inenvisageable pour les Français de souche. Par ailleurs,

[247] *« Avis sur les modifications apportées par l'Assemblée nationale au projet de loi sur l'immigration, l'intégration et la nationalité »* adopté par l'Assemblée plénière du 6 janvier 2011.

cela aurait fait courir le risque d'apatridie pour les individus nés en France de parents étrangers et n'ayant jamais eu préalablement la nationalité de leurs géniteurs. La déchéance s'ajoutant de surcroit à la sanction pénale ainsi prononcée. La loi aurait été parcellaire en ne visant que les bi-nationaux c'est-à-dire une partie minoritaire des Français, tout en les exposant incontestablement à une double peine. *« La discrimination en raison de la nationalité dans des domaines sans rapport avec le franchissement des frontières peut être contraire aux principes énoncés par la Cour européenne des droits de l'homme en la matière »* indiquait prudemment et diplomatiquement le Commissaire aux droits de l'homme[248]. La vérité consiste à reconnaître dans le cas d'espèce qu'une telle disposition heurterait inévitablement le sacro-saint principe de non-discrimination. Toujours sur le plan européen, Dorothée Prud'homme considérait opportunément que : *« Le contenu audacieux et novateur des directives 2000/43/CE et 2000/78/CE laisse donc entrevoir la possibilité d'une harmonisation par le haut des législations nationales de lutte contre la discrimination dans les pays européens par le biais des transpositions. Parallèlement, la volonté européenne de faire de la non-discrimination une valeur essentielle de l'Union est réaffirmée à l'occasion de la reconnaissance du principe de non-discrimination en tant que droit fondamental de l'Union européenne au sein de la Charte des droits fondamentaux. Le caractère contraignant de la Charte renforce la compétence de l'Union dans ce domaine d'action récent [ ]. L'article 21 du chapitre III « égalité » est consacré à la non-discrimination. Il interdit « toute discrimination fondée notamment sur le sexe, la race, la couleur, les origines ethniques ou sociales, les caractères génétiques, la langue, la religion ou les convictions, les opinions politiques ou toute autre opinion, l'appartenance à une minorité nationale, la fortune, la naissance, un handicap, l'âge ou l'orientation sexuelle ». Cet article énumère ainsi sept motifs supplémentaires par rapport à l'article 13 du TCE. En matière de lutte contre la discrimination raciale, l'apparition de deux nouveaux motifs doit être*

---

[248] Au seuil de l'étude intitulé : *« la criminalisation des migrations en Europe : quelles incidences pour les droits de l'homme ? »*, Commissariat aux droits de l'homme, Conseil de l'Europe, Strasbourg, février 2010, P. 9.

soulignée : la couleur et l'appartenance à une minorité nationale. Ces deux motifs supplémentaires élargissent un peu plus le champ de la lutte contre la discrimination à raison de la race et de l'origine ethnique en Europe »[249]. L'argument gouvernemental qui consistait à affirmer ex cathedra que cette disposition existait déjà dans notre ancienne législation n'aurait pas pu non plus être recevable. Si elle avait été retirée, c'était à n'en point douter dans le but de se mettre en harmonie avec le droit international et communautaire. En plus, l'état du droit a évolué depuis au niveau de l'U.E notamment avec l'entrée en vigueur de bien d'autres instruments juridiques ultérieurs et pertinents parmi lesquels la Charte des droits fondamentaux. Ses tenants auraient enfin argué que cet ordonnancement juridique n'avait aucun fondement racial. Par conséquent, il n'y aurait eu en l'espèce aucune discrimination ni raciale ni ethnique. Principe au nom duquel, au demeurant, les quotas ou sondages ethniques sont interdits en France. Là aussi il aurait été véritablement difficile d'emporter conviction car l'origine de l'individu et donc du nouveau citoyen était bien l'élément explicatif de la sanction incriminée. Rappelons qu'une procédure d'infraction avait été engagée en 2007 par la Commission contre la France pour transposition insuffisante de la directive 2000/43/CE. La France, pays des droits de l'homme, qui devrait montrer l'exemple serait ainsi très exposée et critiquée surtout après l'affaire des expulsions des Roms en plein milieu d'été 2010 ayant provoqué de vives réactions de la part de Bruxelles.

---

[249] Dorothée Prud'homme dans *« Des directives à la Charte, Une lecture critique de la politique européenne de lutte contre la discrimination raciale »*, Institut Français des Relations Internationales, Paris, Novembre 2010, P. 10. Pour cette auteure : *« La préoccupation de l'U.E pour lutter contre la discrimination transparaît dans le processus d'élargissement vers l'Est. Le « livre vert-Egalité et non-discrimination dans l'Union européenne élargie » indique clairement que « le principe de non-discrimination fait partie des droits fondamentaux sur lesquels l'Union européenne est fondée. En tant que tel, il s'agit de l'un des « critères politiques d'adhésion adoptés par les Etats membres lors du Conseil européen de Copenhague de 1993 »* (p.16). Enfin *« Les politiques antidiscriminatoires européennes doivent donc prendre en considération trois différents groupes susceptibles d'être victimes de discrimination raciale : les nouveaux migrants qui sont a priori des personnes de nationalité étrangères relevant de l'article 12 du TCE, les nationaux « issus de l'immigration » et les nationaux appartenant à une minorité (ethnique, nationale, culturelle ?) relevant de l'article 13 du TCE »* page 23.

De nos jours, grâce à l'influence de la Convention européenne des droits de l'homme, la non-discrimination est incontestablement devenue un principe général de droit de l'Union européenne[250]. Une référence historique serait intéressante à faire pour clore ce débat : la Déclaration des droits de l'homme et du citoyen du 26 août 1789 stipule en son point VI que : *« La loi est l'expression de la volonté générale. Tous les citoyens ont droit de concourir personnellement, ou par leurs représentants, à sa formation. Elle doit être la même pour tous, soit qu'elle protège, soit qu'elle punisse. Tous les citoyens étant égaux à ses yeux sont également admissibles à toutes dignités, places et emplois publics, selon leur capacité, et sans autre distinction que celle de leurs vertus et de leurs talents ».*

Le droit international humanitaire (D.I.H) y est tout aussi sensible dès lors qu'il prohibe toute discrimination qui pourrait être faite en exposant davantage les personnes apatrides. Ainsi, selon l'article 73 du Protocole additionnel aux Conventions de Genève du 12/08/1949 relatif à la protection des victimes des conflits armés internationaux (Protocole I)[251]: *« Réfugiés et apatrides », « Les personnes qui, avant le début des hostilités, sont considérées comme apatrides ou réfugiés au sens des instruments internationaux pertinents acceptés par les Parties intéressées ou de la législation nationale de l'Etat d'accueil ou de résidence, seront, en toutes circonstances et sans aucune distinction de caractère défavorable, des personnes protégées au sens des Titres I et III de la IVe Convention »*[252]. A l'instar

---

[250] *« Les principes généraux du droit de l'Union, pour nombre d'entre eux, ont été explicitement construits par la Cour de justice en référence à la Convention européenne des droits de l'homme. Tel est le cas, par exemple, du principe de non discrimination à raison de la nationalité, dont cette Cour a déterminé la consistance, dès l'arrêt Rutili du 28 octobre 1975, en référence aux articles 8 à 11 de cette Convention »* avait assuré Jean-Marc Sauvé (Vice-président du Conseil d'Etat) dans son introduction à la table ronde organisée par le Conseil des barreaux européens en date du vendredi 20 mai 2011 au Luxembourg sur le thème de *« L'adhésion de l'Union européenne à la Convention européenne de sauvegarde des droits de l'homme et des libertés fondamentales ».*

[251] Adopté le 8 juin 1977 et entrée en vigueur : 7 décembre 1978.

[252] Dans le même sens, voir : *« Un droit dans la guerre ? Cas, documents et supports d'enseignement relatifs à la pratique contemporaine du droit international humanitaire »*, Marco Sassòli Antoine A. Bouvier Anne Quintin avec

de Mario Bettati, de nombreux auteurs s'accordent à reconnaître que le droit international des réfugiés et apatrides est bel et bien une branche avérée du D.I.H. Les contraintes pesant sur les Etats ne sont pas bien évidemment pas les seules à entrer en ligne de comptes dès lors qu'elles jouxtent :

E. Des obligations positives ayant la particularité d'être individuelles

Elles sont un certain nombre à mettre en avant l'intérêt des particuliers en face de celui des Etats. Tâchons de nous y intéresser de plus près.

1. Le droit d'acquérir une nationalité autrement dit une autre nationalité

Normalement l'Etat chinois ne peut par exemple pas interdire à un de ses citoyens depuis longtemps installé à New York et remplissant les conditions légales (délai de résidence...) de requérir la nationalité américaine. De même pour un Cambodgien résidant légalement à Ouagadougou au Burkina-Faso vice et versa. Les différents droits nationaux inspirés par le droit international permettent d'ouvrir cette perspective comme l'aboutissement ou même l'ultime étape d'une intégration réussie dans les sociétés d'accueil[253]. L'autonomie de la volonté de chacun fonde sa liberté de choix. Celui-ci agissant au mieux de ses propres intérêts sous réserves des dispositions législatives en vigueur peut, légitimement, aspirer à en acquérir une autre. En France, il y avait eu au total 143.275 nouveaux français en 2010. Parmi eux 11.303 (7,90 %) étaient soit apatrides, soit de nationalité inconnue[254]. Au niveau de l'U.E, les chiffres de 2009 indiquaient que 776.000 personnes avaient acquis la citoyenneté

---

la collaboration de Juliane Garcia, Volume III Cas et documents, 2ème édition, 2012. Partie I, Chap 14, P.5.

[253] Pour approfondir cet aspect, lire *« La naturalisation : un passeport pour une meilleure intégration des immigrés »*, O.C.D.E, Paris, 2011, 376 pages.

[254] Statistiques extraites d'*« Infos migrations »* N° 25, Département des statistiques, des études et de la documentation, Ministre de l'intérieur, de l'Outremer, des collectivités territoriales et de l'immigration, Secrétariat général à l'immigration et à l'intégration, Septembre 2011 sur *« Les acquisitions de la nationalité française en 2010 »*.

d'un de ses pays membres et étaient par conséquent devenues des citoyens européens. Le Royaume-Uni, la France et l'Allemagne représentaient ensemble 56 % de ces acquisitions[255]. En détail, ce pourcentage se répartissait respectivement comme suit : 26 %, 18 % et 12 %. Sur l'ensemble de l'année visée, les Marocains et les Turcs étaient les premiers groupes concernés par cette accession à la nationalité de l'un des Etats membres de l'U.E. Sous d'autres cieux, on peut regretter l'absence de procédure claire et connue d'acquisition de la nationalité dans nombre d'Etats africains lesquels ne disposent par ailleurs d'aucune statistique fiable. En général, l'interdiction de la double nationalité constitue immanquablement un puissant frein à cet égard.

2. Le droit de renoncer à une nationalité

Etant la contrepartie du droit de choisir une nouvelle nationalité, rien ne devrait juridiquement faire obstacle à ce qu'une personne renonce à sa nationalité d'origine. A priori aucune condition de fond ne devrait valablement être imposée si ce n'est, comme dans le premier cas cité, une expression non viciée de sa volonté propre. Les conditions de forme sont normales car, étant un droit négatif, il sied de respecter scrupuleusement les procédures requises en s'entourant de toutes les garanties nécessaires. Ici une fois de plus, l'autonomie de la volonté est naturellement le point de départ de l'instruction du dossier. La liberté de choix devrait également être de rigueur. D'après Ban Ki-Moon : *« En ce qui concerne le droit de changer de nationalité – particulièrement pertinent dans le contexte de la migration, qui amène les individus à développer des liens avec un autre État – les normes internationales destinées à limiter le risque d'apatridie méritent d'être mentionnées. Un tel risque se présente lorsqu'un État impose de renoncer préalablement à une autre nationalité pour demander à obtenir la sienne. Il était notamment fait état de cette pratique dans les soumissions d'un certain nombre d'États au précédent rapport du Secrétaire général sur la question de la privation arbitraire*

[255] Cf. Fabio Sartori, dans « *Population and social conditions* », *Eurostat, European commission, Statistics in focus*, 24/2011.

de la nationalité (A/HRC/10/34). Dans son projet d'articles sur la nationalité des personnes physiques en relation avec la succession d'États, la Commission du droit international a relevé que cette condition ne peut être appliquée d'une manière qui aurait pour conséquence de faire, même temporairement, du candidat à la nationalité un apatride. De plus, en vertu de l'article 7 de la Convention sur la réduction des cas d'apatridie, les États ne doivent pas priver de sa nationalité un individu sollicitant la naturalisation dans un pays étranger tant qu'il n'a pas acquis ou reçu l'assurance d'acquérir la nationalité de ce pays. Le même article dispose aussi que la répudiation n'interviendra qu'à condition que l'individu possède ou acquière une autre nationalité. Les garanties de procédure sont essentielles pour prévenir tout abus de droit. Il est donc attendu des États qu'ils observent des normes de procédure minimales de manière à éliminer tout élément d'arbitraire des décisions touchant à la nationalité. C'est ainsi par exemple que l'article 17 du projet d'articles de la Commission du droit international sur la nationalité des personnes physiques dispose que les décisions prises à l'égard de l'acquisition, de la conservation ou de la renonciation de la nationalité sont signifiées par écrit et peuvent faire l'objet d'un recours administratif ou judiciaire effectif. Il s'agit là, selon la Commission, du « minimum requis à cet égard » »[256]. En cas de succession des Etats : *« Le projet d'articles sur la nationalité des personnes physiques a incorporé deux autres principes fondamentaux concernant le droit à une nationalité. L'article 15 consacre le principe général de la non-discrimination. Dans son commentaire, la Commission a précisé que cette disposition était née du souci d'éviter un traitement discriminatoire en matière de nationalité lors d'une succession d'États pour quelque raison que ce soit, formule générale qui évite tout risque d'interprétation a contrario. 11. L'article 16 contient par ailleurs deux éléments : le premier est l'interdiction faite à l'État prédécesseur de retirer arbitrairement sa nationalité aux personnes concernées qui étaient en droit de la conserver à la suite de la succession d'États et celle faite à l'État successeur de*

---

[256] A/HRC/13/34, *« Droits de l'homme et privation arbitraire de la nationalité »*, Rapport du Secrétaire général, 14 décembre 2009, P. 11.

refuser arbitrairement d'attribuer sa nationalité aux personnes concernées qui étaient en droit de l'acquérir. Le second est l'interdiction de refuser arbitrairement à une personne le droit d'option, expression de son droit de changer de nationalité dans le contexte d'une succession d'États »[257] précisait-il. Un tel sujet fait déjà l'objet d'une Convention au niveau européen dans le cadre du Conseil de l'Europe. Il s'agit en l'occurrence de la *« Convention sur la prévention des cas d'apatridie en relation avec la succession d'Etat »* adoptée à Strasbourg le 19/05/2006 et entrée en vigueur le 1er mai 2009. Toutes ces précautions permettent non seulement de limiter les droits naturellement exorbitants que s'octroient quelques Etats, mais aussi et surtout d'empêcher les méfaits irrémédiables de tout acte d'autorité. Seul moyen de faire une place plus large à l'expression de la volonté personnelle. Dans certaines législations, l'acquisition d'une nouvelle nationalité est conditionnée par l'abandon de la nationalité initiale. Au Congo-Brazzaville par exemple subsistait encore récemment un hiatus entre le texte constitutionnel de 2002 et le code de la nationalité. Le premier en son article 13 disposait toujours que : *« tout Congolais a le droit de changer de nationalité ou d'en acquérir une seconde ».* Tandis que le code assortissait l'acquisition de la nationalité congolaise à l'abandon préalable de la précédente : *« nul ne peut être naturalisé Congolais, s'il n'a renoncé expressément à sa nationalité d'origine »* article 32 de la loi n° 35-21 du 20 juin 1961. Cette apparente contradiction a été levée par une récente loi de 2011. Cependant, les autorités de ce pays sont-elles en mesure de nous indiquer même approximativement le nombre de personnes susceptibles de bénéficier des nouvelles orientations ainsi adoptées ? Disposent-elles des tableaux permettant de suivre les évolutions qu'il y eues depuis ces derrières années à ce sujet ? L'occasion de rappeler que ce pays ignore complètement l'apatridie est n'est pas signataire d'aucune de ses deux conventions phares. Retenons que les individus n'ont effectivement pas le droit de renoncer à leur nationalité tant qu'une autre n'a pas été acquise préalablement. La création volontaire et artificielle de l'état d'apatride suivie

---

[257] A/HRC/13/34, *« Droits de l'homme et privation arbitraire de la nationalité »*, P. 14.

d'une requête en vue d'une protection internationale est, en principe, une œuvre vaine à laquelle une fin de non-recevoir est logiquement opposée. Selon le dictionnaire permanent du droit des étrangers : *« ...Parce qu'elle est une protection subsidiaire, la qualité d'apatride ne peut être reconnue à celui qui renonce volontairement à une nationalité. Le défaut de nationalité doit être indépendant de la volonté de celui qui en est victime. A cet égard, le contentieux français de l'apatridie témoigne de la vigilance du juge administratif à l'égard de toute renonciation volontaire à une nationalité et de toute constitution de « fausse apatridie ». Pour la cour administrative d'appel de Bordeaux, il ressort de la définition de l'apatridie donnée par l'article 1er de la Convention de New York que « cette définition ne saurait s'appliquer aux personnes qui se seraient volontairement placées, à la faveur d'une disposition de la législation du pays dont ils étaient ressortissants, dans la situation d'être privés de leur nationalité, sans avoir préalablement obtenu la nationalité d'un autre État, et auraient ainsi cherché à se placer dans la situation définie par la stipulation précitée » (CAA Bordeaux, 19 juill. 1999, no 98BX00688, Bayram) »*[258]. Selon Catherine-Amélie Chassin *: « Au-delà de l'acte volontaire ayant éventuellement conduit à la qualité d'apatride, le Conseil d'Etat s'attache à vérifier que cet acte n'est pas motivé par des éléments extérieurs à la volonté de la personne – en d'autres termes, l'apatridie peut être la conséquence d'un acte mais non d'une volonté établie de l'intéressé, c'est-à-dire que dans cette hypothèse l'acte doit être justifié par des éléments indépendants de la volonté, en l'espèce la crainte de persécutions. Ce n'est en réalité là que l'application, par la jurisprudence française, de la recommandation formulée par la Conférence des Nations unies à laquelle participait la France et qui a abouti à la Convention de 1954, recommandation qui figure dans l'Acte final de ladite Convention (§ 3) : « La Conférence recommande que, lorsqu'ils reconnaissent comme valables les raisons pour lesquelles une personne a renoncé à la protection de l'Etat dont il était le ressortissant, les Etats contractants envisagent favora-*

---

[258] Cf. *« Apatrides »,* Editions Législatives, Paris, 2010. Le même argument avait été opposé à Mme Dragan dans l'affaire Sanda Dragan et autres contre l'Allemagne, C.E.D.H, 7 octobre 2004, Requête no 33743/03.

blement la possibilité d'accorder à cette personne le traitement que la Convention accorde aux apatrides ». C'est exactement la solution que retiennent les autorités françaises, et qui transparaît à travers l'affaire Sarigul de décembre 2000 »[259]. Ce statut peut-il être reconnu dès lors que le demandeur peut, s'il en fait la demande, recouvrer sa nationalité originelle ? Cette question de droit devait également être tranchée par la Cour de Cassation belge. Ainsi, dans une décision rendue le 06/06/2008 dans l'affaire Z.L (N° C.07.0385.F), la haute juridiction a pris une position contraire à celle des juges d'appel lesquels avaient à tort estimé que : « *...l'arrêt n'a pu légalement décider que le droit d'une personne au statut d'apatride institué par la Convention de New York du 28 septembre 1954 n'est que « subsidiaire » et ne peut être exercé lorsque, comme en l'espèce, la requérante a renoncé volontairement à sa nationalité d'origine et pourrait demander à la récupérer conformément à la législation de son pays d'origine ».* Pour la Cour en effet : *« Ni cette disposition, qui se réfère au critère objectif du pouvoir de chaque Etat de déterminer par sa législation quels sont ses nationaux, ni aucune autre ne permet de refuser à un étranger la qualité d'apatride au motif qu'il n'a pas accompli les démarches devant lui permettre de recouvrer une nationalité qu'il a perdue, fût-ce parce qu'il y a renoncé (...) En refusant, sur ce fondement, de reconnaître à la demanderesse la qualité d'apatride, l'arrêt, qui ajoute à l'article 1er de la Convention de New York une condition qu'il ne contient pas, viole cette disposition légale. Le moyen est fondé. Par ces motifs, la Cour : Casse l'arrêt attaqué, ... Renvoie la cause, ainsi limitée, devant la cour d'appel de Liège. ».* En d'autres termes, il suffit pour le juge de se rendre compte du défaut de lien juridico-politique entre le demandeur du statut et un quelconque Etat au moment où la question lui est soumise. L'octroi de la protection internationale résulte de cette simple constatation sans qu'il ne soit nécessaire de chercher à savoir si le requérant a eu ou pas une attitude d'une légèreté blâmable. Il ne peut ni préjuger ni se prononcer sur d'éventuelles autres options

[259] Dans *« Panorama du droit français de l'apatridie »*, Revue Française de Droit Administratif, 2003 p. 324

et possibilités à sa disposition. Une prise de position très hardie de la part du juge belge.

3. Le recouvrement de la nationalité

Un individu qui a été arbitrairement privé de sa nationalité à un *« droit au recouvrement »* de celle-ci. Tel peut être le cas d'une catégorie de réfugiés et même d'apatrides. Rentrer en possession de sa nationalité d'origine initialement perdue et acquérir une nouvelle et notamment celle de l'Etat d'accueil sont les deux modalités permettant de mettre un terme à l'apatridie. Pour E. Feller : *« Le recouvrement de nationalité au sens de l'article 1C2 de la convention de 1951 et de la convention de l'OUA sur les réfugiés est toujours pertinent aujourd'hui, compte tenu des situations d'apatridie résultant de la dissolution récentes de certains Etats. Les paragraphes 126 et 128 du guide insistent sur le libre consentement, mais l'intention du réfugié et l'existence d'une protection effective doivent être pertinentes. Contrairement au fait de se réclamer à nouveau de la protection nationale, le recouvrement de la nationalité peut être initié par l'Etat d'origine, à l'occasion de l'adoption d'une loi d'application générale relative à la nationalité, plutôt que par le réfugié. Le même scenario peut se produire en vertu de l'article 1C3, lorsqu'un Etat tiers adopte une législation relative à la nationalité potentiellement applicable à un réfugié »*[260]. Dans tous les cas, la nationalité doit être acceptée expressément ou tacitement pour que les dispositions contenues à l'article 1C2 relative à la cessation soient valides. Pour un apatride qui a mené une lutte acharnée afin de se voir rétablir sa nationalité et faire ainsi valoir la totalité de ses droits, une si heureuse issue est assurément une victoire personnelle grandiose et mémorable.

L'Objet de notre étude est dorénavant bien cerné dans ses contours et son contenu sans oublier ses sources, le moment d'entrevoir les voies et moyens permettant d'en sortir.

---

[260] Dans *« La protection des réfugiés en droit international »*, Erika Feller, Volker Turk et Frances Nicholson sous direction, Bruxelles, Larcier, 2008, P. 589.

Chapitre II.
Les tentatives de solutions du problème

Si l'on en croit Colleen French : « *Il est vrai qu'une certaine sensibilisation publique a eu lieu depuis la conclusion de la Convention relative au statut des apatrides en 1954, mais la Convention n'ayant que 70 signataires et au vu des millions de personnes apatrides actuellement, le problème est loin d'être réglé.* »[261]. Une assertion ayant le mérite de la franchise. Le droit international offre des solutions ne permettant peut-être pas de résorber définitivement ce fléau mais, à tout le moins, de le réduire drastiquement. De telles réflexions et idées ne datent pas d'aujourd'hui. Au niveau mondial, la Société des Nations (SDN) avait déjà à l'époque initié plusieurs tentatives de résolutions du problème[262]. En effet, avec sa prise en compte par la communauté internationale, plusieurs textes juridiques avaient été adoptés aux niveaux aussi bien mondial, régional que national. Un aperçu de l'ensemble de ce dispositif juridique serait approprié. L'occasion de préciser que le droit international des droits de l'homme vient compléter et renforcer l'ordonnancement juridique en place.

---

[261] Lire son article : « *L'apatridie dans tous ses « Etats : que faire et comment s'engager* » tiré de « *60 ans de protection internationale* », Pro Asile, Revue France terre d'asile, numéro spécial 22, Paris, 2012, P. 62-63.

[262] La Convention de la Haye précitée portant sur questions soulevées par les conflits entre différentes lois sur la nationalité était assortie du « *Protocole relatif à un cas d'apatridie* ». Goodwill-Gill a fait un historique très intéressant de cette problématique dans « *United Nations Audiovisual Library of International Law Copyright* », United Nations, 2010 sur www.un.org/law/avl.

Section 1. Les solutions théoriques et juridiques du problème de l'apatridie

Comme nous l'avons déjà vu, le droit de chacun à la nationalité est un droit fondamental de l'être humain. Nul Etat ne peut y déroger sans entrer en contradiction avec le droit international des droits de l'homme. Ce droit, faut-il le rappeler, est substantiel dans la mesure où il conditionne l'exercice de bien d'autres. Le Conseil des droits de l'homme réaffirme opportunément que : *« les personnes arbitrairement privées de leur nationalité peuvent se retrouver dans une situation de pauvreté, d'exclusion sociale et d'incapacité légale, ce qui a des conséquences néfastes sur la jouissance des droits civils, politiques, économiques, sociaux et culturels de ces personnes, en particulier dans les domaines de l'éducation, du logement, de l'emploi et de la santé ; »*[263]. C'est ainsi que le droit à la nationalité est justement considéré comme *« le droit d'avoir des droits »*. A ce titre, cet organe onusien n'a-t-il pas antérieurement pris *« Note que la pleine jouissance de l'ensemble des droits de l'homme et des libertés fondamentales d'un individu pourrait être entravée en raison d'une privation arbitraire de la nationalité »*[264]? Sur le plan international, chacun peut aisément constater la très grande diversité des situations objectives dans lesquelles se retrouvent les apatrides. Par exemple, la condition des « Effacés » lettons contrastent nettement avec celle des Nubiens du Kenya. Les premiers bénéficient de divers droits y compris sociaux à l'exception du droit de vote corollaire de la notion de citoyenneté. Les seconds sont eux dans le total dénuement, comme la plupart des apatrides dans le monde. Le droit relatif à l'apatridie est consacré par plusieurs textes dont la nature juridique intrinsèque est bien différenciée et donc loin d'être univoque. Concernant les échelons universel et régional, le mode de production de ce droit a pris une forme duale faite de résolutions et de Conventions. A l'échelle des Etats, la législation nationale s'inspire presque toujours du droit international.

---

[263] A/HRC/RES/13/213/2, Conseil des droits de l'homme, Résolution 13/2 intitulée *« Droits de l'homme et privation arbitraire de la nationalité »*, 14 avril 2010, P.3.

[264] Conseil des droits de l'homme, Résolution 10/13. *« Droits de l'homme et privation arbitraire de la nationalité »*, 26 mars 2009, P. 3.

Les pouvoirs législatifs et règlementaires sont naturellement les principaux moyens mis à contribution. Le juge y prend aussi toute sa place dans le cadre de la création prétorienne du droit.

§1. Les versants résolutoire et conventionnel dudit droit

Ce point mérite d'être étudié plus en détail tout en ayant à l'esprit l'envie d'être le plus complet possible.

A. Les résolutions

Plusieurs résolutions de l'O.N.U font directement référence à l'apatridie ainsi qu'à la nationalité. De l'Assemblée générale (A.G) de l'O.N.U[265] au Conseil des droits de l'homme[266], l'objectif demeure le même : éviter une aussi inextricable situation et une si profonde dénégation de l'humanité. T. Alexander Aleinikoff a su trouver des mots en qualifiant l'apatridie de *« déni silencieux des droits »* pendant la campagne d'information sur la question lancée aux USA[267] en 2010. Cette catégorie de textes se subdivise en deux :

---

[265] Nous pouvons, dans cette optique, citer entre autres les résolutions l'A.G de l'O.N.U : 41/70 du 03/12/1986, 55/153, 59/34 et 63/118 respectivement en date du 12/12/2000, du 2/12/2004 et du 11/12/2008, et 66/92 du 9 décembre 2011 en rapport avec les travaux de la Commission du droit international concernant la nationalité des personnes physiques en relation avec la succession d'États.

[266] Voir par exemple les résolutions 7/10 et 10/13 respectivement en date du 27 mars 2008 et du 26 mars 2009. Puis, les résolutions « 20/... *Droits de l'homme et privation arbitraire de la nationalité* A/HRC/20/L.9 » et « 20/... *Le droit à une nationalité : les femmes et les enfants* », A/HRC/20/L.8, toutes les deux du 28 juin 2012.

[267] *« La législation américaine actuelle n'accorde aucun statut juridique aux apatrides. Incapables de rentrer dans leur ancien pays, les apatrides qui vivent aux Etats-Unis risquent d'être détenus et doivent demander chaque année une autorisation de travail. Ils font également face à des restrictions pour voyager, qui peuvent même les empêcher de quitter leur Etat. Ils doivent systématiquement se signaler aux officiers de l'immigration – une contrainte qui peut durer des dizaines d'années, voire la vie entière. La loi sur la protection des réfugiés de 2010, introduite par le sénateur démocrate Patrick Leahy, amenderait la loi américaine sur l'immigration pour créer un mécanisme permettant aux apatrides de devenir des résidents légaux permanents puis des citoyens américains »* Dans *« Le HCR compte sur une nouvelle loi pour résoudre le problème de l'apatridie aux USA »* Article de Tim Irwin du 09 juin

1. Les résolutions proprement dites autrement qualifiées de simples

Elles jouxtent celles qui consacrent les Conventions. Dans le premier groupe, on trouve entre autres : - La résolution 13/2 intitulé « *Droits de l'homme et privation arbitraire de la nationalité* » en date du 14 avril 2010 dans laquelle, le Conseil des droits de l'homme des Nations Unies : « *3. Engage tous les États à s'abstenir de prendre des mesures discriminatoires et d'adopter ou de maintenir en vigueur des lois susceptibles de priver arbitrairement des personnes de leur nationalité en raison de leur race, de la couleur de leur peau, de leur sexe, de leur langue, de leur religion, de leurs opinions politiques ou d'autres convictions, de leur origine nationale ou sociale, de leur fortune, de leur naissance ou de toute autre situation, en particulier si de telles mesures ou lois ont pour effet de rendre la personne apatride ; 4. Prie instamment tous les États d'adopter et de mettre en œuvre des lois relatives à la nationalité en vue de prévenir les cas d'apatridie, conformément aux principes du droit international, en particulier en prévenant la privation arbitraire de la nationalité et l'apatridie du fait de la succession d'États ;* »[268]. Les trois niveaux susmentionnés regorgent de nombreuses résolutions de cet aloi[269]. Cependant dans une telle typologie juridique, les résolutions ne disposent que d'une faible autorité. Elles ne correspondent en effet qu'à de simples exhortations et incitations. Leur valeur est plus morale avec une force juridique relative et donc non-contraignante. Pris individuellement, les Etats ne se sentent pas du tout liés par des délibérations de cette nature même s'ils ne peuvent pas faire

2010 sur www.unhcr.org. Idem : « *Les États-Unis réexaminent aussi de manière approfondie leur système de détention lié à l'immigration et envisagent des procédures permettant d'assurer la protection des apatrides qui se trouvent dans le pays sans statut légal* » dans « *Appel Global 2011-Actualisation* », P. 303. La franche opposition entre l'Administration OBAMA et la chambre de représentants à majorité républicaine n'a jusqu'alors pas favorisé l'adoption d'une loi générale sur l'immigration.

268 A/HRC/RES/13/2, Conseil des droits de l'homme des Nations Unies, le 14 avril 2010, P. 3.

269 Voir par exemple les « *Extraits de documents internationaux encourageant les Etats à adhérer à la Convention relative au statut des apatrides de 1954 et à la Convention sur la réduction des cas d'apatridie de 1961* », Unhcr, Genève, Juin 2010, 12 pages.

comme si politiquement elles n'avaient pas existé. Heureusement qu'une si relative normativité n'épuise pas notre sujet. Fait partie de ce bloc la célèbre résolution 217 A (III) du 10 décembre 1948 adoptée par l'Assemblée générale et qualifiée de *« Déclaration universelle des droits de l'homme »*. Ne sied-t-il pas de rappeler que cet instrument cristallise *"l'idéal commun à atteindre par tous les peuples et toutes les nations"*. Son article 15 matérialise la volonté de la communauté internationale d'éviter par tous les moyens l'écueil pour chaque être humain sur terre d'être dépourvu de nationalité.

2. La seconde catégorie de résolutions consacrant des conventions

Nous pouvons d'ores et déjà en citer quelques unes parmi lesquelles : - La Convention internationale sur l'élimination de toutes les formes de discrimination raciale. Un instrument juridique qui avait été adopté et ouvert à la signature et à la ratification par l'A.G de l'O.N.U par le biais de la résolution 2106 A (XX) du 21/12/1965. Son entrée en vigueur avait eu lieu le 04/01/1969. C'est aussi le cas du Pacte international relatif aux droits civils et politiques adopté et ouvert à la signature, à la ratification et à l'adhésion par l'A.G de l'O.N.U dans sa résolution 2200 A (XXI) du 16/12/1966[270]. En tant que Pacte, ce texte est d'une exigence et d'une autorité forcément supérieures à celles de simples résolutions susmentionnées. Si comme l'écrit Jean-Jacques Roche : *« La citoyenneté est l'instrument qui permet à chacun de faire valoir ses droits politiques... »*[271], il est effectivement impensable d'adopter des droits politiques sans évoquer la question structurante de la nationalité dont ils sont l'une des expressions parmi les plus notables. De son côté, enfin, la résolution 44/25 du 20 novembre 1989 a permis l'adoption de la Convention internationale relative aux droits

[270] Il est entré en vigueur le 23 mars 1976 et compte aujourd'hui 72 Etats signataires pour 166 Etats parties.

[271] Dans *« Relations Internationales »*, Paris, LGDJ lextenso édition, 5è édition, 2011, P. 85.

des enfants (C.I.D.E)[272]. Ces exemples sont suffisants. En plus de ce premier groupe figure :

B. Le versant conventionnel à proprement parler

Le cas des deux Conventions phares qui constituent le substrat de notre étude. Sans vouloir s'y épancher de nouveau, signalons simplement qu'il existe plusieurs autres conventions renvoyant à l'apatridie et à la nationalité. Un bon nombre d'entre elles ont déjà été énumérées. Toutefois, majoritairement, elles n'abordent la problématique de l'apatridie que de manière partielle et connexe. En synthétisant, force est de reconnaitre que ce paysage normatif repose fondamentalement sur deux textes majeurs et exclusifs que sont les Conventions de 1954 et de 1961. Le résumé qu'en fait Ban Ki-Moon est suffisamment explicite : *« Ce cadre juridique de protection des droits de l'homme est complété par la Convention sur la réduction des cas d'apatridie et la Convention relative au statut des apatrides, qui traitent spécifiquement de la question de l'apatridie. En particulier, les articles 1er et 4 de la Convention sur la réduction des cas d'apatridie disposent que les États contractants doivent introduire des garanties pour prévenir l'apatridie, et notamment accorder leur nationalité aux personnes qui, autrement, seraient apatrides, lorsqu'elles sont nées sur leur territoire ou nées à l'étranger d'un de leurs ressortissants. Ils doivent également éviter qu'une personne ne devienne apatride par la perte ou la privation de sa nationalité. Quant à la Convention relative au statut des apatrides, elle dispose à l'article 32 que les États doivent faciliter dans toute la mesure possible l'assimilation et la naturalisation des apatrides »*[273]. Tâchons patiemment de scruter ces deux outils juridiques cruciaux.

---

[272] Adoptée et ouverte à la signature, ratification et adhésion par l'A.G de l'O.N.U dans sa résolution 44/25 du 20 novembre 1989, elle est entrée en vigueur le 2 septembre 1990.

[273] A/HRC/13/34, *« Droits de l'homme et privation arbitraire de la nationalité »*, Rapport du Secrétaire général, 14 décembre 2009, P. 5.

Section 2. Les principales réponses mondiales

Afin de faire face au problème et surtout à son ampleur, des solutions étaient attendues par tous les acteurs internationaux. C'est ainsi que la communauté internationale à travers l'O.N.U est parvenue à élaborer deux conventions de portée universelle sur lesquelles nous allons nous s'appesantir.

§1. Les Conventions de portée internationale

Les Nations Unies au départ étaient très ambitieuses. La lecture des résolutions antérieures à la mise en place de l'Unhcr est particulièrement révélatrice de sa détermination. En 1952, le Conseil économique et social (ECOSOC) parlait carrément de *« supprimer le problème »* de l'apatridie en fondant ses espoirs sur le travail que devait produire la Commission de droit international[274]. La volonté s'est depuis étiolée avec le temps. Les ambitions ont été ramenées à des proportions beaucoup plus réalistes en 1961. De nos jours, deux conventions sont considérées comme primordiales et majeures de ce point de vue étant donné leurs finalités intrinsèques et leur objet.

A. La Convention de 1954

Une soixantaine de pays l'ont signée. Très exactement soixante-cinq Etats étaient parties à la cette Convention fin 2010[275]. Parmi les derniers pays à avoir accédé à ce statut figuraient entre autres l'Autriche qui est en devenue le soixante-troisième Etat partie en 2009[276]. Le Malawi avait ratifié la Convention de 1954 en octobre 2009 précédé de près par le Liechtenstein.[277] Mi-mars 2013, elle compte 23 Etats signataires

[274] Cf. La résolution 319 B III (XI) août 1950.

[275] A/C.3/65/L.58, *« Rapport du Haut-commissaire des Nations Unies pour les réfugiés, questions relatives aux réfugiés, aux rapatriés et aux déplacés et questions humanitaires »* présenté devant l'Assemblée générale des Nations Unies, le 2 novembre 2010, P. 2.

[276] Comme cela apparaît dans la *« Note sur la protection internationale »,* 5 juin 2009, EC/60/SC/CRP.9, p. 16.

[277] *« Note sur la protection internationale »,* Rapport du Haut Commissaire, A/AC.96/1085, 30 juin 2010, Annotation 1, P. 15.

et 76 Etats parties. Les Etats doivent tout mettre en œuvre pour éviter la survenue de tels évènements néfastes et aussi, le cas échéant, d'en abaisser sérieusement le nombre s'ils venaient à se produire. Eu égard à l'importance du précepte, le H.C.R n'oublie jamais l'occasion de pointer leur responsabilité individuelle. C'est au nom d'un tel leitmotiv qu'il : *« Réaffirme également que la prévention et la réduction des cas d'apatridie incombent au premier chef aux États, coopérant selon qu'il y a lieu avec la communauté internationale ; »*[278]. Pour cette instance, les choses sont absolument claires dans la mesure où : *« La Convention de 1954 relative au statut des apatrides fournit un cadre juridique visant à identifier les cas d'apatridie et à donner aux individus une existence légale moyennant l'octroi d'un séjour reconnu juridiquement selon qu'il convient. Lorsque la seule solution durable à l'apatridie est l'acquisition d'une nationalité, l'octroi d'un séjour légal est la base sur laquelle les individus peuvent commencer à s'intégrer et éventuellement acquérir une nationalité »*[279]. Quant aux cas collectifs et prolongés, son Comité exécutif : *« p) Encourage les Etats, lorsqu'il convient, ... à envisager des mesures propres à intégrer les personnes dans des situations d'apatridie prolongées moyennant l'élaboration de programmes dans les domaines de l'éducation, du logement, de l'accès à la santé et aux activités lucratives, en partenariat avec les institutions compétentes des Nations Unies »*[280]. Quels intérêts et autres avantages auraient les Etats à souscrire aux engagements établis par la première grande construction conventionnelle ? *« Adhérer à la Convention de 1954 relative au statut des apatrides : - Est un moyen pour les Etats de prouver qu'ils s'engagent à traiter les apatrides conformément aux normes humanitaires et de défense des droits de l'homme reconnues à l'échelle interna-*

[278] A/C.3/65/L.58, *« Rapport du Haut-commissaire des Nations Unies pour les réfugiés, questions relatives aux réfugiés, aux rapatriés et aux déplacés et questions humanitaires »* présenté devant l'Assemblée générale des Nations Unies, le 2 novembre 2010, P. 2.

[279] Dans *« Activités du H.CR dans le domaine de l'apatridie : Rapport intérimaire »*, EC/53/SC/CRP.11, Comité exécutif du programme du Haut-commissaire, 3 juin 2003, p.3.

[280] Voir avec intérêt ses conclusions No. 106 (LVI) – 2006 portant sur *« L'identification, la prévention et la réduction des cas d'apatridie ainsi que la protection des apatrides »*.

tionale ; - Garantit l'accès des apatrides à la protection d'un Etat afin qu'ils puissent vivre dans la sécurité et la dignité ; - Fournit aux Etats un cadre leur permettant d'identifier les apatrides se trouvant sur leur territoire et de veiller à ce qu'ils jouissent de leurs droits, y compris par l'octroi de documents d'identité et de titres de voyage ; - Fait progresser la reconnaissance du statut juridique international d'« apatride » et du cadre international commun de la protection, renforçant ainsi la transparence juridique et la prévisibilité de la réponse apportée par les Etats à l'apatridie ; - Renforce la sécurité et la stabilité en évitant l'exclusion et la marginalisation des apatrides ; - Evite le déplacement en promouvant la protection des apatrides dans le pays où ils se trouvent ; - Aide le HCR à mobiliser l'appui international en faveur de la protection des apatrides » avait assuré le H.C.R[281]. Toutes ces motivations sont pleinement fondées et irrécusables. L'agence onusienne n'hésite pas à leur distiller assez régulièrement des avis et conseils. Pour l'illustrer, exemple peut être pris des documents de voyage délivrés aux apatrides. En effet, compte tenu des différences enregistrées, le H.C.R avait formulé des observations dans le but de les aplanir. Selon le Haut Commissaire, il était évident d'en tirer les conclusions qui s'imposent : *« Certains Etats et le HCR se sont également inquiétés du fait que les titres de voyage de la Convention pour les réfugiés et les apatrides ne répondaient pas aux normes contemporaines. Il convient de réviser et d'actualiser ces titres de voyage pour que les réfugiés et les apatrides ne soient pas entravés dans leurs mouvements... »*[282]. Souvent accusé du fait de sa pusillanimité, dorénavant le H.C.R va plus loin que ce qu'il a fait jusqu'alors autour de la cause étudiée. En effet, 2012 a été heureusement marquée par la publication successive des « principes directeurs » relatifs à l'apatridie N° 1 et N° 2 respectivement le 20 février et le 05 avril. Les premiers portent précisément sur la définition du terme « apatride » conformément à l'article 1(1) de la Convention de 1954. Tandis que les seconds visent les

---

[281] Lire *« Protection des droits des apatrides, La Convention de 1954 relative au statut des apatrides »* Unhcr, Genève, 2010, P. 8.

[282] Cf. La *« Note sur la protection internationale »,* 5 juin 2009, EC/60/SC/CRP.9, p. 1.

procédures permettant de déterminer si une personne est apatride. Pourquoi avoir en définitive attendu 2012 pour accomplir ce travail minimal et néanmoins nécessaire ? Gardons l'espoir que ce nouvel élan ne se transforme pas en un simple épiphénomène. En plus de cette œuvre primordiale est venue s'ajouter une seconde :

B. La Convention de 1961

Sept ans après celle de 1954, est adoptée une nouvelle Convention ayant une utilité complémentaire. Elle n'est pas du tout une entreprise superfétatoire, loin s'en faut. Toutes proportions gardées cette nouvelle élaboration est, comme nous l'avons déjà indiqué, plus raisonnable quant à ses objectifs. En effet, elle permet d'énoncer d'autres mesures tangibles de gestion de l'apatridie. L'idée est induite par la prise en compte réelle de l'impéritie d'une résorption définitive du problème analysé. En réalité : *« Les Articles 1 et 4 de la Convention de 1961 exigent uniquement des États qu'ils accordent leur nationalité aux personnes qui « autrement, seraient apatrides ».*[283] Son but n'est nullement de se substituer à la précédente qui garde encore toute sa légitimité, son utilité sociale et donc sa place dans l'ordonnancement juridique international. De quoi s'agit-il exactement dans la seconde expression ? Voici la réponse qu'apporte le H.C.R lequel, intercédant pro-domo, souligne que : *« La Convention de 1961 sur la réduction des cas d'apatridie offre un cadre juridique grâce auquel les cas futurs d'apatridie peuvent être évités, intègre les approches du jus soli et du jus sanguinis généralement adopté par les Etats pour déterminer la nationalité. La Convention de 1961 ne demande pas à un Etat de modifier son approche en matière de détermination de la nationalité en soi pourvu que dans les cas où un enfant serait sinon apatride, il ou elle acquiert la nationalité du pays de naissance ou la nationalité d'un parent. La Convention établit également certaines mesures que les Etats pourraient prendre pour protéger la nationalité une fois qu'elle est acquise*

---

[283] Lire les conclusions des experts réunis au colloque de Dakar du 23-24 mai 2011 sur l'*« Interprétation de la Convention de 1961 et prévention de l'apatridie chez les enfants »* dans l'*« Anniversaire des conventions relatives aux réfugiés et à l'apatridie, 2010, 2011 »*, Unhcr, Genève, 2012, P. 80.

afin d'éviter l'apatridie dans les cas de succession d'Etat, de renonciation, de perte ou de privation de la nationalité. En tant que telle, la Convention de 1961 est un outil de prévention et une référence essentielle pour la promotion de réponses plus résolues aux causes profondes des mouvements de réfugiés. Il s'agit également d'un instrument qui peut aider à promouvoir un cadre juridique au sein duquel des solutions durables peuvent être mises en œuvre »[284]. Encore une fois, devant l'ampleur de la tâche à exécuter, le recours à cet outil traduit manifestement la volonté affichée de revoir ou réévaluer les ambitions à la baisse. On parle dorénavant avec modestie de réduire l'apatridie et non plus de l'annihiler totalement. L'objectif est clairement d'en édulcorer les méfaits en y abaissant de manière aussi draconienne que possible le nombre de victimes. Comme le souligne le dictionnaire permanent du droit des étrangers : *« La Convention sur la réduction des cas d'apatridie (adoptée le 30 août 1961 et entrée en vigueur le 13 décembre 1975) s'attache pour sa part, non à éliminer les cas d'apatridie comme ce fut initialement envisagé, mais seulement, comme l'indique son intitulé, à les réduire. A cette fin, elle prévoit l'octroi de la nationalité aux personnes qui autrement seraient apatrides et ont des liens avec l'État où ils se trouvent par naissance ou par filiation et encadre la perte de nationalité. Elle s'attache aussi au règlement des différends sur la nationalité pouvant surgir entre États. Cette convention n'a pas eu, faute de ratifications suffisantes, le succès escompté. »*[285]. Que dire à propos de son état des ratifications ? Malheureusement depuis plus de cinquante ans après son adoption, sa réalisation demeure bridée et contrastée parce que sa couverture géographique reste particulièrement étriquée. La Finlande était son trente-cinquième Etat partie[286]. La *« Note pour la protection de 2010 »* faisait mention d'une variation somme toute relative : *« Le Liechtenstein [avait] accédé aux deux Conventions sur*

[284] Dans *« Activités du H.C.R dans le domaine de l'apatridie : Rapport intérimaire »*, EC/53/SC/CRP.11, Comité exécutif du programme du Haut-commissaire, 3 juin 2003, p.3.

[285] Voir *« Apatride »* dans *« Le dictionnaire permanent du droit des étrangers »*, Editions Législatives, 2010.

[286] Cf. La *« Note sur la protection internationale »*, 5 juin 2009, EC/60/SC/CRP.9, p. 16.

l'apatridie en septembre 2009 alors que la Hongrie [avait] accédé à la Convention de 1961 en mai 2009. »[287]. Les derniers chiffres de 2010 indiquaient que : *« trente-sept États [étaient] parties à la Convention sur la réduction des cas d'apatridie de 1961 »*[288]. Rappelons qu'ils étaient à peine 26 Etats en 2001 soit au moins une adhésion chaque année sur une décennie. La moyenne est encore évidemment beaucoup plus faible sur cinquante ans c'est-à-dire depuis son adoption. En comparaison avec la catégorie jumelle des réfugiés (le H.C.R ayant dans ce domaine la même compétence générale), le dernier aperçu datant de cette période c'est-à-dire de novembre 2010 se présentait comme suit : la Convention du 28 juillet 1951, entrée en vigueur le 22 avril 1954 comptait 144 Etats parties et 19 Etats signataires. Alors que le Protocole de New York du 31 janvier 1967, entré en vigueur le 4 octobre 1967, totalisait déjà 145 Etats parties. Une conclusion naturellement aux antipodes du binôme conventionnel régissant l'apatridie. Mi mars 2013, elle compte 5 Etats signataires et 50 Etats parties. En fin de compte : *« Le nombre total d'États parties à la Convention de 1954 relative au statut des apatrides et à la Convention de 1961 sur la réduction des cas d'apatridie, deux instruments essentiels pour la protection des apatrides et la prévention et la réduction des cas d'apatridie, est resté faible »* comme l'avait vertement rappelé Antonio Guterres[289].

1954 n'est donc pas la seule année mémorable du strict point de vue des apatrides. Cela se justifie parce que ce premier jet conventionnel avait été complété par un second quelques années plus tard. Comme s'il voulait se justifier à propos du travail produit par les différents organes des traités, A. Guterres affirmait doctement qu' : *« [ils] ont systématiquement signalé la mesure dans laquelle les personnes déplacées de force ou les*

[287] Dans la *« Note sur la protection internationale »*, Rapport du Haut Commissaire, A/AC.96/1085, 30 juin 2010, Annotation 1, P. 15.

[288] Tiré de : A/C.3/65/L.58, *« Rapport du Haut-commissaire des Nations Unies pour les réfugiés, questions relatives aux réfugiés, aux rapatriés et aux déplacés et questions humanitaires »* présenté devant l'Assemblée générale des Nations Unies, le 2 novembre 2010, P. 2.

[289] Relire le *« Rapport du Haut-commissaire des Nations Unies pour les réfugiés »*, devant l'Assemblée Générale, New York, 2010, A/65/12, P. 15.

apatrides exerçaient leurs droits »[290]. Difficile dans ces conditions d'emporter réellement la conviction des observateurs. A la lumière de ce qui vient d'être dit, des progrès se font jour. C'est un truisme. Cependant une interrogation perdure relativement à la quantification réelle et sérieuse de tels changements. Le H.C.R y est en bien entendu sensible. Voilà quelques années, il avait tenu à préciser fièrement que : *« 52. Plusieurs Etats ont promulgué des réformes législatives qui devraient permettre de prévenir et de réduire l'apatridie... Le Viet Nam a adopté une loi révisée sur la nationalité qui, entre autres, permet la naturalisation de résidents apatrides de longue durée. La Géorgie et l'ex-République yougoslave de Macédoine ont adopté une législation visant à faciliter la naturalisation des apatrides ».* Pourtant : *« Malgré ces développements positifs, l'invisibilité fréquente des populations apatrides explique qu'il soit difficile de mesurer les progrès globaux. En outre, de nouveaux cas d'apatridie n'ont cessé de surgir et des situations se sont prolongées du fait que de nombreux Etats n'ont pas réussi à s'attaquer aux causes de l'apatridie, y compris des dispositions législatives mal rédigées ou discriminatoires »*[291]. Les regrets ne sont souvent jamais loin et l'embarras toujours perceptible : *« La Convention de 1954 relative au statut des apatrides et celle de 1961 sur la réduction des cas d'apatridie ont de ce fait revêtu une importance et une valeur politique accrues. Conventions « orphelines ! » dont, jusqu'à récemment, l'application n'a pas été activement promue faute d'un organe de contrôle ou d'un autre mécanisme qui en assure la diffusion. L'adhésion à la Convention de 1954 relative au statut des apatrides est importante parce que cet instrument confère aux apatrides bon nombre de droits nécessaires pour vivre une vie stable. L'adhésion à la Convention de 1961 sur la réduction des cas d'apatridie permettrait en outre de régler bon nombre des situations qui aboutissent à la situation d'apatridie. Cette dernière convention qui énonce des principes déjà généralement acceptés en droit international, est un point de référence*

[290] Extrait de la *« Note sur la protection internationale »*, 5 juin 2009, EC/60/SC/CRP.9, p. 14.
[291] Voir la *« Note sur la protection internationale »*, 5 juin 2009, EC/60/SC/CRP.9, p. 16.

utile en matière de législation sur la nationalité et peut servir à régler certains problèmes dus à des conflits de lois en faisant ressortir la volonté de la communauté internationale de réduire les cas d'apatridie. Un élargissement de l'adhésion à ces instruments internationaux et de leur ratification serait donc, pour tous les Etats, une incitation à œuvrer en vue de la réduction puis de l'élimination des cas d'apatridie. »[292]. D'abord, contrairement à ce qu'on aurait pu penser, l'élimination du phénomène en tant qu'objectif n'a donc toujours pas disparu des éléments de langage et donc de la communication de l'agence onusienne. Ensuite, n'y a-t-il pas une réelle tendance à se défausser de sa propre responsabilité ? Enfin, la perplexité du H.C.R due à l'insuffisance des adhésions auxdits outils est patente même s'il ne manque pas l'opportunité de réitérer à toutes fins utiles ses propres engagements : *« L'augmentation du nombre d'États parties à ces conventions est restée l'un des objectifs prioritaires du Haut-commissariat. Les activités tendant à promouvoir l'accession à ces instruments seront intensifiées à l'occasion du cinquantième anniversaire de la Convention de 1961 »*[293]. Concédons que ces circonvolutions ne suffisent guère à masquer son échec relatif. Etant entendu qu'il est lui-même persuadé avec raison que : *« Le régime juridique international ne pourra gagner en efficacité que si le nombre d'États signataires augmente »*[294]. Pour les observateurs avertis, le HCR n'a jamais demandé une mission supplémentaire spécifiquement liée aux apatrides. Par conséquent, il est moins enclin à la remplir de façon idoine. Ce malaise saute aux yeux et c'est le moins que l'on puisse dire.

[292] Bureau du Haut-commissaire des Nations Unies pour les réfugiés, H.C.R, Genève, dans le *« Module d'information et d'adhésion : La convention de 1954 relative au statut des apatrides et La convention de 1961 sur la réduction des cas d'apatridie »*, une publication datant de juin 1996 et révisée en novembre 1998, P. 2.

[293] Rapport du Haut-commissaire des Nations Unies pour les réfugiés, A/65/12, O.N.U, New York, 2010, P. 15.

[294] Un aveu fait dans l'*« Appel global 2009 du HCR – actualisation »*, Unhcr, Genève, 2009, P. 47.

C. Les quelques autres instruments juridiques

Une multitude d'outils juridiques touchant à l'apatridie sont susceptibles d'être évoqués dans notre étude. Ils constituent un ensemble de réponses partielles voire catégorielles à notre problématique. Le droit international est particulièrement riche de ce point de vue. Afin de corroborer le substrat juridique présenté, deux autres textes additionnels peuvent être excipés parmi lesquels :

- La *« Déclaration des Nations Unies sur les peuples autochtones »*[295] et notamment son article 6 comme suit énoncé : *« Tout autochtone a droit à une nationalité ».* Son fondement et sa justification se trouvent dans le fait qu'au sein de la communauté des peuples premiers, les déclarations de naissances sont particulièrement aléatoires. Etant objectivement un environnement où ces types d'enregistrements font cruellement défaut, n'était-il pas devenu indispensable de réitérer une si déterminante exigence dans un instrument juridique significatif ? L'on peut d'ailleurs regretter que ce droit n'ait pas été réaffirmé dans la *« Convention relative aux peuples indigènes et tribaux »* C169 adoptée au sein de l'Organisation Internationale du Travail (O.I.T) le 27/06/1989. Si besoin, Ban Ki-Moon n'hésite pas à redire méthodiquement que : *« L'importance de l'enregistrement universel des naissances est à souligner, compte tenu également du fait qu'un acte de naissance apporte la preuve de la filiation comme du lieu de naissance. Le Comité des droits de l'enfant a ainsi relevé dans ses Observations générales n° 9 et 11 que le risque d'apatridie était plus élevé chez les enfants autochtones et les enfants handicapés en raison d'un plus faible taux d'enregistrement des naissances dans ces groupes. Le droit à l'enregistrement des naissances est reconnu dans de nombreux instruments internationaux... »*[296]. Raison supplétive de considérer l'omission comme une monumentale erreur pour ne pas parler de faute politique. De même : *« Les enfants autochtones peuvent faire l'objet d'une discrimination culturelle et d'une marginalisation économique et politique. Ils*

---

[295] Adoptée par l'Assemblée Générale (A.G) des Nations Unies le 13/12/2007 (Résolution 61/295).

[296] A/HRC/13/34, *« Droits de l'homme et privation arbitraire de la nationalité »*, Rapport du Secrétaire général, 14 décembre 2009, P. 10.

ont moins de chances d'être enregistrés à la naissance, et risquent plus d'être en mauvaise santé, de ne pas aller à l'école et d'être victimes de la maltraitance, de la violence et de l'exploitation. Le Comité des droits de l'enfant s'est déclaré inquiet de la situation des enfants autochtones en Australie, au Bangladesh, au Burundi, au Chili, en Équateur, en Inde, au Japon et au Venezuela. Beaucoup d'entre eux ne peuvent toujours pas exercer les droits que leur confère la Convention, notamment en ce qui concerne l'enregistrement à la naissance, l'éducation et les services de santé » faisait observer l'Unicef[297]. Voici la trame explicative de la massification dudit phénomène ainsi que de sa prégnance notoire : *« La distance à laquelle se trouve le bureau d'enregistrement le plus proche et le coût du certificat peuvent aussi décourager les parents. Les législations nationales qui interdisent l'enregistrement des enfants sous un nom autochtone peuvent aussi faire obstacle à l'obtention d'un certificat de naissance ; au Maroc, par exemple, les Amazighs doivent enregistrer leurs enfants sous un nom arabe reconnu »*[298]. Alors que les délais légaux dans certains cas peuvent apparaître très courts, les procédures sont également susceptibles d'être jugées complexes pour des parents eux-mêmes souvent peu instruits. Nombreux sont ceux qui ignorent complètement la possibilité d'établir le cas échéant un jugement supplétif. Aussi le paiement des frais pour l'enregistrement des naissances a-t-il parfois dissuadé beaucoup de parents à accomplir la démarche dans plusieurs contrées et pas seulement africaines au demeurant. Ce qui prive l'enfant du précieux sésame de la citoyenneté.

---

297 Dans *« La situation des enfants dans le monde 2006 »*, intitulé *« Exclus et invisibles »*, Pour chaque enfant, Santé, Education, Egalité, Protection, Faisons avancer l'humanité, Unicef, New York, 2005, P. 24. Par ailleurs : *« Plus de la moitié des enfants abandonnés dans des établissements de santé en Roumanie – 57 pour cent – sont d'origine rom. Souvent dépourvus des papiers d'identité et certificats de naissances requis pour bénéficier d'une assurance médicale, les communautés roms et leurs enfants ont un accès très limité aux soins de santé et dépendent pour beaucoup de la sécurité sociale et autres allocations d'État »*, dans *« La situation des enfants dans le monde 2006 »*, Op cit, P.25.

298 Lire *« La situation des enfants dans le monde 2006 »*, intitulé *« Exclus et invisibles »*, Pour chaque enfant, Santé, Education, Egalité, Protection, Faisons avancer l'humanité, Unicef, New York, 2005, P. 25.

- La Convention relative aux droits des personnes handicapées (2006) dont voici le libellé de son article 18 : *« Droit de circuler librement et nationalité, 1. Les États Parties reconnaissent aux personnes handicapées, sur la base de l'égalité avec les autres, le droit de circuler librement, le droit de choisir librement leur résidence et le droit à une nationalité, et ils veillent notamment à ce que les personnes handicapées : (a) Aient le droit d'acquérir une nationalité et de changer de nationalité et ne soient pas privées de leur nationalité arbitrairement ou en raison de leur handicap ; (b) Ne soient pas privées, en raison de leur handicap, de la capacité d'obtenir, de posséder et d'utiliser des titres attestant leur nationalité ou autres titres d'identité ou d'avoir recours aux procédures pertinentes, telles que les procédures d'immigration, qui peuvent être nécessaires pour faciliter l'exercice du droit de circuler librement ; (c) Aient le droit de quitter n'importe quel pays, y compris le leur ; (d) Ne soient pas privées, arbitrairement ou en raison de leur handicap, du droit d'entrer dans leur propre pays. 2. Les enfants handicapés sont enregistrés aussitôt leur naissance et ont dès celle-ci le droit à un nom, le droit d'acquérir une nationalité et, dans la mesure du possible, le droit de connaître leurs parents et d'être élevés par eux »*[299].

- La Convention internationale relative aux droits de l'enfant (C.I.D.E) précitée procédant de la résolution 44/25 du 20 novembre 1989. Citons deux de ses dispositions pertinentes : *« Article 7, 1. L'enfant est enregistré aussitôt sa naissance et a dès celle-ci le droit à un nom, le droit d'acquérir une nationalité et, dans la mesure du possible, le droit de connaître ses parents et d'être élevé par eux. 2. Les Etats parties veillent à mettre ces droits en œuvre conformément à leur législation nationale et aux obligations que leur imposent les instruments internationaux applicables en la matière, en particulier dans les cas où faute de cela l'enfant se trouverait apatride »*. Puis l'*« Article 8, 1. Les Etats parties s'engagent à respecter le droit*

---

[299] Adoptée par l'A.G des Nations unies le 13/12/2006, elle est entrée en vigueur le 3/05/2008. En mars 2013, 130 pays l'ont ratifiée. Cf. *« De l'exclusion à l'égalité, réalisation des droits des personnes handicapées, Guide à l'usage des parlementaires : de la Convention relative aux personnes handicapées et son protocole facultatif »*, n° 14, Nations Unies, Haut Commissariat de l'O.N.U aux droits de l'homme & UIP, Genève, 2007, 178 pages.

de l'enfant de préserver son identité, y compris sa nationalité, son nom et ses relations familiales, tels qu'ils sont reconnus par la loi, sans ingérence illégale... ».

Elaborer les conventions et un effort certes louable, mais pas suffisant. En obtenir la ratification (ou l'adhésion) par la suite n'est nullement un exercice aisé. Adopter des résolutions et déclarations est une chose, leur rigoureuse application en est une autre. Par conséquent, une si noble activité normative pourrait apparaître comme simplement théorique. Ne serait-il pas intéressant et opportun d'essayer d'analyser sérieusement l'étendue des activités menées réellement par l'institution onusienne ? Peut-être que ses missions opérationnelles seront de nature à laisser augurer l'espoir de laminer définitivement la réalité pas du tout reluisante que nous décrivons.

§2. Le règlement concret du problème : un aperçu des activités matérielles du H.C.R

Le besoin si pressant de cohérence n'aurait-il pas pu pousser l'O.N.U à créer une structure internationale similaire au H.C.R en vue de s'occuper assidument et méticuleusement du problème de l'apatridie ? La solution qui aurait peut-être pu favoriser une mise en œuvre idoine les deux principaux textes de référence en la matière ? Or aujourd'hui, outre les réfugiés et apatrides, le H.C.R assume parallèlement des attributions bien définies pour les personnes déplacées dans le monde. Précisons que cette dernière classification de migrations dites internes ne dispose pour le moment d'aucune Convention de portée mondiale[300]. L'on peut de ce seul fait parfaitement comprendre qu'une telle gestion puisse relever du H.C.R. La pratique des Etats s'inspirant dans ce domaine des principes directeurs élaborés par les Nations Unies en 1998[301]. Indépendamment de sa

---

[300] Au niveau régional, l'Afrique s'est dotée en octobre 2009 à Kampala (Ouganda) d'une Convention sur les personnes déplacées précisément dénommée *« Convention africaine sur la protection et l'assistance aux personnes déplacées en Afrique »*. Dans ce sens, lire avec intérêt Romuald LIKIBI dans *« l'Union Africaine face à la problématique migratoire »*, Paris, l'harmattan, 2010, P. 249 et suivantes.

[301] Se référer à la revue *« Migrations Forcées »* GP intitulé *« Le déplacement interne : dix ans de principes directeurs »*, Université d'Oxford et le Centre

dénomination qui n'a guère évolué, la structure onusienne s'occupe donc de plusieurs groupes de personnes en dehors des réfugiés. Quant à l'objet de notre étude, une préconisation portant sur la mise en place d'un organe ad hoc avait pourtant été faite dans le cadre de la Convention de 1961 alors même qu'existait déjà le H.C.R. Cela ne pouvait-il pas laisser supposer que l'instance n'était pas du tout en demande de nouvelles prérogatives ? N'ayant pas été suivi d'effet, n'est-il pas légitime de s'interroger a posteriori sur le point de savoir si le H.C.R était vraiment prêt à assumer pleinement un nouveau rôle universel relatif à l'apatridie ? Dès lors, ne faut-il pas supputer sur une éventuelle tentation originelle à privilégier les réfugiés et à considérer l'apatridie comme une mission secondaire ? Ce risque valait-il la peine d'être pris surtout que son action a toujours été sérieusement limitée suite à sa dépendance très marquée à l'égard des contributions volontaires des Etats ? De son côté, ne s'est-il pas lui-même interrogé à plusieurs reprises sur l'opportunité de s'y engager ? N'avait-il pas accepté cette activité supplémentaire contre son gré ? Pouvait-il vraiment refuser d'agréer la nouvelle tâche qui lui était ainsi confiée ? Autrement, comment aurait-on pu concilier son attitude négative avec l'allégation suivante : *« Depuis sa création, l'Organisation des Nations Unies s'est efforcée de s'attaquer à cette problématique internationale »* référence faite à l'apatridie ?[302] Si nous scrutons sa charpente actuelle, sur les 6.123 personnes travaillant de manière régulière pour son compte, combien sont chargées du suivi et de la gestion de l'apatridie ? Ce questionnement ne vaut-il pas aussi pour ce qui concerne les 5.264 employés sur le terrain ? Une confession faite voici quelques temps est sûrement restée inoubliable : *« Les ressources financières et humaines disponibles pour aider ces groupes d'apatrides ainsi que d'autres sont très limitées. Le HCR, par exemple, n'a qu'un expert à plein temps. Sans l'engagement des gouvernements,*

études sur les réfugiés avec la participation de IDCM, *Norwegian Refugee Council, Brookings, Norwegian Ministry of foreign affairs et Ub*, Décembre 2008, 40 pages.

[302] Tiré de « *Dialogue du haut commissaire de 2010 sur les défis de protection, document de base, lacunes et réponses de protection* », Unchr, 60è anniversaire (Rev 1), 30 novembre 2010, P.3.

des millions de personnes seront à jamais marginalisées »[303]. De nos jours, il n'a plus de réticence à affirmer que : *« Les besoins financiers relatifs aux activités que le HCR se propose d'entreprendre dans le domaine de l'apatridie en 2012 s'élèvent à 56,2 millions de dollars E.U ; Plus de la moitié de ce montant doit servir à appuyer des programmes exécutés en Afrique et en Asie. Bien que cette somme ne représente qu'une petite fraction du budget total du Haut Commissariat, il est très difficile d'attirer un volume de fonds suffisant pour créer ou maintenir des programmes susceptibles d'améliorer réellement la situation. Il est indispensable de soutenir davantage l'action que le HCR entreprend pour traiter le problème de l'apatridie si l'on veut que l'Organisation s'acquitte avec efficacité de son mandat... »*[304]. Ne sommes-nous pas déjà dans l'autojustification ? Citons une autre confession faite en 2009 : *« Les priorités en matière de protection des réfugiés, de recherche de solutions durables, y compris le déplacement forcé à grande échelle et les principales opérations de retour, ont parfois empêché les gestionnaires de terrain de consacrer des ressources additionnelles à l'apatridie. Dans certaines situations, les contraintes budgétaires ont interdit qu'elle fasse l'objet d'une priorité »*[305]. Difficile de se défausser continuellement sur les Etats même si effectivement leur responsabilité n'est ni moindre, ni négligeable. Si échec il y a sur l'apatridie, c'est d'abord et indiscutablement celui de sa propre politique. Sa position est intenable et les sempiternelles justifications ne pourraient plus suffire à terme. Lors du « Dialogue sur les défis de protection » de 2010, le Haut Commissaire espérait encore : *« ...Identifier les causes de l'apatridie, les obstacles à la recherche de solutions et les risques de protection pour les apatrides et dégager un consensus sur la manière dont le cadre juridique international pourrait être utilisé afin de relever ces*

303 Dans *« Neuf millions de fantômes, Sans pays, sans domicile légal, sans identité officielle : la non-existence des apatrides » tiré de l'article intitulé « Les nouveaux défis de la protection »* dans le magazine *« réfugiés »*, Unhcr, Genève, volume 3, numéro 132, 2003, P. 13.

304 Cf. *« Réponse aux situations d'apatridie »* tiré de l'appel global 2012-2013, P. 31 à 33.

305 Voir le *« Rapport intérimaire sur l'apatridie en 2009, Comité exécutif du programme du Haut commissaire »*, Ec/60/sc/crp.10, 29 mai 2009, p. 2.

défis »[306]. Faut-il vraiment croire que les causes et obstacles afférents ne soient toujours pas connus soixante ans après ? N'y a-t-il pas déjà suffisamment de littérature y relative ? Pouvons-nous affirmer que le H.C.R assume de manière appropriée et surtout efficiente toutes ses prérogatives supplétives ? Le doute s'impose incontestablement. Reconnaissons que sa tâche est très ardue et particulièrement complexe. Cependant, la cause n'est toujours pas vraiment entendue : *« Certaines faiblesses identifiées dans le régime concernant l'apatridie sont toujours prégnantes – par exemple l'absence de moyens de faire respecter le droit à la nationalité en vertu du droit international et les ambiguïtés au niveau de la définition de l'apatridie et de l'application de certaines directives contenues dans les conventions. Une faible prise de conscience dans le public du problème de l'apatridie a engendré des faiblesses au niveau des réponses concrètes aux situations d'apatridie et aux problèmes des apatrides ».* Aussi étonnant que cela puisse paraître, les conclusions aussi acerbes proviennent de M. Guterres lui-même[307]. Sur ces entrefaites Philippe Leclerc à l'époque responsable de l'unité « apatridie » du H.C.R avait, lui aussi, eu l'occasion de clarifier les choses. En effet, à la question de savoir : *« Quelle est l'action de l'UNHCR au sujet de l'apatridie ? »,* il avait répondu résolument sans artifices : *« L'UNHCR ne fait pas assez. En 1974, l'Assemblée générale des Nations Unies a désigné l'UNHCR comme l'organisation des Nations Unies chargée de participer à la prévention, à la réduction de l'apatridie et à la protection des personnes apatrides. Récemment, l'UNHCR s'est attaqué à la dimension légale de ce problème, au niveau mondial, principalement en fournissant des conseils sur les législations nationales pour essayer d'éviter les cas d'apatridie résultant de la mise en œuvre de législations nationales sur la nationalité ou de situations de succession d'Etats, particulièrement en Europe. Toutefois, ce n'est pas seulement via la révision des législations sur la natio-*

---

306 *« Note conceptuelle »* du 17/08/2010 en vue du dialogue du Haut Commissaire sur les défis de protection :
« Lacunes et réponses de protection », Genève, 8-9 décembre 2010, p. 3.

307 *« Dialogue du Haut Commissaire de 2010 sur les défis de protection, document de base, lacunes et réponses de protection »*, Unchr, 60è anniversaire (Rev1), 30 novembre 2010, P.10.

nalité que la situation va changer. C'est en assistant les Etats à intégrer de larges populations qui sont habituellement résidentes sur leur territoire via des programmes d'assistance. C'est aussi en comprenant les raisons pour lesquelles des individus ou des groupes importants de personnes restent sans nationalité dans ces pays et en créant des stratégies avec ces Etats pour que ces personnes puissent obtenir une nationalité »[308]. Pourtant c'était avec la même volonté qu'en 1996[309] l'A.G de l'O.N.U : *« lui [avait] demandé d'élargir son action afin de promouvoir la réduction et l'élimination du problème de l'apatridie à l'échelle mondiale »*[310]. Nul ne peut désormais nier que l'une des difficultés tout comme les améliorations très mitigées de notre cause résultent de cet état des choses. Faut-il parler de pusillanimité ou de simple négligence ? Initialement, comme cela était mentionné dans un rapport : *« Des consultations au sujet de la création de l'organisme précité ont été engagées avec les Etats qui ont ratifié la Convention de 1961 ou y ont adhéré, ainsi qu'avec le Haut Commissariat des Nations Unies pour les réfugiés. Au terme de ces consultations, le Secrétaire général est d'avis que l'organisme prévu à l'article 11, auquel pourront recourir les personnes demandant à bénéficier de la Convention, devrait être placé sous la mouvance du Haut Commissariat des Nations Unies pour les réfugiés. Cette façon de concevoir les choses se justifie par le fait qu'un grand nombre de réfugiés dont le Haut commissaire a la charge sont également des apatrides »*. Des résultats suivants en étaient sortis : *« 6. Au terme de ses délibérations sur la question, l'Assemblée générale a adopté, le 10 décembre 1974, la résolution 3274 (XXIX) dont le dispositif est ainsi conçu : « ...1. Prie le Haut Commissariat des Nations Unies pour les réfugiés de se charger provisoirement des fonctions prévues dans la Conven-*

---

[308] Lire son interview accordée à Haude Morel et Leo Dobbs le 18 mai 2007, voir article d'actualité sur www.unhcr.org

[309] En réalité, il s'agit de la résolution 50/152 adoptée en séance plénière par l'Assemblée générale des Nations Unies le 21/12/1995 et publiée le 09/02/1996. Voir précisément les points 14 à 17 de ce texte.

[310] *Dans « Neuf millions de fantômes, Sans pays, sans domicile légal, sans identité officielle : la non-existence des apatrides » tiré de l'article intitulé « Les nouveaux défis de la protection »* dans le magazine *« réfugiés »*, Unhcr, Genève, volume 3, numéro 132, 2003, P. 12.

tion sur la réduction des cas d'apatridie, conformément à son article 11, après l'entrée en vigueur de la Convention »[311]. L'argumentation primaire n'est plus susceptible d'être globalement soutenu de nos jours. Présentement l'obstacle dirimant procède très certainement du coût d'une telle réalisation. La création d'une nouvelle agence internationale chargée de gérer spécialement les apatrides peut effectivement apparaître, dans un contexte mondial caractérisé par la crise et orienté vers la réduction des budgets, comme une anomalie. Cependant, est-il vraiment possible de continuer à laisser à la marge 12 millions de personnes dont la moitié est constituée d'enfants comme viennent de nous le rappeler l'O.N.G Plan International et le H.C.R ?[312] Un tel quasi-abandon est-il encore possible et acceptable aujourd'hui ? Vu sous ce prisme, l'argument financier[313] peut-il encore avoir force et autorité ? Nous ne le croyons pas. Et si ce n'est qu'un souci de cet ordre ! Actuellement la quantification et la ventilation des moyens matériels et pécuniaires

---

[311] Documents officiels : trente et unième session, supplément no.12 b (a/31/12/add.2), Nations unies, New York, 1976, question de la création, en application de la convention sur la réduction des cas d'apatridie, d'un organisme auquel pourront recourir les personnes demandant a bénéficier de ladite convention rapport du haut commissaire des nations unies pour les réfugiés.

[312] Cf. Plan International & le H.C.R dans *« Invisibles et vulnérables, Faire respecter les droits des enfants apatrides : Une Urgence »*, Surrey (U.K) et Genève, Septembre 2012, P. 5.

[313] *« Rappelant sa résolution 3274 (XXIX) du 10 décembre 1974, Ayant examiné le rapport du Secrétaire général... Notant que le Haut Commissaire remplit, sans incidences financières pour l'Organisation des Nations Unies, les fonctions prévues dans la Convention, ... Prie le Haut Commissaire des Nations Unies pour les réfugiés de continuer à exercer lesdites fonctions »*, Assemblée Générale, Résolution 31/36 du 30/11/1976 intitulée : *« Question de la création, en application de la Convention sur la réduction des cas d'apatridie, d'un organisme auquel pourront recourir les personnes demandant à bénéficier de ladite Convention »*. Dans les *« Principes directeurs relatifs a l'apatridie n° 1 : Définition du terme « apatride » inscrite à l'Article 1(1) de la Convention de 1954 relative au statut des apatrides »* nous pouvons apprendre que : *« L'Organisation s'est vue confier la responsabilité des apatrides de manière générale par la conclusion n° 78 du Comité exécutif du HCR, laquelle a été approuvée par la résolution 50/152 de l'Assemblée générale de 1995. Par la suite, dans la résolution 61/137 de 2006, l'Assemblée générale a entériné la conclusion n° 106 du Comité exécutif, qui définit quatre grands domaines de responsabilité pour le HCR : l'identification, la prévention et la réduction des cas d'apatridie ainsi que la protection des apatrides »*. HCR/GS/12/01 en date du 20 février 2012, P. 1.

confirment, si besoin était, la place à laquelle est confinée l'apatridie au sein de l'entité. Etant entendu que : *« Le niveau du budget pour 2011 est comparable à celui de 2010. Près de 93 pour cent du budget pour la sous-région en 2011 seront alloués à des activités qui concernent les réfugiés et les demandeurs d'asile, le reste allant aux apatrides »*[314]. Un paramètre dont la constance est établie au-delà du fait que *« le budget relatif au Programme pour les apatrides [soit] passé de 38,5 millions de dollars E.U en 2010 à 63 millions en 2011 »*[315]. Référons-nous au module d'information sur l'apatridie pour une nouvelle fois constater le hiatus entre les principes fièrement excipés et la réalité, entre la théorie et la pratique : *« Le HCR a été chargé par l'Assemblée générale de s'acquitter des fonctions visées à l'article 11 de la Convention de 1961 sur la réduction des cas d'apatridie. Au moment de l'entrée en vigueur de cette convention, il a été demandé au HCR d'assumer provisoirement les responsabilités prévues à l'article 11, à savoir celles « d'un organisme auquel les personnes se croyant en droit de bénéficier de la présente convention pourront recourir pour examiner leur demande et pour obtenir son assistance dans l'introduction de la demande auprès de l'autorité compétente ». En sa qualité d'organisme désigné pour servir d'intermédiaire entre les Etats et les apatrides en vertu de la Convention de 1961, il appartient au HCR de fournir aux Etats parties des services d'experts dans le domaine de la législation sur la nationalité. Les principes énoncés dans la Convention de 1961 ont servi de points de référence pour déterminer le droit international et trouver un consensus international concernant la nationalité et ont été intégrés dans de nombreux traités et instruments juridiques internationaux ainsi que dans la législation nationale »*[316]. Avions-nous aperçu des pèlerins juristes arborant la bannière du H.C.R et déferlant urbi et orbi principa-

[314] Dans *« Appel global 2011-Actualisation »*, Unhcr, Genève, 2011, P. 300.

[315] *« Réponse aux situations d'apatridie »* dans l'*« Appel global 2011-Actualisation »*, H.C.R, Genève, 2011, P.45.

[316] Bureau du Haut-commissaire des Nations Unies pour les réfugiés, Genève, Module d'information et d'adhésion : la convention de 1954 relative au statut des apatrides et la convention de 1961 sur la réduction des cas d'apatridie. Sa première publication datant de juin 1996 suivie d'une révision en novembre 1998, p. 9.

lement dans les parties les plus touchées par notre affection identitaire ? Faut-il continuer à ressasser le nombre d'engagements pris et jamais tenus ? Dernier exemple dans son rapport global de 2008, le H.C.R reconnaissait déjà avoir *« pris un certain nombre de dispositions pour mettre en œuvre ce mandat de manière plus systématique. Il convient de mentionner en particulier la mise au point du logiciel Focus, qui aura un impact considérable sur la planification des activités en faveur de l'apatridie de l'exercice biennal 2010-2011, notamment parce qu'il facilitera la détection des failles dans la réponse que le HCR apporte au problème »*[317]. Pourquoi avoir attendu 2008 pour le faire ? Telle pourrait être l'objection formulée par des analystes pointilleux ? Au-delà, ce service public international n'a-t-il pas lui-même admis que : *« S'il existe de nombreux documents fournissant des orientations sur le mandat du HCR vis-à-vis des réfugiés et sur le droit international des réfugiés, il y a peu d'indications sur le champ d'application et sur le contenu des Conventions de 1954 et de 1961 sur l'apatridie »*[318]. Pour louables qu'ils soient, ces efforts sont malgré tout en deçà des attentes. Contrairement à la Convention de 1951 sur les réfugiés, une absence totale de principes directeurs et des lignes d'orientation a toujours caractérisé le domaine de l'apatridie[319] avant 2012. Là où l'article 1A2 de la Convention de 1951 regorge une multitude d'instructions et de consignes : - Principes directeurs sur la protection internationale : *« L'appartenance à un certain groupe social »* dans le cadre de l'article 1A(2) de la Convention de 1951 et/ou son Protocole de 1967 relatifs au Statut des réfugiés en date du 8 juillet 2008 ; - Principes directeurs sur la protection internationale : la persécution liée au genre dans le cadre de l'article 1a (2) de la convention de 1951 et/ou son protocole de 1967 relatifs au statut des réfugiés de la même date… ; - Les manuels et autres modules d'auto-formation (2005), directives, le guide des procédures et critères… à appliquer pour déterminer le statut de

317 Intéressons-nous de près au *« Rapport global 2008 »* rendu public par l'U.N.H.C.R à Genève, P. 39.

318 Voir le *« rapport global 2010 »* du H.C.R, Genève, P. 43

319 La seule exception découle de la note stratégique publiée en mars 2010 sur l'apatridie disponible à l'adresse http://www.unhcr.org/4b960ae99.html.

réfugié (1979, 1992). Une très abondante littérature explicative existe à destination des multiples publics et acteurs. Alors que rien de tel n'était jusqu'alors prévu sur l'article 1er de la Convention de 1954. La nouveauté réside en ce que dorénavant le H.C.R s'engage à faire avancer les choses. Pour le confirmer : *« En 2011, [il] a entrepris de rédiger des directives sur l'interprétation des dispositions de la Convention qui visent à prévenir les cas d'apatridie chez les enfants. Les orientations de ce type sont destinées à combler les lacunes dans les domaines où le HCR n'a pas encore élaboré de politiques globales »*[320]. Excellente résolution ! Le H.C.R ne nie pas que ce manquement non-négligeable ait pu, à plusieurs égards, être préjudiciable à cause de l'insuffisance voire du défaut de clarté de la notion elle-même : *« Il reste également quelques ambiguïtés au plan de la doctrine concernant l'apatridie et le droit à la nationalité, ce qui a posé des difficultés pour la prévention de l'apatridie et la protection des apatrides. Parmi ces questions, il convient d'indiquer la distinction entre les apatrides de jure et de facto et la décision de procédures à mettre au point pour déterminer si une personne est apatride et les droits qui doivent être conférés à ceux qui sont reconnus. Le HCR organise une série de réunions d'experts pour se pencher sur ces questions de doctrine, ce qui permettra de publier des lignes directrices »*[321]. Dans la suite de son analyse, il reconnait formellement que : *« L'apatridie lance de nombreux défis juridiques, opérationnels et politiques pour lesquels des solutions font encore défaut (...) Globalement, le régime international des réfugiés et de l'apatridie a bien résisté au cours des six décennies écoulées mais des lacunes se font jour en matière de protection. Il sera important, lors de la période, à venir de veiller à ce que ce régime ne soit pas simplement renforcé dans les domaines où il accuse encore des faiblesses mais qu'il soit rendu suffisamment flexible pour relever les nouveaux défis du déplacement et de l'apatridie auxquels il sera inévitablement confronté ».* Quelques promesses sont en voie d'être tenues dans la mesure où le

[320] Cf. *« Réponse aux situation d'apatridie »* tiré de l'appel global 2012-2013, P. 31 à 33.

[321] *« Dialogue du haut commissaire de 2010 sur les défis de protection, document de base, lacunes et réponses de protection »*, Unchr, 60è anniversaire, 2010, P.4.

12 mars 2012 ont enfin été publiés *« les principes directeurs régissant l'apatridie »* et notamment la définition de l'apatridie selon l'article 1er de la convention de 1954[322]. Son bilan global objectivement contrasté est néanmoins loin d'être une simple litote. En outre : *« 6. Les progrès accomplis sont évidents si on songe au nombre d'opérations du HCR... en matière d'apatridie : de 28 opérations en 2009 ce nombre est passé à 51 en 2010 et 60 en 2011. Cette tendance à la hausse apparaît également au niveau des budgets et des dépenses. En 2009, soit la dernière année avant l'adoption de la structure budgétaire à quatre piliers, les dépenses globales concernant l'apatridie s'établissaient à environ 12 millions de dollars E.-U. En 2010, le budget relatif à l'apatridie (pilier 2) approuvé par le Comité exécutif s'est élevé à 38,5 millions de dollars E.-U. Bien que les efforts de collecte de fonds n'aient pas pu couvrir la totalité des besoins identifiés, les dépenses totales se sont néanmoins élevées à 29,1 millions de dollars E.-U.1, plus du double du montant de 2009. Le budget pour 2011 a été augmenté pour s'établir à 63 millions de dollars E.-U »*. Prenons toutefois le temps d'examiner l'ensemble des tâches qu'il a accomplies dans la pratique conformément à ses missions. D'ores et déjà, compte tenu de la nature singulière de la communauté étudiée, le déploiement du H.C.R ne peut que très difficilement prendre la forme des grandes missions de terrain comme la réinstallation[323] ou le rapatriement librement consenti. Les camps d'apatrides à l'instar de celui baptisé « Genève » abritant des « pakistanais forcés » c'est-à-dire des biharis (une minorité bangladaise « ourdouphone » de 18.000 sur les 300.000 personnes) ne sont pas si courants. Ces bannis étant en principe des citoyens bangladais non seulement de par la constitution, mais

---

[322] HCR/GS/12/01, Genève, 20 février 2012, 11 pages. Idem : *« Pour assister les Etats et d'autres entités, le HCR a publié des lignes directrices sur la définition de l'apatride donnée dans la Convention de 1954 ainsi que sur les procédures de détermination de l'apatridie. »* dans *« La note sur la protection internationale »* de 2012, HCR, EC/63/SC/CR11, Genève, 5 juin 2012, P.16.

[323] Ce qui n'empêche pas que le Comité exécutif du HCR *« (v) Encourage les Etats à coopérer avec le HCR concernant les méthodes visant à résoudre les cas d'apatridie, et à envisager la possibilité de fournir des places de réinstallation aux apatrides lorsque leur situation ne trouve pas de solution dans leur pays hôte actuel ou dans un autre pays de résidence habituelle et reste précaire ».* Cf. Conclusion du Comité exécutif n° 95 (LIV) – 2003, para. (v).

aussi grâce à une décision de la Cour Suprême rendue en 2003[324]. Le HCR se livre sûrement à de diverses actions opérationnelles que Ban Ki-Moon a résumé comme suit : *« 5... prend note des travaux que le Haut-commissaire des Nations Unies pour les réfugiés consacre à l'identification des apatrides, à la prévention et à la réduction des cas d'apatridie ainsi qu'à la protection des apatrides, et prie instamment le Haut-commissariat de poursuivre ses activités dans ce domaine conformément à ses résolutions et aux conclusions du Comité exécutif »*[325]. En pratique, comment se déclinent-elles ?

A. L'identification et la protection de personnes dépourvues de nationalité

La mission est très laborieuse, délicate et surtout ardue. Sans une identification préalable, aucune aide encore moins aucune mesure directe ne sont possibles. C'est l'une des activités parmi les plus importantes. D'après Philippe Leclerc : *« L'un des plus grands défis de l'apatridie est de pouvoir la quantifier car elle affecte souvent les populations les plus marginalisées et parfois géographiquement isolées dans différents pays eux-mêmes souvent difficiles d'accès. Contrairement aux réfugiés, la plupart des apatrides ne franchissent pas les frontières et ne sont donc pas identifiés dans des moments de crises humanitaires liées à des conflits et à des afflux massifs de populations... »*[326]. En 2008 par exemple environ 3 millions de nouveaux apatrides avaient effectivement été identifiés et pris en compte par l'Unhcr. En effet : *« Au début de 2008, d'après les statistiques du HCR, le monde comptait 31,7 millions de personnes relevant de sa compétence, dont presque 11,4 millions de réfugiés ou de personnes dans une situation assimilable à celle d'un réfugié, quelque 747.000 demandeurs d'asile ayant demandé l'asile en*

---

[324] Tiré du Magazine *« Réfugiés »*, n° 147, Volume, 3, Edition spéciale intitulée : *« L'univers étrange et mal connu des apatrides, les exclus »*, Unhcr, Genève, 2007, P. 13.

[325] Dans sa résolution 65/194, *« Haut-commissariat des Nations Unies pour les réfugiés »*, A/RES/65/194 du 28 février 2011.

[326] Lire *« Pour une véritable mobilisation pour réduire l'apatridie et protéger les apatrides »*, FTDA, Notes de l'observatoire – numéro 9 – Décembre 2011, P. 4.

2007 ou dont les dossiers étaient encore à l'étude, 731.000 réfugiés ayant opté pour le rapatriement librement consenti en 2007 et presque 3 millions d'apatrides... »[327]. Autre exemple : *« Au Turkménistan, deux décrets présidentiels ont accordé la nationalité à 3.318 apatrides en 2011. Les décrets ont fait suite à l'achèvement de la deuxième campagne d'enregistrement depuis 2007, organisée par le Gouvernement turkmène moyennant l'aide du HCR, visant à identifier les sans-papiers dans l'ensemble du pays. Le Kirghizistan n'a cessé de progresser vers la résolution de l'apatridie, alors que plus de 28.000 titulaires de passeports soviétiques expiraient ont reçu des passeports kirghizes et que 2.094 apatrides ont obtenu la nationalité par décret entre 2009 et 2011. »* a récemment reconnu A. Guterres[328]. La détection des apatrides est manifestement le fait précurseur de toute initiative. A partir de l'acte fondateur ainsi exécuté, s'ensuivent l'enregistrement puis la protection. Impossible de nier qu'elle ne puisse pas être une mission particulièrement difficile et complexe. *« Environ 6,6 millions d'apatrides ont été identifiés par le HCR en 2008. Ce chiffre a presque doublé par rapport à celui de 2007. Pour l'essentiel, cette évolution ne découle pas de l'apparition de nouvelles situations d'apatridie et résulte plutôt de la disponibilité accrue des données. Elle ne reflète pas non plus l'ampleur réelle du phénomène de l'apatridie – de nombreux apatrides n'ont pas été identifiés et, dans bien des cas, les données statistiques relatives à l'apatridie ne sont pas encore disponibles »* avait reconnu l'Unhcr[329]. En vérité, contrairement aux autres ensembles migratoires relevant du H.C.R, les apatrides sont inévitablement le parent pauvre de ses activités opérationnelles. Voilà pourquoi l'O.N.U insiste auprès de lui afin que la mission si laborieuse fut-elle se poursuive dans la durée. On retrouve la substance d'une telle sollicitation par exemple dans la résolution 64/127 en date du 18/12/2009. Entre autres dispositions,

---

[327] Cf. *« Note sur la protection internationale »*, Rapport du Haut Commissaire, A/AC.96/1053, 30/06/2008, P. 2.

[328] Dans la *« Note sur la protection internationale »*, HCR, Genève, 5 juin 2012, EC/63/SC/CRP.11, P. 16.

[329] Voir *« Tendances mondiales en 2008 : Réfugiés, demandeurs d'asile, rapatriés, personnes déplacées à l'intérieur de leur pays et apatrides »*, 16 juin 2009, P.2.

l'A.G lui avait résolument demandé de poursuivre ses travaux sur l'ensemble de son domaine d'actions en la matière. Cependant, ne pouvons-nous pas légitimement nous s'interroger sur la nature de la protection ainsi apportée et donc de comprendre en quoi consiste-t-elle ? Peut-elle induire une vraie prise en charge des apatrides statutaires ? Dans la pratique, il est impossible pour le H.C.R de s'arroger le droit d'octroyer directement le statut d'apatride aux demandeurs. En plus, sauf dans des cas de déchéance collective de nationalité, il n'est pas facile pour l'agence onusienne de déceler derechef les situations individuelles d'apatridie à l'opposé de quelques autres hypothèses de déplacements forcés. L'identification directe est une mission presque irréalisable pour ne pas dire illusoire à plusieurs égards. Heureusement que le H.C.R n'est pas isolé dans cette entreprise étant donné le concours opportun des autres mécanismes institutionnels du système onusien. En effet : « *De nombreux bureaux s'attachent, en collaboration avec d'autres institutions des Nations Unies, à introduire dans les opérations de recensement des questions qui donneront une idée plus précise de la taille des populations apatrides. Le FNUAP est un partenaire particulièrement important à cet égard ; le Haut Commissaire et le Directeur exécutif du FNUAP ont convenu en avril 2008 d'intensifier la coopération en matière de dénombrement démographique* »[330]. Disons qu'à chaque étape de l'accomplissement de ses prérogatives, sans être systématique, le H.C.R bénéficie du soutien non-négligeable d'au moins un des multiples organes onusiens. Parmi lesquels figurent non seulement le Comité pour l'élimination de la discrimination à l'égard de la femme[331] mais aussi le Comité pour l'élimination de la discrimination raciale. Ce dernier, dans un de ses rapports sur le Kenya, avait été très critique en jugeant : « *21. ... préoccupantes les conditions supplémentaires, discriminatoires et*

---

330 Extrait de l'« *Appel global 2009 du HCR – actualisation* », Unhcr, Genève, 2009, P. 46.

331 Cf. O.N.U, Convention sur l'élimination de toutes les formes de discrimination à l'égard des femmes, Comité pour l'élimination de la discrimination à l'égard des femmes, « *Examen des rapports présentés par les États parties conformément à l'article 18 de la Convention sur l'élimination de toutes les formes de discrimination à l'égard des femmes* », Rapport initial des États parties, Monténégro, CEDAW/C/MNE/1, 12 août 2010, P. 44.

arbitraires que doivent remplir les Nubiens, les Arabes de la côte, les Somaliens et les Kényans d'origine indienne pour obtenir la nationalité et des papiers d'identité, tels qu'une carte d'identité, un acte de naissance ou un passeport kényans. Il craint par ailleurs qu'en instituant la possibilité du retrait de la nationalité, la nouvelle Constitution n'établisse des différences de traitement entre les citoyens fondées sur la manière dont la nationalité kényane a été acquise (art.5d)) ». Pour toutes ces raisons : *« -invite instamment l'État partie à assurer le respect de l'article 5 d) iii) de la Convention en modifiant (...) sa législation et ses procédures administratives pour appliquer les nouvelles dispositions constitutionnelles relatives à la citoyenneté et en garantissant que tous les citoyens soient traités sur un plan d'égalité et sans discrimination et reçoivent des papiers d'identité. – demande en outre à l'État partie d'appliquer la décision du Comité africain d'experts sur les droits et le bien-être de l'enfant en ce qui concerne le droit des enfants nubiens d'obtenir des papiers d'identité nationale »*[332]. Au cours de la même session et précisément dans un « rapport sur les Maldives », il a recommandé : *« -... à l'État partie d'envisager de ratifier (...), la Convention de 1954 relative au statut des apatrides et la Convention de 1961 sur la réduction des cas d'apatridie »*[333]. N'est-ce pas un conseil emprunt de bon sens pour les micro-Etats ? Le dédale institutionnel onusien peut donc aussi présenter quelques avantages dans la mesure où les activités de ses autres organismes sont complémentaires avec celles du H.C.R. La création d'une vraie synergie pourrait à terme produire des résultats intéressants. En Afrique, d'après Ban Ki-Moon le Secrétaire général des Nations Unies : *« ... un certain nombre d'États doivent encore prendre des dispositions pour aligner leur législation sur ces instruments... Conformément à son mandat qui consiste à prévenir et réduire les cas d'apatridie et à protéger les apatrides, le HCR continue de*

---

[332] Nations Unies, Convention internationale sur l'élimination de toutes les formes de discrimination raciale, Comité pour l'élimination de la discrimination raciale, 78è session, 8 août-2 septembre 2011, *« Examen des rapports présentés par les États parties conformément à l'article 9 de la Convention, Observations finales du Comité pour l'élimination de la discrimination raciale Kenya »*, CERD/C/KEN/CO/1-4, Genève, P. 5.
[333] Voir CERD/C/MDV/CO/5-12, 14 septembre 2011, Genève, P. 4.

recenser les populations apatrides autres que les réfugiés ainsi que celles risquant de le devenir en Afrique. De concert avec ses partenaires nationaux, il a déterminé les risques d'apatridie et les difficultés que crée ce problème et il a commencé à sensibiliser des pays tels que l'Afrique du Sud, Djibouti, l'Éthiopie et le Kenya pour qu'ils mènent des activités concrètes visant à atténuer les risques et à trouver des solutions. »[334]. A suite de l'identification et de l'inscription des situations d'apatridie, comme : *« ...en Côte d'Ivoire, on remet aux apatrides et à ceux qui risquent de le devenir les documents d'identité indispensables dont ils ont absolument besoin. Au Soudan, le HCR a entrepris des activités visant à prévenir l'apatridie qui pourrait résulter du référendum sur l'indépendance du Sud-Soudan ».* [335] Là-dessus, le H.C.R se découvre ainsi dans son rôle de protection internationale des apatrides. Une mission principalement confiée aux Etats parties, tandis que lui se contentant d'apporter un appui en vue de sa pleine matérialisation. Mais à côté de ses réponses aux cas d'apatridie, l'institution onusienne s'active également pour empêcher le développement de ce phénomène très largement stigmatisant.

B. L'aide à l'amélioration de l'enregistrement des naissances et du recueil des informations appropriées

En France, même si les parents ne disposent pas de documents d'identité ou de séjour et sont ainsi sans-papiers : *« un officier de l'état civil ne peut pas refuser de dresser un acte de naissance quand un certificat d'accouchement lui est remis ; il doit toutefois avertir le procureur de la république de toutes difficultés rencontrées lors de l'établissement de cet acte. L'officier de l'état civil inscrit dans l'acte de naissance les informations relatives à l'identité et à l'âge des père et mère au vu des documents produits par eux... ou des déclarations qui lui sont faites. L'acte de naissance dressé dans ces circonstances n'a pas une force probante amoindrie et il n'y est pas précisé qu'il a établi sur le fondement de simples déclarations. Cepen-*

[334] A/65/324, *« Assistance aux réfugiés, aux rapatriés et aux déplacés en Afrique »,* Rapport du Secrétaire général, 24 août 2010, P. 15.
[335] A/65/324, *« Assistance aux réfugiés, aux rapatriés et aux déplacés en Afrique »,* Op cit, P. 15.

dant, si des éléments postérieurs à l'enregistrement de la naissance viennent contredire les informations inscrites initialement, une action en rectification doit être engagée... » comme l'avait précisé la C.I.E.C[336]. Malheureusement ces dispositions et même le bon sens sont parfois mis à rude épreuve comme l'attestent les faits révélés dans le quotidien *« Le monde »* du 30/08/2011 : « ... *La réponse est non. Tour à tour, l'Office français de protection des réfugiés et des apatrides (Ofpra) et la Cour nationale du droit d'asile ne reconnaissent pas les parents d'Anastasia comme réfugiés politiques. La jeune fille accouche alors d'une petite fille, Alexandra. "Comme je ne pouvais pas prouver mon identité, les médecins ont refusé de me la confier. Ils l'ont vue sortir de mon ventre, mais ça n'a pas suffi pour qu'ils me considèrent comme sa mère !", dit Anastasia. Les services administratifs menacent d'emmener l'enfant, avant de noter le nom de son père, russe, sur l'acte de naissance. "Il a fait un bébé tout seul. On n'arrête pas le progrès", ironise la jeune femme. Comme sa mère avant elle, Alexandra n'a qu'un acte de naissance pour prouver son identité. L'histoire se répète... Jusqu'à ce qu'elle bénéficie du droit du sol français, à 18 ans, ma fille n'existe pas... ».* L'histoire s'était bien terminée car la mère avait pu bénéficier d'une carte d'un an avec la mention apatride-apatride. Comment est-ce encore possible de vivre de telles péripéties dans la France d'aujourd'hui ? Sur l'aspect touchant au droit national à l'enregistrement des naissances en Europe, selon la PICUM : *« Comme c'est le cas pour l'accès à d'autres droits sociaux fondamentaux, les législations des États membres de l'UE varient considérablement en ce qui concerne la protection légale du droit à l'enregistrement des naissances pour les enfants sans-papiers. La législation nationale des Pays-Bas, par exemple, prévoit explicitement le droit des enfants sans-papiers à l'enregistrement des naissances, tandis que la législation d'autres États membres de l'UE ne fait que suggérer un droit implicite à l'enregistrement des naissances pour les enfants*

[336] Dans *« Les personnes dépourvues de documents d'état civil et d'identité (les sans-papiers) dans les Etats membres de la CIEC »*, version française octobre 2010, Secrétariat général de la Commission Internationale d'Etat civil (CIEC), P. 17.

sans-papiers. Il y a un manque manifeste d'attention politique consacrée au droit des enfants sans-papiers à l'enregistrement des naissances. »[337] Reconnaissons que le problème se pose encore plus sévèrement dans plusieurs parties du monde et essentiellement en Afrique. Habituellement, sa prise en compte est particulièrement inégale entre les pays développés et les pays sous-développés. Le H.C.R a toujours considéré que : *« la meilleure manière de traiter l'apatridie, et la plus économique consiste à prévenir l'apparition de nouveaux cas, que ce soit à la naissance ou plus tard dans la vie »*[338]. Ce substrat est fondateur et forcément déterminant. Or si l'on en croit Simon Heap et Claire Cody : *« L'enregistrement des naissances semble avoir peu d'importance dans des pays tels que la Zambie, accablée par la pauvreté... Quant à l'Egypte, elle est en train de mettre en place des comités d'enfants pour la déclaration des naissances au sein des organisations locales, pour que les enfants eux-mêmes transmettent le message et expliquent pourquoi il est important de déclarer les naissances... En Sierra Léone, le gouvernement a donné au Bureau national des naissances et des décès la permission spéciale de délivrer des actes de naissance aux enfants âgés de plus de sept ans... »*[339]. De même l'Egypte et le Maroc *« s'efforcent de rattraper la Tunisie en accordant aux enfants apatrides la nationalité de leur mère. Cela reste toutefois un processus lent, loin d'être suffisant pour mettre fin aux souffrances des générations actuelles des communautés apatrides... on estime à plus de 250.000 le nombre d'enfants apatrides nés de mères égyptiennes »* avait affirmé Abbas Shiblak[340]. En 2007, l'Egypte comptait entre 400.000 et

---

[337] Dans *« Des enfants d'abord et avant tout, Un guide pour faire valoir les droits des enfants et des familles en situation irrégulière »*, Rapport PICUM, Bruxelles, 2013, P. 68.

[338] Se référer à l'*« Appel global 2008 »*, Unhcr, Genève, 2008, P. 41.

[339] Lire leur article commun *« La campagne pour l'enregistrement universel des naissances »* tirée de la revue *Migrations forcées n* ° 32 intitulée *« Apatrides, pas d'identité légale. Peu de droits. Cachés aux marges de la société »*, Mai 2009, p. 20 à 22.

[340] Cf. *« Les tribus oubliées d'Arabie »* tirée de la revue *Migrations forcées* n° 32 dont le titre est *« Apatrides, pas d'identité légale. Peu de droits. Cachés aux marges de la société »*, Mai 2009, p. 37 à 38. Pour approfondir la question, lire Paul Coatalen dans *« Le statut des enfants nés de mère égyptienne et de père étranger »*, *Égypte/Monde arabe*, À propos de la nationalité, [En

1.000.000 d'apatrides avait écrit Bronwen Manby[341] en s'appuyant sur Maureen Lynch. De son côté, Ban Ki-Moon avait utilement signalé qu' : *« En 2006, [on estimait] que 19,5 millions d'enfants nés en Afrique n'étaient pas enregistrés à leur naissance »*[342]. Ces chiffres sont impressionnants et très préoccupants. Dès lors comment s'étonner que dans les pays comme le Soudan : *« l'enregistrement des naissances [soit] quasiment inexistant dans les zones touchées par les conflits... Au Togo, une initiative menée à la fin 2008 [avait] permis la régularisation de la situation de 1.000 enfants réfugiés qui avaient été omis lors d'un recensement précédent »*. Dans l'exécution de cette fonction préventive, l'investissement du H.C.R est utilement appuyé et soutenu par l'Unicef pour qui : *« ... Cette région [Afrique subsaharienne] compte, avec l'Asie du Sud, plus des trois quarts des 100 millions d'enfants en âge d'aller à l'école primaire qui ne sont actuellement pas scolarisés. Ces deux régions ont également les taux les plus élevés de mariage d'enfants, les taux les plus bas d'enregistrement des naissances et l'accès le plus restreint aux soins de santé de base des enfants et aux services de maternité, notamment pour les pauvres »*[343]. En 2010, elle est allée encore plus loin dans les comparaisons : *« La moitié seulement des enfants de moins de 5 ans sont enregistrés à la naissance dans le monde en développement. Tandis que l'enregistrement est pratiquement universel dans certains pays, dans d'autres, seule une faible proportion d'enfants sont inscrits au registre des naissances. Il a aussi été démontré qu'il existait des écarts profonds au sein d'un même pays et entre des groupes de population, même lorsque la prévalence de l'enregistrement des naissances est élevée au niveau*

---

ligne], mis en ligne le 08 juillet 2008. URL : http://ema.revues.org/index320.html. Consulté le 30 octobre 2011.

[341] Dans son livre portant sur *« Les lois sur la nationalité en Afrique, Une étude comparée »*, Open society Institute (New York) et Afrimap (Johannesburg), 2009, P. 40.

[342] Cf. son rapport « *Aide aux réfugiés, rapatriés et déplacés en Afrique* », A/64/330 du 26/08/2009, p. 15, pt 58.

[343] Unicef dans *« Progrès pour les enfants, réaliser les OMD avec équité »*, N° 9, Septembre 2010, P. 9.

national »[344]. Des efforts sont ainsi communément déployés dans le cadre d'une besogne encore notoirement impressionnante. Au Mozambique par exemple : *« Depuis 2006, une campagne nationale a permis d'enregistrer 4,4 millions de naissances ; [Elle] se poursuivra jusqu'en 2011, dans l'objectif d'atteindre un taux d'enregistrement total d'ici cette date »* a indiqué, il y a peu, le panel d'experts de l'Unicef[345]. Toutefois, ce labeur demeure vraiment inépuisable. J'ai déjà eu l'occasion d'écrire avec conviction que : *« C'est une question vraiment grave et persistante »*[346]. Comment le nier ? Selon Sophie Ribstein, la Namibie n'échappe guère à ce fléau dans la mesure où elle a connu dans le passé *« ...une baisse importante du nombre d'enfants enregistrés à l'état civil à savoir 70,4 %, en 2000, 60,4 % en 2006 et 40 % en 2008 »*[347]. Là où il aurait fallu faire exactement le contraire. *« L'enregistrement des naissances est un élément fondamental des stratégies visant à éviter l'apatridie, 50 % des enfants réfugiés ne sont pas enregistrés et donc soumis à des risques d'exclusion ou d'abus. Une volonté politique forte de la part des États concernés et l'appui du HCR sont importants »* avait également reconnu le Comité exécutif du HCR[348]. Difficile par conséquent de ne pas faire chorus avec Mark Manly dès lors qu'il écrit aussi péremptoirement que : *« L'enregistrement des naissances est la mesure la plus importante dans la prévention de l'apatridie »*[349]. Ce n'est pas loin

---

[344] Voir Unicef tiré de : *« Progrès pour les enfants, réaliser les OMD avec équité »*, N° 9, Op cit, P. 46 en particulier les tableaux retraçant l'enregistrement des naissances dans le monde sur presque dix ans, P. 80-81.

[345] Lire *« La situation des enfants dans le monde »* numéro spécial intitulé *« Célébrer les 20 ans de la Convention des droits des enfants »*, Unicef, Unissons-nous pour les enfants, New York, Novembre 2009, P. 69.

[346] Voir R. LIKIBI dans *« l'Union Africaine face à la problématique migratoire »*, Paris, L'harmattan, 2010, P. 255.

[347] Dans un reportage diffusé par Radio France Internationale le 20/11/2009.

[348] Cf. A/AC.96/SR.644, 12 octobre 2010, Comité exécutif du Programme du Haut-commissaire des Nations Unies pour les réfugiés Soixante et unième session, Compte rendu analytique de la 644e séance, P. 6. Dans le sens, lire *« Appel global 2011, Actualisation »*, Unhcr, Genève, P. 37 : *« L'enregistrement des naissances est également un important moyen de protection des enfants, mais seule la moitié des enfants réfugiés dans le monde en ont bénéficié à ce jour »*.

[349] Lors de la table ronde à la tenue de laquelle ont participé neuf Etats d'Asie du Sud-est. Co-organisée par la commission nationale thaïlandaise et le HCR

d'être une lapalissade. Dans certaines contrées, le problème est encore plus aigu car les parents n'ont absolument pas la possibilité d'accomplir l'acte si basique de l'enregistrement des naissances de leurs enfants. Fréquemment, comme le faisait remarquer l'Unicef : *« Ces enfants appartiennent presque toujours à des familles pauvres, marginalisées ou déplacées, ou ils vivent dans des pays dans lesquels le système de déclaration des naissances ne fonctionne pas, avec les conséquences à long terme que ces lacunes entraînent pour leur santé et leur bien-être. Bien que l'Afrique subsaharienne affiche la proportion la plus élevée (66 %) d'enfants non déclarés à la naissance, l'Asie du Sud, avec un taux similaire de 64 %, la dépasse en nombre. Les défis à relever sont particulièrement redoutables dans certains pays comme l'Afghanistan, le Bangladesh, la République-Unie de Tanzanie et la Zambie, où les taux d'enregistrement des naissances sont très faibles en raison de l'absence de systèmes d'enregistrement efficaces. Au Bangladesh et en Zambie, selon les estimations de l'UNICEF, 10 % seulement des naissances seraient déclarées, tandis qu'en République-Unie de Tanzanie, le taux atteindrait juste 8 % »*[350]. Avec des données aussi constantes que concordantes, l'on peut aisément imaginer l'étendue du fléau sur une décennie. Le travail produit par l'UNICEF de ce point de vue est considérable comme l'atteste un de ses rapports annuels : *« ... Les lois permettent de définir clairement la manière dont les droits doivent être respectés. Pour mettre cette démarche en place au Malawi, l'UNICEF et ses partenaires ont consacré cinq ans à des activités de « lobbying » qui ont abouti en 2010 au vote par le Parlement de la loi relative à la prise en charge, à la protection et à la justice des enfants. Entre autres mesures, la loi met en place le premier système national de déclaration des naissances. Il s'agit d'une étape essentielle qui affectera l'enfant durant sa vie entière, puisque la déclaration d'un enfant lui ouvre de nombreux autres droits, notamment ceux liés à l'éducation et aux soins de*

---

voir Kitty McKinsey dans *« actualité HCR »*, Bangkok le 29 octobre 2010 sur www.unhcr.org

[350] *« La situation des enfants dans le monde 2008, Unicef, unissons nous pour les enfants »*, New York, décembre 2007, p. 22-23.

santé »[351]. La société civile n'est nullement en marge de la dynamique positive ainsi créée. Angélique Kidjo, chanteuse de renommée internationale avec le titre d'ambassadrice itinérante de l'Unicef, ne manque jamais l'occasion de mener un vibrant plaidoyer en faveur de l'amélioration de l'enregistrement des naissances lors de ses multiples visites dans son pays d'origine le Bénin. Elle s'est encore livrée à une si belle et noble activité le 24 janvier 2012 dernier. Les tonitruantes prises de positions des O.N.G ne sont pas non plus à négliger. Ainsi en est-il du constat d'Amnesty international dans l'exemple dominicain : *« la législation actuelle et la manière discriminatoire dont elle est appliquée prive des milliers d'enfants dominicains d'origine haïtienne de leur droit à une nationalité et qu'ils se retrouvent de fait apatrides. L'une des plus grandes difficultés à laquelle se heurtent les enfants dominicains d'origine haïtienne pour obtenir la nationalité dominicaine est l'obtention d'un certificat de naissance auprès des bureaux de l'état civil. Les migrants haïtiens et les Dominicains d'origine haïtienne sont en effet souvent confrontés, dans ces bureaux, à des pratiques discriminatoires qui les empêchent d'enregistrer la naissance de leurs enfants. Or, sans certificat de naissance, les Dominicains d'origine haïtienne ne peuvent pas obtenir un emploi, bénéficier des services publics, notamment en matière d'éducation et de santé, participer à la vie politique, se déplacer librement ni accéder au système judiciaire »*[352]. En l'espèce, la Cour interaméricaine des droits de l'homme avait pourtant depuis 2005 rendu un arrêt et donc dit le droit[353]. De semblables aléas guettent continuellement la progéniture des réfugiés et le H.C.R en est conscient : *« Les enfants réfugiés, tant dans les pays d'asile que dans les pays de transit, peuvent se trouver dans une situation particulièrement vulnérable au plan de l'apatridie en raison de l'absence de procédures nationales d'enregistrement des naissances. Le problème surgit généralement lorsqu'il n'est*

[351] Cf. Le *« Rapport annuel 2010 »*, Unicef, juin 2011, P. 25 sur www.unicef.org/publications.

[352] Extrait de *« République dominicaine, Une vie en transit – La situation tragique des migrants haïtiens et des Dominicains d'origine haïtienne »*, Index AI : AMR 27/001/2007, Avril 2007, Résumé, P. 1.

[353] Cour interaméricaine des droits de l'homme, affaire *Enfants Yean et Bosico* c. *République dominicaine*, arrêt du 8 septembre 2005, série C, n° 130.

pas possible pour des raisons administratives, ou de politique, d'enregistrer la naissance des enfants réfugiés moyennant la procédure applicable aux ressortissants dans la mesure où il n'y a pas en même temps de procédure parallèle et comparable d'enregistrement des naissances. Dans ces cas, le HCR est invité à élaborer et gérer une procédure d'enregistrement des naissances et de négocier la validité juridique locale et internationale des extraits d'actes de naissance. »[354]. Pour les réfugiés qui ne sont pas dans des camps, le H.C.R est en butte à une double contrainte à savoir celle de les protéger et d'assurer leur sécurité. Par-là, il faut entendre non seulement la sécurité physique et alimentaire, mais aussi la sécurité juridique y compris pour les enfants qui y naissent. *« L'enregistrement des naissances est également un important moyen de protection des enfants, mais seule la moitié des enfants réfugiés dans le monde en ont bénéficié à ce jour. L'augmentation du nombre d'enfants enregistrés à la naissance est par conséquent un objectif de toute première importance pour le HCR. En 2011, les campagnes d'information destinées à accroître le nombre d'enfants munis d'actes de naissance – comme celles qui ont été menées en 2009 et 2010 au Sénégal pour veiller à ce que les enfants mauritaniens nés dans le pays disposent de tous les papiers nécessaires avant leur retour – seront étendues à d'autres opérations. Les bonnes pratiques visant à prévenir et à réduire les cas d'apatridie, comme la campagne d'enregistrement des naissances conduite en Côte d'Ivoire, seront transposées dans d'autres opérations »*[355]. Dans ces lieux d'accueil des réfugiés, la thématique est toujours d'une brûlante actualité. Pour les agents du H.C.R, elle se rapproche à certains égards de la théorie du *« fonctionnaire de fait »* en droit administratif français. Pour rappel, dans la *« Note pour la protection internationale »* de 2010, A. Guterres avait sereinement expliqué que : *« Plusieurs pays ont amélioré leurs systèmes d'enregistrement des naissances, cruciaux pour la prévention de l'apatridie, en accordant des dérogations concernant les conditions à remplir*

[354] Cf. *« Apatrides : une note d'information »*, EC/1992/SCP/CRP.4, Sous Comité protection, 1er avril 1992, P. 8.
[355] Tiré de l'*« Appel global 2011 du HCR-actualisation »*, Unhcr, Genève, 2010, P. 37.

pour l'enregistrement des naissances et en assurant l'enregistrement des naissances d'enfants appartenant à des minorités. Un projet conjoint du HCR et de l'UNICEF en Géorgie a aidé les personnes moyennant l'enregistrement et la délivrance de documents d'identité. L'importance de procédures normalisées et efficaces d'enregistrement des naissances et d'établissement de papiers a été réitérée dans une résolution (A /HCR/RES/13/2 du 24 mars 2010) du Conseil des droits de l'homme sur les droits humains et la privation arbitraire de la nationalité. Cet appel particulier aux Etats est important dans la mesure où peu de normes s'appliquent explicitement aux décisions relatives à la nationalité »[356]. Ses opérations sur le terrain engendrent des avancées certaines qui ne peuvent laisser indifférent. Voilà pourquoi : *« L'Allemagne [s'est félicitée] des solides directives relatives à l'apatridie formulées par le HCR ainsi que de ses travaux concrets de sensibilisation et d'assistance dans ce domaine ».*[357] La communauté internationale reste toujours mobilisée. Signalons que l'O.S.C.E avait organisé ensemble avec l'agence onusienne une conférence à Zagreb (Croatie) sur l'état-civil et l'enregistrement des naissances en octobre 2011. La même année, isolément : *« Le H.C.R [avait tenu] une réunion régionale en Afrique dans le contexte des commémorations, et une réunion d'experts sur les mesures de protection contre l'apatridie à la naissance. Le Groupe préparera des directives sur la définition de l'apatridie..., sur les procédures de détermination et le statut qui doit être accordé par le droit national, ainsi que sur les mesures de protection contre l'apatridie chez l'enfant »*[358]. Néanmoins, le sous-enregistrement des naissances demeurera toujours une véritable préoccupation tant que subsisteront des défaillances administratives au sein des Etats. Après une étude méticuleuse, l'Unicef avait fini par dresser une liste d'entraves de nature à expliciter

---

[356] *« Note sur la protection internationale »,* Rapport du Haut Commissaire, A/AC.96/1085, 30 juin 2010, P. 16.

[357] Dans A/AC.96/SR.644, 12 octobre 2010, Comité exécutif du Programme du Haut-commissaire des Nations Unies pour les réfugiés Soixante et unième session, Compte rendu analytique de la 644e séance, P. 6.

[358] Cf. *« Gestion et appui aux opérations »* extrait de l'*« Appel global 2011 du HCR-actualisation »,* Unhcr, Genève, 2010, P. 329.

cet état de fait sur laquelle figurent des barrières[359] : - politiques (absence de volonté des gouvernants) ; législatives (absence de lois y afférentes) ; administratives (les carences de l'Administration visée) ; économiques (le coût de l'opération aussi bien pour les familles concernées que la faible affectation des ressources budgétaires adéquates et nécessaires au bon fonctionnement de la machine administrative) ; géographiques (enclavement du lieu de naissance et les emplacements parfois dissuasifs des bureaux d'enregistrement) ; les guerres et la non-prise en compte des réalités communautaires et culturelles... Comme pour la corroborer, des contraintes analogues avaient également été décelées dans une autre prospection menée en 2010 par le Conseil Norvégien pour les réfugiés en Côte-d'Ivoire : *« On ne peut qu'apprécier la volonté du législateur d'abattre tous les obstacles matériels à la déclaration des faits d'état civil, même s'il faut admettre que l'absence de conditions de présentation de documents (certificat de naissance et pièce d'identité) accentue le problème des erreurs matérielles et les fausses déclarations. Il faut donc faire un choix qui soit, privilégiera la déclaration massive (quelque soit le taux de vraies ou de fausses déclarations), soit, mettra en avant la qualité de la déclaration (quitte à mettre de coté un nombre non négligeable de la population, du moins pendant un temps). Vu la situation désastreuse de l'état civil en Côte d'Ivoire et vu le nombre incroyable de « faux », il faut peut-être privilégier une déclaration de qualité, basée sur la présentation d'un certificat de naissance dans le cas d'un accouchement en centre de santé (qui rassurera sur l'âge réel de l'enfant), remplacé par le témoignage de la matrone, dans le cas d'un accouchement et d'une déclaration au village »*[360]. Parmi les illustrations étati-

---

[359] Voir Unicef dans *« L'enregistrement à la naissance, un droit pour commencer »* dans le *« Digest Innocenti »* n° 9, Mars 2002, P. 12 à 15.

[360] Lire l'*« Etude sur les obstacles administratifs et culturels à la déclaration des faits d'état civil en Côte d'ivoire »*, réalisée grâce au généreux soutien de la Banque Mondiale dans le cadre du Projet d'Assistance Post-Conflit (PAPC), Abidjan, Mars 2010, P.56. Pour cette O.N.G : *« Selon les résultats de l'enquête MICS 2006, la crise politique et militaire a fait baisser de 72 % à 55 % le taux de déclaration des naissances en Côte d'Ivoire. La proportion étant de 79 % en milieu urbain contre 40 % en milieu rural »* (P. 5). Par ailleurs : *« Si l'obligation de la déclaration des naissances et des décès est affirmée depuis 1964 par le législateur ivoirien, la pratique en milieu rural*

ques les plus mémorables de ces lacunes aux conséquences incalculables, nul ne peut faire litière de la Chine. Dans ce pays, comme l'avait écrit Héloïse Roman : *« Le sous-enregistrement des naissances, qui est également un des comportements résultant de la préférence pour les fils. Tant Yves Blayo qu'Elisabeth Croll s'accordent pour dire que ce sous-enregistrement est largement supérieur pour les naissances féminines. Il découle de la logique suivante : « Les parents qui omettent de déclarer la naissance d'une fille le font pour éviter d'être sanctionnés pour avoir eu une naissance hors-plan, ou, souvent, pour conserver la possibilité d'avoir un garçon ». Difficilement estimable, le nombre d'enfants non-enregistrés à la naissance est un phénomène de grande ampleur. Isabelle Attané avance qu'à la fin des années 1980, « plus du quart des naissances n'étaient pas déclarées à l'état civil ». Ces enfants, principalement des filles, sont clandestins, n'ont aucune existence légale et donc aucun droit ni accès à des services sociaux »*[361]. Cruel sort que celui des apatrides c'est-à-dire de ces : *« Sans-papiers, ils n'ont même pas la possibilité d'enterrer officiellement leurs morts. "Ils n'existent pas, ce sont des fantômes politiques... »* comme l'avait judicieusement fait remarquer le H.C.R[362]. Ces filles meurtries quittent souvent le pays natal parfois même avec l'assentiment – voir à l'instigation – de leurs propres géniteurs à

---

n'en a pas encore fait un reflexe. Les déclarations de décès restent l'exception tandis que les naissances sont « déclarées » au gré des intérêts des parents » (P. 7). L'année dernière, l'enregistrement des naissances a encore reculé. En effet, plus d'un enfant sur deux nés en Côte d'Ivoire n'est pas enregistré à l'état civil, soit 55 % contre 45 % en 2006. Tirant les conséquences de la détérioration de la situation, le gouvernement ivoirien vient d'initier un programme de modernisation de l'état-civil (MECCI). C'est dans ce cadre que, depuis mars 2013, l'Unicef cherche à réaliser une étude de faisabilité sur les nouveaux mécanismes d'enregistrement des faits d'état-civil. Une telle démarche est concomitamment menée en Guinée où les données officielles d'enregistrement des naissances indiquent que 57 % des enfants de 0-5 ans n'ont pas été enregistrés en 2012.

[361] Dans son étude portant sur la *« Politique de l'enfant unique en Chine et inégalité de genre : pourquoi cultiver le champ d'un autre ? »*, Hiver 2008, IHEID, P. 17.

[362] *Cf. « Neuf millions de fantômes, Sans pays, sans domicile légal, sans identité officielle : la non-existence des apatrides »* tiré de l'article intitulé *« Les nouveaux défis de la protection »* dans le magazine *« réfugiés »*, Unhcr, Genève, volume 3, numéro 132, 2003, P. 12.

destination des pays limitrophes avec le risque de tomber dans des réseaux de prostitutions… En 2002, Amnesty international Belgique expliquait déjà qu' : *« Aujourd'hui, la Chine compte officiellement 1,22 milliard d'habitants, soit un cinquième de l'humanité, et s'est fixée la barre de 1,6 milliard à l'horizon 2050. Qu'on ne s'y trompe pas, ces chiffres sont en dessous de la réalité car ils ne tiennent pas compte des naissances non déclarées. Ces enfants qui n'auraient pas dû naître seraient quelque 200 millions. « Enfants fantômes », sans existence légale, ils n'ont droit ni à l'éducation, ni aux soins gratuits, ni à une autorisation de mariage. Si l'on comptabilise ces parias de la société chinoise, la population atteindrait 1,5 milliard d'habitants. Un chiffre qui devrait s'élever à 2 milliards dès 2050 »*[363]. Soit l'équivalent de la totalité de la population africaine pour cette même année selon les projections des démographes. Or *« Si certains pensent que le déficit des femmes, au-delà des graves problèmes qu'il pose pour la société dans son ensemble, peut être un moyen d'amélioration du statut des femmes, il n'en demeure pas moins que les faits démontrent le contraire. Enlèvements, trafics de femmes, mariages forcés et marchandisation des femmes sont autant de phénomènes découlant de la raréfaction des femmes qui nous montrent que leur statut ne s'améliore pas parce qu'elles sont moins nombreuses »* avait pris le soin d'ajouter H. Roman[364]. Autant de phénomènes susceptibles de constituer de redoutables causes d'apatridie et donc de décupler gravement le fléau. *« Ce déséquilibre entre le nombre d'hommes et de femmes favorise enfin les trafics humains et la prostitution »* l'avait également et formellement déclaré l'Agence Française de Presse (A.F.P) dans un communiqué rendu public le 20/09/2010[365]. Combien de

[363] Voir *« Enfant unique, mesures iniques ? »*, mis en ligne le vendredi 10 Mai 2002, par Amnesty international Belgique Francophone, http://www.amnestyinternational.be/doc

[364] Dans son étude portant sur la *« Politique de l'enfant unique en Chine et inégalité de genre : pourquoi cultiver le champ d'un autre ? »*, Hiver 2008, IHEID, P. 17-18.

[365] Communiqué intitulé : *« Trente ans de politique de l'enfant unique en Chine, Pékin – Le 25 septembre 1980 entrait en vigueur dans la Chine communiste la politique draconienne de l'enfant unique. Trente ans plus tard, le pays le plus peuplé du monde vieillit vite et tente d'assouplir le contrôle des naissances »*.

jeunes filles chinoises sont effectivement abandonnées ou confiées chaque année à des étrangers et achèvent leur périple dans les réseaux de prostitution en Mongolie ou dans les autres pays limitrophes ? Pascal Rocha Da Silva avait à l'époque ainsi résumé sa pensée : *« ... il n'est probablement pas d'autre pays du globe où les naissances soient aussi lourdement... sous-enregistrées. Cette pratique est bien évidemment le fait des parents, mais les cadres de la planification des naissances y contribuent également en faisant preuve d'un certain penchant pour la falsification des statistiques (...) Le non-enregistrement d'une naissance est une punition couramment appliquée, dans environ deux-tiers des villages en 1991 et trois-quarts en 1993. Cela est profondément injuste étant donné que ce sont les enfants que l'on pénalise, car nombre d'entre eux iront rejoindre la population dite « noire », c'est à dire qu'ils n'auront pas d'existence du point de vue légal »*[366]. Difficile dans ces conditions d'envisager une réponse idoine à court terme étant donné l'ampleur de la tâche à accomplir si toutes les entraves énumérées pouvaient un jour être levées[367]. Outre la Chine populaire, la sous-déclaration des naissances touche dans des proportions identiques l'Inde, voire l'Afghanistan... Il en est ainsi des enfants à la naissance, mais que peut-on dire des enfants retrouvés ? Des propositions presque similaires concernent également cette autre catégorie d'enfants. Si l'on en croit Roland Schärer : *« Les enfants trouvés sont présumés être nés sur le territoire de l'Etat où ils ont été trouvés de parents possédant la nationalité de cet Etat. Tous les Etats membres du Conseil de l'Europe leur accordent leur nationalité »*[368]. La suite est forcément peu enthousiasmante pour ces derniers en Afrique à cause de l'inexistence dans la plupart des pays de services sociaux dignes de ce nom. Une donnée appuyée, comme chacun le

---

366 Cette citation tirée de *« La politique de l'enfant unique en République Populaire de Chine »*, Département d'Histoire Economique et Sociale, Faculté SES, Université de Genève en Suisse, Août 2006, P. 6-7.

367 Pour approfondir la question, lire avec beaucoup d'intérêt l'ouvrage intitulé : *« Au pays des enfants rares : La Chine vers une catastrophe démographique »*, Isabelle Attané, Paris, Fayard, 2011, 280 pages.

368 Cf. Roland Schärer, Bureau du Comité européen de coopération juridique dans *« Favoriser l'acquisition de la nationalité afin de réduire l'apatridie – étude de faisabilité »*, Conseil de l'Europe, Strasbourg, 18/10/2006, p. 11.

sait, par les aléas de l'état-civil. Toutes ces réalités viennent compléter l'absence générale et criarde de politique de protection de l'enfance. Les deux actions que constituent l'enregistrement des naissances tout comme le recueil et la diffusion des informations appropriées sont pourtant le meilleur moyen de prévention de l'apatridie. La collecte des informations susceptibles d'éviter la spirale de l'apatridie ne saurait a priori se limiter au moment de la naissance. En effet, avec les possibilités ouvertes de changements des nationalités, la volatilité des informations et la perte des documents peuvent être foncièrement destructrices et nocives. L'on peut ainsi parfaitement comprendre pourquoi le HCR a-t-il financé, en Côte d'Ivoire jusqu'en fin d'année 2011, un programme visant à diffuser tous les décrets de naturalisation signés depuis 1959 par les Présidents de la république respectifs. L'importante documentation, désormais bien numérisée, a été mise à la disposition de la direction de l'Office national de l'identification par le Ministre chargé des droits de l'homme et des libertés fondamentales en janvier 2012. N'est-ce pas là une mesure évidente de prévention contre l'apatridie ? Au demeurant, l'assistance technique c'est-à-dire le transfert des compétences qui s'opère depuis le siège du principal opérateur qui est l'Unhcr vers les clients que sont les Etats porte aussi sur bien d'autres activités complémentaires :

C. L'aide à la bonne tenue de l'état civil et l'appui à l'informatisation du registre civil

Dans de nombreux pays où ces problèmes se posent gravement souvent le registre d'état civil est soit peu fiable, soit dans un état très déplorable. Or la nature et la qualité de ce fichier réglementaire entraînent nécessairement plusieurs conséquences ultérieures. Nul doute que dans le domaine de la construction démocratique, des tracasseries administratives peuvent apparaître dans le futur au moment de la détermination du corps électoral lors des scrutins nationaux. Pour les individus, surgissent immanquablement des complications voire même l'impossibilité de prouver leur propre nationalité. Durant les diverses guerres civiles, le cas de la Côte d'Ivoire le démontre fort bien, sont parfois entièrement détruits d'innombrables documents administratifs parmi lesquels les registres de l'état civil. Ce qui peut être perçu comme un acte anodin par le milicien extrémiste est en réalité dramatique du point de vue de la vie future et concrète des personnes. En effet, toute la mémoire administrative et institutionnelle se volatilise irrémédiablement. Comme le font déjà quelques pays développés en contrepartie des accords de gestion concertée de l'immigration[369], le H.C.R aide donc à la création des fichiers d'état civil plus fiables et plus sécurisés. La numérisation et la dématérialisation sont partout en train de devenir la règle. Outre le cas ivoirien susmentionné : *« En Serbie, l'aide juridique a été complétée par un appui du HCR à l'informatisation des données des registres civils »*[370]. Devant l'immensité de la tâche, nous pouvons nous interroger sur le contenu du travail produit par cette structure annuellement ? Un effort de quantification est-il vraiment possible ? En guise de réponse, il y a deux ans : *« Le HCR s'est fixé comme priorité une plus grande sensibilisation sur les questions de l'apatridie et la constitution d'une capacité pour les Etats de les gérer comme par exemple au Kenya, en Ethiopie et à Djibouti. Des stages de formation ont été organisés en Europe, au Moyen-Orient et en Afrique. Dans des pays comme l'Ukraine, l'Iraq, le Népal, les projets du HCR ont aidé les personnes à acquérir ou à confirmer leur nationalité. En Côte d'Ivoire, le HCR et ses partenaires ont continué de délivrer des papiers d'identité cruciaux aux personnes risquant de devenir apatrides. Une dynamique régionale intéressante a pu être observée en Asie centrale. Un projet régional sur la prévention, la réduction et la protection des apatrides a abouti à une conférence régionale au Turkménistan, co-parrainée par l'Organisation pour la sécurité et la coopération en Europe (OSCE). Les représentants de gouvernements de la région ont échangé leurs meilleures pratiques et mis en lumière plusieurs obstacles persistants à l'éradication de l'apatridie dans la ré-*

---

[369] Par exemple lors de la signature de l'*« accord de gestion concertée des flux migratoires et de co-développement »* signés entre la France et le Congo-Brazzaville le 25/10/2007, une enveloppe 200.000 euros avait été dégagée dans le but de financer une opération-pilote d'appui à l'état civil de ce pays d'Afrique noire.

[370] Cf. La *« Note sur la protection internationale »*, A. Guterres, le 5 juin 2009, EC/60/SC/CRP.9, p. 15.

gion »[371]. Faut-il le rappeler, les roms sont particulièrement exposés à l'apatridie dans toute cette région. Preuve que l'inquiétude est véritablement partagée par l'ensemble de la communauté internationale. Chacun peut ainsi aisément comprendre l'intérêt qu'à le H.C.R d'attirer la lumière sur les Etats vertueux comme moyen d'incitation pour les autres à parfaire et à bonifier leurs propres pratiques : *« Une avancée encore plus impressionnante a été réalisée au Népal, pays qui par un effet heureux du processus de paix, a octroyé au chiffre record de 2,6 millions d'apatrides un certificat de citoyenneté, en seulement quatre mois au début de l'année 2007 »*[372]. Existent-ils d'autres actions à mettre à l'actif du H.C.R ?

D. L'assistance matérielle et financière

Elle peut s'entendre comme étant l'apport non seulement du financement, mais aussi de la logistique et de la technologie nécessaire à l'élaboration de documents administratifs. Nul ne peut nier que le H.C.R se livre également à une assistance matérielle des apatrides. En plus des exemples déjà énumérés, quelques autres s'imposent à nous : *« En Côte d'Ivoire, des centres d'assistance juridique gérés en collaboration avec le Conseil norvégien pour les réfugiés ont aidé plus de 400 personnes à obtenir des documents d'identité, réduisant ainsi les risques d'apatridie. Grâce à ce projet, la population a mieux compris la nécessité de posséder des documents d'identité »*[373]. Sur le même plan : *« En Serbie, l'assistance juridique est complétée par un appui à l'informatisation des registres de l'état civil, dispensé par le HCR. Ceci limite les risques d'apatridie chez les Roms et les déplacés internes, qui se heurtent habituellement à de nombreux obstacles lorsqu'ils tentent d'obtenir des documents établissant leur identité »* comme cela figure dans un

[371] *« Note sur la protection internationale »*, Rapport du Haut Commissaire, A/AC.96/1085, 30 juin 2010, P. 16.

[372] Lire le Magazine *« Réfugiés »*, n° 147, Volume, 3, Edition spéciale intitulée : *« L'univers étrange et mal connu des apatrides, les exclus »*, Unhcr, Genève, 2007, P. 7.

[373] Dans *« Appel global 2009 du HCR – actualisation »*, Unhcr, Genève, 2009, P. 47.

de ses rapports globaux.[374] L'appui porte non seulement sur le matériel permettant la production de documents requis (soutien matériel et technologique), mais aussi sur l'aide humanitaire apportée aux apatrides. Restons sur le cas serbe : *« le HCR [avait] lancé un projet d'aide juridique gratuite en Serbie en mai 2008 pour les communautés roms, y compris les déplacés Roms du Kosovo, afin d'appuyer l'enregistrement à la naissance, la délivrance de papiers, l'accès aux services sociaux, aux soins de santé, à l'éducation et à l'emploi ainsi que pour éviter l'apatridie »*[375]. Une volonté similaire et solidaire s'était également exprimée à l'égard des autochtones colombiens pour lesquels l'activisme du H.C.R avait été louable : *« A une autre époque, il y a très longtemps, « c'était la seule cédula (carte d'identité) que l'on avait », confie un chef traditionnel cofan en montrant la rangée de colliers multicolores ornant son cou. « Cela suffisait à nous identifier. » Mais les temps ont changé. Aujourd'hui, « sans cédula vous n'existez pas », renchérit un autre chef indigène. « Il nous faut des papiers pour notre sécurité, pour nous adapter aux besoins de la société, pour avoir accès aux soins médicaux et à l'éducation. Sans documents on ne peut même pas enregistrer nos morts. » Pour améliorer la situation des populations indigènes, un projet mené par le Bureau national de l'état civil et le HCR a déjà permis la distribution de documents d'identité à 140 000 déplacés. »*[376]. Sur le point relatif au soutien financier, exemple peut être pris de l'opération ayant permis l'accession à la nationalité indienne de 190.000 apatrides d'origine sri-lankaise en 2004. En effet : *« ... en vertu de la loi sur l'octroi de la nationalité aux personnes d'origine indienne approuvée à l'unanimité par le Parlement en octobre 2003. Cette loi a bénéficié aux personnes arrivées à Sri Lanka (anciennement Ceylan) d'Inde pour travailler sur les plantations de thé et de café pendant l'époque de la colonisation britannique. Malgré plusieurs accords entre*

---

[374] Voir l'*« Appel global 2009 du HCR – actualisation »*, Unhcr, Op cit, P. 47.
[375]Cf. *« Note sur la protection internationale »*, Rapport du Haut Commissaire, A/AC.96/1053, 30/06/2008, P. 14.
[376] Lire *« Neuf millions de fantômes, Sans pays, sans domicile légal, sans identité officielle : la non-existence des apatrides » tiré de l'article intitulé « Les nouveaux défis de la protection »* dans le Magazine *« réfugiés »*, Unhcr, Genève, volume 3, numéro 132, 2003, P. 25.

l'Inde et Sri Lanka, un nombre important de personnes n'avait pas réglé leur problème de nationalité dans l'un ou l'autre des deux pays suite à la déclaration d'indépendance il y a 57 ans. Avec les autorités compétentes de Sri Lanka, une campagne d'information a été lancée pour veiller à ce que les apatrides puissent demander la nationalité de façon équitable et transparente sans passer par des procédures longues et compliquées. Le HCR a appuyé financièrement la campagne et a suivi le processus pour veiller à ce que toute décision des demandeurs soit prise en toute connaissance de cause et librement. Dans la zone de la plantation, 50 centres mobiles ont été installés pour que les gens puissent demander la nationalité »[377]. D'une manière directe ou en passant par le mode de la sous-traitance, le H.C.R apporte une aide matérielle et financière indéniable soit aux apatrides, soit aux Etats. Une autre chose est de savoir si cet effort est réellement suffisant et nettement efficace. Il est évident que l'apport est souvent soumis à l'incertitude des contributions volontaires des Etats. Son action se trouvant ainsi fort bridée au détriment des personnes et populations dans le besoin.

E. L'ingénierie législative

Elle est cruciale à plus d'un titre. Pour le H.C.R, nul doute que : *« La réforme d'une législation commence souvent par une analyse visant à déterminer si les lois nationales sont compatibles avec les normes juridiques internationales, en particulier celles énoncées dans la Convention de 1961. [Il] a entrepris ou soutenu des analyses de cette nature dans un éventail d'États, dont Djibouti, le Kenya, le Kirghizistan, le Népal et la Pologne. L'entrée en vigueur de la nouvelle constitution kenyane en 2010 a constitué un développement important à cet égard, puisque le texte confère aux femmes le plein droit de transmettre leur nationalité à leurs enfants »*[378]. N'est-ce pas la preuve que l'ingénierie ainsi apportée va bien au-delà de la loi stricto sen-

[377] Se référer à *« Apatridie : Prévention et réduction de l'apatridie et protection des apatrides »*, Comité exécutif du Haut commissaire, Comité permanent français, 35e réunion, ec/57/sc/crp.6, 14 février 2006, P.3.

[378] *« Réponse aux situations d'apatridie »* dans l'*« Appel global 2011-Actualisation »*, HCR, Genève, 2011, P. 46.

su ? En effet, elle porte aussi bien sur la constitution que sur bien divers textes législatifs et réglementaires du pays bénéficiaire de l'assistance technique. Participer au processus de création d'une loi n'est pas en soi suffisant. Faudrait-il encore qu'elle soit appliquée de façon satisfaisante. A ce stade également : *« Le HCR aide les gouvernements à rédiger et mettre en œuvre des lois sur la nationalité et assure la formation de responsables gouvernementaux dans ce domaine. De 2003 à 2005, le HCR a ainsi collaboré avec plus de 40 Etats, les aidant à mettre en place de nouvelles lois sur la nationalité ou à modifier les lois existantes. Le HCR a fourni des commentaires sur des dispositions constitutionnelles relatives aux lois sur la nationalité aux Etats où de larges secteurs de la population sont soit apatrides soit sans nationalité déterminée »* avait-il écrit de concert avec l'UIP[379]. Aussi avait-il joué ponctuellement un rôle déterminant dans les modifications constitutionnelles de deux grands pays d'Amérique latine : *« Un amendement à la constitution du Brésil présenté en 2007 a éliminé un obstacle majeur à l'acquisition de la nationalité par des enfants nés d'un parent brésilien à l'étranger. Une réforme similaire a été adoptée par le Chili en 2005. »*[380]. De l'assistance technique lors de l'élaboration de la loi nationale à la mise en place des bureaux de soutien juridique, l'objectif poursuivi est bien entendu identique : faire valoir juridiquement voire politiquement les droits et la cause des personnes apatrides. Il s'agit d'une part, soit de tisser le lien juridique avec un Etat (rattachement qui faisait initialement défaut), soit de favoriser son rétablissement. D'autre part, d'empêcher que d'autres êtres humains ne tombent dans un groupe juridique assurément infamant. Appui juridique, conseils techniques et consultations juridiques sont ainsi régulièrement apportés aux Etats membres demandeurs[381]. Dans le passé, selon le H.C.R : *« Ses efforts [avaient] essentiellement porté sur la fourniture de services techniques et consultatifs, y*

[379] Extrait de la *« Nationalité et apatridie, Un guide pour les parlementaires, Guide pratique à l'usage des parlementaires n° 11 »*, publié par l'UIP avec l'Unhcr, 2005, P. 46.

[380] Voir le *« Rapport intérimaire sur l'apatridie en 2009, comité exécutif du programme du haut commissaire »*, Ec/60/sc/crp.10, 29 mai 2009, p. 2.

[381] Lire Yves Beigbeder dans *« Le Haut Commissariat des Nations Unies pour les Réfugiés »*, Que-sais-je n° 3489, Paris, Puf, 1999, P. 57.

compris sur les cadres juridiques appropriés aux Etats et aux organisations concernés ainsi que sur les moyens d'encourager les Etats à trouver des solutions équitables, y compris dans les cas individuels »[382]. Retenons à cet égard qu' : *« Au cours de la dernière décennie, le Haut Commissariat a directement participé avec plus de 60 pays à l'élaboration de nouvelles lois sur la nationalité ou amendements à ces lois pour éviter et réduire les cas d'apatridie »*[383]. Un travail loin d'être négligeable. On compte la Côte-d'Ivoire nécessairement parmi les Etats bénéficiaires, pays dans lequel il a participé à la mise en place des tribunaux itinérants. Ainsi débute la seconde phase c'est-à-dire celle non plus de la production de la loi, mais de son application de la manière la plus idoine possible. Selon lui : *« De même, en Côte d'Ivoire, le HCR a collaboré avec des partenaires non gouvernementaux pour aider 6.000 personnes à obtenir des actes de naissance et d'autres documents d'identité. Ces efforts ont appuyé les vastes audiences foraines (tribunaux itinérants) organisées pour délivrer des actes de naissance et des papiers d'identité. Ces audiences ont bénéficié à quelque 760 000 personnes et s'inscrivent au nombre des initiatives visant à résoudre les problèmes de nationalité en Côte d'Ivoire »*[384]. On passe ainsi de l'appui simplement juridique à l'assistance judiciaire qui est une autre modalité de sa participation. Que dire des conditions parfois extrêmement ardues dans lesquelles se déroulent certaines de ses missions de terrain ? Ainsi : *« En dépit des problèmes que pose l'environnement de protection global dans certaines parties de l'Asie, les bureaux du HCR continuent d'aider les Gouvernements à élaborer des législations en matière d'asile et à préparer leur adhésion aux instruments internationaux relatifs aux réfugiés et aux apatrides ».*[385] Au-delà de tout, le programme onusien a de bonnes raisons de se satisfaire du travail qu'il accomplit et n'hésite pas

---

[382] Dans les *« Activités du H.C.R dans le domaine de l'apatridie : Rapport intérimaire »*, EC/53/SC/CRP.11, Comité exécutif du programme du Haut-commissaire, 3 juin 2003, p.1.

[383] Cf. *« Activités du H.CR dans le domaine de l'apatridie : Rapport intérimaire »*, EC/53/SC/CRP.11, Op cit, p.2.

[384] Tiré de son *« Appel global 2008 »*, Unchr, Genève, 2008, P. 41.

[385] Deuxième partie – HCR : Opérations, dans *« Appel global 2009 du HCR – actualisation »*, P. 13

à le faire savoir. Ainsi s'était-il : *« montré particulièrement efficace lorsqu'il a aidé les États à revoir leurs lois sur la nationalité et les procédures relatives à l'apatridie. Ce travail, qui exige un personnel important, bénéficie néanmoins d'une faible visibilité en raison de son caractère préventif. L'appui technique apporté aux États sera complété par des actions plus directes pour prévenir l'apatridie, consistant par exemple à renforcer les systèmes d'inscription à l'état civil »*[386]. Quelques réserves peuvent malgré tout être émises à ce propos. Primo, toute procédure d'évaluation par définition devrait relever d'une autre structure pour remplir la condition d'objectivité. Deuxio, la quantification de la tâche ainsi effectuée ne devrait raisonnablement se faire qu'après une période plus ou moins longue d'observation de ses résultats. L'on pourrait par exemple chercher à savoir si ladite loi a produit tous ses effets de droit escomptés ? En d'autres termes, si elle a fait l'objet d'une bonne exécution. Combien de personnes ont en définitive pu en bénéficier ?… Au demeurant, le HCR doit non seulement poursuivre cette entreprise mais aussi et surtout l'approfondir. De ce point de vue, il est rassurant de l'entendre réaffirmer sa disponibilité en ces termes : *« le HCR aidera les États à préparer leur adhésion, notamment en réalisant des analyses sur la compatibilité des législations nationales avec les normes internationales et en prodiguant une assistance technique pour tout amendement législatif ou arrangement administratif qui s'avérerait nécessaire »*[387].

F. La sensibilisation et la formation

Elles sont aussi considérées comme faisant partie intégrante des modalités de l'assistance apportée aux personnes visées ainsi qu'aux Etats. En effet : *« Le HCR s'est fixé comme priorité une plus grande sensibilisation sur les questions de l'apatridie et la constitution d'une capacité pour les Etats de les gérer comme par exemple au Kenya, en Ethiopie et à Djibouti. Des stages de formation ont été organisés en Europe, au*

---

[386] Voir l'*« Appel global 2009 du HCR – actualisation »*, Unhcr, 2009, P. 46.
[387] Cf. *« Réponse aux situations d'apatridie »* dans l'*« Appel global 2011-Actualisation »*, Hcr, Genève, 2011, P. 46.

Moyen-Orient et en Afrique. Dans des pays comme l'Ukraine, l'Iraq, le Népal, les projets du HCR ont aidé les personnes à acquérir ou à confirmer leur nationalité »[388]. La sensibilisation aussi bien des différentes structures nationales que des populations directement concernées relève naturellement des attributions de l'Unhcr : *« Un appui juridique a également été fourni à des populations spécifiques telles que les Roms, les Meskhètes et les Bédouins, où le manque de clarté sur la nationalité apparaît au niveau interrégional »*[389]. Lors de la gestion de l'après-crise en ex-Yougoslavie, un notable effort de plaidoyer avait été entrepris par l'Unhcr[390] avec entre autres buts l'encouragement des campagnes de naturalisations. N'est-ce pas curieux que de nombreuses personnes d'origine arménienne ayant fui le Haut-Karabagh en 1988 n'aient pas été correctement informées des nouvelles dispositions législatives adoptées autour 1995 par les pouvoirs publics d'Erevan visant justement à les réintégrer dans leur nationalité originelle ?[391] Faute de cela, par des mouvements secondaires, bon nombre d'entre elles se sont retrouvées en Russie où l'accueil n'était pour le moins pas affable. A contrario : *« Dans les Balkans occidentaux, un projet, intitulé « Inclusion et accès des communautés Roms, Ashkalies et Egyptiennes aux droits fondamentaux » [visait] à informer plus de 700.000 personnes de la nécessité de s'inscrire à l'état civil et de se procurer des documents d'identité. Dans le cadre de ce projet, 10.000 personnes [avaient bénéficié] d'une assistance juridique gratuite destinée à faciliter leur inscription à l'état civil »*[392]. Pareille démarche

---

[388] *« Note sur la protection internationale »*, Rapport du Haut Commissaire, A/AC.96/1085, 30 juin 2010, P. 16.

[389] Dans *« Activités du H.CR dans le domaine de l'apatridie : Rapport intérimaire »*, EC/53/SC/CRP.11, Comité exécutif du programme du Haut-commissaire, 3 juin 2003, p.3.

[390] Extrait de l'*« Appel global 2009 du HCR – actualisation »* Unhcr, Genève, 2009, P. 18.

[391] Selon le H.C.R, en 2009, l'Azerbaïdjan comptait officiellement 2078 apatrides reconnus. Dans *« 2009 Tendances mondiales Réfugiés, demandeurs d'asile, rapatriés, personnes déplacées à l'intérieur de leur pays et apatrides »*, Unhcr, Genève, 15 juin 2010, P. 24.

[392] Lire *« Appel global 2009 du HCR-actualisation »* Unhcr, Genève, 2009, P. 47. Selon le H.C.R, en 2009, la Bosnie-Herzégovine comptait officiellement 9.688 apatrides reconnus. 287 étaient recensés en Croatie. Dans *« 2009 Ten-*

exige au préalable une sensibilisation et une information de tous les acteurs concernés. Le renforcement des capacités des Etats passent effectivement par la formation des fonctionnaires ainsi que des autorités politico-administratives nationales à l'instar du programme expérimental lancé en 2008 dans sept pays du Moyen-Orient[393]. Dans l'avenir, la diffusion de nombreux documents d'orientation participera de cette stratégie. De manière générale, dans ce module comme l'avait fait remarquer Yves Beigbeder : *« Le HCR conseille les gouvernements sur les questions relative à la citoyenneté et à l'apatridie et ils contribuent à la formation d'agents gouvernementaux »*[394]. Raison pour laquelle entre 1995 et 2003 : *« ... des stages de formation de personnel sur l'apatridie ont eu lieu et ont touché 1.300 participants. Le personnel ainsi formé peut entreprendre des initiatives de création de capacités, y compris la diffusion de l'information aux fonctionnaires gouvernementaux, aux partenaires d'exécution et aux juristes. Ils peuvent également suivre les développements juridiques en matière de nationalité et entamer un dialogue avec les Etats sur les moyens d'éviter l'apatridie. La formation générale en matière d'apatridie a également été intégrée dans le programme d'apprentissage du HCR en matière de protection, ce qui assure un développement permanent des qualifications du personnel dans ce domaine »*[395]. A toutes fins utiles, ces ateliers ne se limitent donc pas à son propre personnel, mais visent en dernière instance les

---

dances mondiales Réfugiés, demandeurs d'asile, rapatriés, personnes déplacées à l'intérieur de leur pays et apatrides », Unhcr, Genève, 15 juin 2010, P. 24.

393 Tiré de l'*« Appel global 2008 »*, Unhcr, Genève, 2008, P. 44.

394 Yves Beigbeder dans *« Le Haut Commissariat des Nations Unies pour les Réfugiés »*, Que-sais-je n° 3489, Paris, Puf, 1999, P. 57.

395 Dans *« Activités du HCR dans le domaine de l'apatridie : Rapport intérimaire »*, EC/53/SC/CRP.11, Comité exécutif du programme du Haut Commissaire, 3 juin 2003, p.5. La demande était déjà contenue dans les conclusions du Comité exécutif du HCR No. 106 (LVI)-2006 portant sur *« L'identification, la prévention et la réduction des cas d'apatridie ainsi que la protection des apatrides »*. Ainsi indiquait-il à propos : *« x) Demande au HCR d'améliorer la formation de son personnel et de celui d'autres institutions des Nations Unies sur les questions relatives à l'apatridie pour permettre au HCR de fournir des conseils techniques aux Etats parties sur la mise en œuvre de la Convention de 1954 afin de garantir l'application systématique de ses dispositions »*.

gouvernements eux-mêmes et leurs agents sans oublier bien d'autres institutions à l'instar des universités[396] ainsi que la société civile. Concernant celle-ci, signalons que : *« Le Haut Commissariat a entrepris un vaste éventail d'activités sur le terrain en partenariat avec des ONG nationales et internationales, se consacrant en particulier à des projets de diffusion d'information et d'aide juridique auprès des populations apatrides ou risquant de le devenir. En outre, le HCR a travaillé en étroite coopération avec des ONG engagées dans des activités de plaidoyer en rapport avec l'apatridie, dont Refugees International et le Projet de justice société ouverte. Le nombre d'ONG intervenant dans le domaine de l'apatridie reste assez faible. Pour essayer de remédier à cette situation, une session spéciale sur l'apatridie, organisée lors des consultations annuelles avec les ONG a Genève, a traité des moyens qui permettraient à davantage d'ONG de s'engager à la fois dans des activités de plaidoyer et dans des réponses opérationnelles au problèmes de l'apatridie »*[397]. Dans le même esprit : *« Des interviews radiodiffusées pour la BBC et la radio des Nations Unies à New York ont permis de diffuser une information aux individus ainsi qu'aux institutions. Ces activités de formation et de diffusion de l'information ont permis de mieux faire prendre conscience de l'apatridie, un problème souvent caché, d'informer les Etats, les individus et la société civile des mesures à prendre pour identifier et résoudre les cas »*[398]. Entre autres projets, le H.C.R tient à : *« g) élaborer de nouveaux outils d'information à l'intention des Etats et des partenaires*

[396] Le Comité exécutif : *« c) Encourage le HCR à entreprendre et communiquer des recherches, particulièrement dans les régions où l'on ne fait guère de recherches sur l'apatridie, auprès d'institutions ou d'experts académiques compétents, ainsi que des gouvernements, afin de favoriser une meilleure compréhension de la nature et de la portée du problème de l'apatridie, à identifier les populations apatrides et à comprendre les raisons qui ont conduit à l'apatridie, pour servir de fondement à l'élaboration de stratégies pour répondre au problème »* comme cela apparaît dans ses conclusions No. 106 (LVI)-2006 sur *« L'identification, la prévention et la réduction des cas d'apatridie ainsi que la protection des apatrides »*.

[397] Se référer à l'*« Appel Global 2008 »*, HCR, Genève, 2008, P. 41.

[398] Tiré des *« Activités du HCR dans le domaine de l'apatridie : Rapport intérimaire »*, EC/53/SC/CRP.11, Comité exécutif du programme du Haut-commissaire, 3 juin 2003, P. 5.

décrivant les approches adoptées face à l'apatridie et faisant état des meilleures pratiques »[399]. En vérité, les activités de plaidoyer comme il les pratique entrent bien dans le cadre examiné : *« Le plaidoyer occupe une place importante dans les activités que le HCR entreprend pour protéger les... les apatrides... Le HCR mettra en œuvre des programmes de ce type à l'échelle mondiale afin de susciter un appui moral, politique et financier pour son action »*[400]. Cet élan programmatoire a un côté stratégique avéré.

Afin de bien remplir ses missions et atteindre les objectifs qu'il s'est assigné, l'Unhcr noue donc des relations de coopération avec de nombreux acteurs internationaux parmi lesquels les Etats, les organisations régionales[401] ainsi que les O.N.G. Conformément à ses promesses, avait été rendu public en mars 2010[402] un cadre stratégique dont le but est très clairement de battre en brèche le phénomène encore si vivace de l'apatridie. En effet : *« De nombreux apatrides de par le monde ont continué de se heurter à des obstacles dans l'exercice de leurs droits fondamentaux, notamment en ce qui concerne l'obtention de documents d'identité, l'enregistrement de leurs enfants et l'accès aux services publics. En mars 2010, le HCR a publié une note stratégique intitulée « UNHCR Action to address sta-*

---

[399] Cf. *« Activités du HCR dans le domaine de l'apatridie : Rapport intérimaire »*, EC/53/SC/CRP.11, Op cit, p.5.

[400] Voir *« La protection des personnes relevant de la compétence du HCR »* tiré de l'*« Appel global 2010-2011 du HCR »*, Unhcr, Genève, 2010, P. 26.

[401] Lire *« Activités du H.CR dans le domaine de l'apatridie : Rapport intérimaire »*, EC/53/SC/CRP.11, Comité exécutif du programme du Haut-commissaire, 3 juin 2003, p.4-5. De manière générale, concernant la coopération et la coordination avec les autres organisations, lire Yves Beigbeder dans *« Le Haut Commissariat des Nations Unies pour les Réfugiés »*, Que-sais-je n° 3489, Paris, Puf, 1999, P. 95 à 122. Pour ce qui porte sur sa coopération avec le Conseil de l'Europe, voir par exemple Hans Christian Krüger dans son allocution de bienvenue à la *« 1re conférence européenne sur la nationalité, « tendances et développement en droit interne et international sur la nationalité »*, Strasbourg, 18-19 octobre 1999, voir *« Les Actes »* P. 9.

[402] Voici déjà ce qu'indiquait l'Unhcr en 2007 : *« 2.3. Gérer de façon plus effective les situations d'apatridie »* et pour cela il fallait que *: « ... 2.3.1 Différents pays établissent un régime garantissant des droits minima et un cadre juridique spécifique pour la nationalité afin de gérer la situation de personnes apatrides n'ayant aucune perspective en matière d'acquisition de la nationalité » dans « Objectifs stratégiques globaux de l'UNHCR »*, tiré du document intitulé *« Appel global 2007 de l'UNHCR », Genève, P. 16 à 21.*

telessness ». Elle contient un plan directeur comprenant des directives et des suggestions d'activités pouvant être menées sur le terrain, à l'intention du personnel et des partenaires du HCR, notamment les organismes des Nations Unies, les organisations non gouvernementales, les gouvernements, la société civile et les organisations régionales »[403]. Sur le même plan, avait été publiée en 2011 : *« La Note d'orientation du Secrétaire général sur l'ONU et l'apatridie [qui] reconnaît la nécessité d'une réponse coordonnée des Nations Unies face à l'apatridie. La Note, qui [avait] été élaborée dans le cadre d'un processus inter-organisations coordonné par le Groupe de l'état de droit, guidera la collaboration du HCR et d'autres institutions dans le domaine de l'apatridie au cours des années à venir »* selon l'appel global HCR 2012-2013[404]. Le renforcement de l'approche théorique auquel on assiste actuellement en la matière est un noble dessein. Chacun peut aisément reconnaître le caractère louable de ce récent activisme. Pourvu que ses efforts soient maintenus dans le temps.

Ainsi s'achève l'étude des actions auxquelles s'adonne régulièrement le HCR en lien avec ses objectifs primordiaux d'identification, de protection, de prévention et de réduction de l'apatridie. La logique nous oblige à ne pas occulter l'analyse de ses pouvoirs et attributions. Rappelons sur ces entrefaites qu' : *« En ce qui concerne les apatrides non réfugiés, il n'y a pas d'organe habilité à sauvegarder leur bien-être et leurs droits. La résolution 3274 (XXIX) et 31/36 de l'Assemblée générale, conformément à l'article 11 de la Convention de 1961 sur la réduction des cas d'apatridie a désigné le HCR comme un organisme : « auquel les personnes se croyant en droit de bénéficier de la Convention pourront recourir pour faire examiner leur demande et pour obtenir son assistance dans l'introduction de la demande auprès de l'autorité compétente ».*[405]Une telle prérogative est pour lui particulièrement

---

[403] Assemblée Générale des Nations Unies, *« Rapport du Haut-commissaire des Nations Unies pour les réfugiés »,* A/65/12, Nations Unies, New York, 2010, P. 16.

[404] Voir précisément les *« Réponses aux situations d'apatridie »,* pages 31 à 33 de ce document.

[405] Dans *« Apatrides : une note d'information »*, EC/1992/SCP/CRP.4, Sous Comité protection, 1er/04/ 1992, P. 8.

difficile à mettre en œuvre dans la mesure où il ne dispose guère de pouvoirs autonomes et directs de reconnaissance du statut. Par conséquent, l'acceptation et surtout la collaboration des Etats sont requises. Comme toute entité internationale, le HCR ne peut rien faire seul étant dans l'incapacité d'agir es qualité. Compte tenu de la faiblesse des adhésions aux traités relatifs à l'apatridie, n'est-il pas laborieux et à certains égards impossible pour lui de remplir décemment la totalité de ses missions ? Que peut-il réellement entreprendre pour un demandeur dans un pays qui n'est pas partie aux conventions et ne disposant pour ainsi dire d'aucun mécanisme officiel conduisant à la détermination dudit statut ? Même si un tel pays pouvait initialement disposer d'une procédure de demande de naturalisation, faute de papiers, celui-ci ne peut avoir la prétention d'initier ce type de démarches administratives car il en est exclu d'office en droit. L'irrégularité de son séjour l'y empêche et elle est rédhibitoire. L'étape sine qua non est celle de la reconnaissance du statut ainsi requis avant d'accéder ultérieurement à la nationalité par voie de naturalisation. Sauf décision étatique exceptionnelle relevant des pouvoirs discrétionnaires des gouvernants, un sans-papier ne peut en principe pas ipso facto devenir le citoyen de l'Etat d'accueil. Au-delà de tout, certes le travail du HCR est plus qu'il n'y paraît considérable. Cependant, jusqu'aujourd'hui les résultats concrets se font toujours attendre. Nombre de ses délibérations peuvent être considérées comme de simples vœux pieux. Primo, prenons l'exemple de la coopération interinstitutionnelle : le H.C.R avait préconisé, voilà une décennie, qu'il allait : *« ... [Aider] des organisations régionales comme l'Union africaine à promouvoir des résolutions sur l'apatridie »*[406]. Y est-il vraiment parvenu ? La réponse est clairement négative compte tenu de la conception nihiliste développée encore aujourd'hui par l'Autorité panafricaine. Certes : *« 8. Le HCR a poursuivi sa coopération avec d'autres acteurs intéressés tels (...) l'ancienne Organisation de l'Unité africaine et l'Organisation des Etats américains. Le Haut Commissariat a coopéré étroitement avec l'OUA dans l'adoption d'une résolution sur la prévention et la réduction des*

---

[406] Cf. *« Les nouveaux défis de la protection »*, Magazine *« Réfugiés »*, Volume 3, n° 132, 2003, P. 13.

cas d'apatridie dans le contexte africain. Cette résolution a été intégrée dans le Plan d'application global (PAG) qui se concentre sur la résolution des causes profondes des flux de réfugiés, améliore les capacités de protection nationale et recherche des solutions durables. Les activités de suivi comprennent une mission conjointe Union africaine/HCR visant à passer en revue les activités nationales sous l'égide du PAG »[407]. Il est a déploré qu'aucune suite n'ait été réservée à cette initiative qui depuis est restée lettre morte. Aucun instrument n'a été adopté ultérieurement par les Africains pour réellement s'approprier la notion. L'Afrique est étrangement demeurée tout à la fois sourde, muette et impénétrable. Secundo, intéressons-nous aux buts non-atteints relativement aux chiffres envisagés et jamais remplis quant à l'avancée des adhésions aux conventions. Et voilà qu'il s'en donne d'autres. Les objectifs pour 2011 étaient effectivement éloquents : *« L'une des priorités globales du HCR, qu'il espère atteindre d'ici à la fin de l'année 2011, est de faire passer le nombre d'États parties à la Convention de 1961 de 37 à 41 et le nombre d'États parties à la Convention de 1954 de 65 à 68 »*. Mission cette fois-ci exceptionnellement accomplie dans la mesure où la première convention avait effectivement atteint cette année-là 70 Etats parties et 42 pour la seconde. Est-ce un signe du renouveau ? En plus, *« Le HCR [s'était] fixé une cible ambitieuse en matière de réduction de l'apatridie, à savoir une réduction de 500.000 cas d'apatridie à travers le monde d'ici à la fin de l'année 2011. Plus de 30 opérations du HCR [avaient] adopté cet objectif pour l'année prochaine »*[408]. Ces finalités complémentaires avaient été perçues par certains spécialistes comme extrêmement limitées et bien trop modestes. Pour eux, elles traduisaient immanquablement son défaut d'ambition. Somme toute, malgré les orientations ainsi présentées sur l'apatridie, la tâche restera incommensurable. Voici entre autres la position sans concession de Mme Pollack (USA) : *« ...qu'en dépit de tous les efforts déployés par la communauté internationale et du*

---

[407] Lire les *« Activités du H.C.R dans le domaine de l'apatridie : Rapport intérimaire »*, EC/53/SC/CRP.11, Comité exécutif du programme du Haut-commissaire, 3 juin 2003, p. 4.

[408] Extrait de l'*« Appel global 2011 »* Unhcr, Genève, P. 46.

solide mandat du HCR les principes fondamentaux de la protection sont menacés partout dans le monde. Force est de constater qu'il n'existe pas de solutions pour les millions de réfugiés, déplacés et apatrides qui se trouvent dans des situations prolongées. »[409]. Le HCR ne peut que reconnaître aujourd'hui encore le caractère limité de ses réalisations et actions. Faut-il aller jusqu'à parler d'échec relatif dans la gestion de notre problématique ? A. Guterres ne concède-t-il pas lui-même que : *« Nous avons été témoins ces deux dernières années d'une recrudescence d'efforts pour prévenir et réduire les cas d'apatridie. Toutefois, malgré l'attention mondiale croissante ainsi qu'un certain nombre de développements positifs, ces efforts n'ont pas nécessairement conduit à une action résolue et le changement sur le terrain a souvent été lent »*[410]. Mme Feller en charge de la protection internationale au sein de cette structure veut toujours contre vents et marrées demeurer optimiste : *« Voilà dix ans, le système de protection internationale présentait de sérieuses lacunes, mais la situation s'est quelque peu améliorée depuis. Tout d'abord, l'Agenda pour la protection et le Plan d'action en 10 points ont permis aux États et au... HCR de fixer des priorités d'action concernant, en particulier, ... l'apatridie et... et l'asile »*[411]. De nouvelles initiatives sont certainement à prendre comme ne cesse de faire le Comité exécutif : *« À la veille du soixantième anniversaire de la Convention relative au statut des réfugiés, il faut à l'évidence renforcer encore le cadre de protection, mobiliser les appuis pour limiter les situations d'apatridie et promouvoir la solidarité envers les déplacés et les apatrides »*[412]. Une remise à plat était devenue impérieuse et une refonte inéluctable selon ses propres termes : *« Une approche plus uniforme est néanmoins nécessaire. Le processus de restructuration en cours au sein du Haut Commissariat permettra à l'organisation de s'attaquer de*

---

409 Dans A/AC.96/SR.644, 12 octobre 2010, Comité exécutif du Programme du Haut-commissaire des Nations Unies pour les réfugiés Soixante et unième session, Compte rendu analytique de la 644e séance, P. 3.

410 Extrait de la *« Note pour l'apatridie »* du 6 juin 2011 EC/62/SC/CRP. 2.

411 Cf. A/AC.96/SR.644, 12 octobre 2010, Comité exécutif du Programme du Haut-commissaire des Nations Unies pour les réfugiés Soixante et unième session, Compte rendu analytique de la 644e séance, P. 2.

412 Voir A/AC.96/SR.644, 12 octobre 2010, Comité exécutif, Op cit, P. 3.

manière plus systématique au problème à travers le monde. Une nouvelle structure budgétaire qui doit être mise en place en 2010 dans le cadre de ce processus séparera les dépenses engagées dans le domaine de l'apatridie des dépenses afférentes à d'autres activités. Focus, la nouvelle application logicielle destinée à renforcer la gestion axée sur les résultats, procurera une vue d'ensemble des activités entreprises au titre du mandat relatif à l'apatridie. L'application permettra également de déterminer quelles opérations ont besoin de davantage de ressources financières et humaines pour s'attaquer au problème de l'apatridie. Parallèlement à ces modifications, le HCR mettra un plus grand nombre de formations et d'instruments à la disposition de son personnel et de ses partenaires. Un cadre d'analyse des lacunes en matière d'apatridie, inspiré des cadres relatifs à la protection des réfugiés et des déplacés internes, a été publié à la fin de l'année 2008. Toujours à la fin de l'année, le HCR mettait en œuvre à titre expérimental un programme de formation thématique à la protection et s'apprêtait à diffuser un module d'autoformation sur l'apatridie »[413]. Le recul n'est pas suffisant aujourd'hui pour pouvoir en faire une évaluation sereine. Un renforcement tous azimuts est prochainement attendu des différents axes de son ingénierie. D'autres nouveaux défis et difficultés verront assurément le jour. Le H.C.R sera obligé d'en tenir compte. Nous en avons déjà les prémices. Même si elles ne sont pas spécifiques ou exclusives à l'apatridie, avouons qu'elles compliquent la donne. Pour Antonio Guterres en effet : *« L'urbanisation est une tendance irréversible. De plus en plus de personnes dont nous sommes responsables – réfugiés… et apatrides – iront s'installer dans les villes. Nous devons ajuster nos politiques à cette évolution. Il est extrêmement difficile de confirmer le nombre exact de réfugiés… et apatrides vivant en milieu urbain. L'expérience de l'UNHCR auprès des réfugiés… et apatrides établis dans les villes n'est pas nouvelle. Ce qui est nouveau, c'est la réalisation que les villes seront de plus en plus fréquemment le théâtre principal de l'intervention humanitaire répondant aux besoins de ces populations. Afin de remplir notre*

[413] Tiré du document intitulé : *« Appel global 2009 du HCR – actualisation »*, Unhcr, Genève, P. 46.

mission efficacement, il nous faut améliorer notre performance en contexte urbain et réajuster notre approche, en portant une attention plus particulière aux partenariats et au rôle des collectivités locales »[414]. Un autre point plus global se situe lui par contre dans la durée et renvoie à la disponibilité des ressources. Yves Beigbeder l'avait déjà précisément circonscrit : *« Il faut noter l'élargissement du mandat de protection du HCR réservé par son statut aux réfugiés à proprement parler à des nouvelles catégories de populations : les personnes déplacées... et les apatrides... [Il]... n'a cependant pas été accompagné par un accroissement de son autorité juridique, de ses moyens de contrôle et de surveillance, de ses ressources financières et logistiques. Les ressources du HCR restent presque totalement dépendantes de ses donateurs gouvernementaux et privés, alors que l'efficacité de son rôle de protection juridique dépend d'une part de sa compétence et de son pouvoir de persuasion, et d'autre part, principalement, de la volonté politique des Etats de respecter leurs engagements... Le HCR n'a aucun moyen de coercition : ses seules armes sont les exhortations publiques et les démarches privées auprès des gouvernements et des autres acteurs... Sans pouvoir supranational, le HCR dépend de la bonne foi des gouvernements parties aux instruments internationaux... de leur volonté politique et de leur capacité à respecter les normes internationales »*[415]. Le point relatif aux ressources est si crucial parce que l'exercice satisfaisant de son mandat dépend effectivement des contributions volontaires des Etats[416]. Une telle donnée peut sérieusement entraver toutes ses entreprises opérationnelles. Les activités des autres acteurs internationaux bien que parcellaires sont malgré tout complémentaires des siennes. La création d'une vraie synergie entre eux pourrait à terme produire des résultats salvateurs. Notre quête de par son caractère planétaire oblige à considérer

---

[414] Dans « *Obstacles à la protection des personnes relevant de la compétence de l'UNHCR en contexte urbain » tiré* de la revue *« Migrations forcées »* n° 34 intitulé *: « S'adapter au milieu urbain »,* Université d'Oxford et le Centre d'études sur les réfugiés, Oxford, Avril 2010, P. 8.

[415] Yves Beigbeder dans *« Le Haut Commissariat des Nations Unies pour les Réfugiés »,* Que-sais-je n° 3489, Paris, Puf, 1999, P. 69-71.

[416] Relire Yves Beigbeder dans *« Le Haut Commissariat des Nations Unies pour les Réfugiés »,* Op cit, P. 76-77.

les œuvres accomplies à tous les niveaux. C'est le gage de la mobilisation de toute la communauté internationale.

Section 3. Les réponses régionales

La state intermédiaire présente une variété de situations en rapport avec l'objet de notre étude. La première est celle incarnée par l'Europe laquelle semble juridiquement et théoriquement au point tout au moins pour ce qui concerne la production des normes y relatives. La juxtaposition des Institutions européennes et communautaires engendre une heureuse complémentarité de ce point de vue. L'Europe dispose sans aucun doute de l'arsenal juridique le plus élaboré en la matière. Qu'en en est-il des autres aires géographiques ? A l'opposé, la deuxième donne est celle introduite par le continent africain. *« Jusqu'à tout récemment, le problème de l'apatridie en Afrique était passé relativement inaperçu. Les choses commencent aujourd'hui à changer, notamment avec la prise de conscience de l'impact déstabilisateur qu'a eu l'apatridie dans certains pays, mais aussi en raison du risque d'apatridie qui pèse sur de larges groupes de populations du fait des évolutions politiques en cours sur le continent »* écrivait voici quelques années Cécile Pouilly[417]. Il est toutefois difficile de partager entièrement ce point de vue bien trop optimiste. Pour tout observateur averti, force est de constater que cette prise de conscience n'est nullement perceptible de la part des Africains eux-mêmes ainsi que des institutions qui les représentent. Une réalité qui est bien prégnante non seulement au niveau sous-régional mais aussi régional et notamment à travers l'U.A. Ce continent est gravement marqué par un vide juridique sidérant sur l'apatridie alors qu'il est paradoxalement l'un des ceux sur lesquels le problème se pose de façon aigüe. L'état civil y est souvent incertain et les

---

[417] Cf. *« Le problème caché de l'Afrique »* tiré du Magazine *« Réfugiés »*, n° 147, Volume, 3, Edition spéciale intitulée : *« L'univers étrange et mal connu des apatrides, les exclus »*, Unhcr, Genève, 2007, P. 28.

déclarations de naissances sont généralement aléatoires[418] surtout dans l'arrière-pays. A titre d'exemple, 2 % de la demande d'apatridie en France en 2010 était originaire de la République Démocratique du Congo[419]. Ce taux était de 1,9 % en 2011[420] sur un total de 13 % de demandes initiées par les personnes en provenance de l'Afrique. Devant l'absence de réponse collective et grâce à l'action de la société civile, quelques rares Etats avaient heureusement commencé à y réfléchir. D'autres, plus actifs, avaient déjà pris la peine d'intégrer dans leur législation nationale des dispositions pertinentes y afférentes : le cas du Burkina-Faso. L'étude menée à ce propos avait permis à David Mackeever (Consultant du HCR) de conclure que ce pays : *« n'[avait] signé aucune des deux conventions relatives au statut d'apatride. Cependant ces deux documents [avaient bien] été pris en compte dans la rédaction en 1996 du Code de la Famille et de la Nationalité au Burkina Faso. L'article 139 de ce document définit le statut d'apatride dans les mêmes termes que ceux utilisés dans l'article 1 de la Convention de 1954. Conformément aux dispositions internationales, [celles] de ce code ont pour but de réduire la prévalence des personnes apatrides : l'article 141, par exemple, stipule que la nationalité Burkinabé est garantie à tout enfant qui est né au Burkina Faso et qui ne peut posséder une autre nationalité »*[421]. N'était-ce pas en soi louable surtout quand on sait le désintérêt manifeste dont fait preuve la plupart des Etats africains ? En fait, sur les cinquante-trois pays que comptait l'Afrique en 2010 : *« Seulement 11 États... [étaient] parties à la Convention de 1954 relative au statut des apatrides et 7 [étaient] parties à la Convention de 1961 sur la réduction des cas d'apatridie »* rappelait le Secrétaire général Ban Ki-Moon[422]. En conséquence, avaient été

---

418 Se référer à Romuald LIKIBI dans *« l'Union Africaine face à la problématique migratoire »*, Paris, l'Harmattan, 2010, P. 250 à 264 sur *« Les apatrides »*.

419 Dans son rapport intitulé *« l'activité de l'Ofpra, 2010 », P. 37.*

420 Voir rapport intitulé *« l'activité de l'Ofpra, 2011 », P. 36.*

421 Lire *« Identifier les lacunes dans la capacité de protection Burkina-Faso »*, Unhcr, projet de renforcement de la capacité de protection, cofinancé par la Commission européenne et les gouvernements du Danemark, de l'Allemagne, des Pays-Bas et du Royaume-Uni, Juillet 2005, p.11.

422 A/65/324, *« Assistance aux réfugiés, aux rapatriés et aux déplacés en Afrique »*, Rapport du Secrétaire général, 24 août 2010, P. 15.

énoncées plusieurs recommandations parmi lesquelles : *« 91. Les États qui ne l'ont pas encore fait sont invités à envisager d'accéder à la Convention relative au statut des apatrides et à la Convention sur la réduction des cas d'apatridie. Ils sont également encouragés à coopérer avec les autres organismes compétents des Nations Unies pour recenser les populations apatrides sur leur territoire et examiner les législations nationales en vue d'éliminer les lacunes qui risquent de créer ou de perpétuer l'apatridie »*[423]. Malgré leur réitération, ces d'exhortations ne sont pas souvent suivies d'effets. Leurs stipulations restent non-contraignantes pour ceux qui en sont les destinataires. Plus prosaïquement, la Charte africaine des droits de l'homme et des peuples ignore complètement la question de la nationalité et de l'apatridie[424]. Un aspect qui est incontestablement inexploré aussi bien par l'U.A elle-même que par l'ensemble des Communautés économiques régionales (C.E.R). Certes *« La Charte africaine des droits et du bien-être de l'enfant, qui a été ratifiée par la plupart des pays africains, contient des clauses visant à prévenir l'apatridie à la naissance »*. Cependant, comme je l'ai déjà souligné : *« La mention qui est faite [dans ce texte] ne permet pas une couverture idoine de l'ensemble de la réflexion y relative. Elle ne cerne pas ladite problématique dans sa globalité. Au mieux, elle ne permet de saisir que les aspects touchant les personnes à leur naissance ... »*[425]. N'est-ce pas malgré tout ce qui est essentiel diront certains esprits auto-satisfaisants. L'on peut tout de même regretter que ce document, à l'instar des autres instruments juridiques régionaux, ne fasse pas l'objet d'une application stricte et adéquate. Citons avec Taghrid Hashim Ahmed deux exemples démontrant non seulement l'existence, mais aussi l'intensité du problème sur ce continent. Le premier concerne les vicissitudes du conflit entre l'Ethiopie et l'Erythrée. Voici ce

---

[423] Dans A/65/324, *« Assistance aux réfugiés, aux rapatriés et aux déplacés en Afrique »*, Op cit, P. 22.

[424] L'article 12.3 de la Charte visée prend en compte le droit d'asile en ces termes : *« Toute personne a le droit, en cas de persécution, de rechercher et de recevoir asile en territoire étranger, conformément à la loi de chaque pays et aux conventions internationales »*.

[425] Cf. R. LIKIBI dans *« L'Union Africaine face à la problématique migratoire »*, Paris, L'harmattan, 2010, P. 254.

qu'en avait dit notre analyste : *« En 1998, néanmoins, un conflit sur des questions de frontières a conduit le gouvernement éthiopien à expulser et à priver de nombreux Erythréens de leur citoyenneté en estimant qu'un vote en faveur du référendum pouvait être considéré comme un vote en faveur du rapatriement vers l'Erythrée. L'Erythrée a également expulsé et privé de leur nationalité les citoyens d'origine éthiopienne. Cependant, de nombreux citoyens des deux nationalités, même s'ils ont été traités comme des étrangers et des citoyens de seconde classe sans protection de leurs droits, et en dernier ressort comme des apatrides, ont décidé de rester sur le territoire de l'autre Etat »*[426]. Le second est celui du Soudan : *« Il est difficile d'estimer à ce stade si les Sud Soudanais seront expulsés du Nord et vice versa, en cas de sécession. Des fonctionnaires de haut rang ont suggéré, même si c'est contraire à l'Accord de paix global, que des Sud Soudanais vivant dans le Nord et qui voteraient en faveur de la sécession, n'auraient pas le droit à la citoyenneté du Nord Soudan. Le Soudan n'a pas ratifié la Convention de 1961 sur la réduction des cas d'apatridie, et en conséquence n'est lié par aucune des obligations des Etats contractants qui seraient de garantir que les Sud Soudanais puissent obtenir la nationalité Nord soudanaise et ne pas en être privés « pour des raisons d'ordre racial, ethnique, religieux ou politique ». Des tensions religieuses et ethniques peuvent survenir, et il n'est pas inconcevable que certains groupes recourent à la violence. Il n'y a eu à ce stade aucune discussion publique... pour contrecarrer des éruptions violentes ou de nouveaux conflits... Si les personnes qui sont originaires du Sud ne peuvent pas choisir leur citoyenneté – c'est-à-dire la nationalité nord-soudanaise ou la double nationalité – il se peut qu'elles se retrouvent apatrides si elles décident de rester dans le Nord. Elles risquent même de ne pas avoir droit au statut de réfugié si la clause de cessation est appliquée. Les Sud Soudanais n'auront plus le droit de revendiquer le statut de réfugié dans la mesure où la sécession marquera la fin de leur lutte et*

---

[426] Lire Taghrid Hashim Ahmed dans *« Quel espoir pour les PDI dans un Soudan nouveau ? »*, Revue « Migrations forcées » N° 36 décembre 2010, intitulé : *« République Démocratique du Congo Passé. Présent. Avenir ? »*, Centre d'études sur les réfugiés, Université d'Oxford, P. 57.

du conflit, ce qui fait qu'ils n'auront plus de crainte bien fondée d'être persécutés »[427]. Du coup, notre curiosité s'éveille pour chercher à savoir ce qu'a déjà constaté le Conseil exécutif de l'U.A en matière de nationalité et surtout ses préconisations en vue du règlement du phénomène foncièrement massifié de l'apatridie sur ce continent. Rappelons à toutes fins utiles que selon l'Acte constitutif de l'U.A (11/07/2000), Article 13, Attributions du Conseil exécutif : *« 1. [Il] assure la coordination et décide des politiques dans les domaines d'intérêt communs pour les Etats membres, notamment les domaines suivants : ... (j) Nationalité, résidence des ressortissants étrangers et questions d'immigration ».*

En cherchant du côté du monde arabe, l'on se rend vite compte qu'il a lui aussi produit un texte analogue sur les droits de l'homme adopté en 1994 et révisé depuis. Il s'agit de la *« Charte arabe des droits de l'homme »* dont à l'article 29 pose une règle primordiale d'après laquelle : *« toute personne a droit à une nationalité et que nul ne peut être déchu arbitrairement ou illégalement de sa nationalité. Elle dispose en outre que les États parties doivent prendre, conformément à leur législation relative à la nationalité, les mesures qu'ils jugeront appropriées pour permettre à l'enfant d'acquérir la nationalité de sa mère en tenant compte dans tous les cas de l'intérêt de l'enfant ».* La première mouture de ce document était ainsi libellée : *« Aucun citoyen ne peut être arbitrairement privé de sa nationalité, ni du droit d'avoir une autre nationalité sauf en vertu d'une loi »* Article 24. La lecture de cet instrument juridique laisse apparaitre indiscutablement quelques curiosités.

---

[427] D'après Roland Marchal : *« Tragiquement, la question de la citoyenneté se pose à nouveau au Nord-Soudan dans les accrochages au Darfour, dans les monts Nouba, dans la région du Nil Bleu et peut-être bientôt ailleurs. Mais, le débat politique qui suit la constitution du nouveau gouvernement au Sud-Soudan après le 9 juillet prouve que cette égalité citoyenne tant évoquée comme une raison de la lutte contre Khartoum trouve finalement bien de partisans dès lors que les Sud-Soudanais se considèrent les uns par rapport aux autres. Au-delà des problèmes spécifiques liés à l'histoire de la guerre ou à la difficulté d'une organisation politico-militaire à se transformer en pouvoir civil, la multiplicité des conflits et la brutalité des forces de coercition attestent d'une citoyenneté en friches dans le jeune Etat »* Roland Marchal – Naissance d'un Etat : le Sud-Soudan et son environnement régional – Décembre 2011 sur http://www.ceri-sciences-po.org

Tâchons d'en retenir une seule : alors que le droit de requérir l'asile devant la persécution y est consacré notamment en son article 23, rien n'est prévu sur la quête du statut d'apatride. Comme pour la CADHP, le vocable « apatride » est en tant que tel absent du texte. Comment comprendre une telle omission de la part de la Ligue des Etats Arabes dans la mesure où quasiment tous les Etats du Proche et Moyen-Orient (Syrie[428], Palestine, Koweït[429],...) sont concernés parfois même depuis plusieurs décennies par le sujet ? Ils sont effectivement caractérisés par la présence en leur sein de nombreux groupes minoritaires dont les droits de ce point de vue sont allègrement et continuellement bafoués ?[430]

Entre les deux extrémités que constituent l'Europe et l'Afrique, se trouve dans une position médiane l'Organisation des Etats Américains[431] (O.E.A) laquelle a commencé sérieusement à se pencher sur la question depuis maintenant plusieurs

---

[428] *« En Syrie, des milliers de Kurdes étaient de fait apatrides, et des militants kurdes ont été arrêtés et emprisonnés. Au Qatar, des membres d'une tribu accusée d'être à l'origine d'une tentative de coup d'État en 1996 étaient toujours dépossédés de leur nationalité et privés d'accès au travail, entre autres droits... »* est-il permis de lire dans le *« Rapport annuel 2010 »* d'Amnesty international, LXXXV. Dans le même document cette fois-ci à propos des Emirats Arabes Unis, nous apprenons qu' : *« En octobre, le rapporteur spécial des Nations unies sur les formes contemporaines de racisme, de discrimination raciale, de xénophobie et de l'intolérance qui y est associée a appelé les autorités à régulariser la situation des bidun, des apatrides privés de ce fait d'accès à certains emplois ainsi qu'aux services publics de santé, entre autres »(P.95).* Lire enfin avec intérêt la note d'actualité, *« La situation des Kurdes dans le nord de l'Irak et en Syrie »*, rédigée par Mathilde Zederman, le 22/09/2010, Centre d'information géopolitique, C.N.D.A, 23 pages.

[429] Human Watch Rights a publié en juin 2011 un rapport intitulé : *« Prisonniers du passé : les Bidounes koweitiens et le fardeau du statut d'apatride »*, 63 pages. 106.000 personnes sont, du fait du refus des autorités de ce pays, considérées comme des « résidents illégaux » depuis cinquante ans.

[430] Voir *« La situation des personnes apatrides au Moyen-Orient et en Afrique du Nord »* dossier préparé en anglais pour le compte de l'UNHCR par Laura Van Waas, Octobre 2010, 56 pages.

[431] Se référer entre autres au rapport rendu public le 12 avril 2002 par la Commission juridique et politique du Conseil permanent de l'O.E.A CP/CAJP-1912/02 intitulé : *Le système interaméricain et la protection internationale des refugiés, demandeurs d'asile, rapatriés, déplacés internes, apatrides et autres personnes relevant de la compétence du H.C.R : thèmes d'intérêt commun ».*

années[432]. Contrairement à l'UA, l'O.E.A réaffirme avec vigueur l'importance du droit à la nationalité sur le continent américain. Il est consacré non seulement par l'article XIX de la *« Déclaration américaine des droits et devoirs de l'homme »*, mais aussi par l'article 20 de la *« Convention américaine relative aux droits de l'homme »*. Selon ce second texte : *« toute personne a droit à une nationalité, et le droit d'acquérir la nationalité de l'État sur le territoire duquel elle est née si elle n'a pas droit à une autre nationalité.* La Convention dispose aussi que : *nul ne peut être privé arbitrairement de sa nationalité ni du droit de changer de nationalité. »* En l'occurrence, l'ardeur dont fait preuve l'O.E.A démontre magistralement que les Amériques sont aujourd'hui la partie du monde la plus en pointe dans la lutte contre l'apatridie. Compte notamment tenu des efforts qui y sont déployés actuellement. Nul ne peut en effet refuser de reconnaître un certain mérite à leur O.I du fait de son constant activisme de ces derniers temps. Elle avait lancé le *« Programme interaméricain d'enregistrement universel de l'état civil et "Droit à l'identité" le 3 juin 2008 par le truchement de la résolution AG/RES. 2362 (XXXVIII-O/08) »* approuvé par le Conseil permanent lors de sa séance du 27 mai 2010 (40è session ordinaire, 6-8/06/2010, Lima au Pérou). L'on peut ainsi mieux réaliser sa déclinaison et même la propension de son Secrétaire général à quantifier sa propre politique. *« Re-*

---

[432] La densité et la constance de ses choix politiques à cet égard peuvent être aisément établies par une série de textes : *« le projet de résolution prévention et réduction des cas d'apatridie et protection des apatrides dans les Amériques (approuvé par le conseil permanent à sa séance tenue le 27 mai 2010) ».* D'où est tiré l'extrait suivant : *« rappelant la résolution AG/RES. 1971 (XXXIII-0/03) "La protection des réfugiés, des rapatriés, des apatrides et des déplacés internes dans les Amériques" ainsi que l'exhortation qui est faite dans les résolutions ci-après à la ratification des conventions internationales sur l'apatridie : AG/RES. 1693 (XXIX-O/99) "La situation des réfugiés et des rapatriés dans les Amériques", AG/RES. 1762 (XXX-O/00) "La situation des réfugiés, des rapatriés et des personnes déplacées dans les Amériques", AG/RES. 1832 (XXXI-O/01) "La protection des réfugiés, des rapatriés et des déplacés internes dans les Amériques", AG/RES. 1892 (XXXII-O/02) "La protection des réfugiés, des rapatriés et des déplacés internes dans les Amériques", AG/RES. 2047 (XXXIV-O/04) "La protection des demandeurs du statut de réfugié, des réfugiés, des rapatriés et des apatrides dans les Amériques" et AG/RES. 2511 (XXXIXO/09) "Protection des demandeurs du statut de réfugié et des réfugiés dans les Amériques".*

gistres de l'état civil, Grâce au soutien des Gouvernements du Canada, de l'Espagne, des États-Unis et de l'Italie, le Programme de l'enregistrement universel de l'état civil (PUICA) est parvenu à inscrire sur les registres de l'état civil plus de 1.500 personnes et à corriger quelque 2.000 erreurs dans des documents d'identité en Bolivie. Le Département a élaboré un plan d'assistance technique à l'intention des pays de l'Organisation des États des Caraïbes Orientales (OECO). À El Salvador, par le truchement du Registre national des personnes physiques (RNPN), il a mis en place un système d'enregistrement des naissances dans les hôpitaux (Sonsonete et Ahuachapán). Au Guatemala, dans la municipalité de Chichicastenango, plus de 500 personnes ont été inscrites sur les registres de l'état civil et dans trois communes de la ville de Guatemala 600 personnes ont été inscrites sur les registres de l'état civil. Il a accordé son soutien au Bureau national d'identification d'Haïti pour la délivrance de 600.000 cartes d'identité, l'élaboration des listes d'électeurs, la numérisation de plus de 3 millions d'actes historiques, la préparation des campagnes nationales pour l'inscription des mineurs sur les registres de l'état civil et la conception du « bureau type » de l'ONI et de l'état civil. Jusqu'en juin 2009, il a exécuté au Honduras une campagne d'inscription sur les registres de l'état civil et de sensibilisation et est parvenu à ce que près de 300 personnes s'inscrivent. Au Paraguay, il a numérisé plus de 600.000 actes historiques de l'état civil et interconnecté 4 chefs-lieux de département et la base de données de l'état civil avec deux hôpitaux. Au Pérou, en collaboration avec l'Enregistrement national de l'identité et de l'état civil, il a entamé la reconstruction des registres de l'état civil d'Huancavelica, délivré plus de 5.000 documents d'identité à des mineurs dans le département de Lima et délivré 5.500 documents d'identité à San Juan de Lurigancho… »[433]. Bien avant qu'une telle étape déterminante ne soit franchie, un *« Mémorandum d'accord était intervenu le 8 août 2006 entre le Fonds des Nations Unies pour l'enfance, le Secrétariat général de l'Organisation des États Américains et la Banque interaméricaine de développement, pour la coopération en matière*

---

[433] Dans le *« Rapport annuel du Secrétaire général de l'O.E.A 2009 »*, P. 40.

d'enregistrement des citoyens »[434]. Un travail considérable susceptible inspirer par exemple sa consœur panafricaine. Point n'est besoin de tout attendre du H.C.R qui n'est même pas en l'occurrence partie prenante aux processus susmentionnés. La seule volonté politique des responsables régionaux devant un vide nécessairement embarrassant a suffi pour adopter une vraie politique en la matière. Un Projet de résolution portant sur la *« Prévention et réduction des cas d'apatridie et protection des apatrides dans les Amériques »* a été approuvé par le Conseil permanent le 27 mai 2010. En novembre 2010 a eu lieu une réunion autour de la décision AG/RES. 2599 (XL-O/10) conformément au calendrier conçu par la Commission des questions juridiques et politiques (C.A.J.P) de l'O.E.A pour la période allant de septembre 2010 à mai 2011. Le rapport annuel 2011 de son Secrétaire général fait état de la résolution AG/RES. 2665 (XLI-O/11) visant la prévention, la réduction de l'apatridie sans oublier la protection des apatrides dans sa sphère géographique. Une si intense activité contrastant véritablement avec l'inertie et l'atavisme dont est coupable l'U.A. Pourtant si l'on en croit A. Guterres : *« Essentiellement du fait d'une tradition d'application du droit du sol, les Amériques continuent de figurer comme une région où il est rare de naître apatride »*[435] contrairement à l'Afrique. Dans un communiqué, Juan Ignacio Mondelli du HCR Argentine l'avait confirmé : *« A la fin de l'année dernière, seules 118 personnes étaient enregistrées comme apatrides dans l'ensemble de l'Amérique latine, le*

---

[434] Cf. Projet de résolution suivi du programme interaméricain d'enregistrement universel de l'état civil et *« droit à l'identité »* (approuvé par le Conseil permanent à sa séance tenue le 27/05/2010). Le point 10 de ce projet est tout aussi explicite : *« De demander à l'Institut interaméricain de l'enfance et de l'adolescence (IIN) de continuer de se pencher sur la question de la « garantie du droit à l'identité et à la citoyenneté des enfants et des adolescents » ainsi que de l'enregistrement universel des naissances, conformément à son Plan d'action 2007-2011 ; de demander à l'IIN, agissant en collaboration avec le Secrétariat général, de conjuguer les efforts en vue d'atteindre les objectifs du Programme interaméricain d'enregistrement universel de l'état civil et « Droit à l'identité », et de tenir informé le Conseil permanent de l'OEA sur les progrès accomplis et les obstacles rencontrés dans la région ».*

[435] *« Note sur la protection internationale »*, Rapport du Haut Commissaire, A/AC.96/1053, 30/06/2008, P. 14.

nombre de personnes dépourvues de citoyenneté dans la région est probablement beaucoup plus élevé, la plupart d'entre eux provenant d'autres continents (...) et beaucoup sont pris dans des flux migratoires mixtes, mais il existe aussi des personnes dans la région qui n'ont pas de nationalité pour une raison ou une autre »[436]. De toute évidence, l'O.E.A refuse d'adopter une démarche nihiliste à l'instar de l'U.A. De là résulte tout son activisme. En effet, elle a une approche plus pragmatique et plus cohérente du substrat de notre étude. Tout est parti du défaut d'exemplarité de ses nombreux membres jusqu'à la fin des années quatre-vingt-dix. A l'époque : *« La question de la nationalité [était] régulée, en général, par des dispositions constitutionnelles et légales. Malgré cela, un très petit nombre de pays du continent américain [avaient] ratifié les conventions internationales en matière d'apatridie, et en conséquence, ils ne [disposaient] pas de mécanismes normatifs permettant de faciliter aux apatrides l'obtention de la nationalité de leur pays de résidence ou de respecter le traitement à accorder aux enfants trouvés sur leur territoire »*[437]. L'importance que revêt l'adhésion aux instruments internationaux concernant l'apatridie a toujours été de multiples fois réitérée par l'Assemblée générale de l'O.E.A. Signalons que l'apatridie faisait bien partie des thèmes à l'ordre du jour de la réunion internationale tenue à Brazilia (Brésil) en fin 2010 et regroupant dix-huit nations d'Amérique latine avec la participation des U.S.A et du Canada en tant qu'observateurs sans oublier le H.C.R. Une *« Déclaration de Brasilia sur la protection des réfugiés et des apatrides dans les Amériques »* avait été adoptée durant la rencontre. *« Il s'agit d'une déclaration historique qui, je l'espère, conduira non seulement à une meilleure protection des réfugiés et des autres personnes déplacées dans les Amériques, mais accélèrera également les efforts globaux visant à*

[436] Cf. www.Unhcr.org le 1er/11/2010. Le chiffre de 12 millions est aussi repris par Michel Agier dans l'*« Audit des parlementaires de la politique de l'immigration, d'intégration et de codéveloppement »*, Paris, 2011, P. 243.

[437] Dans *« Le système interaméricain et la protection internationale, des refugiés, demandeurs d'asile, rapatriés, déplacés internes, apatrides et autres personnes relevant de la compétence du HCR : Thèmes d'intérêt commun »*, point de vue exprimé devant la C.A.J.P le 11 avril 2002), OEA/Ser.G, O.E.A, p. 5.

améliorer la situation des déplacés et à mettre un terme au fléau de l'apatridie » avait alors soigneusement déclaré António Guterres[438]. Dans cet espace, difficile d'occulter la procédure quelque peu tumultueuse et incertaine de l'élaboration de la première loi relative à la protection des apatrides aux U.S.A.

Sur un autre plan géographique, notons avec satisfaction qu'une effervescence a aussi récemment gagné l'Asie du Sud-est autour de notre thématique. Une table ronde avait notamment été organisée fin 2010 à Bangkok en Thaïlande pendant deux jours financée par l'U.E et regroupant neuf Etats de la région[439]. Tirant les enseignements de ces échanges, Rafendi Djamin, le délégué de l'Indonésie à la Commission intergouvernementale des droits de l'homme de l'ASEAN (Association des pays de l'Asie du Sud-est), avait indiqué que leur entité régionale était : *« ouverte à découvrir « les meilleures pratiques » de pays dans le monde entier, mais... également apprendre parfaitement bien de la part des pays voisins... Nous observons un grand nombre de similarités en termes de valeurs et de normes. Toutefois certaines des leçons sont davantage applicables du fait de valeurs similaires dans les pays d'Asie du Sud-est ... la prochaine étape consistera à étudier la façon d'identifier, de prévenir et de réduire l'apatridie en travaillant cette fois-ci au niveau régional »*. L'Asie n'est donc pas véritablement exemptée par ce regain d'intérêt. Là-bas, l'apatridie est une réalité insusceptible d'être facilement dissimulée ne serait ce que parce que : « *...Les apatrides de la minorité ethnique rohingya se voient toujours refuser aide et protection au Bangladesh »*[440]. Les événements cycliquement sanglants ayant marqué l'automne 2012 ainsi que le printemps 2013 prouvent que le problème demeure insoluble.

Au terme de notre introspection, convenons que l'Europe est le continent qui a depuis longtemps pris une avance irréfutable

---

[438] Articles d'actualité, 12 novembre 2010 sur www.unhcr.org

[439] Information recueillie lors de la table ronde à la tenue de laquelle ont participé neuf Etats d'Asie du Sud-est. Co-organisée par la Commission nationale thaïlandaise et le HCR, voir Kitty McKinsey dans *« Actualité HCR »* (Bangkok) le 29 octobre 2010 sur www.unhcr.org

[440] Extrait de : A/AC.96/SR.644, 12 octobre 2010, Comité exécutif du Programme du Haut-commissaire des Nations Unies pour les réfugiés Soixante et unième session, Compte rendu analytique de la 644e séance, P. 13.

sur les autres. D'où l'intérêt d'une analyse un peu plus approfondie.

§1. Le droit régissant l'apatridie en Europe

En 2010, d'après Antonio Guterres, l'Europe comptait au moins 600.000 apatrides même s'il avait pris le soin de souligner avec raison que *« le nombre exact est sans doute plus élevé car ce phénomène n'est souvent pas répertorié »*[441]. Fin janvier 2011, Thomas Hammarberg l'ancien Commissaire aux droits de l'homme du Conseil de l'Europe avait dénombré 640.000 apatrides[442] dans cette même partie du monde. Quatre mois seulement auparavant il donnait le chiffre de 580.000 apatrides. Les dernières estimations connues à la fin de son mandat s'élevaient à 589.000[443]. En son sein et contrairement aux apparences, l'apatridie est une réalité ne se confine nullement à l'ancienne Europe de l'Est. Le phénomène est par exemple encore présent en Allemagne[444] principalement dans les communautés Sinti et Rom et ce, depuis la deuxième guerre mondiale. Plusieurs d'entre eux ne disposent que d'un statut extrêmement précaire car ils sont tout juste « tolérés ». En effet,

---

[441] Lire son « *Discours à l'occasion de l'ouverture de l'année judiciaire de la Cour européenne des droits de l'homme* », Strasbourg, 28 janvier 2011.

[442] Dans : « *Les droits des personnes apatrides doivent être protégés* » faite à la 4è conférence du Conseil de l'Europe sur « *Les notions de nationalité au temps de la mondialisation* », Strasbourg, 17/12/2010.

[443] Voir l'article intitulé « *Des centaines de milliers d'apatrides en Europe ont besoin d'une protection supplémentaire* » posté sur son blog le 02/08/2011, il écrit : « *Avoir une nationalité est un droit fondamental – si fondamental qu'il équivaut à « un droit d'avoir des droits ». La tragédie des personnes dépourvues de nationalité a attiré l'attention de la communauté internationale après la Seconde Guerre mondiale et un premier traité fut signé à l'ONU en 1954 sur le statut des apatrides suivi en 1961 par une autre convention sur la réduction des cas d'apatridie. Cependant, aujourd'hui encore, un demi-siècle après un de ces accords, de nombreuses personnes n'ont pas de nationalité. Même dans l'Europe qui vit relativement en paix, elles se comptent par centaines de milliers ; selon les estimations du HCR, elles seraient pas moins de 589 000* ».

[444] Selon le H.C.R, en 2009, ce pays comptait officiellement 8.226 apatrides reconnus. Dans « *2009 Tendances mondiales Réfugiés, demandeurs d'asile, rapatriés, personnes déplacées à l'intérieur de leur pays et apatrides* », Unhcr, Genève, 15 juin 2010, P. 24.

ceux-ci n'ont de nos jours qu'une simple *« duldung »*. Ce qui n'est nullement un permis de séjour, mais une suspension maintes fois réitérée d'une mesure administrative d'éloignement. En France, cela équivaudrait à une Obligation à Quitter le Territoire Français (O.Q.T.F) régulièrement renouvelée. Selon M. Hammarberg : *« En Allemagne, en Autriche et dans « l'ex-République yougoslave de Macédoine », de nombreux migrants roms bénéficient d'une tolérance qui se traduit par la suspension provisoire de leur expulsion. Ce statut – la duldung allemande par exemple – n'équivaut pas à une autorisation de séjour et n'ouvre pas de droits sociaux. Selon des informations crédibles, comparativement à des ressortissants non roms de pays tiers, les Roms qui viennent de l'extérieur de l'Union européenne se verraient plus souvent accorder le statut de duldung qu'un statut plus durable »*[445]. Il avait, en renchérissant, soulevé plus que de simples contrariétés. D'ailleurs, n'aurait-il pas mieux valu parler de vraies contradictions ? Ainsi : *« Globalement, les gouvernements européens semblent ne pas accepter l'idée que les Roms ont besoin de protection. Le principe en vigueur dans l'Union européenne est que tous les Etats membres doivent être considérés par leurs homologues comme des « pays d'origine sûrs » en matière d'asile. Par conséquent, un citoyen d'un Etat membre de l'UE ne peut obtenir de protection internationale dans un autre Etat membres de l'UE. Ainsi, des Roms de Hongrie se sont vu refuser l'asile en France, par exemple, alors que des Roms du même pays – et de République tchèque – l'ont obtenue au Canada : cela donne à réfléchir »*[446]. Le raisonnement est analogue en ce qui concerne la protection au titre de l'apatridie. Chacun sait qu'ils sont notoirement victimes de graves violations de leurs droits fondamentaux. Cela équivaut lato sensu à des persécutions. Le motif inclusif à la Convention de Genève de 1951 excipé est très clairement celui de la nationalité. Privés de documents d'état civil et de droits, ces derniers n'ont aucune possibilité de mener une « vie privée et familiale normale » dans le pays

[445] Un point de vue exprimé le 22/02/2010 portant sur *« Les politiques migratoires européennes sont discriminatoires à l'égard des Roms »*. Il est également disponible sur le site du Commissaire notamment sur « http://www.commissioner.coe.int/ ».
[446] Extrait du rapport annuel de la CNDA 2011, P. 6.

d'origine. Hélas ! Aucune protection ne leur possible sur le territoire de l'Union ni au titre de l'asile[447], ni de celui de l'apatridie. Ils sont ainsi doublement victimes. Le régime protecteur international, supplétif par définition, leur est inaccessible dans l'U.E tout comme la protection initiale ou nationale. Alors que, en dehors du contexte européen, leur demande de protection est non seulement justifiée mais aussi fondée en droit. L'Europe doit ainsi gérer au mieux ses propres contradictions parce qu'elles sont si manifestes. De plus, il ne s'agit jusque là que d'une apatridie d'origine intra-communautaire c'est-à-dire produite par ses propres Etats donc sur son sol. Que dire alors de celle provenant d'autres horizons ? Pour ceux qui arrivent des autres pays en dehors de l'U.E, citons l'avis juridique rendu récemment par la Commission nationale consultative des droits de l'homme en France : *« 48. Une minorité de Roms présents sur le territoire français est originaire des pays de l'ex-Yougoslavie, ils ne peuvent donc bénéficier des conditions de droit au séjour applicables au ressortissants communautaires. Victimes de violences et de discriminations notoires dans leur pays, la plupart des Roms d'ex-Yougoslavie demande le droit d'asile à l'arrivée en France. Or comme la CNCDH le notait déjà dans son étude de 2008, depuis l'entrée en vigueur, en mars 2005, de la loi sur les conditions d'entrée et de séjour des étrangers demandeurs d'asile, l'accès au droit d'asile s'est vu très limité pour les ressortissants des pays d'origine dits « sûrs », auxquels est appliquée une procédure rapide. Les Roms originaires de ces pays – Bosnie-Herzégovine, Croatie, Serbie, Macédoine et Kosovo – ne peuvent donc plus bénéficier d'une instruction individuelle approfondie de leur situation, ce qui aboutit presque toujours à des refus d'asile. Pour autant, les Etats dont sont originaires ces personnes ne les reconnaissent pas et refusent de les recevoir – certaines se trouvant même en situation d'apatridie – elles sont donc majoritairement « ni régularisables, ni expulsables ». Pour mettre fin à ces situations de non-droit, la CNCDH rappelle ses recommandations de 2008 et*

[447] Cf. Catherine-Amélie Chassin dans *« Le droit français et la protection des Roms »*, Université de Caen, Centre de recherches sur les droits fondamentaux et les évolutions du droit (CRDFED) N° 8, 2010, P. 135 à 146.

demande à ce qu'il soit procédé à un examen individuel et approfondi de la situation des personnes demandant l'asile, tenant compte de la situation des populations Roms dans les pays dont elles sont originaires »[448]. Par la suite, chacun peut imaginer le sort des migrants extra-européens. Ainsi se présente l'une des physionomies de l'apatridie en Europe. Souvenons-nous que dans le traité établissant une *« Constitution pour l'Europe »* non entérinée, le mot apatride apparaissait incidemment à l'article III-257 pour les assimiler aux autres étrangers entendu non communautaires. Tâchons de découvrir la manière dont est traitée l'apatridie par différentes organisations paneuropéennes.

A. Le droit du Conseil de l'Europe[449]

Est-il permis de dire sans réticence que le Conseil de l'Europe méconnaît le droit d'asile[450] et à plus forte raison l'apatridie ? Aucune allusion n'est faite relativement aux deux statuts et catégories juridiques dans la Convention européenne pour la sauvegarde des droits de l'homme de 1950. N'est-ce pas étonnant alors qu'à l'époque le débat avait déjà cours à l'O.N.U et que l'apatridie faisait déjà l'actualité sur le sol européen ? Pouvons-nous ainsi affirmer sans risque de nous tromper que le droit portant sur l'apatridie est tout simplement inexistant dans ce cadre juridique ? Originellement et de façon logique la Cour Européenne des Droits de l'Homme (C.E.D.H) n'avait jusqu'alors examiné l'apatridie qu'incidemment dans quelques affaires d'expulsion[451], d'extradition[452] ou de calcul des droits

---

[448] Relire l'*« Avis sur le respect des droits des « gens du voyage » et des Roms migrants au regard des réponses récentes de la France aux instances internationales »* adopté en Assemblée plénière le 22 mars 2012, 20 pages.

[449] Créé en 1949 et basé à Strasbourg en France, il compte actuellement 47 pays de membres.

[450] Cf. le Prof. Marc Boyssut dans *« Strasbourg et les demandeurs d'asile : des juges sur un terrain glissant »*, Bruylant, Bruxelles, 2010, 190 pages.

[451] Voir par exemple Chevanova/Lettonie (N° 58822/00) et Kaftailova/Lettonie (N° 59643/00), Arrêts du 07/12/2007. Dans le même sens l'affaire Dragan et autres/ Allemagne (N° 33743/03), décision du 07/10/2004 sur la base de l'article 3 de la Convention visée.

[452] Affaire Soldatenko/Ukraine (N° 2440/07), Arrêt du 23/10/2008 rendu sur la base des articles 3 et 5 de la Convention Européenne des droits de l'homme.

sociaux[453] concernant essentiellement des citoyens issus de l'ancienne Europe de l'Est en général et de l'ex-U.R.S.S[454] en particulier. D'abord, dans les deux premiers cas, elle s'était prononcée sur le fondement de l'article 8 de la Convention portant sur la vie privée et familiale. Ensuite, dans une autre affaire Mogos/Roumanie (N° 20420/02), arrêt du 13/10/2005, saisie par la famille d'apatrides d'origine roumaine, elle avait dit le droit en apportant ainsi une réponse à la question de savoir si en l'espèce il y avait eu ou non violation de l'article 3 de la Convention. La requête avait été rejetée au demeurant. Enfin, la juridiction européenne avait dans une autre décision fait droit à une demande collective en se fondant sur une base juridique plus élargie : *« 5... les requérants se plaignaient notamment d'avoir été arbitrairement privés de la possibilité d'acquérir la nationalité du nouvel Etat slovène instauré en 1991 et/ou de conserver le statut de résident permanent. En conséquence, leurs noms auraient été illégalement effacés du registre des résidents permanents le 26 février 1992, et un grand nombre d'entre eux seraient de fait devenus apatrides. Malgré les décisions de la Cour constitutionnelle, la situation de la plupart des requérants serait demeurée inchangée. Sur le terrain des articles 13 et 14 de la Convention et de l'article 1 du Protocole n° 1, les intéressés dénonçaient l'absence de tout recours effectif à cet égard, un traitement discriminatoire et la perte de leurs droits à pension » (Affaire Kurić et autres c. Slovénie (Requête n° 26828/06))*. Il s'agissait là aussi d'une action subséquente étant donné que le motif principal avait trait aux conséquences sociales et notamment des droits sociaux ainsi perdus. Communément, l'action en justice ne porte pas fondamentalement sur le fait d'être ou non apatride, mais sur les aspects susceptibles de s'y greffer. D'ailleurs, le point *« d »* du rapport explicatif de la Convention européenne de la Nationalité (STE 166) y est très explicite : *« Bien que la CEDH et ses protocoles ne contiennent, hormis l'article 3 du Protocole N° 4 (interdiction d'expulser ses ressortissants), aucune disposition qui se réfère directement à*

---

[453] Andrejeva/Lettonie (N° 55707/00), Arrêt du 18/02/2009.

[454] Signalons que dans l'affaire Chraidi/Allemagne (65655/01), la question de droit portait sur la durée de la détention de cet apatride dans un contexte de terrorisme international. Arrêt du 26/10/2006.

des questions de nationalité, certaines dispositions peuvent s'appliquer aussi à des questions liées à la nationalité. Parmi les plus importantes, on peut citer : - l'article 3 (interdiction de la torture et des peines ou traitements inhumains ou dégradants), - l'article 6 (droit à un procès équitable et public), - l'article 8 (droit au respect de la vie familiale), - l'article 14 (absence de discrimination), et - l'article 4 du Protocole N° 4 (interdiction des expulsions collectives d'étrangers) ». Voilà pourquoi Michel Autem avait réussi à en tirer d'irréfutables conclusions : *« la Cour de Strasbourg saisie régulièrement de litiges en matière de nationalité a refusé jusqu'à ce jour de les examiner, arguant qu'ils ne portaient ni sur des questions pénales ni sur des litiges en matière civile. Néanmoins, à plusieurs reprises, [elle] a évoqué, indirectement les questions de nationalité par exemple dans les cas Nasri, Beldjoudi et, plus récemment a affirmé que si la Convention et ses protocoles « ne garantissent le droit à la nationalité, le refus arbitraire d'accorder la nationalité peut dans certaines circonstances soulever des problèmes sous l'angle de cette disposition (art. 8 droit à une vie familiale) compte tenu des répercussions qu'un tel refus peut avoir sur la vie privée de l'intéressé, suffisamment grave pour soulever un problème sous l'angle de ces dispositions (Karasbev/Finlande n° 314114/96 – décision du 12.1.1999 – section IV). En l'espèce, la requête déposée pour un enfant né en Finlande pour lequel la nationalité finlandaise avait été revendiquée et qui, au moment de sa naissance avait la nationalité russe, a été rejetée, les requérants n'étant plus menacés d'expulsion »*[455]. *In concreto*, comme l'avait redit le Commissaire aux droits de l'homme : *« D'après la Cour de Strasbourg, le fait qu'un Etat ne fournisse pas les documents d'identité nécessaires pour travailler, se faire soigner ou satisfaire à d'autres besoins vitaux peut effectivement porter atteinte au droit au respect de la vie privée, droit fondamental qui pro-*

[455] Lire son rapport sur *« La convention européenne sur la nationalité un code européen de la nationalité est-il possible ? »* dans *« Les Actes »* de la *« 1ère conférence européenne sur la nationalité, « tendances et développement en droit interne et international sur la nationalité »*, Strasbourg, 18 – 19/10/1999, P. 19 à 25.

tège l'intégrité physique et morale de chacun »[456]. Par conséquent, Même si le texte de la Convention de 1950 avait ignoré l'apatridie, une chose ne peut cependant pas être occultée : au sein du Conseil de l'Europe, l'intérêt pour notre thème de réflexion ne date pas d'aujourd'hui. Il est réellement ancien dans la mesure où cette organisation intergouvernementale a commencé dès sa genèse à s'en préoccuper. La lecture de la recommandation 164 (1958) relative à la réduction des cas de pluralité de nationalités est, à n'en point douter, très symptomatique. Tirant les enseignements non seulement de la *« Convention de la Haye »* du 12 avril 1930 mais aussi de son *« protocole relatif aux obligations militaires »,* avait été mis en place un nouveau Comité d'experts chargés *« d'élaborer un projet de convention sur la réduction des cas de pluralité de nationalités ».* Il a fallu attendre plusieurs décennies pour que soit adopté un texte à part entière. Bien d'autres documents juridiques sont venus s'y rajouter depuis lors. Nul doute que le Conseil de l'Europe bénéficie aujourd'hui d'une provision normative profusément dense. On aurait pu, en amont comme en aval, évoquer les recommandations 194 (1959) relative à la nationalité des enfants apatrides adoptée le 22/04/1959. Le cas aussi de la recommandation CM/Rec(2009)13 du Comité des Ministres aux Etats membres sur la nationalité des enfants en date du 9/12/2009… Citons le H.C.R dont le Haut commissaire rappelle quelques acquis notables : *« En Europe, la Convention du Conseil de l'Europe sur la prévention de l'apatridie dans le cadre de la succession d'Etat est entrée en vigueur. L'adoption d'une recommandation concernant la nationalité des enfants présentée par le Conseil des ministres du Conseil de l'Europe, contenant un ensemble de principes visant à prévenir et réduire l'apatridie chez les enfants (par le biais, entre autres, de la naturalisation facilitée et de l'enregistrement des naissances de tous les enfants nés sur le territoire), a constitué un jalon im-*

[456] Cité dans *« De nombreux Roms en Europe sont apatrides et vivent sans protection sociale »* dans *« Droits de l'homme en Europe : les écarts se creusent, points de vue du commissaire aux droits de l'homme du conseil de l'Europe Thomas Hammarberg »*, Conseil de l'Europe, Strasbourg, 2010, p. 64. cf. Voir l'arrêt *Smirnova c. Russie* de la C.E.D.H (24 octobre 2003), paragraphes 95 à 97.

portant à cet égard »[457]. Bien d'autres instruments ont donc vu le jour dans le cadre de cette O.I (Conventions, protocoles, résolutions, recommandations…). De nos jours en effet, le Conseil de l'Europe dispose aussi d'une *« Convention européenne sur la nationalité »*[458]. Adoptée à Strasbourg en France le 06/11/1997, elle est entrée en vigueur le 01/03/2000. A la suite des Conventions de 1954 et de 1961 susmentionnées, elle est l'une des manifestations parmi les plus accomplies du droit touchant à l'apatridie. Quel est l'objet de ce texte capital ? C'est l'article 1er de ce document qui en apporte la réponse : *« Cette Convention établit des principes et des règles en matière de nationalité des personnes physiques et des règles déterminant les obligations militaires en cas de pluralité de nationalités, auxquels le droit interne des Etats Parties doit se conformer ».* De même : *« Article 4 – Principes, les règles sur la nationalité de chaque Etat Partie doivent être fondées sur les principes suivants : a) chaque individu a droit à une nationalité ; b) l'apatridie doit être évitée ; c) Nul ne doit être arbitrairement privé de sa nationalité… ».* Ainsi : *« Un Etat Partie ne peut prévoir dans son droit interne la perte de sa nationalité de plein droit ou à son initiative ».* Et, parallèlement : *« Article 8 – Perte de la nationalité à l'initiative de l'individu 1) Chaque Etat Partie doit permettre la renonciation à sa nationalité, à condition que les personnes concernées ne deviennent pas apatrides. 2) Cependant, un Etat Partie peut prévoir dans son droit interne que seuls les ressortissants qui résident habituellement à l'étranger peuvent renoncer à sa nationalité ».* En d'autres termes : *« La perte de la nationalité ou la renonciation à la nationalité doit être subordonnée à la possession ou à l'assurance de l'acquisition d'une autre nationalité. Une exception peut être faite pour les personnes naturalisées qui, bien qu'ayant été informées des formalités et des délais à respecter, résident à l'étranger pendant un nombre donné d'années et ne manifestent pas leur intention de conserver la nationalité. On entend par personne naturalisée uniquement une personne qui*

---

457 *« Note sur la protection internationale »,* Rapport du Haut Commissaire, A/AC.96/1085, 30 juin 2010, P. 15.

458 Se référer à *« Compil des traités, migration, résumés et textes des traités »,* Edition du Conseil de l'Europe, Strasbourg, 2002, P. 255.

a acquis la nationalité après une demande que l'Etat contractant concerné dans l'exercice de son pouvoir, discrétionnaire, aurait pu refuser. La perte de la nationalité ne peut se produire qu'en accord avec la législation et si toutes les garanties de procédure sont assurées telles que le droit à un procès équitable devant un tribunal ou une autre instance indépendante. »[459] En résumé, la Convention consacre plusieurs verrous que ni l'Etat ni l'individu ne peuvent valablement et régulièrement sous-estimer. La référence à l'aspect militaire est une réalité une interaction avec la Convention de 1963 relative à *« la réduction des cas de pluralité de nationalités et sur les obligations militaires en cas de pluralité de nationalités »*. Adoptée le 6 mai 1963 à Strasbourg en France[460], celle-ci entérinait et faisait valoir la prévalence de la conception allemande de l'unicité de la nationalité : un individu, une nationalité. Reprenons les premiers alinéas de ses articles 1 et 2 : *« Les ressortissants majeurs des Parties contractantes qui acquièrent à la suite d'une manifestation expresse de volonté, par naturalisation, option ou réintégration, la nationalité d'une autre Partie, perdent leur nationalité antérieure ; ils ne peuvent être autorisés à la conserver »*. En tout état de cause : *« Tout individu possédant la nationalité de deux ou plusieurs Parties contractantes pourra renoncer à l'une ou aux autres nationalités qu'il possède, avec l'autorisation de la Partie contractante à la nationalité de laquelle il entend renoncer »*. Le mécanisme conventionnel de 1963 reposait en l'occurrence sur quelques grandes articulations parmi lesquelles l'évitement de l'apatridie, la réduction des cas de multi-nationalités (Chapitre I, quatre articles) et les obligations militaires en cas de pluralité des nationalités (Chapitre II qui comprend les articles 5 et 6 de la Convention). Dans ce second chapitre, l'article le plus important étant le 5.1 selon

---

[459] Bureau du Haut-commissaire des Nations Unies pour les Réfugiés, Genève, *« Module d'information et d'adhésion : La convention de 1954 relative au statut des apatrides et La convention de 1961 sur la réduction des cas d'apatridie »*, publié en juin 1996 et révisé en novembre 1998, P. 15.

[460] Accord d'interprétation de l'article 12, §2 accepté par les Parties à la Convention nommément l'Autriche, la Belgique, le Danemark, la France, l'Irlande, l'Italie, le Luxembourg, les Pays-Bas, la Norvège, l'Espagne, la Suède et le Royaume-Uni et certifié par le Secrétaire Général du Conseil de l'Europe le 02/04/2007.

lequel : « *Tout individu qui possède la nationalité de deux ou plusieurs Parties contractantes n'est tenu de remplir ses obligations militaires qu'à l'égard d'une seule de ces Parties* ». Sans aucun doute le débat doctrinal découlant de ces instruments normatifs est donc, de ce point de vue, ancien. A l'époque Maurice Loisel, un des tenants de la théorie de l'unicité, écrivît : « *Les professeurs de droit international souhaitent de façon générale la disparition de la double nationalité. L'idéal, d'après eux, correspond au slogan « un individu, une nationalité et une seule ». Ils fondent leur position sur des considérations telles que les conflits de devoirs en temps de guerre. On doit remarquer que de tels inconvénients de la double nationalité sont assez théoriques (...) L'obstacle à la disparition des cas de double nationalité est tout simplement l'intérêt des pays d'émigration. Contraints pour de multiples raisons de laisser partir leurs nationaux, ils ont forcément tendance à conserver ces derniers aussi longtemps que possible dans leur allégeance pour retirer le maximum d'avantages de la situation : envoi des économies aux familles, diffusion du livre, retour au pays après fortune faite, etc. Les pays d'immigration, au contraire, s'insurgent contre ces atermoiements qu'ils jugent puérils. Ces intérêts sont-ils donc si sérieux, qu'ils ne puissent s'effacer devant la logique théorique du slogan « un individu, une seule nationalité » ? Et les mœurs entre pays de même degré de civilisation, sont-elles si différentes, que l'on doive compliquer indéfiniment la comptabilité internationale des ressortissants ?*»[461]. Ce postulat de départ est-il encore valide aujourd'hui ? Il semble que non. Référons-nous à Patrick Glen : « *Si la citoyenneté a une tendance à se rétrécir, elle semble aussi avoir une tendance à se dédoubler. Carlier identifie deux causes d'une « pluri-nationalité plus fréquente ». D'une part, la femme mariée n'acquiert plus d'office la nationalité de son mari et transmet souvent sa nationalité à son enfant. D'autre part, il y a l'effet des migrations, qui accroissent les cas de bi-nationalité pour les premières générations, moyen-*

[461] Voir Maurice Loisel dans « *Les anomalies des lois sur la nationalité : doubles nationaux et apatrides* » tiré de : « *Population* », 6e année, n°2, 1951 pp. 249-260. Cet article peut-être retrouvé sur : http://www.persee.fr/web/revues/home/prescript/article/pop_0032-4663_1951_num_6_2_2483

nant l'acquisition volontaire de la nationalité du pays d'accueil. Il faut noter aussi que les lois nationales semblent nécessairement plus tolérantes de cette situation, ce qui reflèterait peut-être le fait que la doctrine moderne aurait « atténué, voire rejeté, la conception ancienne de l'unicité de nationalité... Au dédoublement des citoyennetés nationales, s'ajoute également le phénomène de la citoyenneté régionale. En Europe, chaque citoyen d'un pays européen est aussi citoyen européen... »[462]. Aux antipodes d'une règle qui semble pourtant faire l'unanimité, la double nationalité n'est toujours pas acceptée ni en Autriche ni en Allemagne et l'acquisition d'une des deux nationalités est normalement subordonnée à la renonciation de la nationalité d'origine. Quelques Etats continuent donc encore aujourd'hui de répudier la thèse principale. Hakki Keskin un député allemand d'origine turque résume distinctement la position de son pays : *« La situation des migrants installés en Allemagne n'a jamais été facile, et ils se heurtent aujourd'hui encore à des difficultés persistantes. Pendant des années, les partis conservateurs allemands n'ont pas vraiment réussi à comprendre, ou n'ont pas voulu voir, que l'Allemagne était devenue le pays de destination de nombreux migrants, et n'ont pas voulu accorder aux migrants les mêmes droits que ceux dont bénéficiaient les citoyens allemands. Le processus de naturalisation soulève encore de nombreux problèmes en raison des réticences politiques auxquelles il se heurte. Le problème persiste dans la mesure où le droit allemand exige des migrants qu'ils renoncent à leur nationalité d'origine pour obtenir la citoyenneté allemande. Certains étrangers ne peuvent pas s'y résigner et veulent conserver leur passeport origine. Mais le droit allemand ne reconnaît pas la double nationalité. En conséquence, il y a aujourd'hui en Allemagne sept millions d'étrangers, dont certains vivent depuis des décennies dans le pays, y sont nés et y ont été élevés, mais qui sont toujours officiellement considérés comme des étrangers parce qu'ils ne peuvent pas obtenir la citoyenneté allemande et un passeport allemand... Ils ne peuvent donc pas bénéficier des mêmes droits*

---

[462] Cf. *« La citoyenneté et le droit : Un bilan »* dans *« Les enjeux de la citoyenneté, Un bilan interdisciplinaire »*, Juin 1998, Université McGill, Canada, P. 42.

que les Allemands, notamment en matière de droits de vote »[463]. Ce type de spécificités nationales ne contrastent-elles pas avec le droit international ? Les particularismes nationaux ne doivent-ils pas malgré tout s'y conformer ? En tout état de cause, l'objectif de la réduction de la multi-nationalité s'estompe avec la bi-nationalité. En effet, ce verrou semble résister et perdurer au point de dire que ce statut en est devenu la référence. Au-delà d'éventuels conflits d'intérêts et d'allégeances, l'accroissement de la pluri-nationalité est une réalité assurent également les parlementaires français[464]. A ce titre, voici ce que défendait Chantal Nast il y a peu : *« on peut dire que le droit souverain d'un Etat de déterminer qui sont ses ressortissants est quelque peu limité par le droit international et par le droit des autres Etats. Le fonctionnement d'une loi sur la nationalité dépend souvent de la loi sur la nationalité d'une autre Etat, et le cas de doubles nationalités ou d'apatridie existent fréquemment en raison du fonctionnement parallèle de deux droits. Le droit international a évolué dans le temps sur les questions de double nationalité ou de nationalités multiples, mais il oblige les Etats, dans l'intérêt de la communauté des Etats et dans l'intérêt des individus, à coordonner leur législation avec celle des autres Etats afin de ne pas créer de cas d'apatridie, ce qui est parfois difficilement conciliable avec d'autres facteurs... »*[465]. En fin de compte, bien que l'apatridie soit absente de la Convention de 1950, la notion est bien présente dans le corpus juridique du Conseil de l'Europe. L'intérêt de la thématique réside actuellement dans le glissement quasi-inexorable de compétences au profit de la C.E.D.H en la matière. L'apatridie est effectivement saisie indirectement par le juge européen du

---

[463] Dans *« Pour des parlements inclusifs : la représentation des minorités et des peuples autochtones au parlement, Entretiens avec les parlementaires. La diversité au Parlement : écouter les voix des minorités et des peuples autochtones »* Sous la direction d'Elizabeth Powley, Union Interparlementaire et le Pnud, 2010, P. 43. Idem Martina Sauer dans *« L'intégration des immigrés d'origine turque en Allemagne »*, Institut Français des Relations Internationales (I.F.R.I), Paris, Novembre 2010, 30 pages.

[464] Rapport sur *« le droit de la nationalité en France »* de la mission d'information parlementaire présidée par M. Manuel Valls, Paris, le 29 juin 2011, P. 58.

[465] Lors de son intervention au 11è séminaire de la Commission internationale d'état civil tenu du 12 au 16 novembre 2006 à Strasbourg (France).

fait de ses implications. Outre le Conseil de l'Europe, tâchons de vérifier l'activité spécifique des autres O.I.R.

B. Le droit afférent de l'Union Européenne

Rappelons pour commencer que 2013 a été qualifiée année de la « citoyenneté européenne » pour célébrer le vingtième anniversaire[466] de son institutionnalisation. Interrogeons-nous sur l'état de cette branche particulière du droit au sein de l'U.E ? Quel est le niveau de prise en compte de l'apatridie dans cette zone du continent européen ? La résolution du Parlement Européen du 14 janvier 2009 sur *« la situation des droits fondamentaux dans l'Union Européenne 2004-2008 »* était très éloquente à cet égard. Elle avait effectivement permis de faire une série de constatations dans son espace public. D'abord le co-législateur européen avait considéré que : *« Les personnes apatrides, qui résident en permanence dans les États membres, sont dans une situation unique dans l'Union, certains États membres leur imposant des exigences injustifiées ou qui ne sont pas strictement nécessaires, ce qui les discriminent par rapport aux citoyens du groupe majoritaire ; demande dès lors à tous les États membres concernés de ratifier les conventions des Nations unies relatives au statut des apatrides (1954) et sur la réduction des cas d'apatridie (1961) ; demande aux États membres, dont l'accession à la souveraineté ou le recouvrement de celle-ci remonte aux années 90, de traiter toutes les personnes qui résidaient sur leur territoire antérieurement à celle-ci sans aucune discrimination et les appelle à dégager systématiquement des solutions justes, fondées sur les recommandations des organisations internationales, aux problèmes rencontrés par toutes les personnes victimes de pratiques discriminatoires ; condamne en particulier les pratiques de radiation délibérée de résidents permanents enregistrés, au sein de l'Union, et invite les gouvernements concernés à prendre des mesures efficaces pour que ces personnes apatrides recouvrent leur statut »*. Pour toutes ces raisons, il avait ensuite instamment prié : *« ...la*

---

[466] Dans ce sens, lire le *« Rapport 2010 sur la citoyenneté de l'union lever les obstacles à l'exercice des droits des citoyens de l'union »*, Commission européenne, Direction générale de la Justice, 2011, 22 pages.

Commission, et particulièrement au Conseil, de faire passer avec rapidité et ambition la stratégie de longue portée de l'Union en matière d'asile à l'application de la phase II, notamment par la révision de la directive 2005/85/CE relative à des normes minimales concernant la procédure d'octroi et de retrait du statut de réfugié dans les États membres, ainsi que de la directive 2004/83/CE concernant les normes minimales relatives aux conditions que doivent remplir les ressortissants des pays tiers ou les apatrides pour pouvoir prétendre au statut de réfugié ou les personnes qui, pour d'autres raisons, ont besoin d'une protection internationale, et relatives au contenu de ces statuts, et par la création d'une structure européenne d'appui dans le domaine du droit d'asile ». A l'heure actuelle, ces deux réformes institutionnelles sont bien réalisées. Cependant, leur impact sur les apatrides semble nul et imperceptible parce qu'infinitésimal. Enfin, comme pour renforcer l'obligatoriété de ses desiderata, son raisonnement s'était achevé par l'expression de sa préoccupation sur le sort des victimes. Ainsi s'inquiétait-il : *« de ce que l'absence de politiques efficaces d'intégration cause l'exclusion de centaines de milliers de non-ressortissants et d'apatrides de la vie professionnelle, sociale et politique, ce qui a en outre pour effet de saper les efforts de l'Union en vue d'accroître la mobilité de la main d'œuvre afin d'améliorer la compétitivité et la prospérité économique ; est conscient du fait que leur exclusion risque de placer ces personnes dans une position vulnérable, ouvrant ainsi la voie à la radicalisation, à la traite d'êtres humains ou à d'autres formes d'exploitation ».* Voilà présentée de façon succincte la trame de l'action qui devrait être celle des instances communautaires. Dans le texte de la récente résolution adoptée le 12/12/2012 à Strasbourg sur la *« Situation des droits fondamentaux dans l'U.E 2010-2011 »,* les parlementaires européens se contentent cette fois-ci de : *« 59. [Souligner] qu'il convient d'aborder la question de la situation des apatrides résidant de manière permanente dans les États membres, sur la base des recommandations des organisations internationales ».* N'avait-il pas été bien trop critique dans ses précédentes stipulations ? L'attitude présente ne correspond-t-elle pas à une prise en compte factuelle de sa propre et néanmoins tangible impéritie ? N'est-ce pas une forme reculade inavouée ? Pourquoi orienter les Etats membres vers les autres organismes, là où il peut lui-même agir directement ? Globalement, son intervention ainsi que sa pratique demeurent pour l'instant moins efficaces quant à notre matière de référence. L'U.E priorise toujours l'asile tandis que pour l'apatridie, son action semble se limiter à de simples vœux pieux. Les deux textes précités sont heureusement insuffisants pour cerner non seulement l'essence, mais aussi la consistance de notre thématique en son sein. D'où la nécessité d'approfondir notre étude en vue de parvenir à une approche européenne globale de notre problématique. Citons de prime abord la Charte des droits fondamentaux (2000/C 364/01) en vigueur depuis 2010. Elle contient un article 18 couvrant le droit d'asile et d'après lequel : *« Le droit d'asile est garanti dans le respect des règles de la Convention de Genève du 28 juillet 1951 et du Protocole du 31 janvier 1967 relatifs au statut des réfugiés et conformément au traité instituant la Communauté européenne ».* Curieusement le droit se rattachant à l'apatridie est de son côté une fois de plus complètement ignoré par le texte qui, dorénavant, occupe une place éminente dans l'ordonnancement juridique communautaire ainsi que dans son paysage institutionnel notamment avec la création de l'Agence des droits fondamentaux. Aucune mention n'y est faite, aucune indication même allusive. Seule la notion de « citoyenneté européenne » est abordée[467] surtout dans une de ses manifestations politiques à savoir la participation au vote soit en tant qu'électeur, soit en tant que candidat. Deux types d'élections sont ainsi concernées à savoir les municipales et les européennes. De même *« le Pacte européen pour l'immigration et l'asile »*[468] (Paris, 2008) avait ostensiblement évité notre cause en se contentant de résumer l'ensemble du paradigme migratoire à l'asile et à l'immigration. Enfin un dernier exemple peut être pris à propos du *« rapport annuel de l'U.E sur les droits de l'homme et de démocratie dans le monde 2010 »*[469]. Les mots « apatride » et « apatridie » sont tout sim-

[467] Article 19 de ladite Charte.
[468] Ce Pacte européen avait été adopté par le Conseil Européen les 15 et 16 octobre 2008 et matérialisé par plusieurs engagements pris par les Chefs d'Etat et de gouvernement.
[469] Publié par le Service européen pour l'action extérieure de l'U.E en septembre 2011, 228 pages. Le rapport est disponible en ligne à l'adresse http://eeas.europa.eu

plement absents de ce rendu, Est-ce la preuve que notre thématique ne fait nullement partie ni de ses priorités ni de ses préoccupations ? Au demeurant, point n'est besoin de rechercher dans ce domaine un hypothétique « livret vert de la Commission sur le futur régime européen » dont l'objectif serait d'aboutir à la *« création d'une procédure [] commune et l'introduction d'un statut uniforme applicable à l'ensemble du territoire de l'Union »*. Encore moins celui cherchant à *« faire de l'Union un espace de protection unique... basé sur l'application intégrale et globale de la Convention [] et sur les valeurs humanitaires communes à l'ensemble des Etats membres »*. Est-ce parce que le continent européen dispose déjà d'une législation pouvant être qualifiée de « suffisante » dans le cadre plus large du Conseil de l'Europe ? Difficile d'emporter derechef notre conviction. Comment assurer l'effectivité des droits des demandeurs du statut apatridie au sein de l'U.E ? Quelles mesures prendre afin de rendre plus sensibles et surtout plus opérationnels l'ensemble des acteurs aussi bien institutionnels que privés intervenant dans le champ de l'apatridie sur son ressort territorial ? Que faire pour instituer et surtout mettre en œuvre une véritable solidarité entre ses Etats membres dans le but d'atteindre la noble finalité du niveau le plus élevé d'accompagnement et de protection des demandeurs du statut d'apatridie ? A toutes ces interrogations, les réponses font cruellement défaut au sein de l'U.E. L'évocation du groupe des apatrides demeure accessoire, incertaine et parfois même énigmatique. Recourons à la « Directive 2033/9/CE du Conseil du 27 janvier 2003 relative aux normes minimales pour l'accueil des demandeurs d'asile dans les Etats membres (J.O de l'U.E du 06.02.2003) pour le démontrer. Relisons son Préambule *« (15) Il est dans la nature même des normes minimales que les États membres puissent prévoir ou maintenir des conditions plus favorables pour les ressortissants de pays tiers et les apatrides qui demandent une protection internationale à un État membre »*. De toute évidence, ces normes ne pas appliquées aux demandeurs du statut d'apatride. *« (16) Dans le même esprit, les États membres sont invités à appliquer les dispositions de la présente directive aux procédures de traitement des demandes de formes de protection autres que celle qui découle de la convention de Genève pour les ressortissants de pays tiers et les apatrides.* » Quant à l'article 2 : *b) « demande d'asile » : une demande présentée par un ressortissant d'un pays tiers ou un apatride qui peut être comprise comme une demande de protection internationale par un État membre en vertu de la convention de Genève. Toute demande de protection internationale est présumée être une demande d'asile, à moins que le ressortissant d'un pays tiers ou l'apatride ne sollicite explicitement une autre forme de protection pouvant faire l'objet d'une demande séparée* ». Chacun comprendra que ces dispositions ne touchent que l'apatride qui dépose une demande d'asile c'est-à-dire la catégorie des apatrides-réfugiés[470] et non pas des apatrides-apatrides. Tandis que l'hypothèse courante et aujourd'hui majoritaire de l'individu sollicitant directement le statut d'apatride n'est même pas envisagée. Une propension très réductrice de l'apatridie dans ce sens qu'une telle demande, du fait de son autonomie par rapport de la demande d'asile, n'entre guère dans le champ d'application de l'article 3 de la directive évoquée. Toujours sous ce prisme, les mêmes griefs peuvent être formulés à l'égard de l'ancienne *« Directive 2004/83/CE du Conseil du 29 avril 2004 concernant les normes minimales relatives aux conditions que doivent remplir les ressortissants des pays tiers ou les apatrides pour pouvoir prétendre au statut de réfugié ou les personnes qui, pour d'autres raisons, ont besoin d'une protection internationale, et relatives au contenu de ces statuts »*. Non seulement l'apatridie n'apparaissait nullement dans les définitions présentées à l'article 2, mais en plus son champ d'action demeurait tout aussi hermétique aux demandes directes du statut d'apatridie. Entre autres détails susceptibles de retenir notre attention, celui relatif au motif de persécution que contenait son article 10 point 1 : *« c) la notion de nationalité ne se limite pas à la citoyenneté ou à l'inexistence de celle-ci, mais recouvre, en particulier, l'appartenance à un groupe soudé par son identité culturelle, ethnique ou linguistique, ses origines géographiques ou politiques communes, ou sa relation*

470 Selon les dernières estimations du HCR, 3.354 personnes apatrides ont demandé le statut de réfugié en 2012 dans l'U.E (27 Etats). Ils étaient 2.446 en 2011 soit une augmentation de 37 %. En Europe (38 pays concernés), les chiffres sont respectivement de 3.647 et de 2.735 soit 33 % de plus sur les deux années. Extrait de *« Niveaux et tendances de la demande d'asile dans le pays industrialisés »*, Unhcr, Genève, 21 Mars 2013.

avec la population d'un autre État ; ». Il s'agissait d'une acception forcément lato sensu de la notion de nationalité la rapprochant d'un autre critère inclusif de la Convention de Genève de 1951 à savoir l'appartenance à un *« groupe social ».* Ainsi les cas de déchéances abusives et injustifiées de nationalité demeurant constitutifs de persécution conformément à l'article 9. Nul ne pouvant à juste titre oublier que : *« 2. Les actes de persécution, au sens du paragraphe 1, peuvent notamment prendre les formes suivantes : b) les mesures légales, administratives, de police et/ou judiciaires qui sont discriminatoires en soi ou mises en œuvre d'une manière discriminatoire ».* Afin de corroborer l'idée le Parlement européen explique que : *« La présente note – lorsqu'elle mentionne le statut de réfugié – fait référence à la fois au statut de réfugié ainsi qu'au statut de bénéficiaire de la protection subsidiaire. Au regard des normes en vigueur, une demande d'asile est une demande présentée à un Etat membre par un ressortissant d'un pays tiers ou un apatride qui peut être comprise comme une demande de protection internationale en vertu de la Convention de Genève. Dans les propositions de directives de la Commission relatives à la procédure d'asile (COM (2009) 554/4) et à la qualification (COM (2009) 551) les termes « demande d'asile » sont remplacés par les termes « demande de protection internationale ». Ces termes s'entendent au sens d'une demande de protection présentée à un Etat membre par un ressortissant de pays tiers ou un apatride, qui peut être comprise comme visant à obtenir le statut de réfugié ou le statut conféré par la protection subsidiaire, le demandeur ne sollicitant pas explicitement un autre type de protection hors du champ d'application de la directive qualification et pouvant faire l'objet d'une demande séparée. Les commentaires qui suivent sont donc basés sur le concept de « protection internationale » tel que défini par les propositions de directives de la Commission »*[471]. Somme toute, la législation de l'U.E est ainsi orientée.

[471] Voir le Parlement Européen dans le *« Statut des personnes qui se sont vu refuser le statut de réfugié et dont le retour dans leur pays d'origine n'est pas possible »*, par Prof. Dr. H.C. Kay Hailbronner pour le compte de la Direction générale des politiques internes, Département thématique *« droits des citoyens et affaires constitutionnelles »* du Parlement Européen, 2010. Ce document est disponible sur le site internet :

Le formalisme juridique entourant la demande d'apatridie est inexistant car non prescrit aussi bien par le droit de Bruxelles (U.E) que par le droit de Strasbourg (C.E). La condition du demandeur du statut d'apatride est véritablement calamiteuse dans une Europe qui a la prétention d'être vertueuse en matière des droits de l'homme. Ce qui ne simplifie en rien le travail du H.C.R déjà contraint de mener à ce propos une activité tant soit peu intense dans les pays extra-européens dans lesquels la greffe de l'Etat de droit n'a pas encore pu prendre. Ainsi croit-il nécessaire d'affirmer expressément que : *« Les bureaux du HCR continueront à localiser les cas d'apatridie et à s'attaquer à leurs causes, ainsi qu'à promouvoir les droits et le bien-être des populations apatrides »* tout comme l'accès aux besoins essentiels[472]. Pour le dictionnaire permanent du droit des étrangers : *« L'harmonisation des politiques d'asile et d'immigration développée dans l'Union européenne par le traité d'Amsterdam s'est concrétisée par de multiples directives qui ont une incidence sur les apatrides, parfois en tant que tels, mais plus souvent en tant qu'étrangers ou encore, pour ceux qui sollicitent l'asile, en tant que demandeurs d'asile et, pour ceux qui l'obtiennent, en tant que réfugiés ou bénéficiaires de la protection subsidiaire »*[473]. Difficile d'entériner totalement de tels écrits. L'idéal serait que les apatrides « en tant que tels » soient également protégés de manière idoine. En cela, deux raisons peuvent être avancées : - Tel n'est en vérité pas le cas présentement sur le territoire de l'U.E ; - La protection internationale au titre de l'apatridie est une, entière et complète et non pas systématiquement complémentaire de celle due aux réfugiés. Ce débat sur l'autonomie du régime juridique de l'apatridie par rapport à celui de l'asile avait pourtant déjà été définitivement tranché durant les travaux préparatoires de la Convention de Genève de 1951 sur les réfugiés. Qu'en est-il du côté de la jurisprudence communautaire ? A vrai dire, ici aussi tout est factuel. A l'instar de la Cour européenne des droits de l'homme, la perception reste subsidiaire étant donné qu'elle n'est considé-

---

http://www.europarl.europa.eu/activities/committees/studies.do?language=FR

[472] Deuxième partie – HCR : Opérations, dans *« Appel global 2009 du HCR – actualisation »*, P. 78 et 83.

[473] Dans *« Les apatrides »*, Editions législatives, Paris, 2010.

rée que sous l'angle de l'effectivité des droits sociaux consacrés. Dans un arrêt rendu par la Cour de Justice de l'U.E dans les affaires c-95/99 à c-98/99 et c-180/99, *Mervett Khalil et autres/bundesanstalt für arbeit ; Mohamad Nasser/landeshauptstadt stuttgart ; Meriem Addou/land nordrhein-westfalen*[474], il était apparu que : *« des apatrides ou des réfugies ne [pouvaient] pas prétendre au versement de prestations familiales au titre du droit communautaire lorsqu'ils [avaient] immigré directement au départ d'un Etat tiers et se [trouvaient] dans une situation ne présentant aucun facteur de rattachement au droit communautaire »*. En l'espèce, les intéressés avaient saisi la justice allemande en se basant sur un règlement communautaire relatif à la sécurité sociale des travailleurs migrants et leurs familles. Le texte visé incluant dans son champ d'application les travailleurs apatrides ou réfugiés résidant sur le territoire d'un des États membres ainsi que les membres de leurs familles et leurs survivants. Fort logiquement, pour la définition des concepts de « réfugié » et d' « apatride » la réglementation communautaire renvoie respectivement aux deux conventions internationales connues (1951, 1954). Un sursis à statuer avait été décidé en se fondant sur la validité de l'acte juridique. Le *Bundessozialgericht* ayant eu des doutes sur la compétence du législateur communautaire pour régler la condition sociale des apatrides et des réfugiés. La C.J.C.E avait donc été saisie par un renvoi préjudiciel. A propos de la première question soulevée, la Cour avait estimé que : *« L'objectif ultime de la coordination des régimes nationaux en matière de sécurité sociale, déjà prévue dans le traité CEE de 1957, consiste à assurer une liberté aussi complète que possible pour la circulation des travailleurs... on ne peut pas reprocher au Conseil d'avoir inclus les apatrides et les réfugiés résidant sur le territoire des États membres, afin de tenir compte des engagements internationaux de ces derniers, dans le champ d'application du règlement communautaire sur la sécurité sociale des travailleurs migrants et leur famille »*. Sur le second motif, elle avait dit le droit dans ces termes : *« le droit commu-*

[474] La CJUE devait se prononcer dans le cas de Palestiniens, Kurdes, Algériens et Marocains lesquels avec leurs familles respectives ont immigré en Allemagne et y séjournent comme apatrides ou réfugiés.

nautaire vise pour les travailleurs migrants la coordination des régimes de sécurité sociale des États membres et le paiement des prestations dans le cadre de ces régimes ainsi coordonnés. Le règlement communautaire sur la sécurité sociale des travailleurs migrants et leur famille établit un ensemble de règles fondées sur l'interdiction de discrimination en raison de la nationalité ou de la résidence et sur le maintien par le travailleur des droits acquis en vertu du ou des régimes de sécurité sociale qui lui sont ou ont été appliqués. [Elle] renvoie à sa jurisprudence antérieure en vertu de laquelle ces règles ne s'appliquent pas aux situations qui ne présentent aucun facteur de rattachement au droit communautaire. Les avantages tirés de la qualité de travailleur migrant à l'intérieur de l'Union européenne ne peuvent pas être attribués à des apatrides ou réfugiés résidant dans un Etat membre lorsqu'ils se trouvent dans une situation dont tous les éléments se cantonnent à l'intérieur de ce seul État membre »[475].

Tout compte fait, les variations demeurent quelque peu timides en Europe y compris sur le territoire communautaire. La tâche à accomplir est encore considérable. A propos des Roms par exemple, dans son rapport 2010 : *« Le Commissaire [avait] vivement encouragé les autorités à créer des mécanismes de consultation à tous les niveaux avec les Roms et les Sintés, à éviter les expulsions qui ne s'accompagnent d'aucune offre de relogement et à mettre en place des solutions éducatives appropriées pour les enfants. Il espérait que le nouveau plan d'action concernant les mesures de protection sociale et d'intégration [serait] bientôt mis en œuvre et que les autorités [tiendraient] rapidement leur promesse de ratifier sans réserve la convention du Conseil de l'Europe sur la nationalité, ce qui servirait en particulier les intérêts des enfants roms apatrides de fait. [...] La question de l'apatridie [figurait] aussi en bonne place dans les activités menées par le Commissaire sur les Roms et les Gens du voyage en 2009. Dans un point de vue paru le 6 juillet (« De nombreux Roms en Europe sont apatrides et vivent sans protection sociale »), il [affirmait] qu'il « [était] inacceptable que des citoyens européens soient privés du droit fondamental à*

---

[475] Cf. Entre autres la division de la presse et de l'information, Communiqué de presse n. 51/01 du 11/10/2001.

la nationalité »... qu'au moyen de ses instruments internationaux et de ses organes de suivi, le Conseil de l'Europe [avait] clairement établi les normes et les obligations faites aux Etats membres afin qu'ils règlent les problèmes persistants d'apatridie et d'absence de papiers d'identité chez les Roms »[476]. Notons que ceux pour lesquels le Commissaire aux droits de l'homme s'insurge habituellement sont les Roms c'est-à-dire des personnes qui devraient en principe avoir la qualité de citoyens européens. Alors que, de par son mandat, ce dernier devrait aussi s'intéresser aux demandeurs du statut d'apatride venus d'ailleurs dès lors qu'ils sont sur le sol européen. Relisons le rapport d'Alvaro Gil-Robles sur *« Le respect effectif des droits de l'homme en France »*[477]. Les demandeurs d'asile, les Roms, les gens du voyage ainsi que bien d'autres groupes vulnérables y sont mentionnés à l'exception des apatrides. Sur un autre plan, pour des besoins d'exemplarité, sied-t-il de s'engager dans ce type particulier d'accords de réadmission à l'instar de ceux signés par l'U.E avec des partenaires extérieurs ? Pour ainsi dire : *« ... la signature en avril 2006 entre Moscou et l'Union Européenne d'un accord de « réadmission », prévoyant l'obligation d'accueillir les ressortissants nationaux, mais également des ressortissants de pays tiers et les apatrides apparaît particulièrement dangereuse »* comme l'avait souligné avec force la F.I.D.H[478]. Rappelons à toutes fins utiles que lors du recensement de 2002 en Russie, on dénombrait en autres 400.000 personnes déclarées apatrides et 1,3 millions dont la citoyenneté était indéterminée. De surcroit, nul ne peut affirmer que ce pays soit exemplaire en matière des droits de l'homme en général et des droits des étrangers en particulier. Doit être également signalée l'existence d'un accord de réadmission similaire de par son contenu entre l'U.E et le Pakis-

---

[476] Strasbourg, 14 avril 2010 CommDH(2010)8, *« Rapport annuel d'activités 2009 »* de Thomas Hammarberg, Commissaire aux droits de l'homme du Conseil de l'Europe présenté au Comité des Ministres et à l'Assemblée parlementaire, Conseil de l'Europe, P. 6 et 18.

[477] Cf. Conseil de l'Europe, Bureau du Commissaire aux droits de l'homme, Strasbourg le 15/02/2006, 109 p.p.

[478] Lire la Fédération Internationale des Droits de l'Homme (F.I.D.H) dans *« les migrants en Russie, des populations fragilisées, premières victimes des crises politiques internes et externes »*, Paris, Avril 2007, p.12.

tan. Entré en vigueur depuis le 1er décembre 2010, il vise non seulement les Pakistanais mais aussi les ressortissants des pays tiers ainsi que les apatrides passés sur son territoire. En cas de sollicitation des autorités pakistanaises, l'absence de réponse au bout d'un mois permet automatiquement la mise en œuvre du mécanisme de transfert. Ce délai pouvant être exceptionnellement porté à deux mois. Selon l'Association Européenne pour la Défense des Droits de l'Homme (A.E.D.H) qui en fait une analyse minutieuse : *« l'accord de réadmission entre la Communauté européenne et le Pakistan soulève d'importantes interrogations concernant le respect des droits de l'Homme »*[479]. Autre élément à charge, ce pays n'est partie à aucune des deux conventions prônées par le H.C.R. Au fond, le renvoi des personnes apatrides vers ce dernier Etat traversé revient inéluctablement à les maintenir dans une situation d'errance sempiternelle alors qu'elles ont juste besoin d'une protection internationale. Le refoulement est indéniablement une pseudo solution caractérisée par sa non-conformité au droit international. Du point de vue des droits de l'homme et notamment de ceux des apatrides, l'U.E est formellement défaillante pour son absence de politique globale à l'endroit des personnes en état d'apatridie. Ses quelques rares actes ciblés sont de façon univoque orientés vers la répression au lieu de la protection. C'est le moins que l'on puisse dire. Le dernier accord de la série a été paraphé avec la Turquie le 21 juin 2012 assorti d'obligations similaires pour le cosignataire. L'U.E est un acteur international notable en mesure de jouer un rôle prépondérant non seulement dans la défense de notre cause mais aussi dans sa promotion. Pour Anicet Le Pors : *« Jusqu'à présent, l'octroi de l'asile a été une prérogative des Etats, même lorsqu'ils faisaient application des dispositions du droit international. La question qui se pose désormais est de savoir s'il est possible d'inscrire l'évolution du droit d'asile dans une perspective européenne voire mondiale, et à quel prix ? »*[480]. Une telle démarche ne serait-elle pas également légitime pour

---

479 C'est le titre de son analyse publiée le 26 avril 2010 à Bruxelles en Belgique.

480 Dans son essai intitulé *« juge de l'asile »*, paris, Michel Houdiard éditeur, 2010, p. 26.

l'apatridie ? Le temps n'est-il pas arrivé pour l'U.E de prendre toutes ses responsabilités et surtout de montrer une fois de plus l'exemple ? Pourquoi ne pas sceller définitivement le détachement de la demande du statut d'apatride de celle du statut de réfugié ? Ne conviendrait-il pas, au niveau européen, d'observer la dichotomie entre les deux procédures notamment en définissant un vrai régime juridique de la demande d'apatridie ? Un nouveau domaine de compétences à « communautariser » par la suite ? A propos de ses actions extérieures, signalons à toutes fins utiles qu'elle avait dernièrement financé deux opérations relatives aux apatrides. La première se situant au Vietnam s'était étalée sur 24 mois avec pour date de démarrage le 01/10/2010. Le HCR qui accomplissait la mission sur place avait reçu une contribution de 205.870 Euros. Le but étant d'aider les apatrides à faire valoir leur droit d'accès à la nationalité ainsi qu'à réduire le risque d'apatridie là où il existe. La seconde avait eu lieu en Malaisie. Dans ce pays, l'U.E avait apporté un montant de 100.000 d'Euros dans le cadre du projet visant à scolariser les enfants de la communauté marginalisée des Bajaut Laut. Un projet également mené sur une période de deux ans par l'association *Humana Child Aid Society Sabath.* Sans un apport si inestimable, ces enfants apatrides n'auraient pas pu suivre une scolarité et exciper allègrement leur droit à l'éducation tel que prévu par Convention de 1989[481]. Voilà le type d'actions à amplifier sur l'échiquier international car l'U.E ne peut indéfiniment rester sur d'aussi simples œuvres symboliques si épisodiques furent-elles. Avec le risque d'être considérée comme une manœuvre symptomatique visant à se donner une bonne conscience en l'absence d'une vraie politique cohérente et complète. Pour les défenseurs des droits de l'homme, nul doute que la demande d'apatridie puisse malgré tout apparaître comme une sorte de *« terra incognita »* pour l'U.E. Alors qu'elle s'attache à communautariser l'asile avec en l'état actuel quelques avancées non-négligeables, l'univers des apatrides demeure aujourd'hui encore totalement inexploré. Les perspectives restent sombres pour les apatrides si les choses ne changent guère. En effet, aucune place n'y est faite dans

[481] Cf. *« European instrument for democracy and human rights, Compendium 2007-2010 »*, European Union, Bruxelles, 2011, P. 237 & 302.

l'*« approche globale sur les questions de migrations »*. Une rubrique migratoire totalement éludée dans le programme de Stockholm[482] lequel se caractérise entre autres par la mise en place du régime européen d'asile commun (REAC) et la création depuis juin 2011 du Bureau européen de coordination en matière d'asile… Une petite lueur d'espoir provient néanmoins de ce que son dernier plan d'action en faveur des droits de l'homme et de la démocratie prévoit pour 2014 de : *« 14. Faire en sorte que les droits de l'homme sous-tendent la dimension extérieure des travaux dans l'espace de liberté, de sécurité et de justice »*. La perspective laisse apparaître une recommandation particulièrement intéressante et ainsi libellée : *« d) Conformément à la communication sur l'approche globale de la question des migrations et de la mobilité, mettre en place un cadre commun à la Commission et au SEAE permettant d'aborder les questions d'apatridie et de détention arbitraire de migrants avec des pays tiers »*[483]. Une espérance se lève donc bien que tardivement. La gestion de l'apatridie sur le continent européen ne se réalise pas seulement par l'intermédiaire des deux pôles précités. Une autre structure internationale a fait de l'objet de notre étude un de ses principaux axes d'intervention à savoir :

C. La Commission Internationale de l'Etat Civil (C.I.E.C)

Dans la même sphère géographique existe enfin à un échelon intermédiaire la *« Convention tendant à réduire le nombre des cas d'apatridie »* signée le 13 septembre 1973 à Berne en Suisse. Parmi les Etats signataires nous pouvons citer : l'Allemagne, le Luxembourg[484], la Suisse et la Turquie. Une Convention adoptée au sein de la C.I.E.C[485] dont le Protocole

[482] Lire *« Le programme de Stockholm, une Europe ouverte et sûre qui sert et protège les citoyens (2010/c 115/01) »*, Conseil Européen, Journal officiel de l'Union Européenne, 04/05/2010, 38 pages.

[483] Conseil de l'Union Européenne, Droits de l'homme et démocratie : cadre stratégique de l'UE et plan d'action de l'UE, Bruxelles, 11855/12, le 25 juin 2012, Annexe III.

[484] Le Luxembourg par exemple l'a approuvée par une loi datant du 8 juin 1978.

[485] Plusieurs autres Conventions ont été adoptées au sein de cette institution et dont le rapport est patent avec notre sujet parmi lesquelles : - La Convention relative à la délivrance d'un certificat de nationalité (Convention n° 28). Elle a

fondateur avait été souscrit à Berne en date du 25/09/1950. L'entité n'est certes pas très connue, mais elle est considérée comme contemporaine du Conseil de l'Europe dont le siège se trouve également à Strasbourg en France. Notons que la France, l'Autriche, l'Italie ne l'ont pas encore dûment signée. La Belgique ne l'a pas ratifiée. Entretemps, la Turquie l'a dénoncée depuis le 13 mars 2001 avec effet au 13 septembre de la même année. Seuls l'Allemagne, la Grèce, le Luxembourg, les Pays-Bas, la Suisse l'ont successivement signée et ratifiée. Quant à son contenu, ses dix articles favorisent la transmission à l'enfant de la nationalité de sa mère dans le but de réduire le risque d'apatridie. Selon son article 1er : *« L'enfant dont la mère a la nationalité d'un Etat contractant acquiert à la naissance la nationalité de celle-ci au cas où il eut été apatride. Toutefois, lorsque la filiation maternelle ne prend effet en matière de nationalité qu'au jour où elle est établie, l'enfant mineur acquiert à ce jour la nationalité de sa mère »*. D'après le rapport explicatif qui accompagne ce document, il appert que l'article premier s'applique aussi aux enfants illégitimes. Et que, d'après l'article 2, l'enfant né d'un père ayant la qualité de réfugié est considéré comme ne possédant pas la nationalité de celui-ci... dès lors l'article premier lui confère la nationalité de sa mère. Au-delà de tout, n'est-il pas intriguant qu'un petit nombre d'Etats, tous membres du Conseil de l'Europe au demeurant, aient souverainement pris la décision de se regrouper dans un cadre beaucoup plus restreint pour adopter bien d'autres textes parmi lesquelles la Convention n° 13 ? L'on peut légitimement s'interroger non seulement sur la nécessité, mais aussi sur l'opportunité d'une telle démarche supplémentaire. Ne veut-elle pas traduire l'idée que l'œuvre conventionnelle accomplie à l'échelon régional jusqu'à présent était lacunaire et insuffisante ? S'il n'était ques-

---

été adoptée à Strasbourg le 25 mars 1999 et signée à Lisbonne le 14 septembre de la même année. Le Portugal et la Turquie sont les deux seuls Etats à l'avoir signée et ratifiée ; - La Convention concernant l'échange d'information en matière d'acquisition de la nationalité, signée à Paris le 10 septembre 1964. Elle est présentement en vigueur dans huit pays européens ; - La Convention concernant l'échange international d'informations en matière d'état civil signée à Istanbul le 4 septembre 1958 ainsi que son protocole additionnel signé à Patras le 6 septembre 1989 (Convention 23). Elle est signée et ratifiée par sept Etats membres...

tion en définitive que de combler les carences décelées, n'aurait-il pas été plus efficace de réviser la Convention européenne de 1950 ou de la compléter par un protocole ad hoc ? Peut-être était-ce enfin une manière de prendre en compte et d'intégrer les faiblesses avérées du HCR voire du Conseil de l'Europe sur ces entrefaites ? Il est certain qu'avec ce texte conventionnel complémentaire, nous sortons des non-dits et de la vision étriquée de l'U.E ainsi que des recommandations simples du Conseil de l'Europe. La Convention ayant une valeur et une force juridique plus contraignantes. Une chose est toutefois à déplorer, c'est indiscutablement le déficit chronique et notable de notoriété dont souffre aujourd'hui encore cette institution.

Malgré l'intérêt évident de notre thématique, l'Europe continue de présenter d'énormes lacunes en matière d'apatridie. Elle refuse en effet de désenclaver la notion ainsi demeure-t-elle continuellement inféodée à l'asile. En plus, ce continent est le théâtre de graves violations des droits des migrants irréguliers parmi lesquels les demandeurs du statut d'apatride (Grèce, Italie…). Gérer les sans-papiers est devenue une préoccupation importante en Europe. Leurs droits sont aujourd'hui singulièrement minorés. La surenchère de ce point de vue est devenue foncièrement malséante et à tous égards inquiétante. Un état des choses corroboré par une criminalisation croissante des migrants partout dans le monde et particulièrement en Europe et aux U.S.A. Nous avons déjà évoqué ce constat au seuil de notre réflexion[486]. Or parmi eux figurent inévitablement des apatrides de fait. J'avais déjà souligné que : *« Par essence, ceux dont le lien de citoyenneté n'est par reconnu et qui ne sont donc des nationaux d'aucun pays peuvent-il techniquement obtenir et détenir des documents de voyage ? Pourtant leur présence dans d'autres pays conduit instinctivement et systématiquement les autorités de ceux-ci à les considérer comme étant des clandestins cherchant à irrégulièrement rejoindre l'Europe dans des flux mixtes. Ces individus sont déjà des sans-papiers… Peut-il y avoir un sort aussi déstabilisant, hypothétique et ingrat ? Nul ne peut véritablement contester l'existence de ce type de situa-*

[486] Cf. L'introduction de l'étude intitulée : *« la criminalisation des migrations en Europe : quelles incidences pour les droits de l'homme ? »*, Commissariat aux droits de l'homme, Conseil de l'Europe, Strasbourg, 2010, p. 5.

tions fort malencontreuses dans les flux de migrants écumant les côtes européennes. Souvent même ces personnes sont en Europe abusivement considérées comme ayant volontairement détruit leurs documents d'identité afin d'éviter tout renvoi vers le pays d'origine. Alors que, en l'occurrence, lesdits éléments matériels susceptibles d'établir leur identité et leur origine sont indiscutablement inexistants. S'ensuivent en conséquence des arrestations et détentions forcément arbitraires le temps de chercher vainement à établir un éventuel lien national. La computation des délais nécessairement longs de l'enquête combinée au risque d'une probable disparition dans la nature de la personne visée en cas de remise en liberté provisoire conditionnent et caractérisent inévitablement la non-conformité des procédures ainsi engagées. En définitive, elles se terminent soit par une remise en liberté purement et simplement sans qu'aucune solution ne soit trouvée au fond, soit par des renvois systématiques dans le dernier pays de transit avant le continent européen à défaut de réussir à déterminer avec précision le pays d'origine. Comme vient de le faire très récemment l'Italie avec la très controversée décision du ministre de l'Intérieur au point d'émouvoir l'ensemble de la communauté internationale[487]*. Mesure radicale et ignominieuse permettant d'éviter outre mesure de longues et interminables contrariétés et en définitive toute prise de responsabilités. Des actes véritablement répréhensibles de nature à engager sérieusement et indiscutablement la responsabilité internationale les États nantis susceptibles de s'en rendre coupables. Martelons-le, dans les flux mixtes, chaque personne doit bénéficier d'un traitement individuel de sa demande en respectant les formes juridiquement consacrées, internationalement acceptées et reconnues pour chacune des procédures ainsi sollicitées »*[488]. En outre, avec force le Comité exécutif du HCR : *« w) Demande aux Etats de ne pas détenir des apatrides du seul fait de leur apatridie et de les traiter*

[487] Allusion faite à la décision très controversée du ministre italien de l'Intérieur en date du 07/05/2009 attaquée par une quinzaine d'O.N.G européennes respectivement devant la Commission de l'Union européenne le 16/06/2009, au Comité des droits de l'homme de l'O.N.U et au Conseil de l'Europe.

[488] Voir Romuald LIKIBI dans *« L'Union Africaine face à la problématique migratoire »*, Paris, L'harmattan, 2010, P. 257-258.

conformément aux droits humains universels ; ... aux Etats parties à la Convention de 1954 relative au statut des apatrides d'appliquer strictement ses dispositions »[489]. Après s'être inquiété *« des manifestations du racisme et de la xénophobie »* en Europe et aussi pour mieux appréhender le phénomène de l'apatridie dans cette région, pour 2011 le H.C.R avait promis de : *« renforcer son analyse des caractéristiques et des droits des non-citoyens et des apatrides... [Et s'employer] également à leur trouver des solutions et exhortera davantage d'États à adhérer aux Conventions internationales sur l'apatridie. »*[490] Le discours est beau et assurément plus galvanisant, mais il a l'inconséquence de ne pas être nouveau. En l'état actuel de notre analyse, nous pouvons sans aucune réticence affirmer que deux leviers sont possibles pour réduire l'apatridie : le premier est celui de la reconnaissance de la nationalité de l'enfant consécutivement à l'enregistrement de sa naissance. Sur ce premier pilier, l'Europe n'est pas encore entièrement au point. La subsistance par-ci par-là de défaillances effectives à l'instar de celles qui frappent les enfants appartenant à la communauté Rom demeure patente. Des marges de progression existent avec certitude. Souvenons-nous de ce qu'écrivait le Commissaire aux droits de l'homme dans son rapport 2009[491]. Le second procède de l'obligation d'accorder la protection aux personnes dépourvues de nationalité. Là se situe l'une de ses principales déficiences parce que la plupart des Etats sont encore particulièrement défaillants. Or la reconnaissance du statut d'apatride est la première étape vers l'octroi de la nationalité au bénéficiaire de protection internationale par le biais de sa naturalisation. Ce préalable est un truisme. L'Europe doit impérativement s'investir dans ces deux chantiers afin d'éviter que les droits de l'homme ne soient, en ce qui concerne

---

[489] Tiré de ses conclusions No. 106 (LVI)-2006 portant sur *« L'identification, la prévention et la réduction des cas d'apatridie ainsi que la protection des apatrides »*.

[490] Lire l'*« Appel global 2011-Actualisation »*, Unhcr, Genève, 2011, P. 299.

[491] Dans *« Le rapport annuel d'activités 2009 »* de Thomas Hammarberg, Commissaire aux droits de l'homme du Conseil de l'Europe présenté au Comité des Ministres et à l'Assemblée parlementaire, Strasbourg, 14 avril 2010 Commdh (2010)8, point 2.3 sur les droits de l'homme des Roms et des gens du voyage.

aussi bien les demandeurs d'apatridie que les enfants nés sur son territoire, indéfiniment et bassement relégués dans les profondeurs de l'humanité. La division du travail à la lumière du principe de subsidiarité nous impose de scruter maintenant le rôle et les activités des Etats dans la réponse globale à la question étudiée.

Section 4. Les sources nationales

Comme pour les réfugiés, l'O.N.U considère que la responsabilité se rapportant à l'apatridie échoit derechef aux Etats membres. Voilà la raison pour laquelle l'Assemblée générale : *« 7. Réaffirme également que la prévention et la réduction des cas d'apatridie incombent au premier chef aux États, coopérant comme il convient avec la communauté internationale... »*[492]. Les chiffres anodins des ratifications par les Etats des deux principales sources normatives ne peuvent-ils pas être considérés comme un échec étant donné le nombre d'années écoulées depuis leur adoption ?[493]La lenteur des adhésions observée à ce jour signifie prosaïquement que des millions d'individus restent encore pris au piège et plongés dans un abyssal vide juridique. Ils sont ainsi insusceptibles de requérir le respect de leurs droits fondamentaux. *« Les apatrides représentent des millions de personnes ignorées qui, dans les faits, n'ont pas d'identité reconnue. Les Conventions des Nations Unies sur l'apatridie fournissent un cadre juridique pour éviter l'apatridie et contribuent à protéger les personnes qui sont déjà apatrides. Toutefois les apatrides sont souvent confrontés à des lacunes en matière de protection, étant donné le faible nombre de gouvernements ayant signé ces traités et adopté des mesures concrètes*

[492] O.N.U, A.G, résolution 64/127, *« Haut-commissariat des Nations Unies pour les réfugiés »*, 27/01/2010, 6 p. Dans sa résolution 65/194. *« Haut-commissariat des Nations Unies pour les réfugiés »*, A/RES/65/194 du 28 février 2011, A.G, O.N.U : *« 8. Réaffirme également que la prévention et la réduction des cas d'apatridie incombent au premier chef aux États, coopérant s'il y a lieu avec la communauté internationale »*.

[493] Cette exigence a été plusieurs fois réitérée. Voir par exemple *« Apatrides : une note d'information »*, EC/1992/SCP/CRP.4, Sous Comité protection, 1er avril 1992, P. 3.

pour répondre à ces préoccupations (...). Il est temps de changer cette situation. Nous avons besoin que les Etats agissent, et ce immédiatement, en confirmant leur engagement à réduire l'apatridie et à protéger les droits fondamentaux des apatrides » avait indiqué quasi-fermement Volker Türk, le Directeur au H.C.R de la Division de la protection internationale, lors d'une réunion tenue en 2010 à Genève en marge de la session annuelle du Comité exécutif[494]. Partant de là, diverses approches coexistent au niveau étatique. La *summa divisio* concerne les Etats parties aux deux conventions internationales reconnues et ceux qui ne le sont pas. A l'intérieur de chacune des deux catégories, des dissimilitudes persistent de manière évidente. En effet, les pratiques institutionnelles ne sont pas les mêmes partout. La Malaisie[495] ne dispose d'aucune législation ni sur les demandeurs d'asile ni sur les réfugiés encore moins sur les apatrides[496]. Une réalité antinomique compte tenu de l'importance des flux migratoires que ce pays enregistre régulièrement depuis plusieurs années. Effectivement : *« Par milliers, les Rohingyas apatrides quittent la Birmanie et le Bangladesh pour tenter leur chance en Malaisie... [Ils] sont nombreux à vouloir prendre la mer, acceptant de risquer leur vie pour échapper à l'oppression, à la discrimination et à la misère... D'après les estimations du Projet Arakan, plus de 8.000 boat people ont quitté les côtes de la région entre octobre 2006 et mi-mars 2008, dont 5.000 pendant la saison navigable qui dure depuis fin octobre 2007 jusqu'à maintenant. Généralement, ils partent du Bangladesh pour se diriger vers la Thaïlande puis la Malai-*

[494]Cf. *« Excom : il faut accélérer les adhésions des Etats aux Conventions sur l'apatridie »*, Unhcr, article d'actualité, Genève, le 6/10/2010 sur www.unhcr.org

[495] Par exemple dans *« L'État du Sabah, dans la partie malaise de Bornéo, accueille depuis plusieurs dizaines d'années des réfugiés philippins, ainsi que des immigrés originaires d'Indonésie et des Philippines. Bien souvent, leurs enfants finissent par devenir apatrides ou risquent de le devenir. Environ 10.000 à 30.000 enfants sont concernés, car ils n'ont aucun moyen de prouver leurs liens avec l'un ou l'autre pays »* tiré de *« Les gens de nulle part, les apatrides du monde » sur* www.unchr.org, P.3.

[496] Lire Alice M. Nah Dans *« Les réfugiés et l'espace dans les zones urbaines de Malaisie »* tiré de la revue *« Migrations forcées »* n° 34 intitulé : *« S'adapter au milieu urbain »,* Université d'Oxford et le Centre d'études sur les réfugiés, Oxford, Avril 2010, P. 29.

sie... Le phénomène n'est pas nouveau, mais le nombre des bateaux transportant des clandestins Rohingyas vers la Malaisie ou la Thaïlande a considérablement augmenté depuis la fin d'octobre 2006 (...) le fait que les Rohingyas sont apatrides complique encore la situation et démontre encore plus douloureusement l'incapacité de la communauté internationale à résoudre leur problème et à les protéger » comme l'avait observé avec pertinence Chris Lewa[497]. Les déplacements se poursuivent toujours aujourd'hui. Que dire de cette communauté ? Les Rohingyas sont une minorité musulmane de quelque 725.000 membres vivant dans le nord de l'Etat d'Arakan, à la frontière du Bangladesh. Ils ont été déchus de la citoyenneté birmane par la loi de nationalité de 1982. L'entreprise effroyable menée par les autorités nationales s'est traduite par une loi indigne, injuste voire criminelle. Est particulièrement déconcertante, la frilosité des dirigeants de cet Etat à s'engager internationalement en acceptant les obligations nées des deux conventions analysées. Un pays qui délibérément rend apatrides ses propres citoyens peut-il en même temps accepter d'être lié par des textes internationaux à l'instar de ceux qui sous-tendent notre étude ? Même dans l'absurdité, un minimum de cohérence est nécessaire. Logiquement et au regard de nos deux outils juridiques de référence, tous les Etats ne sont donc pas exemplaires. Chacun peut aisément s'en rendre compte car plusieurs d'entre eux posent des actes ou engagent des actions inéluctablement contre-productives du point de vue des prescriptions imposées par le droit international. Citons par exemple Jennifer Loewenstein : *« Israël a ingénieusement rendu apatride toute une population vivant sous son contrôle et restreint de plus en plus sa liberté de mouvement. Parce qu'elles ne seraient pas autorisées à revenir chez elles si elles partaient, les personnes sans carte d'identité sont en fait tenues prisonnières [ ] par le biais d'un système de permis qui empêche même les résidents les plus légitimes de ces zones de passer dans une autre zone. La « dépossession » prend une nouvelle signification puisque des millions de personnes n'ont pas seulement perdu leur pays*

497 Cf. *« Les nouveaux boat people en Asie »* dans la revue *« Migrations forcées »* n° 30 intitulé : *« Birmanie, les personnes déplacées »*, Université d'Oxford et le Centre d'études sur les réfugiés, Oxford, juin 2008, P. 40.

mais aussi la reconnaissance et la validation internationales de leur identité »[498]. En se basant sur de tels éléments objectifs, nous ne pouvons que mieux ressentir les progrès réalisés sous d'autres cieux. Dans le premier cas, d'après le HCR : *« Yim Sam Ol, du Ministère cambodgien de l'Intérieur, a expliqué devant 60 experts réunis pour une table ronde à Bangkok la lutte de son pays pour la réhabilitation de l'enregistrement des citoyens après la destruction de tous les documents d'identité entre 1975 et 1979. En ayant eu recours à des équipes mobiles pour accéder aux régions les plus reculées du pays, le Cambodge a réussi à augmenter le pourcentage de délivrance de certificats de naissance de 5 % à plus de 90 % en un peu plus de deux ans au début de cette décennie »*[499]. Le second est celui du Burkina-Faso. Sur le modèle du travail effectué en Côte-d'Ivoire, des audiences foraines ont été récemment organisées dans ce pays en vue d'assurer la délivrance d'actes d'état civil aux millions de personnes qui en sont dépourvues. Les estimations parmi les plus sérieuses ont évoqué les chiffres de près de 2 millions d'adultes ainsi touchés sans compter les enfants. Toutes ces opérations ont convergé vers l'organisation d'un forum national pour l'enregistrement universel qui a eu lieu fin juin 2012 à Ouagadougou. Un volontarisme qui du point de vue de l'Afrique ne peut qu'être apprécié à sa juste valeur. En réalité, peu importe le niveau de leur développement, énormément de pays ne sont pas exempts de critiques. Voici à titre d'exemple les recommandations faites opportunément par le Conseil Canadien pour les Réfugiés à ses propres autorités étatiques : « *-Ratifier la Convention de 1954 relative au statut des apatrides ; - Inclure l'apatridie comme motif de protection, en vertu de la loi sur l'immigration et la protection des réfugiés ; – [et] comme motif de réinstallation ; Le Parlement devrait amender la loi sur la citoyenneté pour faire en sorte qu'aucun enfant de parents canadiens ne se voit refuser la citoyenneté*

---

[498] Jennifer Loewenstein dans *« Contrôle des déplacements et des identités dans les TPO »*, tiré de la revue *« Migrations forcées »* n° 62, intitulé *« Le déplacement palestiniens : un cas d'exception ? »*, Centre d'études sur les réfugiés, université d'Oxford, Octobre 2006, P. 24 et 25.

[499] Rassemblant neuf Etats d'Asie du Sud-est, l'initiative a été co-organisée par la Commission nationale thaïlandaise et le HCR, cf. Actualité H.C.R, Bangkok, le 29 octobre 2010 sur www.unhcr.org

canadienne si cela le rendrait apatride ; ... – Les agences gouvernementales... devraient recueillir et diffuser des statistiques précises et à jour sur l'apatridie... »[500]. Contrairement à la plupart des pays africains ne disposant d'aucune législation appropriée, reconnaissons qu'en 2010 : *« ...la Thaïlande a réglé la question de la délivrance de certificats de naissance aux enfants nés dans des centres d'accueil temporaires et espère que le HCR poursuivra sa collaboration avec elle dans ce domaine, notamment en matière d'informatisation du système et de renforcement des capacités. Des progrès ont également été réalisés dans le domaine des services d'assistance juridique dans les centres d'accueil et dans la lutte contre l'apatridie. »*[501]. A vrai dire, parmi les cinq premiers Etats qui avaient en 2010 recueilli les plus grands nombres d'apatrides connus selon les estimations figuraient respectivement : la Thaïlande (3.500.000), le Népal (800.000), la Lettonie (344.263)[502], la Syrie (300.000), l'Irak (230.000). Le premier pays africain étant la Tanzanie avec 155.000 âmes suivie du Kenya qui comptait un contingent de 100.000 individus parmi lesquels les Nubiens ainsi que les Galjeels d'ascendance somalie dont le nombre oscille entre 3.500 et 4.000[503]. La curiosité des observateurs s'en trouve forcément éveillée dans la mesure où les statistiques du siège de Genève indiquaient au 31 décembre 2008 un total de 100.064 apatrides en Afrique dont 100.000 dans les régions de la corne de l'Afrique ainsi que l'Afrique de l'est et 64.000 en Afrique du Nord. Une fois de plus ces chiffres sont à prendre avec circonspection. Du reste en moins de deux

---

[500] Sur la page web du Conseil canadien pour les réfugiés sur l'apatridie : www.ccrweb.ca/apatrides.htm
Idem Colleen French dans son article : *« L'apatridie dans tous ses « Etats : que faire et comment s'engager »* tiré de *« 60 ans de protection internationale »*, Pro Asile, Revue F.T.D.A, n° spécial 22, Paris, 2012, P. 62-63.

[501] Dans A/AC.96/SR.644, 12 octobre 2010, Comité exécutif du Programme du Haut-commissaire des Nations Unies pour les réfugiés Soixante et unième session, Compte rendu analytique de la 644e séance, P. 12.

[502] En 2009, Selon le H.C.R, l'Estonie son voisin immédiat comptait officiellement 104.813 apatrides reconnus. Extrait de *« 2009 Tendances mondiales Réfugiés, demandeurs d'asile, rapatriés, personnes déplacées à l'intérieur de leur pays et apatrides »*, Unhcr, Genève, 15 juin 2010, P. 24.

[503] Voir *« Les gens de nulle part, les apatrides du monde »*, Unchr, Genève, P.3. A consulter sur www.unchr.org.

ans, l'Afrique a découvert 154.936 nouveaux apatrides. Ce qui est significatif, une preuve supplémentaire de la massification du problème dans cette région. L'U.A devrait dès lors véritablement s'en préoccuper. Une telle réalité aussi désobligeante fut-elle ne peut plus continuellement être ainsi niée et délaissée. Les mots *« apatrides »* et *« apatridies »* sont toujours absents des conclusions des différents rapporteurs spéciaux panafricains chargés des questions migratoires[504]. Par mimétisme et sans conviction, les autorités panafricaines commencent enfin timidement à intégrer les questions touchant à l'état civil[505]. Est ainsi suscité l'espoir d'une éventuelle prise en compte de la dimension par les Etats membres de l'U.A. L'Asie pacifique étant de loin la zone la plus touchée par le fléau avec un total de 5.119.663 cas recensés. Tel était l'état des données en juin 2010[506]. Tout bien considéré, la persistance de plusieurs aléas ne simplifie nullement les choses en vue de la quantification du phénomène. Les chiffres fluctuent souvent étant donné que de nombreuses personnes tombent régulièrement dans ce déversoir de l'humanité indépendamment du fait que quelques autres parviennent tant bien que mal à en sortir. En outre, rares sont les Etats (y compris parmi les plus développés) signataires des conventions qui soient en capacité de donner des informations fiables à ce propos. L'on peut enfin comprendre pourquoi plusieurs d'entre eux ne sont pas toujours très communicatifs à dessein tant la gêne est perceptible. Sans chiffres propres et sérieux, les évaluations du HCR demeureront toujours approximatives. Pour ce qui à trait à la procédure de détermination du statut d'apatride là où elles existent, les dispositifs ou les mécanismes divergent selon les pays. A la question de savoir :

---

[504] Cf. Le *« rapport du mécanisme sur les droits des réfugies, des demandeurs d'asile, des déplaces internes et des migrants en Afrique depuis sa création »*, Mme Maya Sahli-Fadel, Commissaire, 52è session ordinaire de la C.A.D.H.P, Yamoussoukro, Côte-d'Ivoire, du 09 au 22/10/2012.

[505] Voir le Point 3 de l'ordre du jour du Conseil exécutif de l'U.A (24-25 janvier 2013 à Addis-Abeba, 25è session ordinaire) était consacré à l'examen du Rapport de la deuxième Conférence des ministres de l'Union africaine en charge des questions d'état civil, tenue du 3 au7 septembre 2012, Durban (Afrique du Sud). EX.CL/760(XXII).

[506] A/65/12, *« Rapport du Haut-commissaire des Nations Unies pour les réfugiés »* devant l'Assemblée Générale des Nations Unies, New York, 2010, P. 27.

« Quelles sont les procédures utilisées pour déterminer si une personne est apatride ? », l'UIP et le HCR avaient répondu en faisant valoir que : *« La Convention de 1954 donne une définition de l'apatride, mais sans préciser la procédure permettant d'identifier les personnes dans ce cas. Il est donc dans l'intérêt des Etats et dans celui des personnes concernées par cette Convention que chaque Etat adopte des lois sur la procédure permettant d'identifier les apatrides. De telles lois doivent également désigner les responsables et définir les conséquences découlant de la reconnaissance d'apatridie. Certains Etats ont adopté des décrets d'application précisant les administrations – offices spécifiquement chargés des demandeurs d'asile, des réfugiés et des apatrides, ou Ministère de l'Intérieur, par exemple – chargées d'examiner et de trancher les demandes d'apatridie. D'autres Etats qui n'ont aucune loi spécifique établissant une procédure pour reconnaître l'apatridie, ont institué une autorité administrative ou judiciaire chargée de trancher en la matière. Reste que le nombre des Etats n'ayant aucune procédure spécifique est beaucoup plus important. Dans ce cas, et le plus souvent, la question de l'apatridie se pose au cours de la procédure de détermination du statut des réfugiés. Les apatrides sont alors « traités » dans ce cadre, notamment pour la protection humanitaire. Les apatrides peuvent se retrouver, en fait, dans l'obligation d'adresser leur demande dans le cadre du régime d'asile, simplement faute d'autre procédure. Dans d'autres pays qui n'ont pas de procédure de reconnaissance spécifique pour l'apatridie, la question se pose lorsque la personne concernée demande un permis de séjour ou un titre de voyage, ou bien lorsque sa demande d'asile étant rejetée, elle refait une demande pour rester dans le pays d'asile mais pour d'autres raisons »*[507]. Dans sa *« Note pour la protection internationale »* de 2010, M. Guterres avait affirmé qu' : *« il ne [faisait] aucun doute néanmoins que d'innombrables apatrides [étaient] confrontés continuellement à la difficulté d'exercer leurs droits humains, ... et d'avoir accès aux procé-*

[507] Dans *« Nationalité et apatridie, Guide pratique à l'usage des parlementaires n°11 »*, HCR & UIP, Genève, 2005, P. 19.

dures »[508]. Ce qui est loin d'être une billevesée. La situation la plus atypique est celle dans laquelle se retrouve la Suisse. Dans ce pays en effet, le droit est taciturne sur la procédure officielle de demande du statut d'apatride. N'est-ce étonnant dans la mesure où cet Etat avait été le lieu de l'élaboration du binôme conventionnel de référence du HCR et abrite aujourd'hui encore son siège ? En réalité la liste des Etats concernés par une marquante carence est plus longue qu'on ne le croit y compris parmi les nations dites « civilisées ». Toutes ces considérations pertinentes à plus d'un titre sont plutôt d'ordre général, là où l'étude d'un cas particulier serait davantage recommandée. Tant il est vrai que seule une démarche de cette nature est susceptible de permettre une bonne intellection non seulement de la donne interne aux Etats mais aussi des enjeux propres à chacun d'entre eux.

[508]Cf. *« Note sur la protection internationale, Rapport du Haut Commissaire »*, Nations Unies A/AC.96/1085, Assemblée générale, 30 juin 2010, P. 13.

Chapitre III. L'étude pratique de l'exemple français[509]

D'un point de vue historique, aussi curieux que cela puisse apparaître, les multiples constitutions françaises n'ont jamais fait référence à la notion d'apatridie. Le concept y est introuvable dans une si riche histoire constitutionnelle. Tandis que l'asile est envisagé dans le Préambule la Constitution française de 1946 : *« Tout homme persécuté en raison de son action en faveur de la liberté a droit d'asile sur les territoires de la République ».* La constitution de 1793 avait déjà pris nettement position à l'époque : *« Le peuple français est l'ami et l'allié naturel des peuples libres... Il donne asile aux étrangers bannis de leur patrie pour cause de liberté. Il le refuse aux tyrans ».* Celle de 1958 contient en outre un article 53-1 selon lequel : *« La République peut conclure avec les États européens qui sont liés par des engagements identiques aux siens en matière d'asile et de protection des droits de l'homme et des libertés fondamentales, des accords déterminant leurs compétences respectives pour l'examen des demandes d'asile qui leur sont présentées. Toutefois, même si la demande n'entre pas dans leur compétence en vertu de ces accords, les autorités de la République ont toujours le droit de donner asile à tout étranger persécuté en raison de son action en faveur de la liberté ou qui sollicite la protection de la France pour un autre motif ».* L'asile est indiscutablement un principe de valeur constitutionnelle en France alors qu'il n'existe guère de lois de la république spécifiques à l'apatridie. Pour ce qui concerne la seconde Convention phare en matière d'apatridie (1961), l'on s'est interrogé sur le point de savoir pourquoi la France n'en

[509] Pour un aperçu complet de l'évolution du droit de nationalité en France, lire Yvon Loussouarn, Pierre Bourel et Pascal de Vareilles-Sommières dans *« Droit international privé »*, Paris, Dalloz, 9è édition, 2007, P. 830 à 840.

est-elle toujours pas partie ? En guise de réponse, J-P. Thiellay écrit : *« La Convention de 1961 n'est pas applicable en droit interne, la France, qui l'a signée dès le 31 mai 1962, ne l'ayant pas ratifié, afin, notamment, de pouvoir conserver la possibilité de prononcer la déchéance de la nationalité, disposition non prévue par la Convention »*[510]. Si l'argument faisait autorité, il serait très dommageable de refuser entériner ce texte pour une raison aussi basse. Quant à la première, comme le précise le H.C.R : *« La Convention de 1954 ne prescrit pas de procédure particulière pour déterminer si une personne est un apatride. Toutefois, les procédures nationales de détermination du statut doivent comporter certains éléments essentiels, qui sont nécessaires à des prises de décision justes et efficaces, conformes aux normes de la protection internationale. Il s'agit notamment de la désignation d'une instance centrale possédant les connaissances et les compétences requises pour évaluer les demandes, de l'existence de garanties procédurales et de garanties à toutes les étapes du processus, ainsi que de la possibilité de former un recours. Le HCR a été chargé d'aider les Etats à instaurer de telles procédures »*[511]. Que peut-on retenir de la France à cet égard ? Dispose-t-elle d'une législation adaptée ? Existe-t-il en l'occurrence une exception française en rapport avec la protection internationale scrutée ? Une approche comparée avec la Belgique nous semble utile afin de bien cerner non seulement la portée mais aussi et certainement la quintessence de la position française sans oublier sa pratique en la matière.

Section 1. Le cadre normatif français

Il comporte chronologiquement deux grandes articulations parmi lesquelles :

---

[510] Dans *« Le droit de la nationalité française »*, 3è édition, Paris, Berger Levrault, 2011, P. 19.

[511] Cf. La *« Protection des droits des apatrides, la Convention de 1954 relative au statut des apatrides »* Unhcr, Genève, 2010, P. 7.

- La loi française de 1952 modifiée

Un bref aperçu historique nous parait tout indiqué. Au tout début, c'est l'*« ordonnance du 02 novembre 1945 relative aux conditions d'entrée et de séjour des étrangers »* qui est le fait marquant dans ce domaine parce qu'elle est promulguée dès la fin de la seconde guerre mondiale. Elle sera suivie par la loi du 25 juillet 1952 initiée au lendemain de la ratification de la Convention de 1951 sur le statut des réfugiés et qui se cristallisa dans la création de l'Office Français pour les Réfugiés et Apatrides (O.F.P.R.A). Les deux textes feront l'objet de plusieurs modifications ultérieures. Le 2 mai 1953 avait été pris un décret prévoyant la compétence de l'Ofpra pour reconnaître la qualité d'apatride, activité qui se réalisera pleinement dès l'entrée en vigueur de la Convention de New York du 28 septembre 1954[512]. Dans l'hexagone, l'acte administratif fondateur post-conventionnel est le décret n° 60/1066 du 4 octobre 1960 (J.O du 06/10/1960) portant publication de la Convention relative au statut des apatrides. Ainsi, selon son article 1er : *« La convention relative au statut des apatrides ouverte à la signature à New-York le 28 septembre 1954 et signée par la France le 12 janvier 1955, dont les instruments de ratification par la France ont été déposés le 8 mars 1960, sera publiée au Journal Officiel de la République française ».* Signalons que sa ratification avait été précédemment autorisée par l'ordonnance n° 58-1321 du 23 décembre 1958. Conformément aux obligations internationales, il est loisible à chaque Etat de déterminer librement la manière dont il entend mettre en œuvre la protection internationale fraîchement consacrée. A l'instar de la Convention de 1951 sur le statut de réfugié, les Etats ont une entière liberté quant à l'organisation du processus conduisant à la détermination des personnes à protéger. Ceci dit, quelle est donc la procédure habituelle conduisant à la reconnaissance du statut d'apatride en France ? Seule une introspection comparative peut permettre de mieux en cerner les contours. Rappelons que si l'on en croit les experts réunis à Prato (Italie) : *« Les procédures de détermina-*

[512] Afin de mieux comprendre l'histoire de cette institution, lire : *« De la Grande guerre aux guerres sans nom, une histoire de l'Ofpra »,* Ofpra, Paris, 2012, 40 pages.

tion doivent être simples et efficaces, et s'appuyer dans la mesure du possible sur les procédures administratives existantes établissant les faits pertinents... Les procédures de détermination de l'apatridie doivent en principe être menées à titre individuel. Néanmoins, la détermination du statut d'un groupe ou sur une base prima facie peut parfois s'avérer justifiée, à condition qu'il existe des éléments prouvant que les membres du groupe satisfont à la définition de l'apatride énoncée à l'Article 1 de la Convention de 1954... Dans la mesure où certains apatrides sont aussi des réfugiés, certains États parties à la Convention de 1954 qui sont également parties à la Convention de 1951 relative au statut de réfugié peuvent souhaiter fusionner les procédures de détermination de l'apatridie et du statut de réfugié. Une procédure unique présente l'avantage d'éviter les frais supplémentaires liés à l'instauration d'une procédure administrative séparée pour le traitement de l'apatridie, compte tenu du nombre relativement faible de cas d'apatridie par rapport à celui de réfugiés ; et de profiter de l'expertise et des connaissances déjà accumulées par les autorités chargées de la détermination du statut de réfugié. D'autres États peuvent préférer séparer les procédures de détermination du statut de réfugié de celles relatives à l'apatridie. Une procédure séparée a pour avantage de créer un climat de sensibilisation au problème de l'apatridie et de développer une spécialisation et une expertise au sein de l'instance concernée dans la mesure où l'apatridie soulève de nombreuses questions qui sont distinctes de celles examinées lors de la détermination du statut de réfugié... Quelle que soit la localisation de la procédure de détermination de l'apatridie au sein de la structure de l'État, il est recommandé que les États dispensent une formation spécialisée sur la législation et les pratiques relatives à la nationalité, sur les normes internationales et sur l'apatridie aux fonctionnaires chargés de statuer sur le sujet. Les États, en coopération avec le HCR et les organisations non gouvernemen-tales, doivent faire connaître l'existence des procédures de détermination de l'apatridie afin de renforcer l'accès des apatrides à ces mécanismes »[513]. Le HCR et UIP avaient déjà

513 Dans *« Procédure de détermination de l'apatridie »* tiré de l'*« Anniversaire des conventions relatives aux réfugiés et à l'apatridie, 2010,*

exprimé leur position commune en indiquant précisément que : *« Le principe d'une procédure régulière fait obligation de donner aux demandeurs certaines garanties : droit à un examen individuel de la demande avec possibilité, pour le demandeur, d'y participer ; droit à un examen objectif du dossier ; délai maximum pour la procédure ; accès à l'information sur la procédure dans une langue compréhensible pour le demandeur ; accès à un avocat et à un interprète ; droit à la confidentialité et la protection des renseignements ; délivrance d'une décision justifiée ; possibilité d'appel de la décision »*[514]. Les Etats parties à la convention de 1954 respectent-ils pour autant toutes les garanties procédurales requises ? La réponse affirmative n'est assurément pas de mise dans tous les cas de figure. Par ailleurs, toute appréciation susceptible d'être portée dépend en principe de la nature du dispositif retenu. En effet, elle ne se fait guère de la même façon selon que la procédure de détermination du statut d'apatride est judiciaire ou simplement administrative. L'occasion d'analyser avec parcimonie les deux démarches ou méthodes diamétralement opposées. En Belgique par exemple la reconnaissance du statut d'apatride est une attribution dévolue entièrement au juge. La protection concrète et effective étant par la suite assurée par l'autorité administrative en l'occurrence le Commissariat général aux réfugiés et aux apatrides (C.G.R.A). Avec intérêt, prenons connaissance de son rapport rendu public en 2005 : *« La procédure d'attribution du statut d'apatride n'est fixée nulle part dans la législation belge. C'est la raison pour laquelle il relève du président du Tribunal de première instance de se prononcer sur une requête d'octroi du statut d'apatride. Le rôle du CGRA se limite à l'attribution de documents de l'état civil aux apatrides reconnus. Comme certains candidats réfugiés introduisent parallèlement à leur demande d'asile également une demande d'obtention de l'apatridie, laissant apparaître des contradictions au niveau des données d'identité et/ou documents, des accords ont été conclus en 2003 avec le Collège des procureurs généraux sur*

2011 », Unhcr, Genève, 2012, P.25-26.

514 *« Nationalité et apatridie, Guide pratique à l'usage des parlementaires n°11 »*, HCR-UIP, Genève, 2005, P. 21.

l'échange d'informations »[515]. Quelques années plus tard, cette assertion est ainsi réitérée : *« En attendant une prochaine réforme de la procédure à ce propos, l'attribution du statut d'apatride demeure une compétence du tribunal de première instance. Si le rôle du CGRA se limite donc en principe à délivrer des documents d'état civil aux apatrides reconnus, il convient de souligner le fait qu'il est régulièrement sollicité par les parquets en vue de fournir des informations permettant l'examen des requêtes d'octroi du statut d'apatride. C'est ainsi que pour l'année 2009, le CGRA s'est vu adresser 152 demandes de renseignements de la part des différents parquets et il leur a lui-même adressé 146 réponses »*[516]. En 2009, le C.G.R.A a effectivement délivré au total 80 attestations d'apatrides pour 1.889 décisions d'attribution du statut de réfugié et 418 protections subsidiaires[517]. Compte tenu du mécanisme retenu de demande du statut dans ce pays, n'est-il pas difficile pour ne pas dire impossible de connaître avec exactitude le nombre de requêtes formulées devant les juges à l'année ? La seule indication susceptible d'édifier l'opinion porte sur le nombre d'attestations d'apatrides délivrées par le Commissariat. Utilement, Julie Maenaut avait pu apporter encore plus d'éclaircissements quant au droit processuel d'Outre-quiévrain : *« A la différence de ce qui est prévu par la législation en matière de reconnaissance de la qualité de réfugié, aucune procédure n'est organisée par le droit belge pour examiner les demandes de reconnaissance de la qualité d'apatride. Malgré son appellation, le Commissariat général aux réfugiés et apatrides n'est, aux termes de la loi du 15 décembre 1980, pas compétent pour reconnaître la qualité d'apatride, mais uniquement pour délivrer aux apatrides reconnus les documents ou certificats qui leur seraient normalement délivrés par leurs autorités nationales. A défaut de procédure ad hoc, c'est le tribunal de première instance qui est compétent pour déterminer si une personne est, ou n'est pas apatrides. Cette*

---

[515] Cf. Commissariat Général aux Réfugiés et Apatrides, *« Rapport annuel 2005 »*, Bruxelles, 2005, P. 24.

[516] Lire *« Commissariat général aux réfugiés et apatrides, Rapport annuel 2009 »*, Bruxelles, 2010, P. 26.

[517] Extrait de *« Commissariat général aux réfugiés et apatrides, Rapport annuel 2009 »*, Op Cit, P.15.

compétence découle de sa compétence plus générale en matière d'état des personnes, dont la nationalité est un des attributs. La preuve de l'état d'apatride appartient au demandeur apatride. Celui-ci doit établir la preuve d'un fait négatif : aucun pays ne le reconnaît comme son ressortissant. Preuve impossible à rapporter à moins de faire le tour de tous les pays ou leurs ambassades, sans en oublier un. En pratique le juge se contente de vérifier si la personne en question peut être reconnue comme un ressortissant selon les législations du pays sur le territoire duquel elle est née, dans lequel elle a séjourné ou dont ses parents ont la nationalité. Dans la négative, la personne se voit reconnaître le statut d'apatride »[518]. Avouons donc que l'intitulé du C.G.R.A peut facilement prêter à confusion à partir du moment où il ne joue strictement aucun rôle dans la reconnaissance du statut d'apatride. L'institution se contentant de tirer les conséquences d'une décision préalable du juge judiciaire. En France, au contraire, c'est l'O.F.P.R.A c'est-à-dire l'autorité administrative qui reçoit et examine les demandes de protection à ce titre. En cas de contestation de la décision de son Directeur, le recours s'effectue devant le juge administratif c'est-à-dire auprès du tribunal administratif et non pas la Cour Nationale du Droit d'Asile (C.N.D.A). Le texte initial de la loi de 1952 avait, en effet, très clairement prévu une instance de recours pour les demandeurs du statut de réfugié. Tandis que rien n'était mentionné à propos de la phase contentieuse relative à la demande en vue du statut d'apatride. En l'absence de dérogation, c'est la procédure ordinaire qui s'applique. Dans une certaine mesure, son instruction est analogue à celle de la demande d'asile dans ce sens que c'est d'abord l'entité administrative qui statue en amont avant que le juge ne soit saisi en cas de désaccord entre les deux parties sur le contenu et le sens de la décision rendue. La dissimilitude entre les deux naît de ce que les juges intervenant dans les deux processus ne sont pas les mêmes. Le juge de l'ordre juridictionnel administratif c'est-à-dire le juge près le tribunal administratif pour les apatri-

[518] Voir le Service International de Recherches, d'Education et d'Action Sociale (S.I.R.E.A), Document N° 9, 2004, *« Analyses et Etudes »* portant sur *« Quelques principes et questions pratiques sur l'apatridie »* sous la plume de Julie Maenaut, Bruxelles, P. 4.

des et le juge de la C.N.D.A (juridiction spécialisée relevant du même ordre)[519] pour les prétendants au statut de réfugié. Quelques éléments jurisprudentiels méritent d'être présentés afin de réaliser pleinement les tenants et aboutissants de notre quête si particulière. Reprenons la décision du Conseil d'Etat du 09 octobre 1981 n° 28945 Subramaniam : *« Considérant que l'établissement public créé par l'article 1er de la loi n° 52-893 du 25 juillet 1952, sous le nom de l'Office Français de Protection des Réfugiés et Apatrides, a pour mission, en vertu de l'article 2 de la même loi, d'assurer « la protection juridique et administrative des réfugiés et apatrides » ; Qu'eu égard à la nature de cette mission, le contentieux des décisions prises par les organes de l'office et relatives, notamment, à la reconnaissance des qualités de refugié ou d'apatride relève, sous réserve des questions préjudicielles d'état et de nationalité, de la compétence de la juridiction administrative ; Que si l'article 5 de la loi du 25 juillet 1952 institue une Commission des Recours des Réfugiés chargée « de statuer sur les recours formulés par les étrangers et les apatrides auxquels l'Office aurait refusé de reconnaître la qualité de réfugié. Cette attribution de compétence ne concerne pas les difficultés relatives à la reconnaissance de la qualité d'apatride, qui, par suite doivent être portées devant la juridiction administrative de droit commun ».* La Commission des Recours des Réfugiés (C.R.R) s'étant muée depuis en une juridiction à part entière : la C.N.D.A. La possibilité d'un pourvoi devant le Conseil d'Etat reste ouverte consécutivement à un appel devant la Cour Administrative d'Appel (C.A.A) territorialement compétente pour les requérants du statut d'apatride. La sommité dans l'ordre juridictionnel administratif à savoir le Conseil d'Etat est en définitive le juge de cassation aussi bien en matière de contentieux de

---

[519] Pour une bonne intellection de l'histoire de la CNDA, lire avec intérêt l'intervention le 29 octobre 2012 au Palais du Luxembourg de J-M. Sauvé (vice-président du Conseil d'Etat) dans *« 1952-2012 Le juge français de l'asile, 60ème anniversaire de la Cour nationale du droit d'asile ».* Dans la même veine le *« Rapport d'information »* n° 9 fait au nom de la Commission des finances sur *« les conséquences budgétaires des délais de traitement du contentieux de l'asile par la Cour nationale du droit d'asile »*, par MM. Pierre Bernard-Reymond et Jean-Claude Frécon (Sénateurs) et déposé le 06/10/2010 à la présidence du Sénat, 76 pages.

l'asile que de celui de l'apatridie. En définitive, les deux demandes de protection commencent au même endroit pour s'achever, si les procédures sont menées à terme, au palais royal.

- Quel contenu pour l'apatridie dans le CESEDA ?

Une vue générale de l'état du droit positif permet d'affirmer de prime abord que la constitution française contient diverses dispositions ayant un intérêt du point de vue de notre analyse. Quelques unes peuvent être citées parmi lesquelles l'article 34 ainsi libellé : *« La loi fixe les règles concernant : ...la nationalité, l'état et la capacité des personnes, les régimes matrimoniaux, les successions et libéralités »*. La thématique de la nationalité est donc très expressément renvoyée à la loi par le pouvoir constituant de 1958. La seconde orientation susceptible de nous intéresser se résume dans son article 73 : *« Dans les départements et les régions d'outre-mer, les lois et règlements sont applicables de plein droit. Ils peuvent faire l'objet d'adaptations tenant aux caractéristiques et contraintes particulières de ces collectivités. Ces adaptations peuvent être décidées par ces collectivités dans les matières où s'exercent leurs compétences et si elles y ont été habilitées par la loi... Ces règles ne peuvent porter sur la nationalité, les droits civiques, les garanties des libertés publiques, l'état et la capacité des personnes, ...Cette énumération pourra être précisée et complétée par une loi organique... »*. Tâchons de suivre soigneusement la pyramide des normes telle qu'elle nous a été léguée par Hans Kelsen. Avec la refonte totale de l'ordonnance de 1945 avait été adopté un Code régissant l'Entrée et le Séjour des Etrangers sans oublier le Droit d'Asile (C.E.S.E.D.A) depuis le 1er mars 2005[520]. Cet outil rassemble plusieurs dispositions juridiques jusqu'alors très éparses. Comme son nom l'indique, le recueil ne contient aucune partie ni générale ni particulière traitant typiquement la question de l'apatridie. Autrement dit, le C.E.S.E.D.A ne prévoit aucune section relative à la situation juridique des personnes sollicitant le statut d'apatride en France. Cette triste réalité, nous l'avons dit, est partagée avec bien d'autres Etats développés à l'instar du

[520] Pour le « Code 2013 » (8è édition), lire Vincent Tchen et Fabienne Regnault-Malignac, Paris, Lexis/Nexis, 2012, 1809 pages.

Luxembourg. Dans ses autres aspects, l'apatridie n'est abordée que de manière soit allusive soit accessoire dans le reste de ce document. Quelques brides par-ci et par-là parfois sans lien ni cohérence. Souvent même d'importants manquements se font jour tant des pans entiers de la matière échappent à la loi. *« S'inspirant de la Convention de Genève du 28 juillet 1951 relative au statut de réfugié, la Convention de New York n'a pas donné lieu en France à des textes législatifs ou réglementaires propres. La situation des apatrides a donc été régie par l'ordonnance du 2 novembre 1945 modifiée et la loi du 5 juillet 1952 modifiée relative au droit d'asile, désormais codifiées dans le code de l'entrée et du séjour des étrangers et du droit d'asile (Ceseda). Si la situation d'apatride n'est donc pas sans lien avec celle de réfugié, l'apatride, lorsqu'il n'est pas parallèlement réfugié – situation possible puisqu'il peut solliciter cette qualité –, se trouve dans une situation beaucoup moins protégée »* reconnait le dictionnaire permanent du droit des étrangers[521]. Nous reviendrons ultérieurement et de façon progressive sur le contenu de ces dispositions.

Section 2. Les principales caractéristiques de la demande d'apatridie en France[522]

Le droit français visant et régissant l'apatridie laisse entrevoir quelques traits dominants et essentiels sur lesquels il faille insister. Avec le mérite d'une objectivation de la condition sociale des impétrants ainsi que les difficultés auxquelles ils sont en butte. Une analyse méticuleuse permet d'en soutirer les conclusions suivantes :

---

521 Cf. *« Apatride »* dans *« Le dictionnaire permanent du droit des étrangers »*, Paris, Editions Législatives, 2010.

522 A titre de comparaison, lire : *« Droit d'asile en France : conditions d'accueil, état des lieux 2012 »*, Rapport de la Coordination française pour le droit d'asile, Paris, 2013, 129 pages.

§1. L'extrême faiblesse de la demande du statut d'apatride

En France, comme dans plusieurs pays, la demande du statut d'apatride demeure chétive. La radioscopie et la photographie de l'apatridie nous sont naturellement faites par l'O.F.P.R.A. En 2009 : *« La section apatride [avait] pris 165 décisions au cours de l'année, ce qui lui a permis de déstocker légèrement, notamment les dossiers les plus anciens. Avec 59 décisions positives, le taux d'admission augmente de 6 points et atteint 36 % »*[523]. Tandis que pour ce qui concerne la demande d'asile sur la même période : *« L'Ofpra [avait] enregistré 47.686 demandes (réexamens et mineurs accompagnants compris) soit une augmentation de 12 % de la demande globale par rapport à l'année précédente »*[524]. L'année précédente : *« L'Office [avait] pris 217 décisions au cours de l'année (+ 25 %), ... Avec 65 décisions positives, le taux d'admission [avait] atteint 30 % »*[525]. Voici le bilan général de 2009 : *« Après trois années consécutives de baisse, le niveau de la demande d'apatridie se stabilise à 159 nouveaux dossiers en 2009. Les problématiques de ces dossiers demeurent, comme les années précédentes, complexes et spécifiques. L'essentiel de la demande émane toujours de personnes nées sur le continent européen (70 %) puis en Asie (en baisse à 16 %), en Afrique (12 %) et en Amérique (1 %). La proportion des femmes au sein des demandeurs du statut d'apatride a augmenté en 2009 (36,5 % contre 28,6 % en 2008) »*[526]. Souvenons-nous qu'en l'an 2000 par exemple, à peine 89 dossiers relatifs au statut visé avait été reçus[527]. Une confirmation, si besoin était, d'une demande périclitante car la baisse graduelle de sa courbe semble inexorable. Avec les dossiers depuis longtemps en attente, 113 décisions avaient été rendues durant toute cette année-là. De plus : *« Au 31 décembre 2008, le nombre de personnes bénéficiant du statut d'apatride en France [était] estimé à 1.006. La majorité de ceux-ci [étaient] des hommes (67 %). L'âge moyen des apatrides [était] de 48,5 ans et leur âge moyen au moment du dépôt de leur de-*

[523] Dans *« O.F.P.R.A, Rapport d'activité 2009 »*, 2010, Paris, P. 29.
[524] Lire *« O.F.P.R.A, Rapport d'activité 2009 »* Op cit, P. 7.
[525] Voir *« O.F.P.R.A, Rapport d'activité 2008 »*, 2009, P. 27.
[526] Extrait de l'*« O.F.P.R.A, Rapport d'activité 2009 »*, 2010, P. 29.
[527] Se référer à l'*« Ofpra, Rapport d'activité 2000 »*, Ofpra, 2001, P. 14.

mande était de 33,9 ans. Parmi les apatrides, 47,4 % [étaient] célibataires et 39,7 % [vivaient] en couple. Les pays de naissance des apatrides les plus fréquents [étaient] : URSS (155), Yougoslavie (76), France (71), Madagascar (64), Liban (62) et Algérie (60). 161 personnes [avaient] demandé le statut d'apatride en 2008 ». Depuis lors, la tendance était restée inchangée comme l'avait confirmé le rapport Ofpra 2010 : « *La demande de statut d'apatride, toujours modeste avec 182 nouvelles demandes en 2010, augmente néanmoins pour la première fois depuis quatre ans (+ 14 %). Les problématiques sont de plus en plus complexes et spécifiques »*[528]. Cet invariant n'est-il pas généralisable à d'autres pays ? A titre de comparaison, entre le 1er juillet 2007 et le 30 septembre 2010 il n'y avait eu que 109 demandes du statut d'apatridie en Bulgarie sur lesquelles seules 56 avaient abouti[529]. Plusieurs raisons peuvent ainsi être avancées pour expliquer partout une telle donnée : primo, l'insuffisance voire l'absence de publicité autour de ses deux Conventions examinées en général et celle de 1954 en particulier. Secundo, nous l'avons indiqué, le distinguo entre l'apatridie de droit et l'apatridie de facto n'en facilite pas la compréhension et surtout accentue le caractère erratique des ratifications[530]. D'où l'impérieuse nécessité de clarification de la notion : *« A côté des cas d'apatridie de jure, les Etats pourront également être confrontés aux cas de personnes qui possèdent déjà une nationalité, mais où soit l'Etat concerné refuse de leur donner la jouissance des droits qui y sont liés, soit il ne peut raisonnablement être attendu des personnes concernées qu'elles fassent usage de cette nationalité. Dans ces deux cas, les personnes concernées ne bénéficient pas d'une nationalité effective et sont de facto apatrides »* avait écrit le

---

528 Lire *« Ofpra, le rapport d'activité, 2010 »*, 2011, P. 37.

529 Gábor Gyulai dans *« Statelessness in Hungary, the Protection of Stateless Persons and the Prevention and Reduction of Statelessness »*, Hungarian Helsinki Committee, Décembre 2010, P. 5.

530 Comme le rappelle le H.C.R : *« La Convention de 1954 reconnaît le statut juridique international des « apatrides »... La Convention ne couvre pas les apatrides dits de facto, pour lesquels il n'existe aucune définition universellement acceptée en droit international. Toutefois, les apatrides de facto ont droit à la protection en vertu du droit international relatif aux droits de l'homme »* dans *« Protection des droits des apatrides, La Convention de 1954 relative au statut des apatrides »* Unhcr, Genève, 2010, P. 6.

Conseil de l'Europe[531]. De son côté l'Agence pour les droits fondamentaux la définit de la manière suivante : « *Les apatrides de facto désignent les personnes qui, même si elles ont formellement une nationalité, se trouvent hors du pays dont elles ont la nationalité et ne peuvent ou, pour des raisons valables, ne souhaitent pas se soumettre à la protection de ce pays. Cela inclut les personnes qui, en pratique, sont incapables de prouver ou d'établir leur nationalité et donc de retourner dans leur pays.* »[532]. Erika Feller parle de « *nationalité sans effet* » pour désigner une aussi abjecte réalité[533]. Tertio, les garanties nettement plus attrayantes du statut désormais « communautarisé » du demandeur d'asile. Celui-ci bénéficie des conditions minimales d'accueil auxquelles l'aspirant au statut d'apatridie ne peut prétendre. L'asile est de loin bien plus connu que l'apatridie. Et quand l'information parvient aux éventuels demandeurs, même ceux parmi les plus convaincus de leur bon droit en sont forcément dissuadés car la procédure à suivre est souvent totalement méconnue. Celles qui auraient pu être considérées comme les deux faces de Janus sont décidément bien trop éloignées dans la pratique. Par conséquent, toutes ces caractéristiques impactent fort logiquement le nombre total de personnes sous protection. Selon l'Ofpra, seules 1078 personnes apatrides ou de nationalité indéterminée étaient sous sa protection au 31 décembre 2009[534]. Une décennie auparavant, les apatrides statutaires étaient à peine au nombre de 781[535]. Le bureau O.I.M en Italie comptait au total 622 apatrides au 31

---

[531] Voir le Conseil de l'Europe dans « *La nationalité des enfants, Recommandation CM/Rec(2009)13 adoptée par le Comité des Ministres du Conseil de l'Europe le 9 décembre 2009 et exposé des motifs* », Editions du Conseil de l'Europe, Strasbourg, 2010, P. 21.

[532] Cf. « *Rétention des ressortissants de pays tiers dans le cadre des procédures de retour* », Agence des droits fondamentaux de l'Union européenne, Office des publications de l'Union européenne, Luxembourg, 2011, P. 18, annotation 29.

[533] Extrait de l'« *Avant-propos* » de : « *L'apatridie : Cadre d'analyse pour la prévention, la réduction et la protection* », Sous la direction d'Emilie Irwin, Mark Manly, Unhcr, 2008, 94 pages.

[534] Lire « *O.F.P.R.A, Rapport d'activité 2009* », 2010, P. 77.

[535] Voir « *L'Ofpra, Rapport d'activité 2000* », Ofpra, 2001, P. 14.

décembre 2005[536]. Encore une fois cette dernière estimation est sans aucun doute en deçà de la vérité. D'ailleurs, le Commissaire aux droits de l'homme n'hésitait pas à le faire savoir : *« En Europe, un grand nombre des apatrides sont des Roms, notamment dans les pays de l'ex-Yougoslavie. Certains ont quitté cette région pour d'autres parties de l'Europe, mais se trouvent dans une situation d'apatridie de fait car ils n'ont pas de documents personnels, et vivent dans l'insécurité juridique. En Italie par exemple, ils sont environ 15 000 dans ce cas. L'exclusion et la marginalisation dont les Roms sont déjà victimes sont aggravées par l'absence d'une nationalité effective »*[537]. De nombreux Roms étaient effectivement arrivés dans ce pays après l'éclatement de l'ex-Yougoslavie. Or l'Italie est en même temps une des portes d'entrée en Europe pour des populations en provenance d'Afrique ainsi que des autres aires géographiques. Ce phénomène migratoire ne datant pas d'aujourd'hui même s'il s'est densifié ces dernières années. Globalement, les chiffres font défaut dans énormément de pays développés en plus du hiatus existant entre les apatrides juridiquement reconnus et ceux qui ne le sont pas. Somme toute, comme l'avait confirmé Jean-François Cordet : *« Il faut dire que le demande de statut d'apatride est une demande très faible comparée à la demande d'asile ... On le voit bien, l'activité de l'établissement est presque exclusivement tournée vers la demande d'asile, les réfugiés et les bénéficiaires de la P.S »*. Seule une page lui est ordinairement réservée dans les rapports annuels de l'Ofpra. Est-ce pour autant une raison pour ne pas édicter de normes générales appropriées et complètes concernant l'apatridie ? Pouvons-nous nous fonder sur ce seul élément matériel pour légitimer une si criarde absence de garanties procédurales pour les demandeurs du statut d'apatridie ? Encore moins ce traitement sans aménité auquel ils sont soumis ? Est-il permis de déconsidérer une telle demande compte tenu de son faible niveau ? Un droit cesse-t-il d'être fondamental dès lors

---

[536] Dans *« Migration irrégulière d'Afrique Occidentale en Afrique du Nord et en Union européenne : Une vue d'ensemble des tendances générales »* N° 32, O.I.M, Genève, 2008, P. 30.

[537] Tiré de l'article intitulé *« Des centaines de milliers d'apatrides en Europe ont besoin d'une protection supplémentaire »* posté sur son blog le 02/08/2011.

qu'il ne touche qu'un nombre infinitésimal de personnes ? Sur l'absence de publicité, l'auteur concède qu' : *« Il n'en demeure pas moins que la question de l'apatridie mériterait elle aussi d'être présentée de façon plus complète et précise au public. Il est dans les projets de l'Ofpra de s'atteler ultérieurement à la rédaction d'un opuscule consacré aux apatrides »*[538]. La publication en 2011 d'un *« livret d'accueil pour des personnes reconnues apatrides »*[539] produit par l'organisme public chargé de la gestion de la problématique participe assurément de cette volonté affichée. Signalons qu'en France, le phénomène des femmes voilées dans l'espace publique ne concernerait qu'environ 300 personnes. Pourtant ce nombre extrêmement limité n'a pas empêché l'adoption d'une loi instaurant une sanction contraventionnelle en cas d'infraction. Entre autres arguments excipés par ses défenseurs de cette loi figurait celui des droits de l'homme et notamment des droits de la femme. A la suite de cela, il semble difficile de continuer à justifier l'absence d'un statut pour le demandeur de la protection internationale au titre de la convention de 1954. Est-il encore possible de défendre le statut-quo actuel ?

§2. Un formalisme juridique foncièrement simplifié

En vérité, les règles régissant la demande en vue du statut d'apatride existent même si elles sont atypiques par rapport au droit d'asile. Elles souffrent néanmoins d'un défaut chronique de vulgarisation. La procédure de demande d'apatridie en France a la particularité de ne pas être « enchâssée » dans des conditions strictes de délai comme pour le droit d'asile lequel est extraordinairement encadré par des normes juridiques suffisamment précises et impératives.

[538] Jean-François Cordet *« Au cœur de l'Ofpra »*, Paris, la documentation française, 2011, P. 7.
[539] Ofpra, Mission communication, Octobre 2011, Paris, 18 pages.

A. La phase administrative : la procédure de demande du statut d'apatride

Simpliste du point de vue de la démarche à suivre, elle est néanmoins tendancieusement longue étant donné les délais relatifs à l'étude du dossier. Une caractérisation pesant sérieusement sur le prétendant au statut d'apatride dans la mesure où sa condition est singulièrement rude pour cause de défaut de prise en charge sociale. Elle ne peut qu'être potentiellement dissuasive.

- L'irrégularité du séjour du demandeur d'apatride et son impact sur ses conditions matérielles d'existence

Comme le mentionnait déjà le *« Guide du demandeur d'asile 2009 »* : *« À la différence du demandeur d'asile, l'étranger qui sollicite le statut d'apatride ne bénéficie pas d'un droit au séjour provisoire pendant le traitement de sa demande. Vous ne devez donc pas vous adresser à la préfecture... »*[540]. La régularité du séjour n'est nullement requise contrairement au demandeur d'asile qui lui doit d'abord se présenter à la préfecture pour obtenir une Autorisation Provisoire de Séjour (A.P.S) et retirer au même moment son dossier. Avec l'obligation de l'envoyer directement à l'Ofpra dans un délai de vingt-un jours. Dans le cas où l'admission au séjour lui a été refusée pour l'un des motifs mentionnés aux 2° à 4° de l'article L. 741-4, l'étranger demandeur d'asile dispose malgré tout d'un délai de quinze jours pour présenter une demande d'asile complète au préfet de département compétent et, à Paris, au préfet de police. La demande d'asile rédigée sur l'imprimé établi par l'office est remise sous pli fermé. Le préfet transmet, dès réception, le dossier à l'office en mentionnant son caractère prioritaire. Pour le demandeur du statut d'apatride, la démarche est loin d'être identique. Un courrier suffisamment explicatif de sa situation personnelle envoyé à l'Ofpra permet d'enclencher officiellement la procédure. Dès lors, l'Office lui renvoie un dossier de demande de statut. Ainsi, les préfectures françaises ne sont pas tenues d'admettre provisoirement au séjour ceux qui sollicitent cette forme distincte de protection internationale. Les exigences procédurales auxquelles sont soumis les demandeurs d'asile ne sont donc pas applicables à ceux du statut d'apatride. En accep-

[540] Paris, La documentation française, 2009, P. 32.

tant de remettre le dossier au demandeur d'asile, le préfet enclenche la procédure et oblige l'Ofpra non seulement à se saisir de la requête ainsi initiée mais aussi à se prononcer au fond. Dans les deux cas, procédure normale ou prioritaire, l'Ofpra enregistre le dossier. Si l'enregistrement de la demande d'asile dans la procédure habituelle permet automatiquement à l'impétrant de bénéficier d'un titre de séjour et notamment du *« Récépissé constatant le dépôt d'une demande d'asile »,* tel n'est absolument pas le cas pour le candidat au statut d'apatridie. En effet, ce fait juridique ne lui ouvre droit à rien de ce point de vue. Cela veut dire que cet étranger n'a pas un droit au séjour même provisoire, le temps que son dossier soit examiné[541]. *« Les préfectures ne sont pas obligées de délivrer des documents de séjour »* avance sereinement l'Administration[542]. Une position conforme au libellé de l'article L. 313-11-10 du Ceseda. Voici ce qu'avait dit le Conseil d'Etat à ce propos dans une décision : *« Considérant que si, aux termes de l'article 12 de la loi du 25 juillet 1952 relative au droit d'asile, dans sa rédaction alors en vigueur : « L'étranger admis à séjourner en France bénéficie du droit à s'y maintenir jusqu'à la notification de la décision de l'Office français de protection des réfugiés et apatrides ou, si un recours a été formé, jusqu'à la notification de la décision de la commission des recours. (...)», ces dispositions instituant un droit au séjour en faveur des demandeurs d'asile politique jusqu'à ce qu'il ait été statué sur leur demande ne peuvent, en l'absence de texte, être étendues aux personnes ayant demandé la reconnaissance du statut d'apatride ; que, par suite, si M. Markovic se prévaut d'une demande qu'il aurait présentée à l'Office français de protection des réfugiés et apatrides tendant à ce que lui soit reconnue la qualité d'apatride, et à laquelle il n'avait pas encore été répondu à la date de l'arrêté litigieux, aucune disposition législative ou réglementaire ni aucun principe ne lui ouvrait droit à séjourner en France jusqu'à ce qu'il soit statué sur cette demande ; qu'il suit de là que le Préfet du Nord a pu légalement par son arrêté du*

541 Cf. M-J. Redor dans *« Le séjour des apatrides et des demandeurs du statut d'apatrides »*, A.J.D.A 1998, P. 482 et suivantes.

542 Voir le site officiel de l'Administration française www.service-public.fr et notamment *« Apatridie et asile »* ou http//vosdroits.service-public.fr/particuliers/F15399.xhtml

14 août 2002, décider la reconduite à la frontière de M. Markovic, alors même que l'Office français de protection des réfugiés et apatrides n'avait pas statué sur la demande de l'intéressé tendant à ce que lui soit reconnu le statut d'apatride ; » C.E Préfet du Nord/ Markovic, 23 novembre 2005 n° 251110.

- Sur la différence des deux statuts de demandeurs[543] : A Prato en Italie (2010), les experts avaient rappelé que : *« Les États [devaient] veiller à prendre des mesures conformes aux dispositions pertinentes de la Convention de 1954 et au droit international relatif aux droits de l'homme concernant les besoins des personnes dont le dossier est en cours d'instruction. Ils [devaient] offrir aux requérants un ensemble minimum de droits (y compris le droit au travail, à l'éducation, à la santé et au logement), lesquels [devaient] être conformes aux exigences de la Convention de 1954 et aux normes de non-discrimination inscrites dans le droit international relatif aux droits de l'homme... »*[544]. De tels droits ne sont tout simplement pas observés en France. A propos du droit au séjour, Anicet Le Pors avait été très explicite en considérant que l'admission au séjour du demandeur d'asile était l'un des quatre échelons régissant l'asile[545]. Ainsi avait-il expliqué pour caractériser sa condition sociale : *« Lorsqu'il est admis au séjour dans l'attente du statut, ce qui peut demander entre quelques mois et plusieurs années (...) l'étranger bénéficie alors d'une liberté de circulation. Il peut être admis dans l'un des quelques 270 centres d'accueil pour demandeurs d'asile (C.A.D.A). Il reçoit des allocations dont le montant est fonction de sa situation effective. Si l'accès des enfants à l'éducation est en tout état de cause obligatoire, celui à la formation professionnelle ou à l'enseignement supérieur n'est possible que sous conditions. L'accès au système de santé est un droit commun pour le détenteur d'un titre de séjour qui bénéficie de la Couverture médicale universelle (C.M.U).*

---

[543] Concernant les demandeurs d'asile et à titre d'information, lire : *« Droit d'asile en France : conditions d'accueil, état des lieux 2012 »*, Rapport de la Coordination française pour le droit d'asile, Paris, 2012, 121 p.p.

[544] Dans *« Procédure de détermination de l'apatridie »* tiré de l'*« Anniversaire des conventions relatives aux réfugiés et à l'apatridie, 2010, 2011 »*, Unhcr, Genève, 2012, P.29.

[545] Tiré de son essai intitulé *« Juge de l'asile »*, Paris, Michel Houdiard éditeur, 2010, P. 22.

En revanche, sauf circonstance exceptionnelle, la situation de l'emploi lui est opposable et il n'a donc pas droit au travail »[546]. Les conditions matérielles d'existence des demandeurs d'asile sont devenues aujourd'hui un champ d'action privilégié des O.N.G se battant quotidiennement pour le triomphe de l'Etat de droit dans ce domaine. Grâce à elles se développe de nos jours une remarquable jurisprudence autour de la thématique. C'est dans ce contexte que le Conseil d'Etat, à la suite de sa saisine par la Cimade et le Gisti, avait rendu une décision condamnant l'Etat français pour avoir eu une mauvaise interprétation des dispositions communautaires dans une de ses circulaires. Pour la haute juridiction en effet : *« Si le 1° de l'article L. 5423-8 du code du travail réserve l'attribution de l'allocation temporaire d'attente (ATA) aux « ressortissants étrangers dont le titre de séjour ou le récépissé de demande de titre de séjour mentionne qu'ils ont sollicité l'asile en France... », ces dispositions, interprétées à la lumière de la directive 2003/9/CE du Conseil du 27 janvier 2003, n'ont pas pour objet d'exiger un titre de séjour ou le récépissé d'un tel titre pour les demandeurs d'asile entrant dans les prévisions du 3° ou du 4° de l'article L.741-4 du CESEDA. Par suite, en excluant du bénéfice de l'allocation temporaire d'attente les demandeurs d'asile entrant dans les prévisions du 3° ou du 4° de l'article L.741-4 du code de l'entrée et du séjour des étrangers et du droit d'asile, la circulaire attaquée a donné une interprétation erronée des dispositions qu'elle entendait expliciter et est, dans cette mesure, entachée d'illégalité, 1/6 SSR, 335924, 7 avril 2011 »*[547]. Selon les juges, même les demandeurs d'asile n'ayant pas réussi faire valoir leur droit au séjour ont – eux aussi – le droit d'exiger le respect des conditions minimales d'accueil et notamment d'obtenir aussi bien l'A.T.A que les autres droits rattachés à leur statut juridique. Reste à la partie défenderesse d'en prendrc pleinement acte. Pourtant tous ces droits et autres avantages dont est bénéficiaire le demandeur d'asile sont complètement inexistants pour le requérant du statut

[546] Dans son essai : *« Juge de l'asile »*, Paris, Michel Houdiard éditeur, 2010, P. 40.
[547] Voir *« Les feuilles roses du C.E »*, Centre de recherches et de diffusion juridiques, jurisprudence des formations contentieuses du Conseil d'Etat, avril 2011, P. 13.

d'apatride. Sauf, si celui-ci entre dans l'hypothèse spécifique des apatrides de fait en demande d'asile. Il s'agit alors des demandeurs d'asile persécutés sur la base de leur nationalité, l'un des critères inclusifs à la Convention de Genève de 1951. Un distinguo loin d'être anodin. Pour ceux qui sont en quête de protection au titre de l'apatridie, l'absence d'un titre provisoire de séjour bloque tout. Aucun d'accès à un quelconque établissement d'hébergement et d'accompagnement social n'est possible. Il n'existe d'ailleurs aucune institution spécialement réservée à leur accueil[548]. Pour quitter la rue et se protéger des intempéries, ces derniers sont souvent obligés d'accepter un hébergement dans des conditions souvent incompatibles avec la dignité humaine. Rappelons qu'il s'agit-là une infraction de nature pénale à laquelle s'expose inévitablement l'hébergeant. Sur le plan pécuniaire, ils n'ont ni l'Allocation Mensuelle de Subsistance (A.M.S)[549] comme les demandeurs d'asile en Centre d'Accueil (C.A.D.A) ni l'Allocation Temporaire d'Attente (A.T.A) pour ceux d'entre eux qui sont en Accueil d'Urgence pour Demandeurs d'Asile (A.U.D.A) ou en Accueil Temporaire (AT-SA). Impossible pour eux d'exciper un éventuel « droit d'avoir un compte » car pour revendiquer l'ouverture d'un compte bancaire, faudrait-il encore pouvoir établir son identité. Ils ne peuvent bénéficier ni de la Couverture Maladie Universelle (C.M.U) ni de la C.M.U-C[550]. Le débat récurrent sur

---

548 Pour les demandeurs d'asile, se référer à Jean-Philippe Brouant dans *« Le gîte et le couvert : à propos de l'hébergement des demandeurs d'asile en Europe »*, tiré de *« Droit au logement et à l'hébergement des étrangers en situation irrégulière ou précaire sur le territoire français »*, AJDI, Septembre 2010, P. 620 à 623.

549 Selon un barème dégressif bien défini et en fonction de la composition familiale, les demandeurs d'asile perçoivent chaque mois une somme de 202 euros pour une personne seule, 311 euros pour un couple ou pour une famille monoparentale, 403 euros pour une famille de trois…

550 A certains égards leur sort ressemble à celui des demandeurs d'asile placés « sous Dublin ». Comme le décrit la Cimade : *« Le règlement dit Dublin II prévoit que, sous réserve de motifs familiaux, l'État qui laisse entrer un étranger sur le territoire européen ou celui où il a déjà déposé une demande d'asile est celui qui doit examiner sa demande d'asile (on parle de pays responsable de l'examen de la demande). Ainsi, si un demandeur d'asile se présente à la préfecture alors qu'il a déjà déposé une demande dans un autre pays européen (l'Union européenne ainsi que l'Islande, la Norvège et la Suisse) ou qu'il y a transité avant d'arriver en France, la préfecture refuse de*

l'Aide Médicale d'Etat (A.M.E) n'arrange nullement les choses pour cette catégorie particulière de migrants. Ils y sont de nouveau éligibles depuis l'annulation de la franchise instaurée par le gouvernement Fillon. La condition initiale de résidence d'au moins trois mois demeurant la seule en vigueur. La principale difficulté susceptible de subsister viendrait de l'établissement de leur propre identité. La démarche n'étant pas simplement déclaratoire. A toutes fins utiles : *« Le Comité européen des droits sociaux, l'instance chargée de surveiller l'application de la Charte sociale européenne, a estimé « qu'une législation ou une pratique qui nie le droit à l'assistance médicale aux ressortissants étrangers, sur le territoire d'un Etat partie, fussent-ils en situation irrégulière, est contraire à la Charte »*[551]. A défaut de l'A.M.E, leur unique possibilité de se faire soigner en cas de maladie reste le recours aux Permanences d'Accès aux Soins de Santés (P.A.S.S) situées auprès de grands hôpitaux publics. Cependant, ceux-ci n'existent malheureusement pas partout sur le territoire. Il s'agit malgré tout d'obtenir une prise en charge ponctuel permettant une consultation gratuite. Le bénéficiaire demeurant sans solution dans le cas où une ordonnance lui est délivrée. Dans une telle hypothèse, notre demandeur malade est obligé de débourser le montant requis pour pouvoir disposer de

---

lui accorder le droit de séjourner en France et la possibilité de demander l'asile à l'Ofpra. Le demandeur fait alors l'objet d'une longue procédure pour saisir le pays responsable de l'examen de la demande selon le règlement Dublin et le réadmettre vers ce pays. Cette procédure peut durer jusqu'à 23 mois et, pendant ce temps, les demandeurs d'asile dits « Dublinés » n'ont pas de véritable statut. Ils n'ont pas d'accès à une procédure Ofpra, ni au statut de demandeur d'asile (ils n'ont pas d'autorisation de séjour, ni accès au centre d'accueil pour demandeurs d'asile ou encore à l'allocation temporaire d'attente). Ils ne sont munis que de convocations surchargées de tampons et sont très peu informés sur l'avancement de la procédure avant d'être interpellés au guichet des préfectures ou dans leurs lieux d'hébergement pour être renvoyés dans le pays dit responsable de l'examen de leur demande d'asile. Ils n'ont pas non plus la possibilité de déposer un recours suspendant leur transfert. Cela est d'autant plus grave que plusieurs pays de l'Union européenne (notamment des pays comme la Grèce, l'Italie ou Malte qui se sont baptisés « pays de la ligne de front ») maltraitent les droits des demandeurs d'asile ». Dans *« Migrations : état des lieux 2012 »,* La Cimade, Paris, 2012, P. 33. En fait cette catégorie est désormais prise en charge dans les AT-SA.

[551] Voir *« La criminalisation des migrations en Europe : quelles incidences pour les droits de l'homme »,* Bureau du Commissaire aux droits de l'homme, Conseil de l'Europe, Strasbourg, 2010, P. 30.

médicaments. Les quelques associations spécialisées dans le domaine des soins médicaux et psychologiques sont toutes très engorgées et ne peuvent évidemment pas faire face à une sollicitation aussi massive. Les attestations de l'A.M.E et de la CMU-C permettent par exemple aux individus en quête de protection internationale de requérir et d'obtenir la Carte solidarité transport pour ceux d'entre eux vivant en région parisienne. Ce droit est aussi accordé à un certain nombre de catégories sociales à l'instar des demandeurs d'emploi et autres bénéficiaires de minima sociaux. Il suffit pour cela d'envoyer à l'agence basée à Saint-Avold (57) le formulaire accompagné de l'attestation susmentionnée. Aucune condition de régularité du séjour n'est en principe exigée. Elle ouvre aux bénéficiaires le droit d'obtenir une réduction substantielle du coût de transport en Ile de France. La scolarisation des enfants des demandeurs du statut ne devrait en réalité pas poser de problèmes s'ils sont dans une tranche d'âge dans laquelle l'école est obligatoire de par la loi. Malgré tout, le défaut d'acte de naissance peut soulever d'énormes difficultés au moment de procéder à l'inscription scolaire en mairie. Heureusement que le bon sens finit toujours par prévaloir en accordant le primat à l'obligation légale de scolarisation conforme à l'intérêt de l'enfant. Sur un autre plan, corollaire du défaut de titre de séjour, l'obtention d'une Autorisation Provisoire de Travail (A.P.T) est tout simplement inenvisageable. Le défaut du « récépissé constatant le dépôt d'une demande de protection au titre de l'apatridie » compromet la possibilité d'accéder au travail à titre dérogatoire. Avec pour effet d'exposer la personne en demande à la tentation du travail dissimulé aidé en cela par d'éventuels employeurs véreux. Pour les demandeurs d'asile par contre, l'article R742-2 du Ceseda est très limpide même s'il demeure profondément hypothétique : *« L'accès au marché du travail ne peut être autorisé au demandeur d'asile que dans le cas où l'office, pour des raisons qui ne sont pas imputables au demandeur, n'a pas statué sur la demande d'asile dans un délai d'un an suivant l'enregistrement de la demande. Dans ce cas, le demandeur d'asile est soumis aux règles de droit commun applicables aux travailleurs étrangers pour la délivrance d'une autorisation provisoire de travail. La situation de l'emploi lui est opposable ».* Cette éventualité aujourd'hui rendue encore plus théorique pour les demandeurs d'asile est, en réalité, improbable pour les prétendants à la protection internationale sur la base de la convention de 1954. Cruel sort que celui d'un demandeur du statut d'apatride en France. Un tel régime formel justifie probablement aussi la très forte propension vers la procédure d'asile y compris pour ceux qui en principe devraient relever de la seconde. Un des paramètres justifiant la minoration de la demande d'apatridie subséquemment à la majoration de celle de d'asile. En somme, les devoirs de la société à l'égard de l'individu en demande du statut d'apatride ne sont pas remplis dans la mesure où le droit à l'assistance publique ou sociale est singulièrement inexistant. Il est dépourvu des minima sociaux garantis. En d'autres termes, le droit au minimum ne lui est pas du tout accessible. La solidarité publique est incontestablement et cruellement défaillante à son égard. En Belgique, Julie Maenaut avait pris le soin de mettre en avant quelques droits correspondants à la condition dudit demandeur créés par le juge : *« La jurisprudence belge s'est prononcée dans le sens d'une reconnaissance au « candidat-apatride » d'un droit de séjour pendant la durée de la procédure. Cette jurisprudence repose sur deux arguments. Premièrement, n'ayant par définition pas d'autres pays où il peut s'établir régulièrement, le contraindre à demeurer en situation irrégulière est un traitement inhumain et dégradant au sens de l'article 3 de la Convention européenne des droits de l'homme et de libertés fondamentales. Deuxièmement, le priver du droit au séjour revient à le priver de mener cette procédure dans la mesure où il est difficile voire impossible, de mener une procédure lorsque l'on se trouve en situation irrégulière et lorsque l'on ne dispose d'aucune ressource et d'aucun droit à s'en procurer. C'est ainsi que pendant la procédure, il existe une possibilité de demander en référé la délivrance d'un titre de séjour temporaire (Attestation d'Immatriculation) (Nivelles, réf., 24.6.1997) »*[552]. Le sens de cette décision est amplement justifié à plusieurs égards car le contraire équivaudrait à la perpétuation du déni d'existence légale. Une orientation de cette nature est non seu-

[552] Voir le Service International de Recherches, d'Education et d'Action Social, Document N° 9, 2004, *« Analyses et Etudes »* portant sur *« Quelques principes et questions pratiques sur l'apatridie »*, Bruxelles, P. 6.

lement d'une régularité juridique irréprochable, mais aussi moralement fondée. L'on peut aisément regretter le défaut d'automaticité de cette mesure individuelle favorable. Pourquoi une telle anicroche à la Convention européenne de 1950 ne peut-elle pas être soulevée et retenue dans l'hexagone ? Tout compte fait, un simple récépissé pour une victime de l'apatridie représente même ponctuellement un heureux intermède voire le début d'une nouvelle vie. Fort malencontreusement ce document administratif n'est simplement pas encore envisageable en France. Il ne peut effectivement pas en disposer. La France aurait pu montrer l'exemple en leur reconnaissant un droit même limité au séjour, le temps de la procédure comme pour les demandeurs d'asile. Ce parallélisme juridique et administratif fait foncièrement défaut. L'espoir né de la décision du Conseil constitutionnel de 1993 s'est définitivement étiolé[553]. N'oublions pas que l'examen du dossier, en l'espèce, peut prendre plusieurs années comme nous l'avons déjà indiqué. Un demandeur du statut d'apatride est un sans-papiers au sens plein du terme. Chacun peut imaginer la destruction psychologique d'un être humain vivant chroniquement avec la peur d'un éventuel contrôle d'identité[554] et surtout sans le moindre espoir d'une issue heureuse à sa requête. Sans admission au séjour, aucune possibilité de prétendre à l'aide sociale. L'incongruité d'un régime juridique aussi drastique voire même ascétique ne fait point de doute au regard des droits de l'homme. En effet, le candidat à ce type précis de protection internationale a une condition sociale objectivement ardue. De ce point de vue, le demandeur d'asile est en théorie du moins fort bien loti. Même si en pratique, les choses ne sont toujours pas si simples comme l'avait démontré la Cimade notamment dans son analyse portant

[553] D'après C-A. Chassin : *« Le Conseil Constitutionnel avait considéré que l'admission au séjour provisoire des demandeurs d'asile constituait, pour les étrangers comme pour les apatrides, « un droit fondamental à caractère constitutionnel ». Il paraissait logique d'en déduire l'existence, au profit des demandeurs du statut d'apatride, d'un droit au séjour provisoire. Pourtant, le Conseil d'Etat se refuse à suivre [cette] voie »* extrait du *« Panorama du droit français de l'apatridie »*, R.F.D.A, 2003, P. 324 & suivantes.

[554] Cf. *« La base de l'humiliation, les contrôles d'identité abusifs en France »*, Human Rights Watch, Paris, janvier 2012, 58 pages. Idem *« Contrôle d'identité et interpellations d'étrangers »*, Le Gisti, Paris, 2010, 44 pages.

sur *« La jurisprudence des conditions matérielles »*[555]. La recommandation faite par Ryszard Cholewinski était loin d'être une billevesée et prend tout son sens : *« 1. Etant donné les ressources étendues dont ils disposent, les Etats sont les mieux placés pour assurer la fourniture de services sociaux et d'aide sociale à toutes les personnes qui en ont besoin sur leur territoire, y compris les migrants irréguliers. La responsabilité de la fourniture de ces services ne doit pas revenir uniquement aux acteurs de la société civile et aux ONG »*[556]. Pouvons-nous dissiper des interrogations devant une condition humaine si dégradée ? Comment comprendre et expliquer la différence de traitement du demandeur statut d'apatride entre la France et la Belgique ? Le juge français serait-il plus frileux que son homologue belge à cet égard ? Où est l'harmonisation européenne ? Comment concevoir qu'une personne en quête de protection internationale soit un sans-papiers ? Convenons avec la C.I.E.C que : *« L'expression « sans-papiers » vise de façon très générale une personne qui réside sur le territoire d'un Etat sans titre de séjour valable. Il peut s'agir de personnes qui ont séjourné régulièrement sur le territoire d'un Etat mais dont les documents de séjour ne sont plus valables (visa périmé, durée de validité du document de séjour expirée...). Il peut s'agir encore de personnes qui n'ont parfois aucun document d'identité ou de voyage (carte d'identité, passeport, ...) et/ou une pièce d'état civil, et qui peuvent s'être signalées aux autorités de l'Etat-refuge aux fins de régularisation ou non »*[557]. Notre demandeur se trouve probablement dans la seconde catégorie. La masse humaine constituée de sans-papiers n'est donc pas compacte et univoque, mais bien distincte car elle englobe les déboutés du droit d'asile, les migrants économiques (abusivement qualifiés de réfugiés économiques)... Sans-papiers dans

---

[555]Lire *« Jurisprudence sur les conditions matérielles d'accueil des demandeurs d'asile »*, La Cimade, septembre 2010, 33 pages.

[556] Ryszard Cholewinski dans *« Etude des obstacles à l'accès effectif des migrants irréguliers aux droits sociaux minimaux »*, Editions du Conseil de l'Europe, Strasbourg, décembre 2005, P. 59.

[557] Dans *« Les personnes dépourvues de documents d'état civil et d'identité (les sans-papiers) dans les Etats membres de la CIEC »*, version française octobre 2010, Secrétariat général de la Commission Internationale d'Etat civil (CIEC), Strasbourg, P. 5.

son pays d'origine, par conséquent sans-papiers également dans la société d'accueil[558] dans laquelle ce dernier tente désespérément de faire valoir l'effectivité de son existence physique. N'est-ce pas inéluctablement ressenti comme une injustice de plus ? Avoir effectué un déplacement périlleux en parcourant d'interminables territoires, passant par monts et vaux, pour en fin de compte ne jamais parvenir à obtenir ce sésame en Europe en général et en France en particulier. Nul ne peut nier qu'une finalité si dérisoire est véritablement désarmante et déstabilisante. Pour les aspirants au statut, valait-il la peine dans ces conditions d'opter pour une pérégrination devenue a posteriori oiseuse tant les résultats sont souvent aléatoires ? Il est insoutenable que de telles situations puissent subsister à notre époque. Tentons de nous donner la peine de scruter l'histoire. Très vite nous nous rendons compte que la condition sociale de notre victime n'est pas du tout une nouveauté sur le vieux continent. En Suisse par exemple, voici les conclusions spécialement éloquentes auxquelles était parvenue une Commission ad hoc : *« L'attitude alors adoptée face aux apatrides et sans-papiers traçait l'évolution future. Quiconque n'était plus considéré comme citoyen par son pays d'origine était privé de toute protection diplomatique et de ce fait était « totalement dépourvu de droits ». Aucun pays ne voulait tolérer les apatrides sur son territoire, par crainte de devoir subvenir à leurs besoins. Au cours des années 30, une procédure informelle se développa, selon laquelle les pays limitrophes se renvoyaient mutuellement, et clandestinement, les apatrides et les sans-papiers. Pour justifier cette pratique, les autorités suisses invoquèrent l'intérêt du pays : ...Suite à cette pratique, les apatrides furent contraints de tomber dans l'illégalité. Il était exclu pour eux d'exercer une activité lucrative régulière, puisque personne n'était disposé à leur accorder l'autorisation de travailler. Pour s'en débarrasser, la Police obligeait les apatrides à quitter le pays clandestinement, ne leur laissant ainsi pas d'autres choix que de commettre un acte illicite. Les apatrides devenaient ainsi des*

[558] Pour approfondir la question, lire avec intérêt : *« Droits fondamentaux des sans-papiers en Europe : principaux sujets de préoccupation de Picum en 2010 »*, Plate-forme pour la coopération internationale sur les sans-papiers (Picum), Bruxelles, Belgique, Septembre 2010, 84 pages.

suspects ; ils se faisaient emprisonner lorsqu'ils passaient la frontière illégalement et que leurs documents de voyage portaient le tampon du refoulement »[559]. Etonnante similitude avec les temps présents ! Le bégaiement désobligeant de l'histoire décontenance inévitablement chacun d'entre nous tout en heurtant profondément la sensibilité les défenseurs des droits de l'homme.

1. Les modalités pratiques et les éléments procéduraux de la demande d'apatridie en France

Citons l'article R723-2 du Ceseda tel que modifié par le Décret n°2009-331 du 25 mars 2009-article 5 (V) : *« Le directeur général de l'office reconnaît la qualité de réfugié ou d'apatride ou accorde le bénéfice de la protection subsidiaire au terme d'une instruction unique, au vu des pièces et des informations dont il dispose à la date de sa décision ».* Essayons de mieux appréhender les premières étapes de cette procédure. Pour introduire une demande en vue du statut d'apatride, mieux vaudrait procéder comme suit : à défaut de se rendre en préfecture, initier la demande implique d' *« écrire directement à l'OFPRA, en indiquant vos noms, prénoms et adresse ainsi que les raisons motivant votre demande »*[560]. En retour : *« L'OFPRA vous adressera un formulaire de demande du statut d'apatride. Vous devrez le remplir et expliquer les circonstances qui vous ont conduit à ne pas avoir de nationalité. Il faut renvoyer le formulaire à l'OFPRA par lettre recommandée avec demande d'avis de réception. Vous serez convoqué à l'OFPRA pour un entretien ».* Que dire à propos du formulaire Ofpra remis dans ce cadre ? Le Cerfa 10961*01 est à remplir bien évidemment en Français. Les documents suivants devraient si possible y être annexés : - Les originaux des titres de voyages ; - Les originaux des documents d'état civil ; - Quatre photos d'identité récentes ; - La photocopie du document de séjour en France est facultative. Les indications portant sur la nationalité et l'identité sont

---

[559] Un extrait tiré de : *« La Suisse et les réfugiés à l'époque du national-socialisme »*, Commission Indépendante d'Experts Suisse – Seconde Guerre Mondiale, Berne (Suisse), 1999, P. 138-139.

[560] Cf. *« Guide du demandeur d'asile, information et orientation »*, Documentation Française, Paris, 2009, P. 32.

absolument cruciales. Sont également requises celles des deux parents ainsi que la constitution familiale de l'intéressé. Apporter des éléments probants de réponses relatifs aux interrogations non seulement sur les lieux de résidences antérieures, mais aussi sur toutes les démarches effectuées auprès des différents consulats dans sa propre quête légitime du pays de rattachement. Une anticipation rendue nécessaire dans la mesure où les pièces obtenues viendront utilement compléter le dossier en cours. Une prospection assurant un gain de temps forcément bénéfique au vu de la nature intrinsèquement longue de la procédure. L'Ofpra cherche aussi à savoir si le postulant avait déjà introduit une demande préalable du statut de réfugié et surtout, comme s'il ne le savait pas, quelle suite y avait été réservée. En comparaison, là où la personne victime de persécution détaille son récit, le demandeur du statut d'apatride lui doit apporter de manière suffisamment précise et étoffée des informations portant sur la cause de son état. En d'autres termes, ce dernier doit emporter la conviction sur le point de savoir pourquoi n'a-t-il pas pu acquérir la nationalité de chacun de ses deux parents ou encore celle de son pays de naissance. Si tel n'est pas le cas, expliciter l'origine de sa déchéance ou de son retrait ? Sur un autre registre, la justification le cas échéant des motifs de départ du pays dans lequel celui-ci avait sa résidence habituelle. Dûment complété et signé, le dossier doit être envoyé en lettre recommandée avec accusé réception à l'adresse suivante : O.F.P.R.A, 201 rue Carnot, 94136 Fontenay sous-bois cedex. Quelques jours après, une lettre d'enregistrement de la demande du statut d'apatride est renvoyée à l'intéressé par l'Office. A partir de ce moment, la personne est dite « en procédure ». Comme cela apparaît sur le site internet du service public : *« L'Ofpra examine la demande au vu des pièces qui lui ont été transmises et recueille tous les éléments permettant de déterminer les différents pays dont l'étranger pourrait avoir la nationalité ... »*[561]. L'intéressé sera convoqué plus tard à un entretien lui permettant d'une part d'apporter des précisions quant au contenu de son dossier et, d'autre part, de faire valoir ses prétentions et donc le bien-fondé

[561]Voir le site officiel de l'Administration française www.service-public.fr et notamment *« Apatridie et asile »* ou http//vosdroits.service-public.fr/particuliers/F15399.xhtml

de sa demande. En droit d'asile, n'est-il pas difficile de nier que l'article L742-1 du Ceseda soit une vraie garantie pour l'individu en quête de protection ? Cette stipulation posant le principe d'un droit au séjour constitue un vrai luxe pour les demandeurs du statut d'apatride. Formulons le souhait de voir le statut juridique de la personne sollicitant la protection internationale au titre de l'apatridie concrètement réévalué en l'alignant à tout le moins sur celui de son homologue. Lui reconnaitre un droit de séjour jusqu'à ce que la procédure aboutisse aussi bien devant l'Office que devant le juge administratif serait une avancée significative pour les droits de l'homme en plus d'être une réponse adaptée aux obligations internationales. Un tel acquis permettrait d'éviter d'avoir à gérer les conséquences d'une reconduite à la frontière du requérant et donc d'un renvoi vers le pays considéré comme d'origine avant la décision au fond dans son dossier. L'acte juridique ainsi posé se traduisant par l'éloignement physique du territoire ne rend-il pas automatiquement caduque toute la procédure ? Par ailleurs, l'hypothèse théorique de la juxtaposition des deux procédures devant l'Ofpra peut-elle être sérieusement envisageable ? Etant donné sa proximité patente avec le statut de réfugié, le statut d'apatride peut-il être sollicité parallèlement ? La réponse est affirmative. En effet : *« Ce statut est différent des deux autres formes de protection (réfugié et protégé subsidiaire) et concerne uniquement les personnes qui ne possèdent pas de nationalité. Il ne prend pas en compte les risques de persécution. Il peut être demandé en même temps que l'asile »* comme l'avait formellement souligné le *« Guide du demandeur d'asile 2009 »*. Dans pareille configuration, les conditions requises pour le dépôt de la demande d'asile prévalent sur celles de la demande du statut d'apatridie. Elle offre effectivement plus de sécurité juridique et plus de droits inhérents à la procédure. Ainsi : *« Si vous demandez le statut d'apatride en même temps que l'asile, vous devez vous rendre d'abord à la préfecture afin qu'elle prenne une décision sur votre admission provisoire au séjour au titre de l'asile »*[562]. Surtout : *« L'étranger, qui n'a pas de nationalité et fait l'objet d'une persécution, a la possibilité*

[562] Cf. « *Guide du demandeur d'asile, information et orientation* », Documentation Française, Paris, 2009, P. 10.

de demander le statut d'apatride et d'asile. Dans ce cas la demande est examinée en priorité au titre de l'asile » confirme l'Administration française[563]. Une des raisons contribuant à affaiblir la demande examinée.

2. Le caractère éminemment hypothétique de la demande à la frontière[564]

Dans son livre sur le « juge de l'asile », Anicet Lepors a déjà très largement démontré le côté aléatoire de la demande d'asile à la frontière. Elle n'offre pas suffisamment de garanties étant donné les caractères urgent et expéditif de la procédure. Les craintes sont ainsi très renforcées en ce qui concerne la procédure jumelle relative à l'apatridie. Au-delà d'être incertaine, elle est quasi-inexistante serait-on tenté de croire. D'ailleurs, tous les rapports annuels de l'Ofpra sont d'un mutisme total dans ce cas de figure. L'idée d'une telle prétention à la frontière seraitelle franchement farfelue ? Est-ce une simple vue de l'esprit ? Ou existe-t-elle réellement et que seul son nombre infinitésimal empêche d'en faire mention ? Notre curiosité s'en trouve fort aiguisée. Comment occulter la brûlante question des mineurs isolés étrangers c'est-à-dire non-accompagnés ? Selon le rapport d'activité 2008 de l'Ofpra, 0,5 % d'entre eux ayant sollicité ses services étaient des apatrides[565]. Précisons que le canevas de la demande était bien celui de l'asile. Par conséquent, combien parmi eux avaient déposé leur dossier à la frontière ? Tout ceci corrobore l'idée visant à soutenir les recommandations les concernant formulées par *Human Rights Watch* à l'endroit du ministère de l'immigration, de l'intégration, de l'identité nationale et du développement solidaire de l'époque : « *-Abolir le statut juridique arbitraire de la zone d'attente pour les mineurs*

---

563 Sur le site officiel de l'Administration française www.service-public.fr et notamment *« Apatridie et asile »* ou http//vosdroits.service-public.fr/particuliers/F15399.xhtml

564 Cf. L'Anafé dans *« Zones d'ombre à la frontière, Rapport annuel 2011, Observations et interventions de l'Anafé dans les zones d'attente »*, Paris, Décembre 2012. Un document alarmant compte tenu du non-respect des droits des étrangers par l'Administration française. Lire particulièrement le point 6 : *« L'asile à la frontière, une protection illusoire ? »*, pages 21 à 24.

565 Voir *« O.F.P.R.A, Rapport d'activité 2008 »*, P. 13.

étrangers isolés et admettre tous les mineurs isolés qui arrivent aux frontières sur le territoire français où leurs besoins de protection, leur vulnérabilité, leurs opinions, et leur intérêt supérieur peuvent faire l'objet d'une évaluation sérieuse et servir de base pour toute décision concernant leur avenir ; - Entretemps, suspendre immédiatement le renvoi des mineurs étrangers isolés vers des pays de transit… Avant toute décision d'éloignement, déterminer si l'éloignement est dans l'intérêt supérieur de l'enfant, en prenant en compte les risques d'abus ou les dangers auxquels il peut se trouver confronté à son arrivée ; - Publier immédiatement des directives claires à l'intention de la police aux frontières indiquant qu'aucune expulsion ne peut avoir lieu tant qu'un enfant n'a pas rencontré son administrateur ad hoc et qu'il n'a pas eu la possibilité de demander conseil à un avocat ; - Cesser, avec effet immédiat, de détenir des mineurs étrangers isolés avec des adultes ou en mélangeant filles et garçons. En règle générale, un mineur étranger isolé doit être remis aux soins des autorités locales et ne doit pas être placé en détention ; - mettre en place un système permettant d'identifier les victimes de la traite des personnes afin qu'elles puissent bénéficier d'une protection, y compris contre l'expulsion. Former la police aux frontières à l'application de ces directives et lui fournir une assistance par le biais de personnel spécialisé présent à l'aéroport… ; - abolir les procédures accélérées d'asile a la frontière pour les mineurs isolés et accorder automatiquement à tous les mineurs demandeurs d'asile l'autorisation d'entrer en France pour déposer une demande… dans le cadre de la procédure normale ;- Garantir la présence immédiate d'administrateurs ad hoc à l'aéroport pour que les mineurs puissent exercer leurs droits… »[566]. Tous ces desiderata touchant globalement les mineurs isolés devraient valoir pour tous ceux qui sont aussi bien en quête du statut d'apatride qu'en demande d'asile. Comment

[566] *« France, Perdus en zone d'attente, Protection insuffisante des mineurs étrangers isolés à l'aéroport de Roissy Charles de Gaulle »*, Octobre 2009, 67 pages. Pour se faire une idée au niveau européen, lire : *« Le droit d'asile des mineurs isolés étrangers dans l'Union Européenne, Etude comparative dans les 27 pays de l'UE »*, FTDA, Sous la supervision de Laurent Delbos, Paris, août 2012, 58 pages. Rédigé en collaboration avec Alix Pierard et Caroline Roublin, il est disponible sur le site http://www.france-terre-asile.org/dam27

procéder autrement étant donné qu'il n'existe aucune disposition spécifique touchant les enfants apatrides en zone d'attente ? Y compris dans le milieu associatif[567], tout se passe comme si un mineur ne peut pas être apatride même s'il faut reconnaître qu'ils sont beaucoup plus souvent en demande d'asile. Ordinairement, rien ne permet d'envisager sérieusement l'éventualité d'une demande d'apatridie à la frontière car aucun mécanisme juridique n'est prévu à ce sujet. Dans tous les cas, mineur ou pas, mieux vaut requérir l'asile que l'apatridie au moment d'entrer sur le territoire. Le premier a le mérite d'être connu bien que relativement difficile à mettre en œuvre. Sans compter les avantages matériels qu'il pourra procurer par la suite. Soulignons avec le Commissaire aux droits de l'homme que 3.000 personnes environ avaient sollicité l'asile à la frontière en France en 2009[568]. Selon l'Anafé, les chiffres sont passés de 10.364 en 2001 à 2.430 en 2011 dont plus de 88 % à Roissy[569]. Combien d'apatrides avaient pu le faire parallèlement dans les mêmes conditions ? Ainsi, le flou prévaut toujours pour la seconde. La demande d'apatridie à la frontière est une procédure dont on n'a jamais entendu parler sauf peut-être pour le personnel aéroportuaire. Tout le monde sait qu'elle doit en principe exister, mais chacun ignore complètement les tenants et les aboutissants de la démarche. Quels en sont les chiffres annuels ? Une telle demande est-elle seulement prise en compte ? Nous pouvons en douter. Est-elle seulement techniquement possible ? Aucune prescription législative formelle ne vient

---

[567] L'occasion de louer le travail fourni par les associations agissant auprès des migrants avec souvent très peu de moyens et dans des conditions parfois extrêmement difficiles. Ce sont des acteurs de premier plan dans la quête sempiternelle de l'Etat de droit.

[568] Cf. le message de Thomas Hammarberg à l'occasion du 20è anniversaire de l'Association nationale d'assistance aux frontières pour les étrangers (ANAFE) du 29 octobre 2010. Strictement aucune allusion à la demande du statut d'apatridie n'y est faite.

[569] D'après cette ONG : *« la baisse des demandes d'asile est la conséquence directe de la multiplication des contrôles en amont qui empêchent les demandeurs d'asile de venir chercher une protection en France, et plus largement, en Europe. Selon les témoignages recueillis par le biais de la permanence Anafé, certaines personnes sont renvoyées en moins de 24 heures sans avoir pu enregistrer leur demande »* dans le *« Guide théorique et pratique, La procédure en zone d'attente »*, Paris, Janvier 2013, page 23.

limiter la toute-puissance de l'Etat en facilitant l'accès au territoire des personnes en quête afin d'y déposer formellement leur dossier[570]. Une sollicitation qui est donc inévitablement rendue plus incertaine comparée à celle de l'asile. De ce point de vue, la particularité de la Convention de 1954 par rapport à celle de 1951 réside dans le fait qu'elle ne consacre pas textuellement le principe de non-refoulement des prétendants au statut d'apatride arrivant sur un territoire donné. Son Acte final avait néanmoins précisé qu'il s'agissait d'un : « *principe général accepté suivant lequel aucun Etat n'expulsera en aucune manière vers les frontières de territoire où sa vie ou sa liberté serait menacée* ». Mais comment définir les principes généraux de droit ? Quelle force juridique ont-ils ? Le *« Lexique des termes juridiques »* devrait nous y aider. Sur le premier versant, ce sont la *« principale source non écrite du droit administratif, représentée par des règles de droit obligatoires pour l'Administration et dont l'existence est affirmée de manière prétorienne par le juge. Leur respect s'impose à toutes les autorités administratives, même dans les matières où le gouvernement est investi par la constitution d'un pouvoir règlementaire autonome non subordonné à la loi... »*. Sur l'autre versant, ils sont considérés comme une *« source du droit international constituée par des principes juridiques non écrits mais de portée générale et quasi-universelle, les uns communs aux ordres juridiques des Etats civilisés et transposés dans les relations internationales... les autres nés dans l'ordre international lui-même ... »*[571]. En principe le demandeur du statut d'apatride devrait, le cas échéant, exciper et surtout bénéficier de cette règle cardinale en droit international sans laquelle aucune protection internationale n'est

---

[570] Pour compléter l'information, lire Migreurop dans *« Aux frontières de l'Europe Contrôles, enfermements, expulsions, Rapport 2009-2010 »*, Paris, 128 pages. Ou *« Droits de l'Homme à la Frontière Sud 2010-2011 », Asociación Pro Derechos Humanos de Andalucía*, Mai 2011, 65 pages. La gestion des flux migratoires explique l'association est un triomphe pour l'Europe forteresse et un échec pour les droits de l'homme (pages 56 à 65). Idem Médecins Sans Frontières (MSF) dans : *« Violences, Vulnérabilité et Migration : bloqués aux Portes de l'Europe, Un Rapport sur les Migrants Subsahariens en Situation Irrégulière au Maroc »*, Mars 2013, 42 pages.

[571] D'après Raymond Guillien et Jean Vincent sous la direction de Serge Guinchard et Gabriel Montagnier dans *« Lexique des termes juridiques »*, Paris, Dalloz, 17è édition, 2010, P. 566.

possible peu importe la forme qu'elle puisse prendre. Prenons collectivement acte de ce que, de nos jours, le non-refoulement soit malgré tout indéniablement malmené. Il est même foncièrement battu en brèche dans de nombreux endroits du monde parmi lesquels en Europe[572]. Nul doute que dans les deux cas ces obligations s'imposent aussi bien à l'Administration qu'à son juge. Toutefois, la différence est saisissante dans la mesure où cette interdiction ne relève pas du même ordre. D'un côté, le non-refoulement est parfaitement consacré dans le corps de la Convention de 1951 et notamment en son article 33. De là découle sa nature conventionnelle incontestée avec pour effet l'immédiateté de son application par les Etats l'ayant ratifiée. Le principe général de droit est évoqué de l'autre. Avec du recul, nous ne pouvons nous empêcher de nous interroger sur l'opportunité d'un tel décalage originel entre les deux régimes même si les deux sont d'indiscutables sources de droit. Dès lors, à la question de savoir si : *« La Convention de 1954 oblige-t-elle un Etat à accorder l'entrée sur son territoire et/ou le droit de résidence aux apatrides ? »*, le H.C.R avait doctement répondu : *« Non. La Convention de 1954 n'oblige pas les Etats à admettre les apatrides sur leur territoire. Toutefois, dans la pratique, il se peut qu'il n'y ait aucune possibilité de retour dans l'ancien pays de résidence habituelle de la personne concernée ou qu'un tel pays n'existe pas. Dans ce cas, l'admission dans l'Etat et l'octroi d'un certain type de séjour légal peut s'avérer la seule solution. En outre, d'autres normes internationales peuvent prévoir un motif d'admission ou de non-expulsion des apatrides. Les Etats sont notamment tenus de respecter l'interdiction du refoulement en tant que principe de droit international et ne sont pas autorisés à renvoyer un apatride dans un territoire où il serait exposé à des persécutions ou à des violations d'autres normes internationales fondamentales de respect des droits de l'homme, dont la torture et la privation arbitraire de la vie. »*[573]. Un détail marquant à ne pas obérer : ce principe est aujourd'hui défendu non seulement par la Conven-

---

[572] La *« Note sur la protection internationale »*, A. Guterres, Hcr, Genève, le 31/05/2011, EC/62/SC/CRP.12, P.7.

[573] Voir *« Protection des droits des apatrides, la Convention de 1954 relative au statut des apatrides »* Unhcr, Genève, 2010, P. 12.

tion européenne pour la sauvegarde des droits de l'homme de 1950, mais aussi par l'article 19 de la Charte européenne des droits fondamentaux. La C.E.D.H a déjà eu l'occasion de réaffirmer à maintes reprises l'importance du non-refoulement vers un pays dans lequel existe pour l'intéressé un risque réel d'exposition à des traitements inhumains et dégradants et à des actes de torture ainsi qu'à des menaces contre la vie. Comme l'avait révélé le Commissaire aux droits de l'homme dans son rapport de 2009 : *« Un autre problème a été particulièrement aigu en 2009 : les renvois forcés de Roms vers des pays où ils risquent de subir un traitement contraire à l'article 3 de la Convention européenne des droits de l'homme. Le Commissaire s'est notamment beaucoup occupé des expulsions de Roms, d'Ashkali et d'Egyptiens vers le Kosovo »*[574]. Si cette prohibition est déjà consacrée en Europe en général, qu'en est-il des autres régions du monde ? En vérité, le non-refoulement est aujourd'hui un principe relevant du droit coutumier. A juste titre le HCR avait pris position dans ce sens dans un avis juridique de 2007 : *« 14. L'article 38(1) (b) du Statut de la Cour internationale de Justice liste « la coutume internationale, comme preuve d'une pratique générale acceptée comme étant le droit », comme l'une des sources de droit qu'elle applique quand elle doit régler des différends conformément au droit international. Pour qu'une règle fasse partie du droit international coutumier, deux éléments sont requis : une pratique étatique constante et l'opinio juris, c'est-à-dire, la compréhension par les Etats que la pratique en question est obligatoire du fait de l'existence d'une règle l'imposant. 15. Le HCR est d'avis que l'interdiction du refoulement des réfugiés, telle que prévue par l'article 33 de la Convention de 1951 et complétée par les obligations de non-refoulement issues du droit international des droits de l'Homme, satisfait à ces critères et constitue une règle de droit coutumier international. En tant que telle, elle est contraignante pour tous les Etats, y compris ceux qui ne sont pas encore partie à la Convention de 1951 et/ou à son Protocole de*

---

[574] Dans *« Le rapport annuel d'activités 2009 »* de Thomas Hammarberg, Commissaire aux droits de l'homme du Conseil de l'Europe présenté au comité des ministres et à l'assemblée parlementaire, Strasbourg, 14 avril 2010 Commdh(2010)8, point 2.3 sur les droits de l'homme des Roms et des gens du voyage.

1967 »[575]. Une argumentation juridique irréprochable qui devrait être extensible aux potentiels apatrides statutaires. Au-delà, bien d'autres difficultés objectives s'y greffent nécessairement. D'abord pour qu'un individu l'invoque à la frontière internationale, faudrait-il encore qu'il en ait connaissance. Ensuite, qu'il fasse la démonstration incontestable du risque encouru et des problèmes rencontrés. Enfin, que les procédures ne soient pas aussi sommaires et hâtives et surtout facilitent le principe contradictoire. Ce qui n'est malheureusement pas souvent le cas[576]. De surcroit, sans qu'il ne soit nécessaire d'épuiser toutes les voies de recours internes, une saisine en urgence de la C.E.D.H est possible en vertu de l'article 39 de son règlement intérieur pour tout individu indépendamment de son statut. L'objectif étant d'obtenir la suspension immédiate d'une mesure d'éloignement sur la base des risques sus-indiqués. En France, faut-il le signaler : *« Le délégué du Haut-commissariat des Nations unies pour les réfugiés ou ses représentants agréés voire même les représentants agréés d'une association « peuvent s'entretenir avec le chef des services de contrôle aux frontières et, lorsqu'ils sont présents, avec les agents de l'Office français de protection des réfugiés et apatrides et les agents de l'Office français de l'immigration et de l'intégration chargés de l'assistance humanitaire. Ils peuvent également s'entretenir confidentiellement avec les personnes maintenues en zone d'attente qui ont demandé leur admission sur le territoire français au titre de l'asile »*. Qu'en est-il du demandeur du statut d'apatride ? Dans l'hypothèse où une décision de refus d'entrée sur le territoire lui est notifiée, peut-il malgré tout comme pour

---

[575] Cf. *« Avis consultatif sur l'application extraterritoriale des obligations de non-refoulement en vertu de la Convention de 1951 relative au statut des réfugiés et de son Protocole de 1967 »*, HCR, Genève, 26/01/2007, P.6-7.

[576] De façon générale, prendre connaissance du travail effectué par l'Association Anafé dans *« jurisprudence pour la zone d'attente »*, Paris, 31/08/2012, 36 pp. Idem dans *« Zones d'ombre à la frontière, Rapport annuel 2011, Observations et interventions de l'Anafé dans les zones d'attente »*, Paris, Décembre 2012. Lire attentivement la partie III : *« la zone d'attente : le refoulement en question »* P. 30 à 36. Quitter la zone d'attente est un droit fictif ; Des renvois de mineurs isolés étrangers sans garantie sérieuse de prise en charge ; Des renvois vers une vie dangereuse, une arrestation ou des peines et traitements dégradants ; Des tentatives de refoulement qui contrarient la procédure d'asile ; Des refoulements au mépris de l'état de santé…

le demandeur d'asile saisir le Président du tribunal administratif dans le délai de 48h comme le prévoit l'article L 213-9 du Ceseda ? Les représentants de plusieurs associations habilitées à y intervenir doivent effectivement avoir à l'esprit la présence parmi les personnes en attente[577] des demandeurs du statut d'apatride même si le primat de la demande d'asile est irréfragable. En 2009 à Durban, le H.C.R avait profité de l'occasion pour exprimer ainsi ses convictions : *« La Déclaration finale de la Conférence a appelé les Etats à lutter contre ces attitudes et activités, notamment aux frontières, dans les médias ainsi que dans les réponses et les politiques concernant les réfugiés, les déplacés internes et les apatrides »*[578]. L'existence d'une injuste asymétrie entre les potentiels prétendants au statut d'apatride et ceux de l'asile est enfin parachevée par la consécration officielle d'une immunité pénale relative aux règles habituelles d'entrée sur le territoire français uniquement au profit des seconds[579]. Quelle que soit la modalité d'accès au territoire (sauf-conduit ou pas), peut alors être amorcée plus que laborieusement la constitution du dossier visant à requérir la protection.

3. Le Caractère souvent extrêmement long de la procédure

L'état juridico-social de l'aspirant au statut d'apatride n'est pas du tout enviable dans la mesure où sans titre de séjour, ce-

---

577 Si l'on en croit l'Anafé : *« Selon les chiffres fournis par le ministère de l'Intérieur, le nombre de personnes maintenues en zone d'attente est en diminution constante : 17 103 en 2008, 13 180 en 2009, 9 229 en 2010 et 8 541 en 2011. Cette baisse correspond à la baisse simultanée du nombre des demandes d'asile enregistrées aux frontières : 5099 en 2008, 3285 en 2009, 2624 en 2010 et 2 430 en 2011. Dans les ports, presque aucune demande n'est enregistrée : à peine 20 en 2003, 26 en 2004, 12 en 2005 et 1 en 2006. Les statistiques pour les années » suivantes sont très éparses : dans le port de Marseille, deux demandes en 2008, six en 2009, quatre en 2010(6). Cette baisse préoccupante s'inscrit dans le cadre du durcissement des politiques migratoires européennes et françaises, visant à empêcher des étrangers de quitter leurs pays et/ou d'accéder au territoire européen »* dans *« Guide théorique et pratique La procédure en zone d'attente »*, Paris, Janvier 2013, page 4.

578 Se référer à la *« Note sur la protection internationale »*, 5 juin 2009, EC/60/SC/CRP.9, p. 14.

579 Dans ce sens, lire : C-A. Chassin dans *« Panorama du droit français de l'apatridie »*, R.F.D.A, 2003 p. 324.

lui-ci ne peut évidemment faire valoir aucun droit. Pas de possibilité d'une prise en charge en Centre d'Accueil pour Demandeurs d'Asile (C.A.D.A) lesquels comme leur nom l'indique sont a priori réservés à ceux qui sont en demande d'asile. D'ailleurs pour y accéder, comme le rappelle les parlementaires français, faudrait-il encore disposer d'un certain nombre de documents parmi lesquels la preuve du dépôt ou l'enregistrement de la demande d'asile ainsi que le Récépissé l'attestant. Parallèlement, le demandeur d'asile ne doit disposer ni de ressources suffisantes ni de domicile[580]. Pour le candidat au statut d'apatride esseulé, le problème se corse parce que la procédure est dans la plupart du temps extrêmement longue. C'est déjà le cas pour obtenir une réponse de l'Ofpra. Là où en principe la demande d'asile est aujourd'hui relativement rapide dans l'ensemble. Après la convocation et l'entretien à l'Ofpra, il est rare en effet que le demandeur d'asile attende plus de deux mois pour avoir la réponse[581]. La règle étant d'un mois à peine. De plus lorsqu'une décision ne peut pas être prise dans un délai maximal de six mois à compter de l'enregistrement de sa demande d'asile, l'Office en informe l'intéressé dans les quinze jours précédant son expiration. Une règle dorénavant imposée par l'article R. 213-3 du Ceseda. Comme dans toute procédure administrative, en principe à l'expiration d'un délai de deux mois après la convocation Ofpra, le demandeur d'asile peut invoquer en théorie une décision implicite de rejet devant le juge. La C.N.D.A choisissant souvent de renvoyer le dossier devant l'Ofpra afin que son Directeur statue dans un premier temps c'est-à-dire prenne une décision au fond. Une telle procédure est-elle raisonnable pour notre prétendant au statut d'apatride ? Le temps précédant la convocation peut déjà être long tout comme le sera inévitablement le délai de réponse de l'Office. Compte tenu des recherches qui sont menées auprès des différents Consulats et ambassades, l'Ofpra est de ce point

[580] Voir le *« Rapport d'information »* n° 584 produit au nom de la Commission des finances sur *« l'hébergement des demandeurs d'asile et son financement »* par M.M Pierre Bernard-Reymond et Philippe Dallier, Sénat, Session ordinaire de 2010-2011, déposé le 8 juin 2011, P. 8.

[581] Elle est tout aussi longue en Belgique comme l'avait confirmé le Bureau du Tibet dans ce pays. Cf. *« Migrations, Rapport Annuel 2010, Centre pour l'égalité des chances et la lutte contre le racisme »* Bruxelles, 2011, P. 116.

de vue objectivement limité dans l'examen du dossier par moult aléas. En vérité, les procédures prennent souvent plusieurs années. *« Les dossiers sont très longs à instruire, puisqu'il s'agit d'introduire la preuve de l'apatridie, difficile à apporter dans la plupart des cas : le pays de naissance, le pays de résidence, le pays de nationalité des parents... sont autant de pays qui pourraient accorder une nationalité. C'est au requérant d'apporter la preuve de son apatridie, mais l'O.F.P.R.A. peut prendre le relais en contactant, avec le consentement des intéressés, les consulats et ambassades des pays en question, ainsi que le CICR »* comme l'avait reconnu l'Office[582]. Or durant cette période, le postulant n'a aucun titre de séjour. Ne pouvant bénéficier d'aucune source de revenus parce que n'ayant pas le droit de travailler, il ne reçoit aucune quelconque aide. Sans-papiers dans son pays d'origine, il le redevient dans le pays d'accueil durant le long moment d'examen de son dossier. Le débat récurrent sur la possibilité que les sans-papiers puissent relever ou non du dispositif l'urgence est sans nul doute forcément surréaliste à leurs yeux. Comment est-ce possible de laisser une personne dans un état d'extrême précarité et de total dénuement sans pouvoir rien faire valoir en termes de droits pendant une durée moyenne de deux ans ? En cas de rejet de l'Ofpra, le requérant peut interjeter l'appel. La lenteur est là aussi une caractéristique prégnante de la justice française. Dans cette hypothèse, environ deux années vont probablement encore s'ajouter à la période initiale d'instruction du dossier. Quatre ans déjà approximativement alors qu'un éventuel pourvoi devant le Conseil d'Etat est tout aussi notoirement interminable (deux ans minimum). L'occasion de réaffirmer une fois de plus la complexité du cas dans lequel se trouve le demandeur du statut d'apatride. Il n'avait pas de documents d'état civil et administratifs en bonne et due forme au moment d'entrée en France. Il est sans-papiers durant l'intervalle nécessaire à l'examen de son dossier par l'autorité administrative habilitée. Au cas où une fin de non de recevoir lui est signifiée, celui-ci devra continuer à être sans-papiers au cours de la phase contentieuse de sa procédure. De surcroît, aucune possibilité a priori de régularisation administrative ultérieure de sa situation. Une

---

[582]Cf. *« L'Ofpra, Rapport d'activité 2000 »*, 2001, P. 14.

telle alternative n'est en principe envisageable que si l'individu dispose d'un passeport en cours de validité[583]. Or voilà quelqu'un à qui l'on va exiger de produire ce document alors que c'est précisément parce que son pays natal le lui a refusé qu'il a pris, à ses risques et périls, la décision de le quitter. Un paradoxe en appelant un autre. L'environnement insupportable du pays d'origine se reproduit dans le pays d'accueil sans que cela n'ait changé en quoi que ce soit son sort si odieusement ingrat. Notre infortuné est condamné à poursuivre sempiternellement sa pérégrination avec un espoir bien mince des lendemains meilleurs. Alors qu'il n'a juste besoin que d'une protection qualifiée à juste titre d'internationale par l'ensemble des « nations civilisées ». Pour schématiser, notre migrant forcé ne cherche en définitive qu'une seule chose : qu'on lui dise avec des mots simples qu'il existe en tant qu'homme et donc fait

[583] Par une décision en date du 30/11/2011 (n° 351584), les sections réunies du Conseil d'Etat viennent de réduire cette exigence en ce qui concerne les bénéficiaires d'une mesure de régularisation administrative pour raison de santé c'est-à-dire les étrangers malades. En effet : *« Considérant qu'aux termes de l'article L. 313-11 du code de l'entrée et du séjour des étrangers et du droit d'asile, dans sa rédaction issue de la loi du 20 novembre 2007 relative à la maîtrise de l'immigration, à l'intégration et à l'asile applicable à l'espèce : Sauf si sa présence constitue une menace pour l'ordre public, la carte de séjour temporaire portant la mention vie privée et familiale est délivrée de plein droit : (...) 11° A l'étranger résidant habituellement en France dont l'état de santé nécessite une prise en charge médicale dont le défaut pourrait entraîner pour lui des conséquences d'une exceptionnelle gravité, sous réserve qu'il ne puisse effectivement bénéficier d'un traitement approprié dans le pays dont il est originaire, sans que la condition prévue à l'article L. 311-7 soit exigée (...) ; que, si l'article L. 211-1 du même code impose à tout étranger, pour entrer en France, d'être muni des documents et visas exigés par les conventions internationales et les règlements en vigueur, et si l'article L. 311-7 du même code subordonne en principe l'octroi de la carte de séjour temporaire à la production par l'étranger d'un visa pour un séjour d'une durée supérieure à trois mois, ces conditions ne sont pas applicables aux étrangers relevant du 11° de l'article L. 313-11 du même code, eu égard au caractère dérogatoire des règles qu'il énonce, répondant à des considérations humanitaires ; qu'au demeurant, il résulte des termes mêmes de l'article R. 313-2 du même code que les étrangers mentionnés au 11° de l'article L. 313-11 ne sont pas soumis aux dispositions du 2° de l'article R. 313-1 de ce code imposant à l'étranger qui sollicite la délivrance d'une carte de séjour temporaire de présenter à l'appui de sa demande les documents justifiant qu'il est entré régulièrement en France ».*

bien partie de l'humanité. Ce dont il est naturellement convaincu, d'où la motivation de sa quête pourtant pas irraisonnée.

B. La phase contentieuse

A priori rien ne fait obstacle à ce que, comme pour toutes les autres décisions administratives défavorables, l'intéressé ne puisse surseoir à engager la phase contentieuse en formulant un nouveau recours administratif soit devant l'autorité ayant pris l'acte juridique visé (hypothèse d'un recours gracieux en l'occurrence devant le Directeur de l'Ofpra) ou devant son supérieur hiérarchique en l'occurrence le Ministre de l'intérieur et de l'immigration. L'interrogation porte dans ce cas de figure sur l'opportunité d'une telle démarche dans la mesure où elle a l'inconvénient de rallonger presque inutilement les délais d'attente pour un demandeur se trouvant lui-même déjà dans une très grande précarité. A contrario, le juge administratif du lieu de résidence peut ainsi être saisi afin de requérir la censure de la décision négative contestée et préalablement notifiée par l'Office. A partir du jour où le requérant a pris connaissance de la décision qui lui a été signifiée officiellement, commence à courir le délai de recours. Les demandeurs d'asile ont un mois pour introduire un recours devant la C.N.D.A. De leur côté, ceux du statut d'apatridie dispose d'un mois supplémentaire c'est-à-dire d'une période de deux mois pour saisir le juge de l'administration française[584]. C'est donc un délai de droit commun qui s'applique en l'espèce. Dans un cas comme dans l'autre, la computation des délais est enclenchée à partir de la notification de la décision administrative. N'ayant pas de moyens financiers, peut-il seulement bénéficier d'une aide juridictionnelle ? La réponse est en principe affirmative. Rien en effet ne s'oppose à ce qu'il puisse solliciter une aide de l'Etat afin de pouvoir avoir à ses côtés un conseil juridique. Les droits de la défense sont un principe général de droit et comme tel s'impose comme l'avons indiqué au juge administratif. Malgré cela, la phase contentieuse est semblable à la précédente parce

---

[584] Se référer au *« Guide de l'asile en France »* Partie XI intitulé *« Comment faire une demande d'apatridie en France »*, Amnesty international, Janvier 2008. Idem : *« L'Ofpra, Rapport d'activité 2000 »*, Ofpra, 2001, P. 14.

qu'elle demeure toujours pas du tout sécurisante pour notre requérant et irrémédiablement préoccupante au regard des droits de l'homme.

C. Le caractère non-suspensif de la procédure contentieuse

Au-delà de l'état de fragilisation continue de sa situation, la nouvelle étape de la procédure dans laquelle il est engagé ne lui offre aucun répit et aucune protection même occasionnels. Dans l'ordre juridictionnel administratif, le jugement rendu par le tribunal peut en principe être attaquée successivement en appel devant une Cour Administrative d'Appel (C.A.A) puis en cassation devant le Conseil d'Etat. Voilà pourquoi pour les agents de l'Ofpra : *« Outre l'instruction des premières demandes, qui exigent de plus en plus de vérifications d'ordre administratif tant auprès des représentations des pays d'origine que de nos postes diplomatiques, une part importante et sans cesse croissante du travail consiste en la rédaction de mémoires dans le cadre du contentieux administratif (62 ayant été produits en 2009 dont 45 devant les juridictions administratives du 1er degré et 17 en appel), ou en la production d'observations complémentaires (14 mémoires de ce type ayant ainsi été rédigés). Durant cette même période, 44 recours ont été jugés par les tribunaux administratifs : 43 décisions négatives de l'Office ont été confirmées et une seule a été annulée, soit un taux d'annulation d'à peine 2 %. Les cours administratives d'appel, quant à elles, ont confirmé 18 jugements de rejet et en ont annulé un »*[585]. L'initiative contentieuse est ainsi souvent infructueuse et amplement vouée à l'échec. Le juge est très peu libéral car au lieu de réformer la décision administrative contestée, il entérine régulièrement les mesures individuelles défavorables édictées par l'office. Ce qui évidement ne permet nullement de contrarier l'excessive rigueur de l'autorité administrative ad hoc. Précisons comme cela est indiqué dans le dictionnaire permanent du droit des étrangers qu' : *« A la différence du contentieux des réfugiés qui est un plein contentieux, le contentieux de décisions de refus d'apatridie est un contentieux de l'excès de pouvoir (CE, 22 juil. 1994, no 144859, Jabl :*

[585] Dans *« L'OFPRA, rapport d'activité 2009 »*, P. 29.

Rec. CE, p. 950) (...). Le demandeur peut interjeter appel du jugement du tribunal administratif devant la cour administrative d'appel compétente. Il doit alors contester ce jugement et non se borner à réintroduire la même demande (CAA Paris, 18 mars 1999, Ayoub). Il peut ensuite se pourvoir en cassation devant le Conseil d'État, lequel peut choisir de statuer au fond et se prononcer alors sur la qualité d'apatride de l'intéressé pour la lui reconnaître (CE, 29 déc. 2000, no 216121, Préfet de police c/Sarigul) ou non (CE, 1er févr. 1999, no 189527, Préfet de police c/ Akhtar) »[586]. Dans le plein contentieux, un juge peut non seulement censurer la décision qui lui est soumise mais aussi la reformer c'est-à-dire reconnaître le statut à la partie demanderesse. Tandis que le recours en annulation, dont le recours pour excès de pouvoir (R.E.P) est le modèle, suppose uniquement la possibilité pour le juge d'abroger l'acte ou la décision attaquée sans jamais avoir la capacité d'aller au-delà. Celui-ci se contentant par la suite de renvoyer soit devant l'autorité qui a pris l'acte, soit devant le juge qui n'a pas bien dit le droit. Ainsi, les chiffres de 2008 étaient étriqués. Les agents de l'Ofpra et notamment ceux de la division de l'apatridie avaient développé des activités qui pouvaient ainsi se résumer : 16 mémoires produits en guise d'observations complémentaires pour 68 mémoires au titre du contentieux. Très exactement : *« 68 mémoires [avaient] ainsi été produits en 2008 (55 devant les juridictions administratives du 1er degré et 13 en appel). Durant cette même période, 53 recours [avaient] été jugés par les tribunaux administratifs : 52 décisions négatives de l'Office [avaient] été confirmées et une seule [avait] été annulée, soit un taux d'annulation de moins de 2 %. Les cours administratives d'appel, quant à elles, [avaient] confirmé 19 jugements de rejet »* avait indiqué le Directeur de l'Ofpra dans son rapport de cette année-là[587]. Le Gisti affirmera par la suite que : *« Ce statut est accordé de façon très restrictive par la France »*[588]. Une assertion parfaitement justifiée. Par ailleurs, le demandeur d'asile bénéficie d'une intéressante garantie procé-

---

[586] *« Les apatrides »* dans le *« Dictionnaire permanent du droit des étrangers »*, Editions législatives, 2010, P. 12.

[587] Tiré de *« L'OFPRA, rapport d'activité 2008 »*, P. 27.

[588] Voir Gisti dans les *« notes pratiques »* sur *« l'état civil, validité des actes étrangers, transcription, recours »*, Gisti, Paris, Mars 2011, P. 23.

durale posée par l'article L742-3 du Ceseda selon lequel : *« L'étranger admis à séjourner en France bénéficie du droit de s'y maintenir jusqu'à la notification de la décision de l'Office français de protection des réfugiés et apatrides ou, si un recours a été formé, jusqu'à la notification de la décision de la Cour nationale du droit d'asile... »*. En découle l'idée que ce dernier a le droit de demeurer de façon régulièrement sur le territoire français jusqu'à ce qu'intervienne la réponse définitive à sa requête. N'est-ce pas à la fois un acquis et une sécurité juridique appréciables comparés au candidat au statut d'apatridie ? La seule exception pour les premiers concerne ceux des requérants ayant été préalablement placés en procédure prioritaire ou en réexamen sans délivrance de récépissé. En effet, qu'il s'agisse de la demande initiale à l'Ofpra ou du recours juridictionnel introduit à la suite, la procédure de demande du statut d'apatride est entièrement non-suspensive. Etant donné cette caractérisation essentielle, le prétendant au statut ou le requérant peut être à tout moment arrêté et reconduit à la frontière. Ce détail explique pourquoi une bonne partie du contentieux de l'apatridie provient, par ricochet, de la contestation devant les juges des mesures d'éloignement prises par différentes autorités préfectorales. D'où les recours réguliers aux procédés du référé-suspension et du référé-liberté. Le dictionnaire permanent du droit des étrangers expose bien toutes ces subtilités juridiques assurément rébarbatives pour les non-initiés : *« Le recours n'étant pas suspensif, l'étranger qui se voit refuser par l'Ofpra la qualité d'apatride peut, au-delà d'un recours visant à l'annulation de cette décision, utiliser les procédures de référé permettant d'en obtenir la suspension : le référé-suspension (C. just. adm., art. L. 521-1) et le référé-liberté (C. just. adm., art. L. 521-2). Le référé-suspension devant être accompagné d'un recours en annulation, il doit être porté devant la juridiction saisie au fond de conclusions d'annulation. En revanche, la recevabilité d'une demande de référé-liberté n'étant pas subordonnée à l'existence de conclusions au fond, même si une instance non dépourvue de tout lien avec elle est pendante devant une juridiction d'appel ou de cassation, cette demande ne peut être portée que devant une juridiction compétente en premier ressort qui peut être soit le tribunal administratif, soit le Conseil d'État. Ainsi, le Conseil d'État annule l'arrêt d'une cour administrative d'appel statuant sur une demande de référé-liberté ; lui seul est compétent pour connaître par la voie de l'appel des jugements des tribunaux administratifs en la matière. Sur le fond, il rejette la demande de suspension en refusant de reconnaître un caractère « manifestement illégal » à l'atteinte portée à une liberté fondamentale par la décision de retrait, l'atteinte alléguée étant fondée sur des déclarations mensongères que ni les pièces du dossier, ni les constatations en séance n'ont remises en cause en appel (CE réf., 29 mars 2002, no 244523, Bonny) »*[589]. A l'époque on parlait de l'Arrêté Préfectoral de Reconduite à la Frontière (A.P.R.F.) et de l'Invitation à Quitter le Territoire Français (I.Q.T.F). Depuis 2006, l'invitation s'est transformée en Obligation à Quitter le Territoire Français (O.Q.T.F)[590]. Comment est-il possible d'envisager le renvoi d'un individu vers un pays dont il affirme, étant donné l'amorce d'une demande de protection, ne pas avoir la nationalité ? Ou un pays autre que celui dans lequel celui-ci a sa résidence habituelle ? Cette exigence juridique et même morale est de nos jours facilement battue en brèche. Désormais, sur la base d'un faisceau d'indices, l'application des mesures contraignantes est possible. Ces décisions de reconduite à la frontière peuvent viser soit le demandeur du statut lui-même directement, soit un membre de sa famille. Ainsi dans un arrêt rendu par le Conseil d'Etat le 9 novembre 2007 (N°261205), la sanction individuelle défavorable prononcée par le préfet a été annulée en cassation. Selon la haute juridiction : *« Considérant qu'eu égard aux obligations de protection des apatrides imposées par la convention précitée, à l'objectif d'intégration qu'elle définit et au droit au séjour particulier reconnu à la personne apatride, celle-ci ne peut légalement faire l'objet d'une mesure d'éloignement que pour des motifs de sécurité nationale ou d'ordre public ; que, sous réserve des mêmes motifs, une telle mesure ne peut davantage être prise à l'encontre des parents d'un enfant mineur*

---

[589] *« Les apatrides »* dans le *« Dictionnaire permanent du droit des étrangers »*, Editions législatives, 2010, P. 12.

[590] *« Que faire après une O.Q.T.F, Le point sur la réforme des décisions de retrait et refus de séjour assorties d'une obligation de quitter le territoire français (loi du 24 juillet 2006 et décret du 23 décembre 2006) »*, ADDE, Cimade, Fasti, Gisti, LDH, MRAP, Paris, 2007, 38 pages.

reconnu apatride qui vit auprès d'eux, dès lors qu'elle aurait pour effet, soit de priver l'enfant du bénéfice des droits et garanties attachés au statut d'apatride, s'il accompagne ses parents en exécution de la mesure d'éloignement, soit de porter une atteinte disproportionnée au droit au respect de la vie familiale de ces derniers, en méconnaissance des stipulations de l'article 8 de la convention européenne de sauvegarde des droits de l'homme et des libertés fondamentales, si l'enfant demeure en France séparé de ses parents ; Considérant que compte tenu des effets de la protection conférée par le statut d'apatride, Mme A était en droit de se prévaloir, à la date de l'arrêté attaqué, de la qualité d'apatride de sa fille, la jeune O..., qui vit auprès d'elle ; que, dès lors, pour les motifs ci-dessus énoncés, le préfet de police ne pouvait légalement prendre à son encontre un arrêté de reconduite à la frontière ». Heureusement que les pouvoirs des Etats ne sont pas illimités en la matière. *« L'affaire Winata et Lan Li c. Australie concernait un ménage d'apatrides originaires d'Indonésie... et résidaient en Australie depuis de nombreuses années. Leurs visas ayant expiré, ils tombaient sous le coup d'une expulsion, mais ils ont présenté une requête en leur nom et en celui de leur fils âgé de 13 ans, qui avait la nationalité australienne. Le Comité des droits de l'homme a estimé que l'expulsion du couple constituerait une violation des droits qui leur étaient reconnus par l'article 17 du Pacte international relatif aux droits civils et politiques lu conjointement avec l'article 23, et une violation du paragraphe 1 de l'article 24 à l'égard de leur fils. Il a également conclu que, si le simple fait que des parents non ressortissants eussent un enfant ayant la nationalité du pays ne rendait pas en lui-même arbitraire l'expulsion envisagée des parents, l'État, du fait qu'en l'espèce l'enfant avait grandi en Australie au cours des treize années écoulées depuis sa naissance, avait « fréquenté l'école australienne comme tout autre enfant et s'était fait ainsi des camarades », devait « justifier l'expulsion de ses parents, en présentant d'autres éléments que la simple mise en œuvre de sa loi sur l'immigration pour éviter que l'expulsion ne soit qualifiée d'arbitraire »*[591]. Le principe

[591] Cf. Haut Commissariat des Nations Unies aux droits de l'homme dans *« Les droits des non-ressortissants »*, Nations Unies, Genève, 2006, P. 22.

de l'unité familiale reconnu en droit d'asile est-il appliqué in extenso dans le cadre du droit relatif à l'apatridie ? Point n'est besoin de rendre apatrides les parents d'un enfant bénéficiaire dudit statut. S'ils étaient sans-papiers, le Préfet s'oblige à prendre une mesure de régularisation de leur situation administrative. A l'inverse, la progéniture d'un couple d'apatrides née en France accède à la nationalité française. Dans tous les cas, les stipulations de l'article 8 de C.E.D.H sont un apport inestimable. Le droit à la réunification familiale d'apatrides n'est nullement tombé en désuétude comme le corroborent les récents conseils prodigués par l'Ofpra[592].

D. Une procédure contentieuse interminable et exclusive

L'apatridie n'échappe guère au grief de la lenteur de la justice en France. Nul ne serait étonné qu'elle dure parfois jusqu'à cinq ans[593] sur le plan interne. Triste quinquennat à l'issue incertaine ! Cette procédure peut sembler interminable si l'on envisage l'intervention du juge européen et communautaire. En outre, la demande du statut d'apatridie est exclusive non seulement dans sa phase administrative mais aussi contentieuse.

1. Une procédure peut-elle être ouverte devant les instances européennes ?

- La Cour Européenne des Droits de l'Homme : Comme toute procédure juridictionnelle, l'épuisement des voies de recours internes est une condition de fond pour espérer saisir opportunément la C.E.D.H. Le contentieux de l'apatridie y est en principe soumis. Par déduction la C.E.D.H peut-elle avoir à statuer au fond c'est-à-dire se prononcer directement sur la reconnaissance du statut de d'apatride ? Cette mission est de prime abord impossible étant donné qu'elle est d'abord censée appliquer sa propre Convention. Comme précédemment indiqué, la Convention européenne pour la sauvegarde des droits de

[592] Dans le *« Livret d'accueil pour des personnes reconnues apatrides »*, Ofpra, Mission communication, Octobre 2011, Paris, 18 pages.

[593] Lire la réponse ministérielle dans une affaire dans laquelle le demandeur du statut d'apatride attendait la réponse depuis au moins huit ans. Voir, Rép. min. no 42427 : JOAN Q, 10 juill. 2000, p. 4192.

l'homme n'a pas prévu de dispositions visant directement la demande d'apatridie. Et que sa Convention relative à la question de nationalité de 1997 n'a pas elle-même prévu de mécanisme inhérent de contrôle. Par définition, la C.E.D.H n'a pas vocation à appliquer la Convention de 1954 sur l'apatridie. Jusque là sa saisine n'avait lieu que dans le cadre des questions annexes gravitant autour de la notion d'apatridie. Ce qui veut dire que le principe de subsidiarité dans la protection des droits de l'homme en Europe ne joue pas pleinement en l'espèce[594] car l'action en justice est indirecte. Par exemple sur les droits que les personnes apatrides revendiqueraient en conformité avec ceux consacrés dans la Convention qui l'institue. Un candidat ne peut pas espérer directement recevoir de la Cour européenne des droits de l'homme le statut d'apatridie qu'il n'a pas pu se faire reconnaître dans un des Etats membres du Conseil de l'Europe. Alors qu'il peut corrélativement attaquer un pays devant cette instance dès lors qu'il n'a pas apporté une réponse administrative ou juridictionnelle dans un délai raisonnable conformément à l'article 6 de la Convention. Dans une telle hypothèse, la partie défenderesse pourra être sanctionnée non pas parce qu'il a opposé une fin de non-recevoir à la demande de protection au titre de la Convention de 1954, mais évidemment parce que sa réponse a été bien trop tardive. Si la Convention de 1997 avait été un protocole à la Convention de 1950, c'eût été autrement. Même si elle porte sur la nationalité et non pas sur l'apatridie qui est son contraire. Quant à la CJUE, la réponse est en principe également négative. Sauf éventuellement pour ce qui concerne les apatrides en quête de statut de réfugié lesquels, le cas échéant, peuvent engager une action devant les juges de Luxembourg sur la base des multiples directives que nous avons déjà mentionnées. Plus globalement, on

[594] Cf. *« Le principe de subsidiarité et la protection européenne des droits de l'homme »*, les Conférences du Conseil d'État – Cycle 2010-2011 : le droit européen des droits de l'homme – Intervention de Jean-Paul Costa, président de la C.E.D.H le 19 avril 2010. Ainsi déclare-t-il : *« L'un des principes fondamentaux sous-tendant tout le système de la Convention est celui de subsidiarité. Il signifie que la tâche d'assurer le respect des droits consacrés par la Convention incombe en premier lieu aux autorités des États contractants, et non à la Cour. Ce n'est qu'en cas de défaillance des autorités nationales que cette dernière peut et doit intervenir »*.

peut déplorer que l'U.E en tant qu'organisation internationale ne soit pas partie aux deux Conventions sur l'apatridie.

2. Une procédure limitativement exclusive

Comme dans tout régime juridique de protection internationale, celui mis en place par la Convention de 1954 contient des clauses d'exclusion[595]. Elles sont identiques à celles qui frappent les demandeurs d'asile. De ce point de vue, l'article 1 III de la convention de 1954 est le pendant de l'article 1 F chapitre premier de la convention de 1951. Mais quel est exactement son contenu ? C'est l'article 1er alinéa 2 de la convention de 1954 qui répond à cette interrogation : *« 2. Cette convention ne sera pas applicable : i) Aux personnes qui bénéficient actuellement d'une protection ou d'une assistance de la part d'un organisme ou d'une institution des Nations Unies autre que le Haut-commissaire des Nations Unies pour les réfugiés, tant qu'elles bénéficieront de ladite protection ou de ladite assistance ; ii) Aux personnes considérées par les autorités compétentes du pays dans lequel ces personnes ont établi leur résidence comme ayant les droits et les obligations attachés à la possession de la nationalité de ce pays ; iii) Aux personnes dont on aura des raisons sérieuses de penser : a) Qu'elles ont commis un crime contre la paix, un crime de guerre ou un crime contre l'humanité au sens des instruments internationaux élaborés pour prévoir des dispositions relatives à des crimes ; b) Qu'elles ont commis un crime grave de droit commun en dehors du pays de leur résidence avant d'y être admises ; c) Qu'elles se sont rendues coupables d'agissements contraires aux buts et aux principes des Nations Unies ».* Quelques éléments d'ordre jurisprudentiel confirment si besoin les stipulations conventionnelles énoncées. En Belgique la Cour de cassation a rendu le 22/01/2009 un arrêt n° c.06.0427.f dans l'affaire opposant A.M.M contre le procureur général près la Cour d'appel de Bruxelles. Le contentieux portait sur la question de savoir si, comme l'avait argué la partie demanderesse, les dispositions du point i) article 1 précité devaient s'appliquer à un étudiant pa-

---

[595] Voir *« Protection des droits des apatrides, La Convention de 1954 relative au statut des apatrides »,* Unhcr, Genève, 2010, P. 6.

lestinien en Belgique ? En l'espèce, la Cour avait pris la décision suivante : *« Dès lors qu'il a quitté une de ces zones, parmi lesquelles figure le Liban, et séjourné, fût-ce temporairement, dans un pays dans lequel l'office précité n'exerce pas sa mission, le réfugié palestinien ne bénéficie plus de la protection ou de l'assistance de celui-ci. Partant, l'arrêt, qui, après avoir constaté que le demandeur a quitté le Liban et séjourne en Belgique, refuse au demandeur le statut d'apatride par application de l'article 1er, §2, (i), précité, aux motifs que son « séjour [...] en Belgique n'est que temporaire et limité à la durée de ses études et qu'il ne met pas fin au droit [du demandeur] de bénéficier de l'assistance de l'U.N.R.W.A. lorsqu'il aura terminé ses études et pourra regagner le Liban », viole ladite disposition ».* Le juge prend naturellement en compte cet élément factuel et en tire manifestement les conséquences qui s'imposent. De même en France, la Cour Administrative d'Appel de Marseille statuant au contentieux N° 02MA01774 a rejeté l'appel de l'Ofpra suite à la décision du tribunal administratif de Montpellier ayant fait droit au demandeur du statut d'apatridie. Ainsi : *« Considérant, en premier lieu, que M. X, né en 1961 à Gaza, de parents nés à Jaffa, est entré en France le 20 janvier 1996 sous couvert d'une autorisation de voyage délivrée par le gouvernement jordanien le 8 mai 1995, prorogée jusqu'au 6 mai 2001, après avoir résidé durant 14 ans en Tunisie ; qu'il est constant qu'il réside en France de manière régulière et permanente depuis le 20 janvier 1996 et qu'il est en possession d'une carte de résident délivrée le 20 janvier 2000 pour une durée de dix années ; qu'il ne peut dans ces conditions être considéré ni comme ayant sa résidence effective dans l'un des cinq territoires précités au sein desquels s'exerce le mandat confié par l'O.N.U. à l'Office de Secours et de Travaux des Nations Unies pour les Réfugiés de Palestine (UNRWA) ni, par conséquent, comme bénéficiant actuellement de la protection ou de l'assistance visée à l'article 1er-§ i-1, de la convention de New-York du 28 septembre 1954 ; qu'il s'ensuit que, comme l'ont estimé à bon droit les premiers juges, en sa qualité de réfugié palestinien sous mandat jordanien résidant de manière habituelle en France, M. X était fondé à contester le refus qui avait été opposé à sa demande tendant au bénéfice du statut d'apatride tel que défini par l'article 1er de la convention précitée du 28 septembre 1954 ».* Comme pour les demandeurs d'asile, les personnes qui se rendues coupables de crimes ne peuvent valablement accéder à la protection internationale au titre de l'apatridie.

Section 3. La reconnaissance du Statut d'apatride et ses conséquences

La décision favorable des autorités nationales compétentes a une portée telle qu'elle engendre plusieurs suites pour les heureux bénéficiaires.

§1. Le contenu de la protection ainsi que des implications relativement au droit de séjour

La directive européenne du 19 avril 2004 prévoyait deux types de protections susceptibles d'être reconnues aux demandeurs d'asile : le statut de réfugié et la protection subsidiaire pour celui qui ne remplit guère les conditions objectives permettant d'obtenir la protection principale. A propos des conditions à remplir pour être considéré comme personne pouvant bénéficier de la protection subsidiaire, l'article 15 de la directive du 29 avril 2004 donnait un contenu à la notion d'atteintes graves. Relevaient ainsi de celles-ci : « *a) la peine de mort ou l'exécution, ou b) la torture ou des traitements ou sanctions inhumains ou dégradants infligés à un demandeur dans son pays d'origine, ou c) des menaces graves et individuelles contre la vie ou la personne d'un civil en raison d'une violence aveugle ou en cas de conflit armé interne ou international* ». Pour rappel, selon l'article 13 portant sur le statut de réfugié : « *Les États membres octroient le statut de réfugié à tout ressortissant d'un pays tiers ou apatride qui remplit les conditions pour être considéré comme réfugié conformément aux chapitres II et III* ». Les actes de persécutions inclusifs à la directive analysée étaient prescrits à son article 9 : « *1. Les actes considérés comme une persécution au sens de l'article 1A de la convention de Genève doivent : a) être suffisamment graves du fait de leur nature ou de leur caractère répété pour constituer une violation grave des droits fondamentaux de l'homme, en particulier des droits auxquels aucune dérogation n'est possible en vertu de l'article 15, paragraphe 2, de la convention européenne de sauvegarde des droits de l'homme et des libertés fondamentales, ou b) être une accumulation de diverses mesures, y compris des violations des droits de l'homme, qui soit suffisamment grave pour affecter un individu d'une manière comparable à ce qui est indiqué au point a). 2. Les actes de persécution, au sens du paragraphe 1, peuvent notamment prendre les formes suivantes : a) violences physiques ou mentales, y compris les violences sexuelles ; b) les mesures légales, administratives, de police et/ou judiciaires qui sont discriminatoires en soi ou mises en œuvre d'une manière discriminatoire ; c)les poursuites ou sanctions qui sont disproportionnées ou discriminatoires ; d) le refus d'un recours juridictionnel se traduisant par une sanction disproportionnée ou discriminatoire ; e) les poursuites ou sanctions pour refus d'effectuer le service militaire en cas de conflit lorsque le service militaire supposerait de commettre des crimes ou d'accomplir des actes relevant des clauses d'exclusion visées à l'article 12, paragraphe 2 ; f) les actes dirigés contre des personnes en raison de leur sexe ou contre des enfants. 3. Conformément à l'article 2, point c), il doit y avoir un lien entre les motifs mentionnés à l'article 10 et les actes de persécution au sens du paragraphe 1 ».* Tous ces équilibres sont restés inchangés lors de la dernière refonte (directive 2011/95/UE) de ce texte majeur. Le problème se corse surtout lorsque, pour une raison ou une autre, le demandeur du statut d'apatride n'entre ni dans la première ni dans la seconde catégorie telles que définies dans la célèbre directive. Que devient l'apatride ne pouvant être reconnu réfugié encore moins protégé subsidiaire ou qui surtout n'a pas fait une demande d'asile ? C'est là où les protections successivement offertes par les directives de 2004 et de 2011 demeurent incomplètes et lacunaires. A quoi peut prétendre un demandeur du statut d'apatride qui n'a pas été formellement persécuté par les autorités de son pays de naissance et qui se retrouve involontairement dans une situation d'isolement juridique par rapport à celui-ci ? De surcroit, lorsque ce dernier n'entre nullement dans aucune des trois conditions alternatives posées par le régime communautaire de la P.S ? Tel est le premier point. Le second provient de que les Etats concernés ne respectent pas scrupuleusement la norme de référence notamment dans la reconnaissance des droits subséquents à l'octroi de la protection internationale. En effet, non seulement l'octroi du titre de séjour n'est pas toujours automatique, mais en plus son délai de validité est dans certaines circonstances inférieur à celui auquel il aurait en principe dû avoir droit. Grosso modo, en France la protection peut être accordée par de deux autorités : d'un côté l'autorité administrative qui est le Directeur de l'Ofpra. Le juge administratif de l'autre notamment lorsqu'il statue sur un recours introduit en cas de contestation de la décision administrative initiale. La combinaison de diverses dispositions légales permet d'apporter quelques éclaircissements à ce sujet. Ainsi conformément à l'article R723-2 du Ceseda : *« Le directeur général de l'office reconnaît la qualité de réfugié ou d'apatride ou accorde le bénéfice de la protection subsidiaire au terme d'une instruction unique, au vu des pièces et des informations dont il dispose à la date de sa décision »*. De son côté, l'article L721-2 est tout aussi précis : *« L'office reconnaît la qualité de réfugié ou accorde le bénéfice de la protection subsidiaire aux personnes remplissant les conditions mentionnées au titre Ier du présent livre. Il exerce la protection juridique et administrative des réfugiés et apatrides ainsi que celle des bénéficiaires de la protection subsidiaire. Il assure, en liaison avec les autorités administratives compétentes, le respect des garanties fondamentales offertes par le droit national, l'exécution des conventions, accords ou arrangements internationaux intéressant la protection des réfugiés sur le territoire de la République, et notamment la protection prévue par la convention de Genève du 28 juillet 1951 et par le protocole de New York du 31 janvier 1967 relatifs au statut des réfugiés. Il coopère avec le haut-commissaire des Nations unies pour les réfugiés et facilite sa mission de surveillance dans les conditions prévues par les accords internationaux »*. La protection offerte au titre de l'apatridie équivaut à la plus basse parmi celles qui existent sur le plan international. Elle est équivalente à celle octroyée aux demandeurs d'asile ne remplissant pas les conditions pour bénéficier derechef du statut de réfugié et très justement qualifiée de subsidiaire. Historiquement, ce statut complémentaire avait été introduit en droit français par la réforme de 2003 entrée en vigueur en janvier 2004 en remplacement de l'asile territorial. C'est une carte de séjour temporaire d'un an qui est attribuée au bénéficiaire du statut d'apatride-apatride. Là où le statut de réfugié donne droit directement à une carte de dix ans (carte de résident). Précisons que selon l'article L314-11 *« Sauf si la présence de l'étranger constitue une menace pour l'ordre public, la carte de résident est délivrée de plein droit, sous réserve de la régularité du séjour : ... 9° A l'apatride justifiant de trois années de résidence régulière en France ainsi qu'à son conjoint et à ses enfants dans l'année qui suit leur dix-huitième anniversaire... »*[596]. Concernant les apatrides en demande d'asile, en principe, rien n'interdit qu'ils acquièrent la protection subsidiaire s'ils ne remplissent pas les conditions pour obtenir le statut de réfugié. En théorie, rien n'exclut une telle hypothèse étant donné qu'ils sont comme tous les autres demandeurs en quête d'une protection internationale au titre de l'asile. Loin d'être de simples arguties, les subtilités juridiques sont telles qu'il faille bien préciser les choses. En effet, le statut d'apatride donne droit à la carte d'un an avec la mention « reconnu apatride ». La P.S tel que découlant de la procédure de demande d'asile donne également droit à la carte d'un an mais avec la mention *« vie privée et familiale »*. Si la période de validité est la même, les conséquences juridiques liées à la mention portée sur chacune de ces deux cartes ne sont quant à elles pas équivalentes. Le premier cas (celui de l'apatride statutaire ou apatride-apatride) suppose qu'au bout du troisièmement renouvellement, le titre de séjour d'un an se transforme en une carte de résident. Alors que dans le second, il faut qu'elle soit renouvelée au moins cinq fois pour pouvoir normalement obtenir la carte de 10 ans (carte de résident). Ce qui n'est guère la seule différence déterminante. Certes, les deux statuts juridiques relèvent de l'Opfra et impliquent la protection de cet organisme. Néanmoins dans la

---

[596] A titre de comparaison, en Suisse l'Article 31 de la *« loi fédérale sur les étrangers »* du 16/12/2005 indique très précisément que : *« 1. Les apatrides reconnus en Suisse ont droit à une autorisation de séjour dans le canton dans lequel ils séjournent légalement. 2. L'art. 83, al. 8, relatif aux personnes admises à titre provisoire est applicable aux apatrides ayant commis un acte réunissant les éléments constitutifs décrits à l'art. 83, al. 7. 3. Les apatrides qui ont droit à une autorisation de séjour et qui séjournent légalement en Suisse depuis cinq ans au moins ont droit à une autorisation d'établissement »*.

deuxième hypothèse, selon qu'il s'agisse de la P.S1 ou de la P.S2, il arrive que certaines personnes sous protection continuent de requérir les documents administratifs des autorités consulaires de leur pays d'origine. C'est précisément le cas si l'agent persécuteur n'est pas l'Etat lui-même encore moins un de ses démembrements. Ce n'est que lorsque ledit protégé est effectivement dans l'impossibilité de les obtenir des autorités nationales que l'Ofpra peut intervenir subséquemment en tant qu'officier d'Etat civil et autorité administrative. Une telle configuration est en réalité inconcevable dans le cas d'un apatride statutaire à cause justement de l'absence du lien d'attache avec une quelconque autorité étatique originelle. Comme pour le réfugié, la délivrance des documents devient bien évidemment automatique de la part de l'Ofpra. Faisons observer comparativement que l'article 19 du Code de la Nationalité belge réduit à deux ans de résidence principale le délai pour pouvoir solliciter la naturalisation pour celui dont la qualité d'apatride a été reconnue. Bien que positif, un tel élément contraste malgré tout avec une curieuse réalité dépassant l'entendement. Julie Maenaut l'avait fort bien exposée : *« Il convient de constater que la reconnaissance par le Tribunal de première instance ou la Cour d'appel de la qualité d'apatride à une personne ne signifie pas de facto qu'il soit autorisé au séjour en Belgique. Telle est l'opinion du bureau d'étude de l'Office des Etrangers : « Finalement, il est utile d'encore insister sur le fait que la constatation officielle de l'apatridie n'a pas pour conséquence que l'intéressé se voit reconnaître un droit de séjour dans le Royaume. Cela n'a également pas pour conséquence que l'intéressé se trouve de facto dans l'impossibilité matérielle de partir vers son pays d'origine ou de se rendre dans un pays tiers... Une fois la qualité d'apatride reconnue à une personne, celle-ci devra donc introduire une demande d'autorisation de séjour pour circonstances exceptionnelles sur pied de l'article 9 alinéa 3 de la loi du 15 décembre 1980 sur l'accès au territoire, le séjour, l'établissement et l'éloignement des étrangers, et argumenter les circonstances exceptionnelles qui l'empêchent d'introduire sa demande de séjour depuis le poste diplomatique de son pays d'origine »*[597]. La garantie de l'automaticité du droit au séjour corollaire de l'aboutissement de la reconnaissance du statut d'apatridie inhérente au droit français est ainsi inexistante dans le droit positif belge. N'est-ce pas un paradoxe saisissant voire un recul en rapport avec la condition du demandeur dudit statut ? La décision du Conseil d'état belge, Section du contentieux administratif, Arrêt no 205.803 en date du 25 juin 2010 dans une affaire opposant l'Etat à 1. Xxx et 2. Yyy est très intéressante de ce point de vue. La partie défenderesse, parce que sa décision de refus d'autorisation de séjour avait été annulée par un premier arrêt, s'est pourvue devant la haute juridiction au motif que : *« La demande n'était pas accompagnée d'un document d'identité requis, à savoir (une copie du) le passeport international, ou un titre de voyage équivalent, ou (une copie de) la carte d'identité nationale, ni d'une motivation valable qui autorise la dispense de cette condition sur base de l'article 9bis, §1 de la loi du 15.12.1980, tel qu'inséré par l'art. 4 de la loi du 15.09.2006 ».* Au contraire, le Conseil avait jugé que : *« ... Le statut d'apatridie reconnu judiciairement ne produit aucun effet en termes de séjour sur le territoire du Royaume, ainsi qu'il ressort des articles 7 de la Convention relative aux apatrides et 98 de l'arrêté royal du 8 octobre 1981" et qu'« il [...] résulte [de l'arrêt], en contrariété avec le prescrit des dispositions susvisées, que la seule reconnaissance du statut d'apatride est de nature à déroger à l'article 9bis de la loi du 15 décembre 1980 ».* Pouvons-nous sérieusement envisager l'hypothèse d'une fin de non-recevoir à cette demande subséquente à la reconnaissance du statut d'apatride ? Ces arguties juridiques des officiels belges n'ont, en principe, pas lieu d'être et constituent manifestement des actions à la fois superfétatoires et dilatoires. Dans une autre décision de la même instance, section du contentieux, Arrêt n° 187 du 14 octobre 2008 opposant Aliti Fljurim contre la région de Bruxelles-Capitale, le contentieux portait sur le refus d'octroyer un permis de travail de type C à un apatride. Toutes ces procédures annexes dans lesquelles doit impérativement s'engager l'apatride

---

[597] Voir le Service International de Recherches, d'Education et d'Action Social, Document N° 9, 2004, *« Analyses et Etudes »* portant sur *« Quelques principes et questions pratiques sur l'apatridie »*, Bruxelles, P. 6.

statutaire afin de régulariser totalement sa situation administrative sur le sol belge sont fort heureusement inconnues en France. Ici en effet prédomine la règle de l'automaticité obligeant les services de la préfecture à tirer immédiatement les effets de la décision soit de l'Ofpra, soit du juge administratif en délivrant le titre de séjour requis donnant mécaniquement droit au travail[598]. Il s'agit dans un premier temps d'un *« récépissé constatant la reconnaissance d'une protection internationale »* dont la durée est, comme la plupart d'autres, de trois mois. Matériellement ce document est de *« couleur rose et jaune barré rouge »* d'après la circulaire n° IMIM0900082NC du 26/08/2009 dont l'objet est la mise en circulation de nouveaux documents provisoires de séjour. Dans le premier cas, ce récépissé porte les mentions *« reconnu apatride »* et *« autorise son titulaire à travailler »* conformément à l'article R311-4 du Ceseda. Dans un second temps, lorsque notamment l'Ofpra aura confirmé l'état civil, d'autres mentions y seront apposées parmi lesquelles : *« a demandé la délivrance d'un premier titre de séjour »* et *« le titulaire est autorisé à travailler »* conformément aux articles R742-5 et 6, 2è et 3è alinéas du Ceseda. Il lui sera délivrée par la suite la carte de séjour d'un an *« vie privée et familiale »* sur la base de l'article L.313-11-10° du même code avec une exemption de payer les taxes de l'OFII pour son premier titre. Les mêmes droits sont concédés à son conjoint ainsi qu'à ses enfants. Ces avantages sont reconduits lors de la délivrance de la Carte de résident sur le fondement de l'article

---

[598] Voici les conseils que donne l'Ofpra à propos de l'accès au marché du travail : *« En tant qu'apatride vous avez accès à l'éducation et au marché du travail dans les mêmes conditions que les étrangers régulièrement installés en France. Si vous exercez une profession appartenant à la catégorie des professions réglementées et si aucune condition de nationalité n'est exigée, vous devrez faire valider votre niveau d'études ou vous soumettre à des épreuves de vérification de vos connaissances. Pour plus de renseignements, il vous appartient de vous adresser à l'Ordre ou au syndicat de la profession concernée. Par ailleurs, l'ENIC-NARIC vous informe sur la reconnaissance des diplômes étrangers en France et est seul habilité à délivrer les attestations de diplômes obtenus dans un pays étranger. Les informations sur cet organisme peuvent être consultées sur le site www.ciep.fr/enic-naricfr. Si vous n'avez pas d'emploi, vous pouvez vous inscrire auprès de Pôle Emploi et bénéficier de certaines prestations (accompagnement, évaluation, recherche d'emploi, allocation...).* Dans Le *« Livret d'accueil pour les personnes reconnues apatrides »*, Ofpra, Mission Communication octobre 2011, P. 10.

L. 314-11-9° pour l'intéressé ainsi que ses ayants-droit. Par contre, le régime est différent avec celui relatif au droit de visa de régularisation. Ici, seul le bénéficiaire du statut d'apatride est réellement exonéré de frais. Se trouve ainsi effacée postérieurement l'irrégularité de son entrée sur le territoire. Tandis que ses conjoint(e) et enfant(s) sont eux soumis à une redevance de 220 euros. Bis repetita pour l'attribution de la carte de résident. Disons-le, la construction juridique autour du statut de l'apatride en France avait été l'œuvre du juge administrative. Avant 1997 en effet, l'ancien état du droit permettait à celui-ci d'obtenir en principe une carte de résident (10 ans) de plein droit mais à la condition d'avoir préalablement passé trois ans de résidence sur le territoire français. Avait ainsi malencontreusement été créée une catégorie de personnes disposant a priori d'un droit au séjour parce que reconnues apatrides, mais sans titres de séjour car il leur fallait attendre le délai de carence de trois années. Une des absurdités et illogismes dont l'Administration française a parfois le secret. Outre la longue période de détermination du statut, le ni expulsable ni immédiatement régularisable était donc de nouveau durant une période triennale dans une zone grise ou une enclave de non-droit. Naturellement ce dernier, en l'état, ne pouvait absolument ni rien faire et ni rien entreprendre. C'est justement à l'occasion d'un contentieux sur l'éloignement, comme il fallait s'y attendre, que le Conseil d'Etat a pointé cette anomalie juridique tout aussi burlesque (CE, 22 janv. 1997, no 170689, Préfet de police de Paris c/ Ter Ambartsoumian : Rec. CE, p. 29). Il sera suivi en cela par le tribunal administratif de Paris (TA Paris, 11 déc. 1997, no 9513738/4, Meckler). Par la force des choses, le juge avait donc imposé l'évolution de la législation. D'où l'adoption de la loi no 97-396 du 24 avril 1997 consacrant le régime actuel de l'apatride en permettant la délivrance d'un titre de séjour provisoire d'un an renouvelable avant l'obtention de la carte de résident au bout des trois ans. Nul doute que le droit français de cette époque correspondait à bien des égards au droit belge d'aujourd'hui. Là-bas, dès lors que sa demande subséquente est agréée, l'apatride reçoit généralement un droit au séjour d'un an renouvelable deux fois sur présentation d'un contrat de travail. Après deux renouvellements, l'apatride peut accéder à un droit au séjour illimité sur présentation d'un contrat de travail ou sur la base d'une activité indépendante. Autrement dit, l'apatride reconnu doit obtenir un permis de travail C pendant la période de séjour limité. La demande doit être adressée au bureau du FOREM en Wallonie ou à la cellule Migration et emploi compétente en Flandre et de l'Arbeitsamt en communauté germanophone. Pour celui qui se trouve à Bruxelles, elle se fait directement auprès du Ministère de la région bruxelloise. Tant qu'il est encore en séjour limité, son contrat de travail détermine le renouvellement de son autorisation de séjour. Les finesses du droit belge étant parfois impénétrables. C'est seulement quand l'apatride statutaire est autorisé au séjour illimité qu'il est définitivement dispensé de l'obligation d'effectuer cette démarche. Pour ce qui concerne l'exercice d'une activité indépendante, celui-ci doit avoir une "carte professionnelle" l'y autorisant. Toute dérogation est, une fois de plus, liée à la nature illimitée de son séjour. En tout état de cause, s'il est au chômage, l'apatride peut s'adresser au Centre Public d'Action Sociale (C.P.A.S) pour bénéficier d'une aide sociale. Le revenu d'intégration en tant qu'apatride reconnu et bénéficiant d'un droit au séjour lui est accessible. Pour autant toute l'aide qui lui est apportée ne saurait suffire à dissiper non seulement l'imbroglio juridique mais aussi toutes autres les exigences superflues. Naturellement, l'ampleur de cette superfétation n'aurait pas continûment pu laisser indifférent le H.C.R : *« L'absence en Belgique d'une procédure spécifique en matière de reconnaissance de la qualité d'apatride et d'une réglementation concernant le statut des apatrides est source de difficultés très importantes pour ces personnes. En effet, les décisions des tribunaux civils reconnaissant la qualité d'apatride ne sont assorties ni d'un droit au séjour ni d'autres droits découlant du statut d'apatride. Le HCR s'était ainsi félicité de l'engagement pris dans la déclaration gouvernementale de mars 2008 concernant la mise en place d'une nouvelle procédure de reconnaissance du statut d'apatride et l'octroi, en principe, d'un titre de séjour en cas de reconnaissance de ce statut... à ce jour, cet engagement n'a pu encore être concrétisé »*[599]. Signa-

---

[599] *« Soumission du Haut Commissariat des Nations Unies pour les réfugiés (HCR) pour la compilation établie par le Haut-commissariat aux droits de l'homme – Examen périodique universel : Belgique »*, Unité de liaison des

lons que cette pratique institutionnelle était aussi contraire à la directive « qualification » du 29 avril 2004 et notamment à son article 24.1 et 3 sur le *« titre de séjour »*. Parmi les recommandations utilement faites à ce pays par le H.C.R dans le cadre de l'examen périodique figurent entre autres : *« - une mise en œuvre efficace de la Convention de 1954 relative au statut des apatrides, qui veillerait au respect des droits humains fondamentaux de ceux-ci... l'adoption d'une réglementation spécifique concernant la procédure de reconnaissance de la qualité d'apatride et la mise en place d'un statut pour ces personnes, leur permettant de bénéficier des droits élémentaires qui s'y rattachent et, en principe, d'un droit de séjour. L'adhésion de la Belgique à la Convention de 1961 sur la réduction des cas d'apatridie »*. Les mêmes critiques pourraient être utilement formulées à l'égard de la Suisse. Dans ce pays, la demande d'apatridie est faite auprès des Centres d'enregistrement et de procédure (C.E.P) lesquels sont situés à Bâle, Chiasso, Vallorbe et Kreuzlingen. La décision finale relève de l'Office Fédéral des Migrations (O.D.M). Trouver des informations relatives à la procédure à suivre est ici aussi un exercice sincèrement laborieux et dissuasif. Contrairement à ce que nous pouvons penser, l'exécution des obligations conventionnelles contractées par les Etats eux-mêmes est loin d'être de bonne foi comme l'exige le droit international. La démonstration qui vient d'être faite le prouve suffisamment.

§2. Une autre nature intrinsèque de la décision favorable : son caractère recognitif

Dans le cadre de la demande d'asile, celui qui est devenu réfugié est par une fiction juridique supposé l'être ou avoir eu la protection à la date du dépôt de son dossier, mieux encore depuis le moment de son entrée sur le territoire. Ce qui revient à dire que le bénéfice du statut a un côté simplement recognitif. Il s'agit de l'acceptation juridique d'un fait objectif antérieur à la décision. D'ailleurs, on parle très souvent de « reconnaissance » dudit statut. Pour le dictionnaire le Robert : *« reconnaître, c'est*

---

droits de l'homme, Division de la protection internationale, Unhcr, Novembre 2010, P. 8.

admettre comme vrai et réel » l'état dans lequel était le migrant forcé lorsqu'il à introduit sa requête. La signification est en principe exactement la même pour l'apatride statutaire. En d'autres termes, le statut d'apatride comme celui du réfugié a lui aussi un caractère recognitif bien établi. Comme le précise le dictionnaire permanent du droit des étrangers : *« A l'instar de la qualité de réfugié, la qualité d'apatride n'est pas octroyée mais reconnue. L'apatride est tel dès son entrée en France, la décision du directeur de l'Ofpra n'étant pas constitutive de cette qualité, mais seulement déclarative »*[600]. (CE, 9 nov. 2007, no 261305, Cheglali : AJDA no 43/2007, p. 2371 à 2376, Chr. jurispr. J. Boucher et B. Bourgeois-Machureau). Quel l'impact peut avoir une telle caractérisation ? Dans le premier cas, le demandeur d'asile ayant des enfants parce qu'il dispose d'un récépissé peut, par exemple pendant la période d'examen de son dossier, déposer une demande annexe auprès de la Caisse d'Allocations Familiales. La date à la quelle cette sollicitation parallèle est prise en compte est importante car elle sera retenue comme point de départ a priori pour la perception ultérieure des aides sociales en cas d'un heureux dénouement de sa procédure. Dans les faits, un demandeur d'asile qui a débuté sa procédure en 2011 et qui simultanément dépose une demande pour ses enfants mineurs à la C.A.F obtiendra dans un premier temps une réponse négative. Les droits ne pouvant être ouverts sur la simple présentation du récépissé en sa possession. Cependant grâce au caractère recognitif du statut de réfugié, dès l'obtention de sa carte (d'un ou de dix ans), il bénéficiera inéluctablement d'une ouverture rétroactive desdits droits à la date du dépôt de sa demande d'allocations familiales et surtout dans la limite des deux ans. Une revendication qui, en droit, lui permet donc de bénéficier d'une régularisation administrative a posteriori de son dossier. Il aura donc droit à un rappel au prorata. Un épisode souvent à l'origine d'un contentieux administratif loin d'être négligeable dans la mesure où la première quête d'après statut est souvent rejetée. Le requérant ayant par la suite la possibilité d'une saisine du Tribunal des affaires de sécurité sociale (T.A.S.S). Voilà un des effets directs susceptibles d'en décou-

---

[600] Cf. *« Les Apatrides »* dans le *« dictionnaire permanent du droit des étrangers »*, Editions législatives, Paris, 2010.

ler. A la différence, l'apatride ne peut en bénéficier étant entendu qu'il ne peut saisir la Caf de sa requête qu'après l'accord du statut. Pourtant le raisonnement juridique qui sous-tend le régime de l'asile est exactement le même pour l'apatridie. Seule l'instauration d'un droit provisoire au séjour permettra d'aligner les deux statuts en tirant pleinement toutes les conséquences liées au caractère susmentionné. Autrement dit, quel est pour notre apatride fraichement reconnu la traduction concrète et matérielle d'un tel aspect ? Seule l'exemption des droits de chancellerie (ou droit de visa de régularisation) peut être valablement excipée. Au demeurant, notre demandeur devenu par la force des choses impénitent compte tenu des circonstances peut-il effectivement jouir d'autres droits ? L'absence de documents de séjour durant la procédure ne lui fait pas irrémédiablement porter préjudice ? C'est à toutes ces interrogations qu'il sied présentement d'apporter des réponses.

Section 4. Les droits consécutifs au statut d'apatride[601]

Une fois que les demandeurs du statut sortent des « *situations de non-droit résultant de l'apatridie » (Mme Feller)*[602] et qu'ils se voient reconnaître la qualité d'apatride, une multitude de droits inhérents à leur nouvelle situation vient s'y greffer. Au Moyen-Orient, dans leur approche régionale, Leila Hilal et Shahira Samy avaient déjà mis en exergue un aperçu panoramique de droits rattachés à ce groupe : *« Contrairement à la Jordanie, la Syrie a maintenu le statut d'apatride des Palestiniens mais ce pays leur accorde les mêmes droits économiques et sociaux que ceux dont jouissent les citoyens syriens. Comme il a déjà été mentionné, la législation de 1956 place les Palestiniens et les Syriens sur un pied d'égalité en matière d'emploi (y compris dans le secteur commercial), d'éducation, de soins de*

---

[601] De manière générale en ce qui concerne les étrangers, voir Emmanuel Aubin dans *« Droit des étrangers »,* Paris, édition Guarlino, 2009, P. 66. D'un point de vue chronologique, lire dans le même sens, K. Michelet dans *« Les droits sociaux des étrangers »,* Paris, l'Harmattan, 2002.

[602] Dans A/AC.96/SR.644, 12 octobre 2010, Comité exécutif du Programme du Haut-commissaire des Nations Unies pour les réfugiés Soixante et unième session, Compte rendu analytique de la 644e séance, P. 2.

santé et des devoirs vis-à-vis de l'État »[603]. Dans son rapport annuel de 2011, en tenant compte de ce contexte particulier, Amnesty international avait pu écrire : *« Les autorités continuaient de retirer arbitrairement la nationalité jordanienne à des ressortissants d'origine palestinienne. Plusieurs centaines de milliers de personnes de cette origine étaient reconnues comme Jordaniens. Celles qui étaient privées de la nationalité jordanienne avaient peu de moyens de contester cette décision ; elles se retrouvaient de fait apatrides et l'accès aux soins et à l'éducation leur était refusé ».* Ces deux exemples suffisent à démontrer la différence parfois flagrante dans l'exécution requise des obligations internationales auxquelles sont soumis les Etats. Aussi logique que cela puisse apparaître, l'incitation à l'adoption de bonnes pratiques est un leitmotiv pour l'O.N.U : *« À la suite de la visite qu'il avait effectuée en octobre 2009 dans les Émirats arabes unis, le rapporteur spécial des Nations unies sur le racisme a exhorté en mars les pouvoirs publics à autoriser les étrangers qui résidaient de longue date dans le pays à solliciter leur naturalisation. Il leur a également demandé de résoudre de manière équitable la situation des résidents apatrides en leur donnant accès à la santé, à l'éducation, aux services sociaux et à des emplois... »*[604]. Quel est l'état du droit français à ce propos ? Notons d'ores et déjà que ces droits se classent en plusieurs catégories.

§1. Les droits créances ou socio-économiques

Ils sont le point de départ de toute conquête des autres droits. Ce sont ceux qui permettent de rester en vie afin de continuer à mener la lutte pour une reconnaissance existentielle définitive. Le contexte général mérite d'être avant tout précisé. D'après Antoine Math : *« Dans le climat actuel de stigmatisation des étrangers et des pauvres, présentés comme fraudeurs aux prestations sociales et responsables de leur situation de chômage ou*

[603] Voir Leila Hilal et Shahira Samy dans *« Asile et migrations dans le Mashrek »*, Copenhague – décembre 2008
Réseau euro-méditerranéen des droits de l'homme, P. 56.

[604] *« Rapport annuel 2011, la situation des droits de l'homme dans le monde »* Londres, Mai 2011, P. 99 & 177.

de pauvreté quand ce n'est pas des déficits publics, les politiciens, surfant sur la xénophobie d'État, ont bien compris l'utilité d'un tel « stage préalable » à l'accès aux droits sociaux. Le ministre Laurent Wauquiez a ainsi récemment proposé une condition de 5 ans de résidence préalable pour pouvoir ouvrir droit au revenu de solidarité active (RSA), à côté d'affirmations mensongères et de propositions démagogiques à visée punitive contre les bénéficiaires du RSA, telle l'obligation d'effectuer un travail d'utilité publique de 5 heures par semaine (proposition reprise dans le programme de l'UMP). C'est oublier que la condition de résidence existe déjà, non seulement pour le RSA, mais également pour l'allocation de solidarité aux personnes âgées (ASPA) et l'allocation supplémentaire d'invalidité (ASI). Les textes législatifs exigent en effet que les ressortissants non communautaires justifient, outre d'un titre de séjour autorisant au travail, avoir résidé en France de manière ininterrompue et régulière durant les 5 années précédentes avec des titres de séjour autorisant à travailler. Cette condition exorbitante, dont certains étrangers sont exemptés, doit être combattue tant sur le plan politique que sur le terrain juridique… »[605]. Avec l'espoir que les changements politiques intervenus au printemps 2012 influent positivement sur le cours des choses. De nombreuses prestations sociales demeurent fort heureusement ouvertes aux apatrides comme aux réfugiés statutaires. Etant donné que ces droits économiques et sociaux sont subordonnés à la nature du titre de séjour détenu par l'étranger, ceux auxquels ont droit les réfugiés détenteurs d'une carte de résident sont naturellement bien plus étendus que ceux destinés aux apatrides.

A. Le droit aux prestations familiales

Comme tous les enfants présents sur le territoire national, ceux des familles apatrides ont droit aux prestations familiales. De nombreux problèmes apparaissent cependant de façon récurrente pour les enfants d'étrangers et donc aussi d'apatrides

---

[605] Lire Antoine Math dans son article intitulé : *« Minima sociaux : nouvelle préférence nationale ? »* tiré de la revue « *Plein droit* » n° 90, octobre 2011 sur les *« Réfugiés clandestins »*.

entrés hors procédure de regroupement et de rapprochement familiaux. Ces derniers peuvent-ils aisément faire valoir leur droit aux prestations familiales ? Les évolutions législatives de 2006 ont mis un terme à une pratique jusque-là controversée. D'où la réponse suivante du Gisti : *« Depuis 1986, les enfants entrés en dehors de la procédure du regroupement familial sont exclus du bénéfice des prestations familiales et des aides au logement. Des textes, modifiés en 2006, exigent en effet que les allocataires étrangers – et eux seuls – produisent, pour leurs enfants nés hors de France, le certificat médical de l'Office français de l'immigration et de l'intégration... remis à l'occasion d'un regroupement familial. La réforme de 2006 a supprimé cette exigence dans certaines situations limitées (enfants membres de famille d'un réfugié, d'un apatride, d'un bénéficiaire de la protection subsidiaire... »*[606]. L'on peut ainsi comprendre la sérénité de la défenseure des enfants au moment d'aborder ce point : *« Les enfants entrés hors procédure de regroupement familial : cette situation touche principalement les enfants dont l'entrée sur le territoire n'est pas consécutive à une procédure de regroupement familial. Les réfugiés et les apatrides ne relèvent pas de cette procédure (circulaire interministérielle du 1er mars 2000) car, selon la convention de Genève, ils doivent être assimilés à des nationaux en matière de protection sociale. De ce fait, ils n'entrent pas dans les critères du Code de la sécurité sociale qui subordonne le versement des prestations familiales aux personnes de nationalité étrangère à la condition pour ces enfants d'une entrée régulière en France (article L 512-2 et D 512-1, 512-2) »*[607]. La difficulté, mieux l'impossibilité d'une attribution rétroactive des prestations sociales pour la catégorie particulière des apatrides a déjà été soulevée. En Belgique, l'exercice du droit aux prestations familiales n'est nullement acquis encore une fois compte tenu de la non-délivrance ipso facto du titre de séjour aux bénéficiaires de la protection internationale au titre de l'apatridie. Là-bas aussi, l'intervention opportune du juge semble augurer des mutations

---

606 Cf. Gisti dans *« Les enfants entrés hors regroupement familial ont droit aux prestations familiales »*, Paris, 2è édition, juin 2009, p.3.

607 Se référer à Dominique Versini, Défenseure des enfants, *« Rapport d'activité 2010 »*, le 20/10/2010, P. 110.

à venir sur cet aspect précis. En effet, suite à une question préjudicielle qui lui a été soumise par le Tribunal du travail dans un conflit opposant l'Office national d'allocations familiales pour travailleurs salariés contre R.T, la Cour Constitutionnelle belge avait estimé qu' : « *Il en résulte que la différence de traitement entre l'apatride qui se trouve sur le territoire belge dans une telle situation et le réfugié reconnu n'est pas raisonnablement justifiée. B.11. Comme la Cour l'a constaté dans son arrêt n° 198/2009 du 17 décembre 2009, cette discrimination ne provient pas de l'article 49 de la loi du 15 décembre 1980, qui ne concerne que les réfugiés reconnus en Belgique, mais de l'absence d'une disposition législative accordant aux apatrides reconnus en Belgique, visés en B.1, un droit de séjour comparable à celui dont bénéficient ces réfugiés. La Cour relève que le législateur n'a pas remédié à cette lacune en adoptant pour ces apatrides reconnus une disposition équivalente à l'article 49 de la loi du 15 décembre 1980. La discrimination entre les réfugiés et ces apatrides ne trouve pas non plus son origine dans l'article 1er, alinéa 8, de la loi du 20 juillet 1971 instituant des prestations familiales garanties. C'est la loi du 15 décembre 1980 qui n'est pas compatible avec les articles 10 et 11 de la Constitution, en ce qu'elle ne prévoit pas, dans une disposition analogue à son article 49, que les apatrides reconnus en Belgique visés en B.1 ont un droit de séjour comparable à celui dont bénéficient les réfugiés. B.12.1. Il appartient au législateur de fixer les conditions selon lesquelles les catégories déterminées d'apatrides peuvent obtenir un titre de séjour en Belgique. B.12.2. Dans l'attente de cette intervention législative qui a trait à la loi du 15 décembre 1980, il appartient au juge a quo de mettre fin aux conséquences, pour ce qui est de la disposition en cause, de l'inconstitutionnalité constatée en B.11, ce constat étant exprimé en des termes suffisamment précis et complets. Par conséquent, il revient aux juridictions du travail saisies d'un refus d'accorder des prestations familiales garanties en faveur d'un enfant qui est à charge d'un apatride reconnu dont elles constatent qu'il a involontairement perdu sa nationalité et qu'il démontre qu'il ne peut obtenir un titre de séjour légal et durable dans un autre Etat avec lequel il aurait des liens, d'octroyer à cet enfant le droit aux prestations familiales en cause nonobstant le fait que la personne apatride à la charge de qui il se trouve n'est pas encore admise ou autorisée à séjourner sur le territoire belge. B.13. En conséquence, la seconde question préjudicielle n'appelle pas de réponse »*[608]. Par ces motifs, la Cour dit pour droit *: « -En ce qu'il impose à un étranger d'être admis ou autorisé à séjourner en Belgique ou à s'y établir, conformément aux dispositions de la loi du 15 décembre 1980 sur l'accès au territoire, le séjour, l'établissement et l'éloignement des étrangers, l'article 1er, alinéa 8, de la loi du 20 juillet 1971 instituant des prestations familiales garanties ne viole pas les articles 10 et 11 de la Constitution ; - La loi du 15 décembre 1980 précitée viole les articles 10 et 11 de la Constitution en ce qu'elle ne prévoit pas que les apatrides reconnus en Belgique... ont un droit de séjour comparable à celui dont bénéficient les réfugiés en vertu de l'article 49 de cette loi ».* La délibération de la Cour ne pouvait pas être plus éclairante. Preuve si besoin était que la création prétorienne du droit est cruciale pour combler l'œuvre lacunaire du législateur en la matière.

Quant aux enfants des sans-papiers, rappelons que ce droit est impensable et chimérique. En Europe en effet : *« Le discours politique a tendance à se concentrer uniquement sur les besoins des enfants non accompagnés, ou sur les conséquences négatives et la charge financière des États qu'engendre la migration irrégulière en général. Peu d'attention, voire aucune, est accordée aux enfants sans-papiers qui vivent avec leurs familles en Europe, ainsi qu'aux difficultés administratives et à la discrimination auxquelles ils sont confrontés lorsqu'ils veulent avoir accès aux droits fondamentaux »*[609] comme cela est encore apparu lors de la Conférence du 26/02/2013 à Bruxelles sur *« Les droits des enfants ».* Au demeurant, les prestations familiales ne sont pas le seul avantage susceptible d'être tiré par les apatrides statutaires.

---

[608] Cf. Arrêt n° 1/2012 du 11/01/2012, N° du rôle : 5062.

[609] Cf. *« Des enfants d'abord et avant tout, Un guide pour faire valoir les droits des enfants et des familles en situation irrégulière »,* Rapport PICUM, Bruxelles, 2013, P. 67.

B. L'Allocation Temporaire d'Attente (A.T.A)

Les demandeurs d'asile qui ne sont pas pris en charge dans un C.A.D.A bénéficient de l'A.T.A durant tout le temps d'instruction de leur dossier. Il s'agit d'un côté de ceux qui sont soit en Accueil d'urgence (AUDA) soit en Accueil temporaire (AT-SA). De l'autre, ceux qui ne jouissent d'aucun hébergement social. Les personnes sollicitant le statut d'apatride, à l'opposé, ne peuvent guère en profiter tant qu'ils sont en procédure. Ils n'en sont attributaires que lorsqu'ils deviennent des apatrides statutaires c'est-à-dire après obtention d'une suite favorable et ceci, pour une durée bien déterminée. A la condition d'être inscrit comme demandeur d'emploi d'une part et de remplir la condition du plafond de ressources fixé à 483, 24 euros par individu au 01/01/2013 d'autre part. Son versement normalement mensuel est soumis à un réexamen semestriel de la situation du bénéficiaire. Signalons que son montant journalier est de 11,20 euros. Donc, la prestation ne leur est effectivement ouverte que pour une période initiale d'un an avant qu'ils ne tombent dans une autre famille d'allocataires à savoir celle des bénéficiaires du R.S.A.

C. Droit au Revenu de Solidarité Active (R.S.A)

Comme l'écrit le Gisti : *« Des textes de droit français exigent que la personne étrangère non communautaire, c'est-à-dire non citoyenne de l'un des Etat de l'Union européenne soit « titulaire depuis au moins 5 ans d'un titre de séjour autorisant à travailler » pour bénéficier de ces prestations. Les seules personnes non communautaires exemptées de cette condition d'antériorité de 5 ans de résidence sont les réfugiés et apatrides, les bénéficiaires de la protection subsidiaire, les titulaires d'une carte de résident et les parents isolés en situation régulière qui remplissent les conditions d'éligibilité au RSA majoré (ex API) »*[610]. C'est la raison pour laquelle, à l'instar des réfugiés et les protégés subsidiaires, les apatrides de plus de vingt-cinq ans ont droit au revenu minimum de solidarité conformément aux articles L. 262-4 et 5 puis 9 du Code d'Action Sociale

[610] *« Minima sociaux (RSA, ASPA, ASI) : comment contester la condition de 5 ans résidence »*, Gisti, Mars 2011, P.1.

et des Familles (C.A.S.F). On parle en principe du R.S.A forfaitaire ou socle. Comme l'A.T.A, ce revenu mensuellement versé est non-imposable. Le montant du R.S.A socle est de 483,24 euros pour une personne seule par mois. Les apatrides parents isolés ont naturellement droit à un R.S.A majoré. Une bonification corrélative à l'ancienne Aide aux Personnes Isolées (A.P.I) élevant seule(s) leur(s) enfant(s).

D. L'Allocation de Solidarité aux Personnes Agées (art L.816-1 Code sécurité sociale)

Pour les individus de plus de soixante-cinq ans, le droit français prévoit le bénéfice de l'A.S.P.A. La loi de financement de la sécurité sociale pour 2012 vient de restreindre sérieusement les conditions d'attribution de cette ressource notamment à l'égard des personnes de nationalité étrangère et donc non communautaires. L'adjonction d'une forme de « clause de résidence stable » faisant passer ce délai de cinq à dix ans. Les apatrides eux relèvent fort heureusement du régime dérogatoire[611]. Voilà pourquoi ce droit acquis a été préservé à leur profit. En effet, l'allocation est ouverte à ceux d'entre eux âgés de plus de soixante-cinq ans ou soixante en cas d'inaptitude au travail sans que l'allongement du délai ne leur soit valablement opposé.

E. Travail et sécurité sociale

Le droit international dans les domaines du travail et de la sécurité sociale intègre bien les récipiendaires du statut d'apatridie. Selon l'article 4 de la Convention n° 157 relative à l'établissement d'un système international de conservation des droits en matière de sécurité sociale, (1982)[612]: *« 3. Les instruments visés au paragraphe 1 du présent article détermineront notamment : a) les branches de sécurité sociale auxquelles ils seront applicables, compte tenu de la condition de réciprocité visée aux articles 6 et 10 de la présente convention, ces bran-*

---

[611] Pour des plus amples détails sur ce point, lire *« Le guide du retraité étranger »*, Unafo, Paris, 2012, P. 52-53.
[612] Adoptée le 21/06/1982 par l'Organisation internationale du travail et entrée en vigueur le 11/09/1986.

ches devant comprendre au moins les prestations d'invalidité, de vieillesse et de survivants, les rentes d'accident du travail et de maladie professionnelle, y compris les allocations au décès, ainsi que, sous réserve des dispositions du paragraphe 1 de l'article 10, les soins médicaux, les indemnités de maladie, les prestations de maternité et les prestations d'accident du travail et de maladie professionnelle, autres que les rentes et les allocations au décès, pour les Membres qui possèdent une législation en vigueur relative auxdites branches ; b) les catégories de personnes admises à en bénéficier, ces catégories devant comprendre au moins les travailleurs salariés y compris, le cas échéant, les frontaliers et les saisonniers ainsi que les membres de leur famille et leurs survivants, qui sont des ressortissants de l'un des Membres intéressés, ou bien des réfugiés ou des apatrides résidant sur le territoire de l'un de ces Membres ». A propos de la conservation des services acquis et des prestations à l'étranger, cette même Convention dispose en son article 9 que : *« 1. Tout Membre doit garantir le service des prestations en espèces d'invalidité, de vieillesse et de survivants, de rentes d'accident du travail et de maladie professionnelle, ainsi que des allocations au décès, auxquelles le droit est acquis en vertu de sa législation, aux bénéficiaires qui sont des ressortissants d'un Membre, des réfugiés ou des apatrides, quel que soit le lieu de leur résidence, sous réserve des mesures à prendre à cet effet, en tant que de besoin, d'un commun accord entre les Membres ou avec les Etats intéressés »*. A son tour, la Convention de 1954 prévoit en son article 24 que : *« 1. Les Etats contractants accorderont aux apatrides résidant régulièrement sur leur territoire le même traitement qu'aux nationaux en ce qui concerne les matières suivantes : a) Dans la mesure où ces questions sont réglementées par la législation ou dépendent des autorités administratives : la rémunération, y compris les allocations familiales lorsque ces allocations font partie de la rémunération, la durée du travail, les heures supplémentaires, les congés payés, les restrictions au travail à domicile, l'âge d'admission à l'emploi, l'apprentissage et la formation professionnelle, le travail des femmes et des adolescents et la jouissance des avantages offerts par les conventions collectives : b) La sécurité sociale (les dispositions légales relatives aux accidents du travail, aux maladies professionnelles, à la maternité, à la maladie, à l'invalidité, à la vieillesse et au décès, au chômage, aux charges de famille, ainsi qu'à tout autre risque qui, conformément à la législation nationale, est couvert par un système de sécurité sociale), sous réserve : i) Des arrangements appropriés visant le maintien des droits acquis et des droits en cours d'acquisition… 2. Les droits à prestation ouverts par le décès d'un apatride survenu du fait d'un accident du travail ou d'une maladie professionnelle ne seront pas affectés par le fait que l'ayant droit réside en dehors du territoire de l'Etat contractant. 3. Les Etats contractants étendront aux apatrides le bénéfice des accords qu'ils ont conclus ou viendront à conclure entre eux concernant le maintien des droits acquis ou en cours d'acquisition en matière de sécurité sociale, pour autant que les apatrides réunissent les conditions prévues pour les nationaux des pays signataires des accords en question ».* En plus, malgré leur exclusion du champ d'application de la Convention sur les droits des travailleurs migrants et leur famille de 1990[613], les apatrides sont en droit de bénéficier de toutes les protections juridiques mises en place par le droit international des droits de l'homme. Au niveau régional, grâce au cadre prescrit par la Charte sociale européenne[614], les apatrides reconnus comme tels

---

[613] Selon O.I.M en effet : *« Seuls sont exclus du champ d'application personnel les fonctionnaires internationaux, les investisseurs, les réfugiés et apatrides, les étudiants et stagiaires. Le critère décisif est le statut de migrant et de travailleur, quelle que soit la façon – régulière ou irrégulière – dont ce statut est obtenu »* dans *« Migrations et protection des droits de l'homme »* Genève, 2005, P.75.

[614] (STE 163 – Charte sociale européenne (révisée), 3.V.1996). Elle a fait l'objet d'une révision récente et la Charte révisée de 1996, entrée en vigueur en 1999, remplace progressivement le traité initial de 1961. Le Comité européen des droits sociaux veille au respect de celle-ci. Signalons que les apatrides n'étaient nullement concernés par la charte de 1961 (STE 35 – Charte sociale, 18.X.1961). Seuls les réfugiés pouvaient y prétendre : *« Chaque Partie contractante accordera aux réfugiés répondant à la définition de la Convention de Genève du 28 juillet 1951, relative au statut des réfugiés, et résidant régulièrement sur son territoire, un traitement aussi favorable que possible et en tout cas non moins favorable que celui auquel elle s'est engagée en vertu de la Convention de 1951, ainsi que de tous autres accords internationaux existants et applicables aux réfugiés mentionnés ci-dessus »* (Point 2 renvoyant à la portée dudit texte). Une injustice justement réparée à propos des apatrides lors de cette révision.

en Europe bénéficient d'une garantie complémentaire conformément aux dispositions combinées de ses articles 13 et 14. Le premier se déclinant en ces termes : *« En vue d'assurer l'exercice effectif du droit à l'assistance sociale et médicale, les Parties s'engagent : 1. à veiller à ce que toute personne qui ne dispose pas de ressources suffisantes et qui n'est pas en mesure de se procurer celles-ci par ses propres moyens ou de les recevoir d'une autre source, notamment par des prestations résultant d'un régime de sécurité sociale, puisse obtenir une assistance appropriée et, en cas de maladie, les soins nécessités par son état ; 2. à veiller à ce que les personnes bénéficiant d'une telle assistance ne souffrent pas, pour cette raison, d'une diminution de leurs droits politiques ou sociaux ; 3. à prévoir que chacun puisse obtenir, par des services compétents de caractère public ou privé, tous conseils et toute aide personnelle nécessaires pour prévenir, abolir ou alléger l'état de besoin d'ordre personnel et d'ordre familial ; 4. à appliquer les dispositions..., sur un pied d'égalité avec leurs nationaux, aux ressortissants des autres Parties se trouvant légalement sur leur territoire, conformément aux obligations qu'elles assument en vertu de la Convention »*. Si son article 12 fait référence à la sécurité sociale, l'article 14 lui consacre le droit au bénéfice des services sociaux. Quant à sa portée, il apparaît que : *« 3. Chaque Partie accordera aux apatrides répondant à la définition de la Convention de New York du 28 septembre 1954 relative au statut des apatrides et résidant régulièrement sur son territoire un traitement aussi favorable que possible et en tout cas non moins favorable que celui auquel elle s'est engagée en vertu de cet instrument ainsi que de tous autres accords internationaux existants et applicables aux apatrides mentionnés ci-dessus »*. Concernant la liquidation de la retraite de base du régime général, est ouverte la possibilité pour les apatrides de faire valoir les activités professionnelles qu'ils ont eues soit dans un pays tiers soit dans leur pays d'origine dès lors qu'il existe une Convention bilatérale de sécurité sociale entre l'Etat en question et la France. Pour un apatride, le fait d'avoir non seulement résidé mais aussi travaillé dans un pays signataire permet d'y donner droit[615].

[615] Cf. *« Le guide du retraité étranger »*, Unafo, Paris, février 2012, P. 19.

§2. Les divers autres droits

Outre les droits créances, bien d'autres sont disponibles. Essayons de faire un aperçu de l'éventail des droits entrant dans cette seconde catégorie parmi lesquels nous pouvons d'ores et déjà mentionner :

A. La réunification des familles ou le rapprochement familial

A l'instar du principe de l'unité familiale, la réunification des familles remplit des fonctions analogues. La cellule nucléaire doit être protégée, tel est le crédo du droit international qui pose un certain nombre d'obligations aux Etats. Actuellement en Europe, les théories xénophobes et populistes non seulement ont tendance à impacter négativement la conscience collective, mais aussi portent atteinte à la mise en œuvre décente du regroupement familial pour les étrangers en général. Par conséquent, il n'est guère étonnant qu'au tout début Mme Versini la Défenseure des enfants : *« [ait été] saisie de nombreuses situations relatives à des procédures de regroupement familial (...). En matière de familles dites « rejoignantes », c'est-à-dire de dossiers de réunification de familles des personnes reconnues réfugiées, bénéficiaires de la protection subsidiaire ou apatrides, celles-ci ne relèvent pas de la procédure du regroupement familial de droit commun »*[616]. On parle ainsi de rapprochement et non pas de regroupement familial[617] pour marquer le distinguo entre les réfugiés ou apatrides et les autres étrangers. Reconnaissons avec le Gisti que : *« Les membres de la famille d'un apatride... ont le droit de venir en France pour y résider, lorsque le mariage est antérieur à la date de l'obtention du statut, ce qui est le cas si la famille est restée au pays. Ces « membres de famille » sont le ou la con-*

[616] Dominique Versini, Défenseure des enfants, dans son *« Rapport d'activité 2010 »*, le 20/10/2010, P. 104.

[617] Cf. *« L'étranger : sujet du droit et sujet des droits »*, Sous la direction de Thierry Di Manno et Marie-Pierre Elie, Bruylant, Bruxelles, 2008. Lire notamment Raphael Déchaux dans *« Le droit au regroupement familial »*, pages 209 à 257. Pour ces auteurs, le regroupement familial est un *« droit fondamental en demi-teinte »* dans l'ordre interne. Tandis qu'en droit international, ce droit fondamental est rarement assorti d'obligations positives. Ils dénoncent, à juste titre, une évolution restrictive d'un droit à l'effectivité limitée.

joint·e et les enfants avant l'âge de 19 ans (Ceseda art. L. 314-11-8°, L. 313-11 10°, L. 313-13). Il en va de même pour les ascendants d'un·e mineur·e ayant obtenu le statut de réfugié. En conséquence, pour que ces membres de la famille restés au pays rejoignent la personne protégée par l'Ofpra, ils ou elles doivent « simplement » obtenir un visa de long séjour, à l'instar des membres de la famille de Français·e. La protection par l'Ofpra dispense de l'examen préalable par l'Office français de l'immigration et de l'intégration des conditions requises pour le regroupement familial applicable aux autres étrangers ».[618] De toute évidence, la réunification familiale ne va pas toujours de soi aujourd'hui encore pour les réfugiés. A n'en point douter, celle des familles d'apatrides ne peut pas être aisée étant donné l'aspérité supplémentaire du défaut originel de documents administratifs et familiaux. Chacun peut imaginer l'étendue de l'imbroglio administratif susceptible de conduire à d'inextricables situations en défaveur des personnes protégées. En théorie, comme l'avait encore récemment rappelé l'Ofpra : *« Si vous souhaitez faire venir votre conjoint et vos enfants âgés de moins de 19 ans, ceux-ci doivent solliciter un visa auprès des services consulaires français dans le pays dans lequel ils résident. Après l'enregistrement de la demande de visa par le consulat, l'Ofpra sera interrogé sur la composition de votre famille telle qu'elle figure dans votre dossier par l'intermédiaire du bureau des familles de réfugiés de la direction de l'immigration. Il est impératif d'avoir déclaré l'ensemble des membres de votre famille dès le dépôt de votre demande de statut d'apatride et de tenir l'Ofpra informé de tout changement dans votre situation familiale et matrimoniale »*[619]. Une fois rassemblée, la famille a intérêt à s'intégrer dans sa nouvelle société.

[618] Dans *« L'état civil, validité des actes étrangers, transcription, recours »*, Paris, Mars 2011, P. 27.
[619] Cf. *« Le livret d'accueil pour les personnes reconnues apatrides »*, Mission Communication, Ofpra, 2011, P. 7.

B. Une simplification de la procédure en vue de la naturalisation des apatrides statutaires

Selon l'article 32 de la Convention de 1954 : *« Les Etats contractants faciliteront, dans toute la mesure du possible, l'assimilation et la naturalisation des apatrides. Ils s'efforceront notamment d'accélérer la procédure de naturalisation et de réduire, dans toute la mesure du possible, les taxes et les frais de cette procédure »*. Fort maladroitement, quelques Etats feignent de ne pas reconnaitre la vraie portée ainsi que le caractère contraignant de la prescription. Aussi continuent-ils, malgré tout, de refuser de l'entériner ou encore de ne pas l'appliquer in extenso. Selon Abbas Shiblak : *« Le statut légal, la résidence et les droits civils des communautés Palestiniennes dans le monde Arabe sont de plus en plus incertains, en particulier au Liban et en Egypte où on leur renie les droits à la résidence en sécurité, à l'emploi, à la propriété, à l'interaction communautaire et à l'unification des familles. Les procédures autorisant les non-résidents à demander la naturalisation au Liban, en Egypte et en Arabie saoudite ne s'appliquent pas aux Palestiniens apatrides »*[620]. Sur un cas aussi singulier, dans l'esprit des gouvernants, une telle attitude trouve sa justification dans la politique internationale. Reconnaitre une autre nationalité aux Palestiniens, c'est apporter en définitive une réponse durable à l'épineuse question du retour de ces réfugiés sur « leurs terres ». Pour les nations arabes, il s'agit d'une posture visant à maintenir la pression internationale sur Israël tout en préservant l'actualité du problème. Ailleurs, il est arrivé que le H.C.R cite l'exemplarité du Viêt-Nam. Un pays qui, quelques années auparavant, n'avait effectivement pas hésité à mettre : *« en œuvre une législation révisée ouvrant la voie à une naturalisation facilitée pour les apatrides et au recouvrement de la nationalité d'anciens citoyens, y compris ceux qui sont devenus apatrides lorsqu'ils n'ont pu acquérir une autre nationalité*

[620] Dans *« Vivre en fantôme : les Palestiniens apatrides »* tiré de la revue *« Migrations forcées »* n° 62, intitulé *« Le déplacement palestiniens : un cas d'exception ? »*, Centre d'études sur les réfugiés, université d'Oxford, Octobre 2006, P. 8 à 9. Pour information, selon le H.C.R, en 2009, l'Arabie Saoudite comptait officiellement 70.000 apatrides reconnus. Extrait de *« 2009, Tendances mondiales Réfugiés, demandeurs d'asile, rapatriés, personnes déplacées à l'intérieur de leur pays et apatrides »*, Unhcr, Genève, 15 juin 2010, P. 24.

moyennant la naturalisation »[621]. En s'appuyant sur des actions aussi engagées, A. Guterres ne cesse d'attirer l'attention des gouvernants des Etats parties à la Convention de 1954 : *« L'Etat contractant doit dans toute la mesure du possible faciliter l'assimilation et la naturalisation des apatrides. Il s'efforcera notamment d'accélérer la procédure de naturalisation et de réduire, dans toute la mesure du possible, les taxes et les frais de cette procédure »*[622]. Le Secrétaire général de l'O.N.U relaye positivement ce leitmotiv à la moindre occasion. Ainsi réitère-t-il qu' : *« En vertu de l'article 34 de la Convention sur le statut des réfugiés et de l'article 32 de la Convention relative au statut des apatrides, les États doivent faciliter, dans toute la mesure possible, l'assimilation et la naturalisation des réfugiés et des apatrides, et s'efforcer notamment d'accélérer la procédure de naturalisation et de réduire... les taxes et les frais de cette procédure. La Convention européenne sur la nationalité fait aussi obligation aux États, en son article 6 4, de faciliter la naturalisation pour différents groupes de personnes, dont les apatrides et les réfugiés ».*[623] Prenant la mesure des choses, le haut commissariat souligne sérieusement que : *« ... La seule solution durable à l'apatridie est l'acquisition d'une nationalité, l'octroi d'un séjour légal est la base sur laquelle les individus peuvent commencer à s'intégrer et éventuellement acquérir une nationalité »*[624]. Avouons que la cristallisation

---

[621] *« Note sur la protection internationale »,* Rapport du Haut Commissaire, A/AC.96/1085, 30/06/2010, P. 15.

[622] Bureau du Haut-commissaire des Nations Unies pour les Réfugiés, Genève, *« Module d'information et d'adhésion : La convention de 1954 relative au statut des apatrides et la convention de 1961 sur la réduction des cas d'apatridie »*, publié en juin 1996 et révisé en novembre 1998, P. 13. Le Comité exécutif du HCR : *« u) Encourage les Etats qui ne sont pas encore parties à la Convention de 1954 relative au statut des apatrides à traiter les apatrides résidant légalement sur leur territoire, conformément aux droits humains universels, et à envisager, autant que faire se peut, de faciliter la naturalisation des apatrides y résidant de façon habituelle et légale conformément à la législation nationale »* tiré de ses conclusions No. 106 (LVI) – 2006 portant sur *« L'identification, la prévention et la réduction des cas d'apatridie ainsi que la protection des apatrides ».*

[623] Dans A/HRC/13/34, *« Droits de l'homme et privation arbitraire de la nationalité »*, Rapport du Secrétaire général, 14 décembre 2009, P. 11.

[624] Cf. Les *« Activités du HCR dans le domaine de l'apatridie : Rapport intérimaire »*, Comité exécutif, ec/53/sc/crp.11 3 juin 2003, p. 3.

ainsi que la fébrilité autour de la question migratoire posent souvent énormément de soucis. Pour le démontrer, tâchons de prendre deux exemples : le premier correspond à la démission en mars 2011 de la Ministre danoise de l'intégration en l'occurrence Mme Birthe Roenn Hornbech pour n'avoir pas respecté les dispositions législatives transposant la Convention de 1954 dans l'ordonnancement juridique interne. Aux termes de celles-ci, une trentaine d'apatrides palestiniens aurait dû acquérir la nationalité de ce pays d'accueil. C'est justement le fait d'avoir bloqué délibérément le processus qui a occasionné la crise ministérielle. Le second est relatif au rapport susmentionné de l'Assemblée Nationale en France. Ce document a fait état de quelques velléités pernicieuses tendant à l'abrogation du point 7° de l'article 21-19 du code civil français. L'objectif affiché étant d'aligner les conditions de naturalisation des réfugiés sur celles qui relèvent du droit commun (proposition 14)[625]. Retenir un tel postulat serait incontestablement une régression en la matière en plus de sa non-conformité aux engagements internationaux de la France. Certains pays sont particulièrement réticents voire même se cabrent à l'idée d'appliquer rigoureusement les normes internationales. Que penser sincèrement d'un pays comme la Suisse lequel de 1981 à 1998 c'est-à-dire sur une période de dix-sept ans n'a naturalisé que 245 apatrides soit une moyenne de 14 par année ?[626] N'est-ce pas là la manifestation d'une frilosité déconcertante ? Une telle conduite n'est-elle pas inévitablement désarçonnante ?

C. Les effets juridiques collatéraux de la reconnaissance du statut d'apatride : les ayants-droit

En France, les membres de la famille d'un apatride ne sont pas dépourvus de droits comme nous l'avons déjà signalé. Mais en plus, une autre strate des droits vient s'y rajouter. En effet, parmi ceux auxquels ces derniers peuvent légitimement préten-

[625] Rapport parlementaire précité sur « *Le droit de la nationalité en France* ». Ce sont les conclusions des travaux d'une mission d'information présidée par M. Manuel Valls. Paris, le 29/06/2011, P. 127.

[626] Voir « *une Europe en évolution – les flux migratoires au 20e siècle* », Bülent Kaya, Forum suisse pour l'étude des migrations et de la population, Neuchâtel, Suisse, éditions du conseil de l'Europe, 2002, p. 104.

dre figurent : le document de circulation pour les mineurs. Pour ce qui concerne les enfants des personnes reconnues apatrides conformément à la loi : *« Le document de circulation peut également être délivré à l'étranger mineur résidant en France, non titulaire d'un titre de séjour et ne remplissant pas les conditions pour obtenir la délivrance du titre d'identité républicain, s'il se trouve dans l'une des situations suivantes : 3° L'un au moins de ses parents a obtenu soit... le statut de réfugié, le statut d'apatride ou la protection subsidiaire, ... et justifie à ce titre d'une carte de séjour temporaire ou d'une carte de résident »*. De par leur clarté, ces dispositions ne soulèvent en principe aucun problème d'interprétation. Bien plus, la naissance en France de parents apatrides confère ipso facto la nationalité française à l'enfant. Si l'on en croit Pâquerette Girard-Zappeli : *« L'application du second alinéa de l'article 19-1 code civil est plus délicate, car il appartient à l'intéressé de prouver que la loi de nationalité de ses parents ne lui attribue pas cette nationalité étrangère. Ainsi pour éviter que l'enfant ne devienne apatride, le législateur français a décidé de lui attribuer dès sa naissance la nationalité française »*[627]. Au-delà de toutes ces spécificités, le droit commun s'applique aussi aux bénéficiaires du statut d'apatride ainsi qu'aux autres membres de leur famille. Par définition, ils se voient reconnaître également l'ensemble les droits consacrés par la Charte internationale des droits de l'homme. Comme le rappelait encore le Haut-commissariat aux droits de l'homme, deux principes notables de droit international sont souvent excipés à savoir : l'égalité de traitement entre les nationaux et les non-ressortissants ainsi que de la non-discrimination. Aussi soulignait-il que : *« Le droit international relatif aux droits de l'homme repose sur le principe que chacun, en sa qualité d'être humain, doit jouir de tous les droits de l'homme sans discrimination, à moins que des distinctions exceptionnelles – par exemple entre ressortissants et non-ressortissants – servent un objectif légitime de l'État et soient proportionnées à la poursuite de cet objectif. Toute démarche destinée à combattre la discrimination à l'égard des non-ressortissants devrait prendre en considération : a) L'intérêt de*

[627] Cf. *« Guide pratique de la nationalité française, le droit – les démarches »*, Paris, Sofiac, 4è éd, 2005, p.36-37.

l'État quant à certains droits (droits politiques, droit à l'éducation, sécurité sociale, ou droits économiques, par exemple) ; b) Les différents non-ressortissants et leurs relations avec cet État (résidents permanents, travailleurs migrants, demandeurs d'asile, résidents temporaires, touristes, travailleurs sans papiers, par exemple) ; c) Le point de savoir si l'intérêt ou la motivation de l'État à établir des distinctions entre les ressortissants et les non-ressortissants, ou entre les non-ressortissants eux-mêmes (réciprocité, promotion du développement, par exemple) est légitime et proportionné »[628]. Toujours dans l'optique des droits consacrés internationalement aux apatrides, outre l'impossibilité pour eux de bénéficier de la protection diplomatique corollaire du défaut de rattachement à un quelconque Etat, le droit humanitaire leur offre malgré tout des garanties. L'essence de ce droit se concrétise dans les dispositions de l'article 73 du protocole 1 additionnel aux Conventions de Genève de 1949[629].

D. Le droit de bénéficier d'actes d'état civil

Comme l'avait expliqué le Gisti : *« En arrivant en France, la plupart des personnes... apatrides... sont dépourvues de certains documents administratifs, notamment d'actes d'état civil. Elles sont en principe dans l'impossibilité de réclamer une expédition de tels documents ou actes aux autorités de leur pays d'origine parce qu'elles ont rompu tout lien avec cet État. C'est en prenant en compte une telle situation qu'un mécanisme de suppléance du pays d'origine a été mis en place pour la délivrance des pièces nécessaires à la vie civile et en particulier les actes d'état civil. La convention de Genève relative au statut des réfugiés et la convention de New York relative au statut d'apatride dérogent au principe du code civil français, en vertu duquel le statut personnel est généralement défini par la loi nationale et non par la loi du domicile (). Lors de l'admission au statut de réfugié, d'apatride ou de bénéficiaire de la protec-*

---

[628] Lire le Haut Commissariat des Nations Unies aux droits de l'homme dans *« Les droits des non-ressortissants »*, Nations Unies, Genève, 2006, P. 8.

[629] Se référer à la *« Convention de Genève relative à la protection des personnes civiles en temps de guerre »*, 1949 (extraits) adoptée 12 août 1949 et entrée en vigueur le 21 octobre 1950.

tion subsidiaire, l'Ofpra peut délivrer un livret de famille comportant les extraits conformes aux certificats d'état civil qu'il a émis (naissance, mariage) concernant les parents et les enfants présents en France ; l'Ofpra est seul compétent pour y inscrire les enfants nés hors de France ».[630] Ainsi, conformément à l'article L721-3 du Ceseda : *« L'office est habilité à délivrer, après enquête s'il y a lieu, aux réfugiés et apatrides les pièces nécessaires pour leur permettre soit d'exécuter les divers actes de la vie civile, soit de faire appliquer les dispositions de la législation interne ou des accords internationaux qui intéressent leur protection, notamment les pièces tenant lieu d'actes d'état civil... ».* L'Ofpra est donc *« une sorte de consulat pour les apatrides »* selon l'expression de la Cimade[631]. La particularité pour les individus sous protection internationale réside en ce que la délivrance desdits documents ne s'effectue pas de plein droit dans la mesure où, en pratique et nonobstant le lieu ou le pays de naissance, chacun peut solliciter l'obtention de son extrait d'acte de naissance outre le fait qu'il en n'ait pas la nationalité. Ce n'est que dans le cas d'une impossibilité d'en disposer que l'Ofpra peut les leur établir. Précisons que les réfugiés, de par leur statut, n'ont pas le droit d'entrer en contact avec les autorités de leur pays d'origine quel qu'en soit le motif. Voilà pourquoi : *« Le directeur général de l'office authentifie les actes et documents qui lui sont soumis. Les actes et documents qu'il établit ont la valeur d'actes authentiques. Ces diverses pièces suppléent à l'absence d'actes et de documents délivrés dans le pays d'origine. Les pièces délivrées par l'office ne sont pas soumises à l'enregistrement ni au droit de timbre ; elles sont passibles de droits de chancellerie dont le produit est versé au budget général ».* A toutes fins utiles, la C.I.E.C apporte quelques informations complémentaires nécessaires : *« En France... une partie de ces informations d'état civil est enregistrée dans la base informatique interne à l'Ofpra. ..., l'Ofpra est habilité à délivrer aux réfugiés et apatrides, le cas échéant après enquête, des documents tenant lieu d'actes de l'état civil*

---

[630] Voir le Gisti dans les *« notes pratiques »* sur *« l'état civil, validité des actes étrangers, transcription, recours »*, Paris, Mars 2011, P. 24-25.

[631] *« Voyage au centre de l'asile, enquête sur la procédure de détermination d'asile »*, Paris, la Cimade, 2010, P.7.

et qui sont enregistrés dans un fichier informatisé ; ce fichier n'est pas encore un registre de l'état civil au sens strict. Les actes établis par l'Ofpra ont la valeur d'actes d'authentiques ; ils ne peuvent être rectifiés que sur instruction du procureur ou par décision ou par décision judiciaire, mais ils sont mis à jour régulièrement, après avis de mention marginale adressé par le procureur de la république ou les maires. Les documents reconstitués contiennent aussi les mentions des actes de vie civile et la composition de la famille même si aucun de ses membres n'est présent en France »[632]. Les actes d'état civil ne sont pas les seuls auxquels les apatrides statutaires ont droit.

E. Les passeports et autres documents de voyage

La démarche est analogue pour les documents de voyage. En Suisse par exemple, la législation est extrêmement formelle : *« Documents de voyage, Art. 59, 1. L'office peut établir des documents de voyage pour l'étranger sans pièces de légitimation. 2. Ont droit à des documents de voyage : a. les étrangers qui ont la qualité de réfugié au sens de la convention du 28 juillet 1951 relative au statut des réfugiés ; b. les étrangers reconnus apatrides par la Suisse au sens de la convention du 28 septembre 1954 relative au statut des apatrides ; c. les étrangers sans pièces de légitimation titulaires d'une autorisation d'établissement »*[633]. En France[634], conformément à la circulaire du 27 septembre 2011[635], les titres de voyages délivrés aussi bien aux réfugiés qu'aux apatrides titulaires de la carte de résident (10 ans) restent valables deux ans et sont soumis à titre transitoire à une taxe de 20 euros. A terme, notamment avec la prise en compte progressive du règlement européen (CE) n°

---

[632] Dans *« Les personnes dépourvues de documents d'état civil et d'identité (les sans-papiers) dans les Etats membres de la CIEC »*, version française, octobre 2010, Secrétariat général de la CIEC, P. 9.

[633] Conformément au chapitre 9 de la loi fédérale sur les étrangers du 16 décembre 2005.

[634] Lire le *« Livret d'accueil pour les personnes reconnues apatrides »*, Ofpra, Mission Communication, Octobre 2011, P. 9.

[635] Circulaire n° NOR IOCV1112766C du Ministre de l'intérieur, de l'outre-mer, des collectivités territoriales et de l'immigration. Son objet porte sur l'entrée en vigueur de l'article 77 de la loi de finances pour 2011 instituant notamment un droit de timbre de 19€ sur les cartes de séjour.

444/2009 du 28 mai 2009, leur validité passera à cinq ans et la taxe s'élèvera subséquemment à 45 euros. Les apatrides ne disposant que d'une carte de séjour temporaire d'un an payeront une taxe de 15 euros aussi bien pour les « titres de voyages » que pour les « titres d'identité et de voyage »[636]. Sur ce point précis, la *« Note pour la protection internationale »* de 2009, le HCR avait réussi à faire un constat global suivant lequel : « *28. Dans de nombreux pays, les documents délivrés... présentaient des lacunes telles qu'elles ne parvenaient pas à protéger les réfugiés contre les abus ou l'extorsion. Certains Etats et le HCR se sont également inquiétés du fait que les titres de voyage de la Convention pour les réfugiés et les apatrides ne répondaient pas aux normes contemporaines. Il convient de réviser et d'actualiser ces titres de voyage pour que les réfugiés et les apatrides ne soient pas entravés dans leurs mouvements ».* Comme chacun peut s'en apercevoir, cette requête n'est assurément pas restée lettre morte. Faut-il le relever, l'apatridie de fait ne peut donner droit à l'obtention desdits documents car seule la reconnaissance du statut conditionne leur délivrance. Dans l'affaire Ghiban contre Allemagne (C.E.D.H 16 septembre 2004 requête no 11103/03), la ville de Nuremberg avait décidé à propos de sa demande du passeport d'apatride que : *« ... le séjour du requérant n'était pas légal (rechtmässig), comme l'exigeait l'article 28 de la Convention relative aux apatrides ».* Toutes les prétentions du requérant avaient soigneusement été écartées sans ménagements par les juges.

F. Le permis de conduire

L'apatride statutaire peut pouvoir échanger son permis de conduire comme cela est reprécisé dans l'arrêté du 12 janvier 2012[637] notamment en son article 11 dernier alinéa. Les réfugiés et les apatrides bénéficient avantageusement d'un régime déro-

---

[636] Cf. Actualités sociales hebdomadaires A.S.H n° 2727 du 7 octobre 2011, P. 12.

[637] Précisément intitulé *« Arrêté du 12 janvier 2012 fixant les conditions de reconnaissance et d'échange des permis de conduire délivrés par les Etats n'appartenant ni à l'Union européenne, ni à l'espace économique européenne »*, NOR IOCS1132147A. Cet acte administratif complète les deux Arrêtés du 8 février 1999.

gatoire qui fait tomber l'exigence de la réciprocité, un principe cardinal régissant les relations internationales. Somme toute, la transformation documentaire est normalement réalisable sous réserve que trois conditions soient remplies. Le permis doit : - d'abord et avant tout être encore valide au moment de la requête. - Être ensuite rédigé en français ou accompagné d'une traduction officielle. - Enfin avoir été obtenu antérieurement à la date du début de validité du titre de séjour. L'ensemble des démarches se faisant évidemment auprès des services de la préfecture territorialement compétente.

Chapitre IV.
La situation des déboutés dudit droit

En cas non seulement de fin de non recevoir opposée à sa demande par le Directeur de l'Office mais aussi surtout de rejet de tous les recours formés, l'individu est considéré comme étant définitivement débouté. Même si sa situation matérielle ne change guère, juridiquement son statut diffère du précédent. Il n'est plus en demande du statut ou en procédure même si d'un tel attribut aucun intérêt immédiat n'a pu y être tiré contrairement au demandeur d'asile. Socialement et psychologiquement, c'est la perte d'un espoir mieux encore celui de toute une vie. Notre ancien prétendant sous le poids de l'accablement s'incruste toujours dans la situation d'un clandestin, d'un sans-papiers. Lorsque que toutes les voies de recours dans l'ordre interne sont épuisées, d'autres contentieux permettent de se diriger vers la saisine des instances européennes et notamment de la C.E.D.H. Or dans le cas dudit débouté, ce juge ne lui est pas directement d'un grand secours. Sauf si, nous l'avons dit, à ce contentieux initial se greffe un autre relevant et entrant dans le champ d'application de la Convention de 1950. Quelques heureuses perspectives s'ouvrent de ce point de vue et nous emmènent à partager légitimement la conclusion selon laquelle : *« La Convention évolue surtout grâce à l'interprétation de ses dispositions par la Cour. Avec sa jurisprudence, la Cour fait de la Convention un instrument vivant. Elle a ainsi élargi les droits garantis et a permis leur application à des situations qui n'étaient pas prévisibles lors de l'adoption de la Convention »*[638]. N'est-ce pas véridique ? La décision rendue le 13 juillet 2010 dans l'affaire Kuric et autres contre Slovénie est particulièrement intéressante à analyser à cause de l'espoir

---

[638] Dans *« La CEDH en 50 questions »*, publication de la CEDH, Strasbourg, décembre 2010, P. 5.

qu'elle fait naître : *« ... 5. Invoquant l'article 8 de la Convention, les requérants se plaignaient notamment d'avoir été arbitrairement privés de la possibilité d'acquérir la nationalité du nouvel Etat slovène instauré en 1991 et/ou de conserver le statut de résident permanent. En conséquence, leurs noms auraient été illégalement effacés du registre des résidents permanents le 26 février 1992, et un grand nombre d'entre eux seraient de fait devenus apatrides. Malgré les décisions de la Cour constitutionnelle, la situation de la plupart des requérants serait demeurée inchangée. Sur le terrain des articles 13 et 14 de la Convention et de l'article 1 du Protocole n° 1, les intéressés dénonçaient l'absence de tout recours effectif à cet égard, un traitement discriminatoire et la perte de leurs droits à pension »*. La Cour a fait droit à la partie demanderesse : *« 3. Dit qu'il y a eu violation de l'article 8 de la Convention ; ... 4. Dit qu'il y a eu violation de l'article 13 de la Convention ; 5. Dit qu'aucune question distincte ne se pose sous l'angle de l'article 14 combiné avec l'article ; 6. Dit que l'Etat défendeur doit, par des mesures générales et individuelles appropriées, garantir le droit des requérants au respect de leur vie privée et/ou familiale et à des recours effectifs à cet égard ; »*. Autre exemple, la C.E.D.H a récemment sanctionné la France au motif que la procédure prioritaire de par son côté non-suspensif était contraire à l'effectivité du recours des demandeurs d'asile contestant la décision du directeur de l'Ofpra (Affaire I. M. contre France du 2 février 2012, requête 9152/09). En l'espèce : *« 3. Le requérant alléguait que la mise à exécution de la décision des autorités françaises de l'éloigner vers le Soudan l'exposerait au risque d'être soumis à des traitements contraires à l'article 3 de la Convention. Invoquant les articles 13 et 3 combinés, il soutenait ne pas avoir disposé d'un recours effectif en France en raison de l'examen de sa demande d'asile selon la procédure prioritaire »*. Pour les juges : *« 158. ... si l'effectivité des recours au sens de l'article 13 de la Convention ne dépend certes pas de la certitude d'une issue favorable pour le requérant, la Cour ne peut cependant que conclure que, sans son intervention, le requérant aurait fait l'objet d'un refoulement vers le Soudan, sans que ses demandes aient fait l'objet d'un examen aussi rigoureux que possible ». « Les recours exercés par le requérant étaient théoriquement disponibles, leur accessibilité en pratique a été limitée par plusieurs facteurs, liés pour l'essentiel au classement automatique de sa demande en procédure prioritaire, à la brièveté des délais de recours à sa disposition et aux difficultés matérielles et procédurales d'apporter des preuves alors que le requérant se trouvait en détention ou en rétention »*. Par conséquent : *« 4. Dit qu'il y a eu violation de l'article 13 de la Convention combiné avec l'article 3 ; ... 6. Dit que le constat d'une violation fournit en soi une satisfaction équitable suffisante pour le dommage moral subi par le requérant »*. Or le recours introduit par le demandeur du statut d'apatridie est également non-suspensif comme nous l'avons déjà vu. Bien plus, c'est toute sa procédure qui est ainsi caractérisée. En définitive, comme dans l'affaire susmentionnée, ce dernier serait inspiré à soulever les mêmes moyens de droit devant le juge de Strasbourg. L'ineffectivité de son recours étant en l'occurrence formellement établie tout comme l'est également l'aspect non-équitable de la procédure de détermination du statut d'apatridie en France[639]. Ainsi la vie privée et familiale, le droit au recours effectif, la détention, le procès équitable, les traitements inhumains et dégradants, la discrimination[640]... sont autant d'éléments d'attache possibles

---

[639] A Prato en Italie (2010), les experts avaient rappelé que : *« Pour garantir l'équité et l'efficacité, les procédures de détermination de l'apatridie doivent assurer les garanties élémentaires d'une procédure équitable, y compris le droit à un recours effectif en cas de rejet de la demande. Les États doivent faciliter dans la mesure du possible l'accès à l'assistance juridique pour les personnes qui présentent une demande de statut d'apatridie. Les frais administratifs imputés aux demandes de statut d'apatridie doivent être raisonnables et ne doivent pas être utilisés pour dissuader les apatrides de demander une protection »*. Dans *« Procédure de détermination de l'apatridie »* tiré de l'*« Anniversaire des conventions relatives aux réfugiés et à l'apatridie, 2010, 2011 »*, Unhcr, Genève, 2012, P.27.

[640] La discrimination par la nationalité ou l'origine nationale est prohibée. *« L'« origine nationale » peut être comprise comme désignant la nationalité qu'une personne possédait initialement, mais qu'elle a soit perdue, soit conservée en complément d'une autre nationalité acquise par naturalisation ; elle peut aussi se référer à l'attachement d'une personne envers une « nation » au sein d'un État (...) le droit de l'UE n'interdit la discrimination fondée sur la nationalité que dans le seul cadre de la libre circulation des personnes. En particulier, la législation de l'UE relative à la libre circulation octroie des droits limités aux ressortissants de pays tiers. En revanche, la CEDH impose à tous les États membres du Conseil de l'Europe (dont font partie tous les États membres de l'Union européenne) l'obligation de garantir les droits*

avec la Convention européenne de 1950. Certes, comme l'avait énoncé la Cour européenne dans l'affaire Sandra Dragan contre l'Allemagne : « ... *le droit comme tel d'acquérir une nationalité particulière ne figure pas parmi les droits garantis par la Convention ou ses Protocoles (Karassev c. Finlande (déc.), no 31414/96, CEDH 1999-II, Poenaru c. Roumanie (déc.), no 51864/99, 13 novembre 2001, et Slepčik c. Pays-Bas, no 30913/96, décision de la Commission du 2 septembre 1996, Décision et Rapports (DR) 86-B, p. 176)* »[641]. Cependant, en se fondant sur les différents points cités, l'apatride débouté peut dorénavant les exciper en espérant obtenir gain de cause sur le fond. Toutes proportions gardées, A. Guterres avait utilement pu en conclure que : « *De toute évidence, une personne dépourvue de nationalité court un risque accru de violation de ses droits humains. Votre Cour a déjà eu à traiter de requêtes de personnes apatrides et a jugé que certains de leurs droits garantis par la Convention européenne des droits de l'homme avaient été violés. A l'avenir, votre Cour pourrait également être appelée à examiner, sous l'angle de la Convention européenne des droits de l'homme, la responsabilité de l'Etat pour avoir privé une personne de nationalité ou pour ne pas avoir agi pour résoudre une situation d'apatridie* »[642]. Faudrait-il encore, d'une part, qu'une vision aussi idyllique se confirme[643]. D'autre part, que la juridiction européenne résiste durablement aux multiples attaques injustes et imméritées dont elle fait

---

qu'elle consacre à toutes les personnes relevant de leur juridiction (y compris les non-ressortissants) » Extraits du « *Manuel européen en matière de non-discrimination* », Agence des droits fondamentaux de l'Union européenne et la Cour européenne des droits de l'homme – Conseil de l'Europe, Strasbourg 2011, P. 124 à 126.

[641] Requête no 33743/03 présentée par Sanda Dragan et autres contre l'Allemagne, C.E.D.H, 7 octobre 2004.

[642] Cf. António Guterres, Haut Commissaire des Nations Unies pour les réfugiés dans son « *Discours à l'occasion de l'ouverture de l'année judiciaire de la Cour européenne des droits de l'homme* », Strasbourg, 28 janvier 2011.

[643] Dans son allocution intitulée « *Etat civil et la protection des personnes par la Convention européenne des droits de l'homme* » prononcée lors du 60è anniversaire de la CIEC (13-14 mars 2009 à Strasbourg), Luis Silviera avait fait valoir que le droit à la vie privée et familiale (article 8) pouvait se décliner en une série d'autres droits parmi lesquels : le droit à l'enregistrement de la naissance, le droit à l'identité et le droit au nom... D'où le lien avec notre sujet.

l'objet notamment de la part du Royaume-Uni[644] et quelques rares autres pays. Cela dit, n'est-il pas malgré tout déroutant que les autorités européennes qui ont déjà, à plusieurs reprises, initié des études sur la situation concrète des déboutés du droit d'asile[645] ne puissent jamais songé à les élargir à ceux du droit d'apatridie ? Leur sort demeure encore une fois profondément immérité.

De manière générale, il devient difficile de le différencier des autres personnes en situation irrégulière. *« Sans papiers, pas sans droits »* affirment de façon itérative et surtout avec raison les associations à l'instar du GISTI[646]. Essayons de vérifier la réalité d'un tel aphorisme.

Section 1. Les conséquences d'une décision de rejet de la demande d'apatridie

La détention et la criminalisation des migrants irréguliers sont présentement devenues aussi triviales que l'on pourrait s'interroger sur le point de savoir si les prescriptions du droit international ainsi que les principes édictés par le H.C.R en la matière sont encore scrupuleusement respectés par les Etats. Dans leur efforts synergiques, le H.C.R et l'UIP ne manquent jamais l'opportunité de souligner avec force que : *« Les apatrides ne doivent pas, normalement, faire l'objet d'une arrestation. En effet, ces personnes sont souvent dépourvues de pièces d'identité, telles que des cartes d'identité nationale ou des passeports. Même lorsque le pays de résidence antérieur est connu, il arrive souvent que ce pays n'accepte pas immédiate-*

---

644 Lire par exemple l'article du député européen Younous Omarjee dans *« Le Monde »* du 06/03/2012 intitulé : *« David Cameron menace la Cour européenne des droits de l'homme »*.

645 Exemple pris du Parlement européen, Direction générale des politiques internes, Département thématique c : droits des citoyens et affaires constitutionnelles libertés civiles, justice et affaires intérieures dans *« Statut des personnes qui se sont vu refuser le statut de réfugié et dont le retour dans leur pays d'origine n'est pas possible »*, Note 2010, Bruxelles, Parlement européen, février 2010, 15 pages.

646 C'est le titre d'une de ses *« Notes pratiques »*, 5è édition, Paris, Juin 2009, 76 pages.

ment la rentrée sur son territoire de la personne concernée. Dans de telles situations, il ne faut pas recourir à l'arrestation, sauf dans les cas clairement fondés sur les lois nationales et conformes à la législation internationale sur les droits de l'homme. Il convient tout d'abord d'envisager d'autres solutions, à moins de preuves permettant de croire que d'autres solutions risquent d'être inadéquates dans le cas de la personne concernée. Les apatrides dépourvus de permis de séjour ne doivent être arrêtés qu'après examen de toutes les autres solutions. Avant de prendre ce type de décision exceptionnelle, les autorités doivent se demander si l'arrestation est raisonnable et si elle n'est pas disproportionnée par rapport aux objectifs recherchés. Lorsqu'elle est jugée nécessaire, l'arrestation doit être imposée de façon non discriminatoire et pour un délai minimal. Le HCR peut conseiller en la matière sur demande »[647]. Voici plus d'une décennie que la position du haut commissariat avait déjà été suffisamment clarifiée dans les *« Lignes directrices modifiées du HCR sur les critères applicables et les standards concernant la détention des demandeurs d'asile »*. Adoptées le 1 février 1999 parmi elles figurait notamment le principe directeur n° 9 intitulé *« détention des apatrides »*. On y apprenait sans surprise qu' : *« Être apatride, et donc, n'avoir aucun pays auquel il est possible de faire une demande automatique pour l'obtention d'un document de voyage, ne devrait pas aboutir à une détention de durée indéterminée »*. Mais pris isolément, notre individu a-t-il seulement les moyens de se faire entendre des Etats ? De telles proclamations ex-cathedra même si elles sont nécessaires, ne sont pas toujours suffisantes en soi. En effet, en obtenir une stricte application n'est jamais chose acquise. Par ailleurs, au regard de la Convention contre la torture et autres peines ou traitements cruels, inhumains ou dégradants[648], il appert que : *« 3. Toute personne détenue en application du paragraphe 1 du présent article peut communiquer immédiatement avec le plus proche représentant qualifié de l'Etat dont elle a la nationalité ou, s'il s'agit d'une personne*

---

[647] Cf. *« Nationalité et apatridie : guide pratique à l'usage des parlementaires »*, Unhcr et Union Interparlementaire (U.I.P), Genève, 2005, p.22.

[648] Adoptée par les Nations Unies le 10 décembre 1984 et entrée en vigueur le 26 juin 1987.

apatride, avec le représentant de l'Etat où elle réside habituellement ». Voilà les termes de son article 6 alinéa 3[649]. Combien de pays africains, pour ne parler que d'eux, observent de façon patente cette règle ? Au demeurant, dans le cas d'un rejet définitif d'une demande de protection au titre de l'apatridie, comment procèdent les Etats pour faire exécuter les mesures d'éloignement ? En principe : *« L'étranger qui est obligé de quitter le territoire français ou qui doit être reconduit à la frontière est éloigné : 1° A destination du pays dont il a la nationalité, sauf si l'Office français de protection des réfugiés et apatrides ou la Cour nationale du droit d'asile lui a reconnu le statut de réfugié ou s'il n'a pas encore été statué sur sa demande d'asile ; 2° Ou à destination du pays qui lui a délivré un document de voyage en cours de validité ; 3° Ou à destination d'un autre pays dans lequel il est légalement admissible. Un étranger ne peut être éloigné à destination d'un pays s'il établit que sa vie ou sa liberté y sont menacées ou qu'il y est exposé à des traitements contraires aux stipulations de l'article 3 de la Convention européenne de sauvegarde des droits de l'homme et des libertés fondamentales du 4 novembre 1950 »*. La procédure est extrêmement difficile à mettre en œuvre pour les personnes qualifiées d'apatrides de fait c'est-à-dire ceux qui légitimement indiquent être en situation d'apatridie sans que ce statut ne leur ait encore été reconnu juridiquement. Que se passe-t-il quand la personne n'a donc ni nationalité certaine, ni tout autre document à disposition encore moins de pays de résidence habituelle connu ? Curieusement rien n'est prévu dans la loi et la situation n'est pas loin d'apparaître comme une quadrature du cercle. Comme l'avait bien résumé Roland Schärer : *« la situation des personnes apatrides peut être définie par le fait qu'elles n'ont ni endroit où elles ont le droit de séjourner, ni endroit où elles*

---

[649] Ce libellé est identique à celui contenu à l'article 10 alinéa 3 de la Convention internationale pour la protection de toutes les personnes contre les disparitions forcées, adoptée le 20 décembre 2006 et pas encore entrée en vigueur. Ainsi : *« ... 3. Toute personne détenue en application du paragraphe 1 du présent article peut communiquer immédiatement avec le plus proche représentant qualifié de l'État dont elle a la nationalité ou, s'il s'agit d'une personne apatride, avec le représentant de l'État où elle réside habituellement »*.

ont le droit de retourner »[650]. Nous l'avons déjà indiqué, il faut souvent aller chercher dans les stipulations des accords de gestion concertée des migrations pour trouver quelques éléments de réponse. En effet, cette liste soudain devient beaucoup plus longue dans la mesure où elle contient divers facteurs d'adjonction à un hypothétique pays tant la volonté de procéder à l'éloignement du territoire est prégnante. Ces conventions interétatiques sont la principale solution alors même qu'elles n'ont pas été conclues avec tous les pays de la planète. En vérité, les grands pays de transit situés sur les principaux axes migratoires sont prioritairement les plus visés. Aussi le contenu des ententes bilatérales est-il prédéterminé par les Accords-Cadres entre les grands ensembles régionaux. A titre d'exemple, les relations ACP-UE sont schématisées par les accords dits de « Cotonou » conclus en 2000 lesquels recèlent un article 13 y relatif. Selon Eleonora Koeb et Henrike Hohmeister : *« En vertu de l'article 13 sous sa forme actuelle, les deux parties sont engagées à coopérer en matière de réadmission de leurs ressortissants. Pour que cette clause devienne applicable, elle doit être complétée par accords bilatéraux avec la Communauté Européenne ou avec un ou plusieurs de ses Etats-Membres. Concernant les ressortissants de pays tiers et les apatrides, le paragraphe prévoit en outre que ces accords complémentaires, si c'est la volonté des parties, contiennent des dispositions relatives à la réadmission, en précisant les catégories de personnes concernées et les modalités. Les dispositions actuelles précisent en outre qu'une assistance adéquate sera accordée aux États ACP afin de faciliter la mise en œuvre de ces accords »*[651]. En se basant sur ce substratum, compte dûment tenu des conclusions du Conseil européen sur les partenariats pour la mobilité en tant qu'instruments de l' « approche globale sur la question des migrations » (2009), moult accords avaient effectivement été signés ultérieurement. En France par exemple, les objectifs chiffrés en matière de reconduite à la frontière (30.000 pour

[650] Cf. Roland Schärer, Bureau du Comité européen de coopération juridique dans *« Favoriser l'acquisition de la nationalité afin de réduire l'apatridie – étude de faisabilité »*, Conseil de l'Europe, Strasbourg, 18/10/2006, p. 4.

[651] Dans : *« La révision de l'article 13 de l'accord de partenariat de Cotonou sur les migrations quels enjeux pour les ACP ? »*, Ecdmp (Centre européen de gestion des politiques de développement), Bruxelles, 02/2010, 13 pp.

l'année 2011) ont eu une forte teneur politique malgré les récriminations récurrentes de la société civile. En définitive, les personnes faisant l'objet de mesures de contrainte sont présentées aux services consulaires des pays concernés lesquels leur délivrent un laissez-passer. Un document faisant en effet office de passeport et permettant le renvoi vers le soi-disant pays d'origine. Examinons de près le contenu de quelques uns des ces accords. Ceux signés entre la France et le Gabon contiennent les dispositions suivantes : *« Chapitre 3 : Réadmission et coopération, article 4 : Réadmission des personnes en situation irrégulière et lutte contre l'immigration irrégulière, 4.1. – Les Parties, marquant leur accord sur le principe d'une responsabilité partagée en matière de contrôle des flux migratoires irréguliers, s'engagent à réadmettre, dans le respect de la dignité et des droits fondamentaux des personnes, ceux de leurs ressortissants en situation irrégulière sur le territoire de l'autre Partie. 4.2. – ... il est procédé à l'identification des nationaux des deux Parties et à la délivrance des laissez-passer consulaires nécessaires pour mettre en œuvre leur retour... 4.3. – Les Parties s'engagent également à réadmettre sur leur territoire, après concertation mutuelle, les ressortissants d'Etats tiers en situation irrégulière sur le territoire de l'une ou de l'autre des Parties pour lesquels est apportée la preuve d'un séjour, sur la base des documents énumérés à l'annexe III, sur le territoire de l'autre Partie. 4.4. – Les Parties s'informent mutuellement des résultats des investigations menées pour déterminer la nationalité de la personne en situation irrégulière afin de mettre en œuvre son retour dans les meilleurs délais. 4.5. – Si postérieurement à une réadmission, il apparaît que la personne concernée ne possédait pas la nationalité du pays de destination, il est procédé à son retour sur le territoire de la Partie ayant demandé la réadmission initiale, qui en supportera les frais »*[652]. Leur teneur est analogue à celle provenant des accords du même type paraphés avec le Congo-Brazzaville[653].

[652] Cf. Accord entre le Gouvernement de la République française et le Gouvernement de la République gabonaise relatif à la gestion concertée des flux migratoires et au co-développement, signé à Libreville le 5 juillet 2007.

[653] Accord entre le Gouvernement de la République française et le Gouvernement de la République du Congo relatif à la gestion concertée des flux

Dans son annexe II est également gravé le principe selon lequel : *« 2. La nationalité de la personne est considérée comme présumée sur la base d'un des documents suivants : - l'un des documents périmés mentionnés à l'alinéa précédent à l'exception du laissez-passer consulaire ; - un document émanant des autorités officielles de la partie requise et mentionnant l'identité de l'intéressé ; - la carte d'immatriculation consulaire ; - un acte de naissance ; - une autorisation ou un titre de séjour d'étranger, même périmé(e) ; - la photocopie de l'un des documents précédemment énumérés ; - les déclarations de l'intéressé dûment recueillies par les autorités administratives ou judiciaires de la Partie requérante ; - tout autre document contribuant à prouver la nationalité de la personne concernée. Après vérification des documents énumérés ci-dessus, soit un laissez-passer consulaire est immédiatement délivré, soit, lorsqu'il subsiste des doutes sérieux quant à la nationalité de l'intéressé, il est procédé dans un délai de 48 heures à l'audition de la personne concernée. A l'issue de cette audition, soit le laissez-passer consulaire est délivré, soit il est procédé à des vérifications complémentaires auprès des autorités centrales compétentes qui donnent leur réponse dans un délai de dix jours calendaires » (annexe 2).* Ceux-ci vont encore plus loin pour ce qui concerne les ressortissants des Etats tiers dans la mesure où : *« Le séjour d'un ressortissant d'un Etat tiers sur le territoire de la Partie requise est établi ou présumé sur la base d'un des éléments de preuve suivants : - cachets d'entrée ou de sortie ou autres indications éventuelles portées sur les documents de voyage ou d'identité authentiques, falsifiés ou contrefaits ; - titre de séjour ou autorisation de séjour périmés ; - visa périmé depuis moins de six mois ; - titre de transport nominatif permettant d'établir l'entrée de la personne concernée sur le territoire de la Partie requérante en provenance de la Partie contractante requise ; - document délivré par les autorités compétentes de la Partie requise indiquant l'identité de la personne concernée, en particulier permis de conduire, livret de marin, permis de port d'arme, carte d'identification délivrée par une administration... ; - document d'état civil ; -*

migratoires et au co-développement (ensemble quatre annexes), signé à Brazzaville le 25 octobre 2007.

photocopie de l'un des documents précédemment énumérés ; - déclarations d'agents des services officiels ; - dépositions de témoins attestant l'entrée ou le séjour sur le territoire de la Partie requise consignées dans un procès-verbal rédigé par les autorités compétentes. Sur la base d'un ou plusieurs éléments de preuve suivants, est constitué un faisceau d'indices permettant d'établir ou de présumer le séjour d'un ressortissant de pays tiers sur le territoire de la Partie requise : - titre de transport ; - factures d'hôtels ; - moyens de transport utilisés par la personne concernée, immatriculation sur le territoire de la Partie requise ; - carte d'accès à des institutions publiques ou privées ; - détention par la personne concernée d'un bordereau de change ; - déclarations non contradictoires et suffisamment détaillées de la personne concernée comportant des faits objectivement vérifiables ; - données vérifiables attestant que la personne intéressée a eu recours aux services d'une agence de voyages ou d'un passeur. » (Annexe 3 desdits accords).

§1. A propos des autres droits

Tentons, ici aussi, d'en saisir les grands traits saillants susceptibles de nous édifier. Entre les prescriptions du droit international et le contenu des différents droits nationaux, à quoi peut vraiment prétendre notre infortuné débouté ?

A. De l'absence de protection diplomatique, à l'extradition et à l'expulsion du débouté

Le droit international pose un principe simple, celui de la non expulsion des nationaux comme l'avait expliqué ex-professo Maurice Kamto devant l'assemblée générale des Nations Unies voici quelques années[654]. Le droit d'expulser est certes inhérent à la souveraineté des Etats. Cependant, cette règle coutumière n'est nullement absolue et doit s'exercer en harmonie avec d'autres qualifiées de fondamentales par la même branche de droit. Bien que notre débouté soit apatride de

[654] Maurice Kamto dans *« Rapport préliminaire sur l'expulsion des étrangers, Présenté par M. Maurice Kamto, Rapporteur spécial »*, Nations Unies, Assemblée générale, A/CN.4/554, 4 avril 2005, P. 13.

fait, il demeure sans-papiers en droit. Se présente alors une alternative : soit décider de rester et de vivre dans la clandestinité, soit faire le choix de quitter le pays d'accueil pour une autre destination avec l'espoir d'y formuler une nouvelle fois sa demande de statut. Sauf, s'il préfère repartir résigné dans son pays de naissance. A la différence avec le demandeur d'asile, il ne pourra en aucun cas se voir opposer une hypothétique Convention de Dublin II. Il s'agit d'un mécanisme mis en place dans le but de déterminer l'Etat responsable pour examiner la demande d'asile. En réalité cet Etat n'est autre que le premier par lequel le demandeur d'asile est entré sur le territoire de l'U.E. Un dispositif inexistant pas a priori dans le cadre de la procédure de demande du statut d'apatridie. Dans ces conditions, le débouté en France ayant encore quelques ressources mentales et physiques peut à l'occasion essayer de faire valoir ses droits dans un autre pays de l'Union. Néanmoins le seul élément susceptible de le restreindre pourrait être, comme nous l'avons déjà vu, l'inexistence des procédures de détermination dudit statut dans la plupart des autres Etats européens. Une nouvelle initiative peut donc malgré tout être prise, mais sans aucune garantie de réponse favorable. Qu'en est-il de la protection diplomatique stricto sensu ? Le dictionnaire permanent du droit des étrangers est clair : *« La qualité d'apatride vise à conférer une protection de substitution à celui qui est exclu de toute protection étatique. Contrairement au fait d'être réfugié, qui dépend de l'appréciation portée par les instances nationales compétentes du pays d'accueil, la qualité d'apatride résulte donc de la constatation de données objectives »*[655]. Le défaut de rattachement à un quelconque Etat implique que le genre juridico-migratoire étudié ne puisse originellement pas jouir d'une quelconque protection nationale c'est-à-dire celle procédant des gouvernants desquels il aurait dû relever. Dans ces conditions, point n'est besoin de supputer sur une éventuelle protection diplomatique subséquente. Une action internationale de cette nature n'est nullement illusoire mais désespérément inexistante. Ce qui expose encore plus notre migrant forcé. Est-il néanmoins possible d'envisager sérieusement l'hypothèse d'une extradition d'un

---

[655] *« Apatride »* dans *« Le dictionnaire permanent du droit des étrangers »*, Editions Législatives, 2010.

apatride ? L'extradition étant la procédure par laquelle un Etat demande à un autre avec lequel il est juridiquement lié par des accords ad hoc de lui transférer un individu faisant l'objet d'une mesure de poursuite judiciaire. En principe, les Etats renâclent à extrader leurs propres citoyens[656]. Ainsi, seuls les étrangers peuvent l'être. Or l'apatride par définition n'est le citoyen d'aucun Etat. A priori rien ne peut ainsi s'opposer à une telle entreprise dans le cas d'une commission rogatoire internationale ou de l'exécution d'un mandat d'arrêt international visant un apatride de fait ou de droit. La pertinence et la justesse de l'analyse de C-A. Chassin sont toujours de rigueur : *« Là encore, la Convention de 1954 relative aux apatrides se distingue indéniablement de celle de 1951 concernant les réfugiés. Car les termes mêmes de la Convention de 1951, qui affirme que l'Etat « ne refoulera pas » le réfugié,... La Convention de 1954 relative aux apatrides ne permet pas une telle exégèse : l'article 31 fait explicitement référence à l'« expulsion », concept juridiquement défini et plus précis que celui de « non-refoulement ». L'expulsion n'est pas l'extradition, et seule l'expulsion voit son régime juridique réglementé par la Convention de 1954. En conséquence, il paraît juridiquement correct de considérer que l'extradition d'un apatride ne fait pas obstacle à l'application du droit issu de la Convention de 1954, car la protection internationale des apatrides en la matière est indéniablement moins poussée que celle offerte aux réfugiés. Sur le plan théorique, la solution se justifie par le fait que l'apatride peut être appréhendé comme la victime de mécanismes du droit de la nationalité, alors que le réfugié est la victime d'une machine aboutissant à la persécution de l'individu. L'apatride serait la victime du droit, le réfugié la victime de persécutions, et cette différence expliquerait sans doute la différenciation dans le degré de protection. Cela est cependant la théorie. Dans la pratique, on sait depuis longtemps que les apatrides sont souvent victimes à la fois d'un mécanisme juridique et de persécutions. La solution retenue dans la Convention de 1954 paraît dès lors quelque peu naïve. Pour autant, la Convention de 1954 est de droit positif*

[656] Cf. « *Le principe de non extradition des nationaux* » par Jean-Marc Thouvenin dans *« Droit international et nationalité »*, Société française pour le droit international (S.F.D.I), Paris, Pedone, 2012, 528 pages.

aujourd'hui en France, et l'extradition des apatrides ne soulève donc pas d'autre difficulté que celle liée au contentieux « classique » de l'article 3 de la Convention européenne des droits de l'homme... Mais c'est la seule limite : le droit commun de l'extradition s'applique, sans considération de la situation particulière dans laquelle se trouvent les apatrides, à la différence de la situation réservée aux réfugiés statutaires »[657]. Pour ce qui se rapporte à l'expulsion d'apatrides reconnus (article 31 de la convention de 1954) ou de déboutés, les anicroches additionnelles rencontrées dans ce processus se rapprochent de celles relatives l'éloignement des étrangers (reconduite à la frontière, refoulement) précédemment analysées. Plus prosaïquement : *« Sur les motifs d'expulsion dans les législations nationales, les principes du droit de l'Union européenne exigent que les autorités des États membres adoptent une approche individualisée de l'expulsion, y compris pour des motifs d'ordre public et de sécurité publique. Cette approche doit tenir compte de la dangerosité de la personne, la gravité et le type d'infraction commise, la durée du séjour dans les États membres, l'âge de la personne concernée, les conséquences de l'expulsion pour elle et pour sa famille, le lien avec le pays de résidence et/ou l'absence de lien avec le pays d'origine. Il n'existe par conséquent pas de liste des motifs réels d'expulsion pour des raisons d'ordre public et de sécurité publique. »*[658] Ceci dit, notre débouté peut-il arguer d'un quelconque droit dans sa vie de tous les jours ?

B. Le droit au mariage ?

Tous les étrangers y compris ceux qui sont en situation irrégulière ne peuvent pas en principe se voir notifier une fin de non-recevoir s'ils veulent se marier. En effet, aucune autorité administrative ne peut s'opposer au mariage en se fondant uniquement sur le caractère irrégulier du séjour de l'un des

---

[657] Dans *« Panorama du droit français de l'apatridie »*, Revue Française de Droit Administratif, 2003 p. 324.

[658] *Cf. « Commission du droit international, 64e session Genève, 7 mai-1er juin et 2 juillet-3 août 2012 »*, Nations unies, Assemblée générale, A/CN.4/651, P. 11. *« 8e rapport sur l'expulsion des étrangers »* présenté par M. Maurice Kamto, Rapporteur spécial.

prétendants. Une telle décision serait indubitablement sanctionnée par la C.E.D.H sur la base de l'article 12 de la Convention de 1950. En France, ce débat avait déjà été tranché dans les mêmes termes par le Conseil constitutionnel (décision 2003-484 du 20/11/2003). Avant la procédure de demande de statut, pendant ou après celle-ci, l'individu en état d'apatridie peut en droit se marier. Toutefois pour l'apatride non reconnu ou le débouté, les entraves à la démarche peuvent sembler inextricables dans la pratique. En effet, le principe de la liberté de mariage suppose qu'un certain nombre de pièces soient produites au dossier parmi lesquelles : le certificat de coutume, le justificatif de domicile, la copie intégrale d'acte de naissance, et la pièce d'identité. Or tous ces éléments nécessaires lui sont pratiquement impossibles à fournir. Pour lui, la probabilité est forte de voir la liberté de se marier complètement bridée. Seuls ceux auxquels le statut d'apatride est accordé peuvent remplir l'ensemble de ces formalités dans la mesure où les documents d'état civil leur sont délivrés par l'Ofpra. Compte tenu de tous ces obstacles dirimants, aussi bien la personne en quête de protection que le débouté ne peuvent véritablement pas faire valoir pleinement une telle liberté publique. Sauf à bénéficier d'une tolérance administrative à l'instar de celle qui, exceptionnellement, profite aux demandeurs d'asile dans les mêmes conditions. Ces types d'écueils peuvent vraiment apparaitre comme rédhibitoires y compris pour la contraction du Pacs[659]. Dans tous les cas de figure les futurs époux ne doivent pas hésiter à saisir les autorités requises afin de faire constater une éventuelle violation du droit que pourrait constituer un refus de célébration du mariage. L'appui d'une association, mieux encore d'un conseil juridique peut s'avérer déterminant, tant que règne la suspicion autour d'une telle union.

---

[659] Pour les apatrides statutaires, aucune difficulté n'est à redouter comme le confirme l'Ofpra : *« Toutefois, si vous êtes célibataire et que vous souhaitez vous marier (en France ou à l'étranger) ou vous pacser, l'Ofpra vous délivrera un certificat de coutume nécessaire pour accomplir les formalités de constitution du dossier de mariage ou du pacs en vertu de la législation française en la matière. Le coût du certificat de coutume est de six euros (timbre fiscal) »* dans le *« Livret d'accueil pour les personnes reconnues apatrides »*, Ofpra, Mission Communication octobre 2011, P. 6.

En guise de conclusion, citons encore une fois le Commissaire aux droits de l'homme du Conseil de l'Europe : *« Les droits civils et politiques minimaux incluent : - Le droit à la vie. Il ne doit pas être fait usage d'une force excessive pour empêcher les non-ressortissants de pénétrer sur le territoire national. Les autorités ont l'obligation de tenter de sauver ceux qui, en essayant de pénétrer dans un pays, mettent leur vie en danger. - La protection contre la torture et les peines ou traitements inhumains ou dégradants. La procédure de rapatriement devrait être mise en œuvre dans le respect du droit à la dignité, et les mesures coercitives appliquées au cours de l'expulsion devraient « s'en tenir à un strict minimum »... - La limitation de la mise en rétention. Le placement en rétention devrait intervenir seulement en dernier recours, être autorisé par un tribunal et ne pas se prolonger de manière excessive. - Le respect du droit d'asile et du droit au non-refoulement. - Le droit à un recours effectif avant toute expulsion. Il faudrait pouvoir former ce recours devant une autorité compétente, indépendante et impartiale, en bénéficiant si nécessaire de services d'interprétation et d'une assistance juridique. - Respect de la vie privée et familiale. Il ne devrait pas y avoir d'éloignement lorsque la personne concernée a des « attaches familiales ou sociales très fortes » avec le pays qui entend l'expulser. - Le droit de se marier. Il ne faudrait pas ériger « d'obstacles absolus » empêchant les migrants en situation irrégulière de se marier. - Le droit à l'égalité. Il ne devrait pas y avoir de discrimination dans la jouissance des droits ni de fondée sur la race ou l'appartenance ethnique en matière d'admission ou de refus d'admission, d'autorisation de séjour ou d'expulsion »*[660]. Poursuivons inlassablement notre recherche même si le contexte est aussi démoralisant.

§2. Des droits sociaux sont-ils prévus ?

Sur ce plan, Danièle Lochak avait déjà fait observer avec pertinence que : *« La plupart des droits sociaux sont refusés*

---

[660] Cf. *« Commissaire aux droits de l'homme, document de synthèse sur les droits des migrants en situation irrégulière »*, Conseil de l'Europe, Strasbourg, 24 juin 2010 CommDH/PositionPaper (2010) 5, P. 4.

aux sans-papiers et ils ne sont pas toujours en mesure d'exercer les droits qui leur sont théoriquement reconnus, soit en raison des pratiques des services auxquels ils ont affaire, soit par crainte d'être dénoncés »[661]. En cas de problème de santé, le débouté peut malgré tout continuer à bénéficier de l'A.M.E. Subsiste en outre la faculté de recourir aux services PASS des hôpitaux c'est-à-dire le dernier filet social sans lequel les soins ne sont plus possibles sauf à payer rubis sur l'ongle. Quelquefois, contrairement à son homologue, le débouté du droit d'asile peut encore profiter durant environ six mois de la Cmu-c après la fin de sa procédure s'il avait anticipé l'envoi de son dossier de renouvellement. Relevons toutefois la possibilité d'une demande de régularisation pour soins donnant droit à une carte de séjour d'un an avec non seulement la mention « vie privée et familiale » mais aussi avec le droit au travail. Ce droit subsiste encore même si la procédure est aujourd'hui particulièrement alourdie au rythme des lois successives sur l'immigration. Une option plausible surtout avec la récente suppression par le Conseil d'Etat de l'obligation de présentation d'un passeport pour les personnes « régularisables » pour motif sanitaire. Si l'on en croit Ryszard Cholewinski dans son *« Etude des obstacles à l'accès effectif des migrants irréguliers aux droits sociaux minimaux » : « 1. Conformément aux normes internationales générales relatives aux droits de l'homme, aucune personne (national ou migrant, quel que soit son statut juridique) ne doit être privée de l'accès à un niveau minimal de protection sociale, qui est généralement défini comme incluant l'aide médicale de base ou d'urgence et l'aide sociale, afin de prévenir le dénuement et de permettre des conditions de vie dignes. 2. Les migrants irréguliers occupant souvent des emplois dangereux, ces travailleurs doivent avoir accès à une réparation en cas d'accident du travail ou de maladie professionnelle, conformément aux normes internationales du travail, dans des conditions identiques à celles prévues pour les travailleurs nationaux, que leur emploi soit un emploi déclaré ou non. 3. Les migrants irréguliers qui occupent un emploi et cotisent au système d'assurance sociale doivent se voir reconnaître le droit au*

[661] Lire son article *« Des droits fondamentaux sacrifiés »* extrait de *« Liberté de circulation, un droit, quelles politiques ? »*, Gisti, Paris, 2009, 124 pages.

bénéfice des prestations correspondantes ou au remboursement de ces cotisations, de préférence avant qu'ils soient contraints à quitter le pays. 4. En cas de régularisation de la situation d'un migrant dans le pays hôte, la période de versement des cotisations de sécurité sociale doit être reconnue comme la période légalement valide aux fins de l'assurance sociale. »[662]. Hasardons-nous à en prendre un pour en faire une étude plus détaillée :

A. Droit au logement ?

D'après la Convention de 1954 et notamment son article 21 touchant au logement : *« Les Etats contractants accorderont, dans la mesure où cette question tombe sous le coup des lois et règlements ou est soumise au contrôle des autorités publiques, aux apatrides résidant régulièrement sur leur territoire un traitement aussi favorable que possible et, de toute façon, un traitement qui ne soit pas moins favorable que celui qui est accordé, dans les mêmes circonstances, aux étrangers en général ».* En plus son article 13 ayant trait à la propriété mobilière et immobilière est ainsi libellé : *« Les Etats contractants accorderont à tout apatride un traitement aussi favorable que possible et, de toute façon, un traitement qui ne soit pas moins favorable que celui qui est accordé, dans les mêmes circonstances, aux étrangers en général en ce qui concerne l'acquisition de la propriété mobilière et immobilière et autres droits s'y rapportant, le louage et les autres contrats relatifs à la propriété mobilière et immobilière ».* Enfin la Directive de 2004 précisait en son article 31 que : *« Les États membres veillent à ce que les bénéficiaires du statut de réfugié ou du statut conféré par la protection subsidiaire aient accès à un logement dans des conditions équivalentes à celles dont bénéficient les ressortissants d'autres pays tiers résidant légalement sur leur territoire ».* Le droit international réclamant en général une égalisation des droits entre ceux qui sont sous protection internationale et les nationaux. Ainsi, comme tous les autres

[662] Voir Ryszard Cholewinski dans *« Etude des obstacles à l'accès effectif des migrants irréguliers aux droits sociaux minimaux »*, Editions du Conseil de l'Europe, Strasbourg, décembre 2005, P. 50.

étrangers, l'apatride peut avoir la prétention d'accéder à la propriété, au logement et à l'hébergement. Il peut exercer son droit au logement opposable (DALO) en saisissant de manière régulière la Commission de conciliation préalablement à la saisine du juge administratif. De ce point de vue les apatrides statutaires comme les réfugiés bénéficient des mêmes droits que les autochtones. Nul n'ignorant l'acuité du problème de logement en France, de vraies difficultés apparaissent péremptoirement pour les déboutés de la demande d'apatridie. Ici, sa prédestination est liée à celle du débouté du droit d'asile. Leurs chemins se croisent à nouveau car la régularité du séjour dont a bénéficié le demandeur d'asile est dorénavant une parenthèse définitivement refermée. Leur condition est davantage précarisée. Paradoxalement comme l'avaient écrit Adeline Firmin et Serge Slama : *« Le Droit au logement suffisant constitue un droit universel qui devrait être exigible par toute personne résidant sur un territoire donné et ce qu'elle que soit sa situation administrative. L'article 11 du Pacte international relatif aux droits économiques, sociaux et culturels (PIDESC) prescrit en effet la reconnaissance par les Etats parties du droit de « toute personne » à un « logement suffisant ». L'article 31 de la Charte sociale européenne revisitée prévoit de la même manière que « toute personne a droit à au logement ». Le Conseil Constitutionnel a déduit des alinéas 10 et 11 du Préambule de la Constitution de 1946 la possibilité pour « toute personne » de disposer d'un logement décent sous la forme d'un objectif de valeur constitutionnelle... Pourtant, l'examen des conditions légales d'accès des étrangers à ce droit fait apparaître que cette universalité est contrariée pour les étrangers en situation administrative précaire ou irrégulière. On retrouve d'ailleurs les mêmes restrictions pour la plupart des droits sociaux, en dehors de ceux attachés au respect de la dignité de la personne humaine ou à la protection de l'enfance... On constatera que les restrictions d'accès concernent essentiellement le droit au logement. Le droit à l'hébergement est accessible à toute personne en raison de considérations liées au respect de la dignité de la personne humaine... L'accès au logement n'est formellement conditionné à la régularité du séjour que pour le logement social mais constitue, selon toute vraisemblance, une sérieuse entrave à la conclusion d'un bail dans le secteur privé. Les dispositifs d'hébergement, compte tenu de leurs finalités, se doivent quant à eux d'admettre de manière indifférenciée l'ensemble des personnes, y compris les irréguliers »*[663]. Leur extrême précarité est accentuée par le fait que les potentiels aidants que sont aussi bien des personnes physiques que morales (les associations) peuvent craindre d'être accusés sur la base du « délit de solidarité »[664] et notamment d'« aide au séjour irrégulier ». Lucrative ou non, toute aide quelle qu'en soit la forme n'empêche en rien l'exposition à la sanction. D'ailleurs, l'attribution d'un logement à un étranger en situation irrégulière relève de la même infraction. En effet, le Ceseda dispose en son article L. 622-1 que : *« Toute personne qui aura par aide directe ou indirecte facilité ou tenté de faciliter l'entrée, la circulation ou le séjour irrégulier d'un étranger en France sera punie d'un emprisonnement de cinq ans et d'une amende de 30.000 euros ».* Le caractère très général de la stipulation permet de ratisser large et d'y inclure tout acte ou toute omission susceptible d'exposer son auteur avec le risque d'englober y compris les travailleurs sociaux. Autrement dit, tout fait volontaire ou pas peut tomber sous le coup de l'infraction. L'accueil d'urgence (Centre d'hébergement d'urgence (C.H.U) ou le 115) reste possible en théorie même si ces dispositifs sont chroniquement saturés. La mise en place du Système Intégré

---

[663] Lire *« Les frontières incertaines du droit au logement et à l'hébergement des étrangers »* tiré du dossier intitulé *« Droit au logement et à l'hébergement des étrangers en situation irrégulière ou précaire sur le territoire français »*, AJDI, septembre 2010, P. 610 à 619.

[664] Cf. *« Délit de solidarité, stigmatisation, répression et intimidation des défenseurs des droits des migrants »*, Fédération internationale des droits de l'homme et l'Organisation Mondiale de lutte contre la torture, Paris, Juin, 2009, 51 pages. A travers l'Observatoire des droits de l'homme, les ONG mettent l'accent sur les pressions exercées sur les individus, les acteurs aussi bien institutionnels que ceux chargés du maintien de l'ordre et de la justice, sans oublier les restrictions subies par les associations présentes en zone d'attente et centres de rétention. La Commission nationale consultative pour les droits de l'homme avait dans un avis du 19/11/2009 pointé ces incohérences : *« 8... la législation française, en l'état actuel des textes, est non seulement en contradiction avec les principes internationaux, mais est également non conforme à la législation européenne. Elle n'est pas non plus en accord avec les principes constitutionnels de liberté, d'égalité et de fraternité, ce dernier faisant écho aux notions de solidarité et d'humanité, ni avec le principe de dignité humaine ».*

d'Accueil et d'Orientation (S.I.A.O) n'a pour l'instant pas donné de résultats très concluants. En réalité, dès lors qu'elle est sollicitée, l'administration doit pouvoir établir un ordre de priorité d'accès à l'hébergement d'urgence au regard duquel les hommes seuls et sans difficulté de santé peuvent être considérés comme étant les moins vulnérables. L'intéressé pouvant à bien des égards exciper le principe de « sauvegarde de la dignité de la personne humaine » contre toute forme de dégradation. Ou alors celui interdisant « les traitements inhumains et dégradants » énoncé à l'article 3 de la Convention européenne de sauvegarde des droits de l'homme et des libertés fondamentales. En dehors de l'inconditionnalité de l'accueil, deux autres principes juridiques sont soulevés par la question aussi bien celui de la continuité de l'hébergement d'urgence que du droit à l'accompagnement des personnes accueillies dans ces centres (loi relative à lutte contre l'exclusion 2009)[665]. La Cour des Comptes en tire, malgré elle, de nombreux enseignements. Ainsi confie-t-elle : *« L'hébergement est devenu un droit inconditionnel, c'est-à-dire ouvert à tous y compris aux personnes en situation irrégulière. Dans le cadre de ce droit, les structures d'hébergement ne devraient plus accueillir des personnes sans orienter vers une solution pérennes ; ... »*[666]. L'accès en Centre d'hébergement et de réinsertion sociale (C.H.R.S) est donc impossible pour les déboutés. Les mêmes conclusions s'imposent pour ce qui concerne aussi bien les résidences sociales que les Aides aux Logements Temporaires (A.L.T). Seul le S.I.A.O urgence leur est accessible. Tandis que le S.I.A.O insertion leur est indisponible car ils n'ont nullement vocation à rester sur le territoire et par conséquent à bénéficier d'un accompagnement social nécessaire. Au niveau européen, nous pouvons une fois de plus nous référer à Ryszard Cholewinski : *« 1.Etant donné l'importance du droit à un logement suffisant pour bénéficier des autres droits civils, politiques, économiques et sociaux, les prestations en matière de logement ne doivent pas être refusées aux migrants irréguliers sur la*

[665] Lire dans ce sens Marion Lignac dans *« Accueil inconditionnel : repères juridique »*, La gazette n° 5, Fnars, Septembre 2011, P. 12 à 13.

[666] Dans son rapport d'évaluation intitulé *« la politique publique de l'hébergement des personnes sans domicile »* Cour des comptes, Novembre 2011, P. 19.

base de leur statut juridique. 2. Bien qu'il puisse être justifié pour les Etats de refuser des prestations de logement de longue durée aux migrants irréguliers qui peuvent être expulsés de leur territoire ou aux demandeurs d'asile dont la demande a été rejetée et qui ont épuisé les voies de recours, ces migrants doivent néanmoins bénéficier d'une aide minimale en matière de logement, conformément aux exigences de la dignité humaine. Dans ce cas, l'aide en question ne doit pas être interprétée comme autorisant la détention de fait des migrants irréguliers »[667]. Combien de pays sur le continent respectent scrupuleusement des normes aussi suffisamment protectrices ?

B. Ont-ils d'autres droits socio-économiques à faire valoir ?

La question méritant d'être posée est la suivante : existe-t-il de véritables droits créances pour les personnes déboutées du statut d'apatride ? La réponse est, à n'en point douter, affirmative. Aussi surprenant que cela puisse être. Ainsi à propos des droits dits de « la deuxième génération », précisons opportunément avec le Commissaire aux droits de l'homme qu' : *« Au nombre des droits économiques et sociaux minimaux figurent : un logement et un abri adéquats garantissant la dignité humaine. L'accès des migrants en situation irrégulière à des soins médicaux d'urgence. La protection sociale nécessaire pour lutter contre la pauvreté et préserver la dignité humaine. Les enfants migrants devraient avoir droit à la protection sociale, sur un pied d'égalité avec les enfants des nationaux. Des droits en matière d'emploi : rémunération équitable, conditions de travail raisonnables, accès aux tribunaux pour défendre ses droits et activité syndicale. L'Etat devrait poursuivre rigoureusement tout employeur qui ne respecte pas ces droits. Le droit à l'enseignement primaire et secondaire pour tous les enfants. »*[668]. Avouons que le contraste est nettement plus

---

[667] Cf. *« Etude des obstacles à l'accès effectif des migrants irréguliers aux droits sociaux minimaux »*, Ryszard Cholewinski, Editions du Conseil de l'Europe, Strasbourg, décembre 2005, P. 38.
[668] Voir *« Commissaire aux droits de l'homme, document de synthèse sur les droits des migrants en situation irrégulière »*, Conseil de l'Europe, Strasbourg, 24 juin 2010, CommDH/PositionPaper (2010) 5, P. 4.

saisissant entre la théorie et la pratique car les droits sont complètement vidés de leur substance.

L'abri et le toit, les soins et surtout l'alimentation sont autant de besoins élémentaires impossibles à assouvir dans la pratique pour les personnes déboutées. Imaginons un seul instant le cas d'une femme isolée ou avec enfant dans les conditions que nous venons de décrire dans notre étude. Seules les associations caritatives tentent de combler les insuffisances si criardes de la puissance publique. Là aussi, le contexte de crise d'aujourd'hui ne leur est absolument pas propice. Avec pour finalité de limiter drastiquement leurs actions bienfaisantes à l'égard d'une population exclue et condamnée à vivre en marge de la société. Le sort foncièrement ingrat est aggravé par le fait que notre débouté ne peut sereinement pas envisager le bénéfice d'une aide au retour de l'O.F.I.I encore moins d'une aide à la réinsertion compte tenu des obstacles insurmontables évoqués concernant son hypothétique éloignement du territoire. L'O.F.I.I peut-il faire signer son offre de retour à une personne sans identité et sans capacité juridique ? Eu égard à cette limitation juridique notable et notoire, comment entrevoir la pleine réalisation d'un éventuel projet dans le pays qui l'a vu naître ou dans son pays de résidence ? Sans pièce d'identité, impossible pour lui de se faire établir une carte de commerçant et de se faire immatriculer à la chambre de commerce et de l'industrie en cas de retour effectif. Une démonstration suffisamment soutenue non seulement de l'intérêt mais aussi de la nécessité de recourir, pour cette quantité résiduelle d'étrangers fort mal lotis, à l'unique solution qui vaille car internationalement consacrée à savoir : l'accord de la protection.

§3. Pour l'adoption d'une politique plus vertueuse en matière des droits de l'homme en général et à l'égard des déboutés en particulier

Comment ne pas reconnaître la véracité de ce qu'avaient écrit Katherine Perks et Jarlath Clifford à ce sujet ? Selon ces auteurs en effet : *« La restriction des mouvements des personnes ne possédant aucune nationalité est une pratique de plus en plus courante dans le monde, et prend parfois la forme d'une détention prolongée, voire indéfinie. Par une analyse préliminaire des recherches qui ont été effectuées, il semble que la plupart des catégories d'apatrides encourent le risque d'être détenues de manière arbitraire. Ne jouissant pas de l'ensemble des droits octroyés aux citoyens, les apatrides sont plus exposés aux discriminations en ce qui concerne l'administration de la justice, le harcèlement et les détentions arbitraires... Bien que la détention administrative des demandeurs d'asile et des migrants en situation irrégulière ne soit pas explicitement interdite selon le droit international, elle peut se transformer en détention arbitraire si elle n'est pas absolument nécessaire selon les circonstances »*[669]. Les risques de détention prolongée restent patents à cause de l'impéritie des autorités à déterminer aisément l'éventuel pays d'accueil. Les inquiétudes sont réelles et sérieuses en ce qui concerne l'observation des droits de l'homme des sans-papiers[670]. Pour l'Agence des droits fondamentaux de l'U.E : *« La législation européenne et internationale de droits fondamentaux impose aux Etats membres de l'Union européenne (UE) l'obligation de garantir le respect des droits de l'homme pour tous dans leur juridiction. Cela inclut les migrants en situation irrégulière. Bien que les Etat membres ne soient pas tenus d'offrir les mêmes avantages aux migrants irréguliers qu'à leurs ressortissants, ils doivent respecter certaines normes fondamentales en matière de droit de l'homme... »*. Persuadée qu'elle agit à bon droit, elle ajoutera plus tard que : *« La rétention avant éloignement n'est pas légale en l'absence de perspectives réalistes d'éloignement. Il appartient normalement à l'administration et aux tribunaux de décider si c'est le cas. Pour éviter une rétention prolongée, les législateurs peuvent toutefois envisager de prévoir une pré-*

[669] Cf. *« Le flou juridique de la détention »* extrait de la revue *« Migrations forcées »* n° 32, 2009, P. 42.

[670] Dans le même sens *« Les droits fondamentaux des migrants en situation irrégulière dans l'Union européenne », Agence des droits fondamentaux de l'Union européenne »*, 2011, 105 pages. Idem *« Droits fondamentaux des sans-papiers en Europe : principaux sujets de préoccupation de PICUM en 2010 »*, PICUM Plate-forme pour la Coopération Internationale sur les Sans-papiers, octobre 2010, Bruxelles, 88 pages. Lire Commissaire aux droits de l'homme, Conseil de l'Europe dans *« Les droits fondamentaux des migrants en situation irrégulière en Europe »*, Strasbourg, 17 décembre 2007 Comm-dh/issuepaper (2007) 1, 23 pages.

somption contre la rétention avant éloignement pour les apatrides de fait, lorsqu'il apparaît clairement au vu des expériences passées que le pays de nationalité refusera toute coopération pour établir la citoyenneté et transmettre les documents de voyage appropriés »[671]. De son côté, l'O.I.M s'est également maintes fois exprimée sur la question : *« tout individu impliqué dans la migration est titulaire de droits et obligations imprescriptibles. En fonction de son statut particulier, - étranger, apatride, travailleur migrant – il bénéficiera de certains droits additionnels qui sont autant de strates successives s'accumulant sur la base constituée par le socle des droits inaliénables de la personne humaine »*[672]. L'O.N.U n'est pas en reste dans la mesure où elle n'hésite pas à le marteler si nécessaire. Relisons son Secrétaire général dans un de ses derniers rapports : *« e) Souligne que les États ont l'obligation, en vertu des principaux instruments internationaux relatifs aux droits de l'homme, de protéger les droits de l'homme de tous les individus placés sous leur juridiction, sans tenir compte de leur nationalité ou statut migratoire, y compris les migrants en situation irrégulière »*[673]. Des mesures de substitution à la détention existent comme l'avait déjà fait remarquer Amnesty international : *« Les normes internationales relatives aux droits humains limitent le recours à la détention à des fins de contrôle de l'immigration, en insistant pour qu'une telle mesure ne puisse être prise qu'en cas de nécessité et de manière proportionnelle, lorsqu'une solution moins restrictive s'avère insuffisante. En d'autres termes, les autorités nationales doivent, si elles veulent prouver que la détention est nécessaire et proportionnée, conformément aux normes juridiques internationales, mettre en place et avoir recours à des mesures de substitution, aussi bien dans les textes que dans la pratique. L'existence de mesures de substitution rend disproportionnée et injustifiable au regard de la législation internationale relative aux droits humains toute politique*

[671] *« Rétention des ressortissants de pays tiers dans le cadre des procédures de retour »*, Agence des droits fondamentaux de l'Union européenne, Office des publications de l'Union européenne, Luxembourg, 2011, P. 9.

[672] *« Droit international de la migration n°3, Migrations et Protection des droits de l'homme »*. O.I.M, Perruchoud (éditeur), Genève, 2005, P. 13.

[673] Cf. *« Protection des migrants »*, Rapport du Secrétaire général, O.N.U, A/66/253, 3 août 2011, P. 17.

consistant à placer de manière habituelle en détention les migrants en situation irrégulière, sans s'interroger au préalable sur la possibilité d'adopter un dispositif de substitution moins répressif »[674]. C'est ainsi que sont proposés entre autres : le contrôle judiciaire, la liberté sous caution, l'assignation à résidence, les centres ouverts et semi-ouverts, la surveillance électronique… *« Parmi les autres garanties, une durée de détention maximale doit être établie par la loi, au terme de laquelle la personne doit être automatiquement libérée. La détention doit être ordonnée ou approuvée par un juge et il devrait y avoir dans chaque cas un contrôle automatique, régulier et judiciaire, et non pas seulement administratif, de la détention. Ce contrôle devrait porter également sur la légalité de la détention et non pas seulement sur son caractère raisonnable ou d'autres paramètres relevant de normes moins exigeantes »*. Telles sont les saines instructions onusiennes[675]. Le choix de s'incruster sur le territoire implique d'encourir le risque d'être appréhendé et envoyé dans un Centre de rétention. Dans leur rapport annuel commun, les diverses associations intervenant dans ce domaine ont estimé à 0,34 % le nombre d'apatrides passés par le Centre de rétention de Cayenne-Rochambeau en Guyane[676]. Qu'en est-il dans tous les autres

---

[674] Dans *« migrants en situation irrégulière et demandeurs d'asile : des solutions pour éviter la détention, Synthèse de la position d'Amnesty international »*, Pol 33/001/2009, Londres, Avril 2009, 23 pages. Idem, les Conclusions de la Conférence sur les droits fondamentaux 2011 tenue à Varsovie les 21 et 22/11/2011 sur le thème : *« Dignité et droits des migrants en situation irrégulière »*. Enfin lire : *« Revenir à l'essentiel : le droit à la liberté et la sécurité des personnes ainsi que les alternatives à la détention des réfugiés, des demandeurs d'asile, des apatrides et des autres migrants »* (traduction personnelle), par Alice Edwards, Expert-consultant, Division de la protection internationale, HCR, Genève, Ppla/2011/01.rev.1, Avril 2011, 93 p.p. Ou encore *« Alternatives à la détention des demandeurs d'asile, réfugiés, migrants et apatrides »*, Table ronde du 11-12 Mai 2011 à Genève (Suisse) organisée par le H.C.R et Haut Commissariat aux droits de l'homme citée dans l'*« Anniversaire des conventions relatives aux réfugiés et à l'apatridie, 2010, 2011 »*, Unhcr, Genève, 2012, P. 65 à 75.

[675] Cf. Le *« Rapport du Groupe de travail sur la détention arbitraire », Président-Rapporteur :* El Hadji Malick Sow, Conseil des droits de l'homme, A/HRC/13/30, 18 janvier 2010, P. 17.

[676] Dans *« Centres et locaux de rétention administrative »*, 2010, P. 84. On peut regretter que ces ONG ne donnent pas de statistiques globales d'apatrides de fait et qui sont retenus comme dans le cas de placement sans possibilité de

Centres et locaux de rétention situés sur toute l'étendue du territoire français ? Faut-il aller jusqu'à considérer l'absence d'indications nationales comme la traduction d'un manque d'intérêt pour la cause analysée ? Chacun sait que dans ces centres comme dans les zones d'attente, les associations qui y interviennent sont très critiques étant donné le non-respect du droit et notamment des garanties légales auxquelles les personnes en cours d'éloignement du territoire devraient prétendre. Dans leur rapport rendu public le 13 décembre 2011 par exemple, il est aisé de noter que : *« La principale critique que formulent les cinq associations (Cimade, France terre d'asile, Ordre de Malte, Forum réfugiés et Assfam) à l'encontre de la politique gouvernementale n'en demeure pas moins les "inégalités d'accès au droit". La hausse tendancielle du nombre de personnes qui défilent en rétention se fait aux dépens de l'accès au droit... "C'est l'obsession statistique au détriment du droit", soulignent-elles »*[677]. La décision du Conseil Constitutionnelle n° 2011-217 QPC du 3 février 2012 n'est de ce point pas de bon augure. Dans cette affaire M. Mohammed Alki. B. relative au délit d'entrée et de séjour irrégulier, le juge a retenu : *« 5. ... qu'en vertu des dispositions contestées, l'étranger qui a pénétré ou séjourné en France sans se conformer aux dispositions des articles L. 211–1 et L. 311–1 du code de l'entrée et du séjour des étrangers et du droit d'asile ou qui s'est maintenu en France au–delà de la durée autorisée par son visa sera puni d'un emprisonnement d'un an et d'une amende de 3750 €; que la juridiction pourra, en outre, interdire à l'étranger condamné, pendant une durée qui ne peut excéder trois ans, de pénétrer ou de séjourner en France, cette interdiction du territoire emportant, de plein droit, reconduite du condamné à la frontière, le cas échéant à l'expiration de la peine d'emprisonnement ; qu'eu égard à la nature de l'incrimination pour laquelle elles sont instituées, les peines ainsi fixées, qui ne sont pas manifestement disproportionnées, ne méconnaissent pas l'article 8 de la Déclaration de 1789 ; Décide : Article 1er.– L'article L.*

---

reconduite cité en page 130. Il est tout aussi curieux que le *« rapport rétention 2011 »* ne fasse aucune allusion à l'apatridie. Le mot apatride n'apparaissant que dans la désignation de l'Ofpra.

[677] Voir l'article d'Elise Vincent *« En rétention, le respect des droits reste inégal »* dans *« Le Monde »* du 14/12/2011.

621−1 du code de l'entrée et du séjour des étrangers et du droit d'asile est conforme à la Constitution... ». Le grief de l'incompatibilité de la législation au regard de ses engagements internationaux et notamment communautaires de la France ayant été préalablement et soigneusement écarté. La Cour de Cassation française quant à elle a, dans une décision du 05/07/2012, clairement indiqué que les individus ne pouvaient du seul fait de l'irrégularité de leur séjour être gardés à vue. La lecture combinée de ces deux arrêts sans oublier l'interpénétration du droit communautaire peuvent laisse augurer d'un imbroglio juridique plus ou moins inextricable. Très souvent en effet, la garde à vue précède la rétention laquelle est elle-même suivie soit de l'éloignement, soit de la détention voire d'emprisonnement en cas de refus d'exécution de la première sanction citée. Deux circulaires ont été prises par le Ministre de l'intérieur le 06 juillet 2012 pour apporter les précisions nécessaires : le premier NOR INT K1207284C porte sur le *« placement en garde à vue des ressortissants étrangers en situation irrégulière et contrôle spécifique du titre de séjour ».* Signalons aussi que toute décision privative de liberté (la garde à vue, l'emprisonnement...) pour le seul motif tenant à l'irrégularité de la situation administrative d'un individu n'est pas conforme au droit communautaire non seulement si elle n'a pas préalablement été soumise à l'une des mesures coercitives de l'article 8 de la directive retour mais aussi et surtout si elle bloque ou retarde sa mise en application. Pour Forum réfugiés : *« En droit français, le placement en garde à vue n'est possible, en vertu des articles 62, 63 et 67 du Code de procédure pénal, qu'à l'occasion d'enquêtes sur les délits punis d'emprisonnement. En conséquence, seul le ressortissant étranger auquel la préfecture aura opposé les mesures coercitives prévues par la Directive puis retenu pour une durée légale maximale (45 jours) en Centre de rétention administrative, sans qu'aucune exécution physique de l'éloignement ne soit efficacement mise en œuvre, pourra faire l'objet d'un placement en garde à vue si un contrôle de son titre de séjour dévoile la situation irrégulière dans laquelle il se trouve »*[678]. Tout ceci peut

[678] Lire *« Actualités juridiques France »* dans *« le journal de Forum réfugiés n° 56 »*, Septembre 2012, P. 4.

sembler abscons surtout pour les non-initiés dans la mesure où, d'une part, c'est bien la non-présentation des documents de séjour valables qui l'a conduit en rétention. D'autre part, la garde à vue a une durée bien délimitée dans le temps. En définitive à quoi peut-elle servir une telle contorsion administrative si l'éloignement du territoire est tout simplement impossible à réaliser ? La seconde circulaire NOR INT K 1207283C est relative à la *« Mise en œuvre de l'assignation à résidence prévue par l'article L.561-2 du CESEDA en alternative au placement des familles en rétention administratives sur le fondement de l'article L.551-1 du même code »*. Son but étant de privilégier sérieusement les alternatives à la rétention des familles notamment en préférant l'assignation à résidence au nom de l'intérêt supérieur des enfants. Des améliorations somme toute intéressantes pour les personnes et familles ainsi concernées. La société civile a bien évidemment joué un rôle prépondérant dans l'élaboration de cette nouvelle normativité[679] plus humainement acceptable et surtout compatible avec les exigences irréductiblement imposées par les droits de l'homme en général et des sans-papiers déboutés du droit de l'apatridie ou pas.

Au niveau européen, selon Morten Kjaerum : *« La rétention d'une personne constitue une atteinte majeure à la liberté personnelle. Toute privation de liberté doit dès lors respecter les garanties établies pour prévenir toute rétention illicite et arbitraire. C'est également le cas lorsque la rétention est utilisée pour faciliter l'éloignement des migrants en situation irrégulière. Ainsi, si la rétention avant éloignement n'est pas en soi une violation de la législation en matière de droits de l'homme, elle peut le devenir, par exemple, lorsque ses motifs ne sont pas fixés dans la législation nationale de manière claire et exhaustive, ou lorsque la rétention ne respecte pas les règles de procédure ou de fond que prévoit la loi »*[680]. En vérité, mieux vaudrait éviter que la rétention ne se transforme en détention et

---

[679] A titre d'exemple le point de vue de Jacques Ribs et Pierre Henry de F.T.D.A dans *« Il faut changer le logiciel de la politique d'immigration »* sur www.Lemonde.fr, le 24.09.2010.

[680] Dans son introduction de l'ouvrage intitulé : *« Rétention des ressortissants de pays tiers dans le cadre des procédures de retour »*, Agence des droits fondamentaux de l'Union européenne, Office des publications de l'Union européenne, Luxembourg, 2011, 72 pages.

notamment en détention arbitraire. Rappelons les termes de l'article 66 de la Constitution française de 1958 : *« Nul ne peut être arbitrairement détenu. L'autorité judiciaire, gardienne de la liberté individuelle, assure le respect de ce principe dans les conditions prévues par la loi ».* L'affaire Hassen El Driri alias Soufi Karim permit à la CJUE d'apporter quelques éclaircissements sur la directive « retour » des immigrants irréguliers. Parfois les finalités de ce texte heurtent frontalement les législations nationales dès lors qu'elles infligent une peine d'emprisonnement à un ressortissant d'un pays tiers refusant de se conformer à l'ordre de quitter le territoire qui lui a été intimé. En effet : *« Une sanction pénale telle que celle prévue par la législation italienne est susceptible de compromettre la réalisation de l'objectif visant à instaurer une politique efficace d'éloignement et de rapatriement dans le respect des droits fondamentaux »*[681]. Le juge communautaire ne saurait l'entériner et en profite pour rappeler l'obligation de sa transposition.

Au niveau mondial : La détention constitue une grave préoccupation qu'elle vise aussi bien les apatrides déboutés que ceux n'ayant pas pu obtenir le droit d'entrer sur le territoire. Une telle idée commence à mobiliser de plus en plus au sein de la communauté internationale. Notons à propos que : *« 27. Les 11 et 12 mai 2011, une table ronde mondiale sur les alternatives à la détention des migrants, des réfugiés, des demandeurs d'asile et des apatrides a été organisée par le HCDH avec le concours du Haut-commissariat des Nations Unies pour les réfugiés (HCR). Elle a réuni les représentants des États, du HCDH, du HCR et d'autres organismes internationaux, des mécanismes, organes régionaux et institutions nationales de défense des droits de l'homme et des organisations non gouvernementales nationales et internationales »*[682]. Le but étant de faire un point sur les

---

[681] Cf. Affaire C-61/11 PPU, C.J.U.E, Communiqué de presse n° 40/11, Luxembourg, le 28/04/2011.

[682] Voir *« Protection des migrants »*, Rapport du Secrétaire général, A/66/253, 3 août 2011, P. 14. Pour approfondir le sujet, lire *« Ensemble de principes pour la protection de toutes les personnes soumises à une forme quelconque de détention ou d'emprisonnement »*, Assemblée générale, O.N.U. Adoption du 9/12/1988. Idem : *« Protection des migrants, Rapport du Secrétaire général »* A/66/253, 3 août 2011. Des mesures substitutives à la détention y ont été

résultats de la réunion sur *« les migrants en centres de détention »* tenue pendant la douzième session du Conseil des droits de l'homme. Pour le clandestin dont le pays d'origine est aisément identifié, s'ensuit généralement l'application de la mesure d'éloignement. Or le rapatriement forcé des demandeurs non seulement d'asile mais aussi du statut d'apatridie encore moins des déboutés n'est pas du tout la solution[683]. Comme l'avait pointé l'Organisation Suisse d'Aide aux Réfugiés (OSAR) : *« Etre rapatrié de force ne signifie pas que les réfugiés possèdent les documents d'identité nécessaires pour avoir accès aux services sociaux, médicaux, etc. Si une personne n'a pas d'acte de naissance, elle ne peut même pas prouver son existence. Sans ce type de document, les rapatriés ne peuvent pas obtenir de passeport et sont considérés comme apatrides. Nombre de Roms ne savent pas vers qui se tourner pour obtenir ces papiers »*[684]. N'est-il pas de bon aloi de régler définitivement le problème des apatrides au lieu de le déplacer ainsi continuellement ? L'association H.R.W s'était émue des résultats de ce type de démarches à la fois inefficaces et stériles : *« Les Roms, Ashkalis et Egyptiens (RAE) déportés au Kosovo sont confrontés à de nombreux obstacles à leurs droits humains fondamentaux, notamment le manque d'accès aux documents personnels ; l'apatridie ; les difficultés de reprise de possession de leurs biens ou d'obtention de logements ; les difficultés d'accès à l'éducation, aux soins médicaux, à l'emploi et à la protection sociale ; et la séparation des membres de famille. Certains déportés laissent derrière eux leurs conjoints et leurs enfants, en particulier s'ils sont mariés à des ressortissants étrangers et sont de nationalité différente à celle de leurs enfants, ce qui interfère avec leur droit à la vie familiale. Nombre d'entre eux sont également dénués de papiers d'identité, qui*

---

vigoureusement promues lors de la *« Conférence sur les droits fondamentaux 2011 »* intitulée *« Dignité et droits des migrants en situations irrégulière »* tenue à Varsovie en Pologne du 21 au 22/11/2011 et organisée par l'Agence des droits fondamentaux.

683 Sur les différents types de mesures permettant le renvoi des étrangers, lire *« Expulsions, renvois forcés, reconduites à la frontière, retour volontaire… »* dans *« Les étrangers, criminalisés, enfermés et expulsés »* tiré de *« Migrations : état des lieux 2012 »*, La Cimade, Paris, 2012, P. 66.

684 Dans *« Kosovo : le rapatriement des Roms »*, Mise à jour de l'analyse-pays de l'OSAR, Rainer Mattern, Berne, 21 octobre 2009, P. 13.

sont indispensables pour de nombreuses activités, notamment l'inscription en tant que citoyen et le vote, ce qui peut dans certains cas conduire à l'apatridie de facto. Beaucoup d'enfants déportés sont également incapables de participer pleinement à l'école parce qu'ils ne parlent pas assez couramment l'albanais ou le serbe, et ils luttent avec différents programmes d'études et pour que leurs certificats d'études étrangers soient reconnus »[685]. Le retour au statut quo ante est un véritable échec à tout point de vue. D'abord pour le débouté qui aura vainement tenté non seulement de sortir du « monde des ténèbres et des ombres » mais aussi de quitter son « état de caverne » (Hannah Arendt, *« Les origines du Totalitarisme » 1951*). Ensuite pour l'Etat d'accueil qui a nié l'existence d'une incommensurable injustice. Préférant ainsi faire le choix de l'évitement, là où apporter la solution individuelle conformément à la légalité internationale aurait permis de simplifier les choses : une sortie bien méritée de l'ornière pour la victime. Enfin pour la communauté internationale incapable d'imposer une réponse idoine à ce problème grave et persistant alors qu'il est susceptible de traitement efficient. Sans solution, notre infortuné repartira forcément dans de nouvelles aventures faites de risques et périls à défaut de recourir à la régulation administrative. Du coup, la suggestion du Commissaire aux droits de l'homme devient plus réaliste : *« Une autre réalité doit être reconnue : une grande proportion des migrants irréguliers resteront en Europe et ne seront pas – ou ne pourront être – renvoyés dans leur pays d'origine. Dans certains cas, ce fait tient à ce que l'expulsion constituerait un refoulement, lequel est interdit par le droit international. Dans d'autres, l'expulsion ne serait pas réaliste, car la nationalité ou l'identité est incertaine, ou parce que le pays d'origine présumé refuse de coopérer. Dans d'autres cas encore, il s'agit de migrants apatrides qui n'ont donc pas de pays où retourner. Cela soulève la question de la régularisation – décision du gouvernement de légaliser la présence de certains migrants irréguliers. Une telle mesure n'implique pas un renoncement quelconque à la souve-*

[685] Voir *Human Rights Watch* dans *« Droits « déplacés » Retours forcés au Kosovo de Roms, d'Ashkalis et d'Égyptiens en provenance d'Europe occidentale »*, résumé, Octobre 2010, P. 2.

raineté nationale de l'Etat, ni à son droit de contrôle des frontières nationales. C'est un acte volontaire, comparable à l'amnistie, par lequel l'Etat décide délibérément de fermer les yeux sur la violation des règles d'immigration dans des cas limités et spécifiques. La régularisation est une question controversée que l'Assemblée parlementaire du Conseil de l'Europe a néanmoins eu le mérite de soulever. Je recommande aux Etats membres de réagir positivement à cette initiative et de considérer ces programmes de régularisation comme des moyens de protéger la dignité et les droits individuels de personnes qui constituent un groupe particulièrement vulnérable »[686]. L'idée peut paraître triviale, mais elle relève strictement du bon sens. Le *« Pacte européen sur l'immigration et l'asile »* adopté le 15 octobre 2008 ne reconnait-il la possibilité d'une régularisation au cas par cas pour motif non seulement économique, mais aussi humanitaire[687] ? En vérité le droit, la politique voire même la morale devraient cheminer ensemble pour imposer indiscutablement soit la protection soit la régularisation comme solutions à la fois raisonnables, justes et définitives.

---

[686] Cf. *« Droits de l'homme en Europe : la complaisance n'a pas sa place, Points de vue de Thomas Hammarberg, Commissaire aux droits de l'homme du Conseil de l'Europe »*, Editions du Conseil de Europe, Strasbourg, Octobre 2011, P. 96-97.

[687] Lire *« La régularisation comme instrument de politique de migration, Régulariser l'irrégularité ». « Des enfants d'abord et avant tout, Un guide pour faire valoir les droits des enfants et des familles en situation irrégulière »*, Rapport PICUM, Bruxelles, 2013, P. 108 à 119.

Conclusion

Citons de nouveau Thomas Hammarberg : *« Ne pas avoir de nationalité, c'est être marginalisé, ne pas trouver sa place. De nombreux apatrides ne peuvent guère se faire entendre et sont souvent réduits au silence par la peur de la discrimination. Il est essentiel que les gouvernements, les ombudsmans, les associations nationales de défense des droits de l'homme et les organisations non gouvernementales se mobilisent en faveur de leurs droits »*[688]. D'où l'utilité de faire de manière lapidaire les quelques recommandations suivantes :

Au niveau mondial

La communauté des « nations civilisées » ne peut continuer ainsi à faire litière d'une cause si obsédante. Les grandes puissances doivent impérativement montrer l'exemple en adoptant, là où elles n'existent pas, des procédures simples et équitables. Là où elles avaient été consacrées et où elles sont toujours obscures, les amender tout en observant scrupuleusement l'obligation de publicité qui doit entourer toute législation. Les pays développés doivent avant tout réellement montrer leur intérêt pour le sujet non seulement en adoptant des politiques nationales complètes et congruentes, mais aussi en mettant en place des institutions administratives et/ou judiciaires requises. Les solutions universelles proposées à travers les deux conven-

---

688 Dans un article intitulé *« Des centaines de milliers d'apatrides en Europe ont besoin d'une protection supplémentaire »* posté sur son blog le 02/08/2011. Idem dans : *« Droits de l'homme en Europe : la complaisance n'a pas sa place, Points de vue de Thomas Hammarberg, Commissaire aux droits de l'homme du Conseil de l'Europe »*, Editions du Conseil de Europe, Strasbourg, Octobre 2011, P. 212.

tions abondamment citées et l'attribution des compétences générales à le H.C.R ne semblent pas produire les résultats escomptés. Ne faut-il pas que les Nations Unies se réapproprient effectivement ce paradigme en proposant un cadre qui soit véritablement stratégique ? Une vibrante diplomatie mondiale en faveur des apatrides associée à une vigoureuse ingénierie du H.C.R, telles sont les conditions minimales de succès.

Au niveau régional

Au sein de l'U.E se fait d'abord sentir le besoin pressant d'adopter une politique particulière et pleinement assumée en la matière. Elle doit ensuite veiller à ce qu'une harmonisation se fasse entre ses Etats membres en cas d'incohérences, de contrariétés voire de contradictions dans les différentes législations nationales. L'absence de normes minimales spécifiques à l'instar de celles qui s'appliquent aux demandeurs d'asile laisse très clairement apparaître le défaut d'une réelle et efficace prise en compte de cette catégorie de migrations forcées. Pour la terre d'élection des droits de l'homme qu'est l'Europe, le statut juridique de la personne en demande de protection internationale au titre de la convention de 1954 relève immanquablement d'un autre siècle. Certes, comme l'avait rappelé Jean-Yves Carlier : *« La Convention de Genève « relative au statut des réfugiés » trouve son origine dans une « étude sur l'apatridie » réalisée en 1949 par le Secrétaire général des Nations unies, à la demande du Comité économique et social. L'étude sera finalement titrée « Apatrides et réfugiés » aux motifs que « la grande majorité des personnes apatrides est à présent réfugiée »*[689]. Malheureusement l'U.E, à travers la directive 2004/83/CE du 29 avril 2004, est restée sur cette sorte de loi d'airain. Sa refonte introduite par la directive 2011/95/UE du Parlement Européen en date du 13/12/2011 n'a, de ce point de vue, modifié ni son économie ni son équilibre. Alors qu'aujourd'hui, c'est tout le

[689] Dans *« L'adoption de la Convention de Genève de 1951 »* tiré de *« 60 ans de protection internationale »*, Pro Asile, Revue France terre d'asile, numéro spécial 22, Paris, 2012, P. 6.

contraire qu'il sied de faire notamment parce que la plupart des apatrides ne sont plus toujours des réfugiés. L'U.E devrait par conséquent rompre ce lien ombilical en sortant de sa logique si endurcie car elle a une forte propension à oublier volontairement ou pas que tous les apatrides ne demandent pas systématiquement le statut de réfugié. Comment, dans ces conditions, ne pas reconnaître la pertinence de la conclusion à laquelle était parvenu Jean-Yves Carlier ? *« La question des apatrides qui fut à l'origine de la Convention de Genève mériterait aujourd'hui des développements juridiques plus conséquents qui pourraient, comme la question des protections de groupe, se construire de façon plus adaptée dans les cadres régionaux »* affirmait-il[690]. L'effort sine qua non ne consisterait-il pas, aussi bien pour l'U.E que pour les autres organisations, à adhérer aux deux conventions phares étudiées ?[691] Un acte avec une si forte connotation symbolique ne serait-il pas une garantie supplémentaire pour toutes les personnes en situation d'apatridie ? N'est-ce pas une contrainte additionnelle pour les Etats membres des O.I.R ? Dans tous les cas, la problématique de l'apatridie ne peut plus rester en l'état et doit absolument faire l'objet d'un traitement différent et plus engagé. C'est une véritable obligation de résultat pour l'U.E ainsi que ses consœurs jusque-là caractérisées par une absence de volontarisme politique. La conformité d'un nouvel élan avec l'approche globale pour les migrations ne fait pas de doute : *« Les droits humains des migrants sont une question transversale, qui concerne les quatre piliers de l'AGMM. Il convient d'accorder une attention particulière à la protection et à l'autonomisation des migrants vulnérables, tels que les mineurs non accompagnés, les demandeurs d'asile, les apatrides et les victimes de la traite des êtres humains. Bien souvent, cette question revêt également une importance prioritaire pour les pays d'origine des mi-*

---

[690] Jean-Yves Carlier dans *« L'adoption de la Convention de Genève de 1951 »* Op cit, P. 8.

[691] A titre d'information sur les conséquences de *« L'adhésion de l'Union européenne à la Convention européenne de sauvegarde des droits de l'homme et des libertés fondamentales »*, relire l'introduction de Jean-Marc Sauvé (vice-président du Conseil d'Etat de France) à la table ronde organisée par le Conseil des barreaux européens en date du vendredi 20 mai 2011 au Luxembourg.

grants. Le respect de la Charte des droits fondamentaux de l'UE est un élément essentiel des politiques de l'Union en matière de migrations. L'impact que les initiatives prises dans le contexte de l'AGMM peuvent avoir sur les droits fondamentaux devra faire l'objet d'une évaluation approfondie... ». En se tournant vers l'extérieur, son message paraît galvanisant : *« L'UE devrait également encourager les pays tiers à régler la question des personnes apatrides, qui constituent un groupe particulièrement vulnérable, en adoptant des mesures destinées à réduire l'apatridie »*[692]. Le cadre théorique est déjà élaboré, reste à le matérialiser par une politique régionale à la fois adaptée et salutaire. Elle doit enfin effectivement intégrer la problématique de l'apatridie dans sa politique extérieure en astreignant les autres acteurs internationaux à l'instar de l'U.A à sortir de l'hypocrisie, du mutisme voire de la cécité savamment entretenus. Parce qu'elle a pris beaucoup trop de retard, l'O.I panafricaine partira forcément de très loin comparée à tous ses partenaires. L'évitement sempiternel est inacceptable voire insoutenable de nos jours. Du côté du Conseil de l'Europe, beaucoup d'efforts restent à faire notamment sur l'effectivité des textes contraignants en matière de droits de l'homme, de nationalité et d'apatridie. Des missions opérationnelles de toutes les O.I.R en complément des actions du HCR produiront à terme des effets bénéfiques certains.

Au niveau des États

Tous les Etats se doivent être plus sensibles aux interrogations soulevées par l'apatridie. L'adhésion aux deux conventions examinées s'impose pour ceux d'entre eux qui n'ont pas encore franchi le Rubicon. L'application satisfaisante desdits textes est requise pour ceux qui les ont déjà signés et ratifiés. Le Royaume-Uni vient de s'y résoudre avec l'entrée en vigueur le 06/04/2013 de la procédure officielle d'identification

[692] Dans *« communication de la commission au parlement européen, au conseil, au comité économique et social européen et au comité des régions, approche globale de la question des migrations et de la mobilité, commission européenne »*, Bruxelles, le 18.11.2011 com (2011) 743 final, P. 8 et 21.

puis de protection des apatrides. Dans les deux cas, les Etats doivent garantir de façon effective les droits non seulement des demandeurs du statut, mais aussi ceux de tous les migrants y compris des sans-papiers parmi lesquels les apatrides non reconnus. Partout, la réévaluation des droits des personnes sous protection est impérieuse car très souvent l'accès aux droits ne semble pas systématiquement acquis même après obtention du statut. L'occasion de soutenir pleinement les aspirations et diverses autres doléances du H.C.R extraites de sa *« Note d'orientation supplémentaire visant à appuyer le processus d'engagement de la part des Etats »* (mai 2011) à savoir : *« - identifier les apatrides sur leur territoire ; - prévenir l'apatridie à travers la révision des lois sur la nationalité et leur mise en œuvre ; - réduire les cas d'apatridie sur leurs territoires ; - améliorer la protection des apatrides »*. Les pays développés doivent parallèlement être plus disposés à accepter la réinstallation des réfugiés apatrides comme moyen de répartition équitable de la charge et de la responsabilité internationales. La prise en compte des apatrides dans tous les accords internationaux et pas seulement bilatéraux sur les migrations est une ardente obligation. Ils ont plus souvent été oubliés alors que leur particularité devrait instinctivement être considérée à la lumière des droits de l'homme. Sous ce prisme, la révision des accords de gestion concertée des migrations doit devenir un des instruments de la nouvelle politique étatique.

Au niveau de la France

Des évolutions sont possibles sur le plan purement administratif. Par exemple, l'Ofpra doit d'office transmettre à sa division chargée des apatrides les dossiers de demandes d'asile ayant fait l'objet de rejet et dans lesquelles des problèmes liés à la nationalité existent ouvrant en théorie la possibilité d'un statut au titre de l'apatridie. Il s'agit en d'autres termes d'étendre à l'apatridie le principe en vigueur depuis 2004 du guichet unique. Dans ces conditions, le temps d'un recours devant la CNDA n'empêchera nullement le traitement parallèle de la demande au titre de l'apatridie par un autre de ses services. Ce système aura au moins l'avantage de permettre au demandeur qui n'en est pas informé d'entrer dans un autre dispositif de reconnaissance de statut qu'il n'aurait pas pu solliciter intuitivement faute d'informations. La Patrie des droits de l'homme ne peut accepter la condition actuelle du demandeur du statut d'apatridie. Une situation tellement intolérable qu'elle heurte les principes ainsi que les valeurs de toute société démocratique. Des efforts doivent impérativement être fournis en vue de proposer une vraie prise en charge sociale de la personne sollicitant la protection internationale au titre de l'apatridie. La France ne saurait ainsi continuer à afficher son indifférence en refusant de mettre en place un vrai statut juridique pour ce demandeur si atypique. Sa condition sociale froisse manifestement la dignité humaine, une notion du reste de plus en plus utilisée. Mais que recouvre-t-elle exactement ? Pour J-M. Sauvé, elle est : *« un attribut du genre humain dans son ensemble qui protège la personne humaine contre tout projet de négation, d'asservissement, voire de manipulation et assigne des limites à sa liberté. Elle semble bien être un principe que l'on pourrait qualifier de « matriciel » ou de « focal ». En elle convergent ou d'elle procèdent bien d'autres principes fondamentaux : le droit à la vie, la protection contre les traitements inhumains et dégradants, l'intégrité de la personne, la protection de l'intimité, la liberté et l'égalité sous toutes leurs formes et même les droits sociaux... C'est parce que nous avons une certaine vision de cette dignité que de tels droits sont inscrits dans nos textes fondamentaux et consacrés par le juge. La dignité humaine donne à l'ensemble de ces principes unité, cohérence et dynamisme... Dans la panoplie des droits fondamentaux, la dignité de la personne humaine est un surplus et un supplément, sinon d'âme, du moins de vision de ces droits. Elle ne saurait se transmuer ou se dégrader en amputation ou en substitut »*[693]. Les avancées susceptibles d'être enregistrées sur cette voie ne pourront valablement se limiter aux changements législatifs ou réglementaires internes. D'où la nécessité d'une action présen-

[693] Dans sa présentation du vendredi 27 novembre 2009 sur *« Dignité humaine et juge administratif »* lors des *« Rencontres européennes de Strasbourg »*. Ce Colloque avait été organisé à l'occasion du 90ème anniversaire de la création du Tribunal administratif de Strasbourg, P. 10.

tant une certaine extranéité pour les conforter. En pratique, la France doit successivement ratifier la Convention de 1961 sur la réduction des cas d'apatridie ainsi que la Convention du Conseil de l'Europe sur la nationalité de 1997 considérée à juste titre comme *« le code européen sur la nationalité »*[694]. Entre autres propositions, celle soutenue par Pierre Henry (Directeur général de F.T.D.A) lequel conseille activement d' : *« intégrer les discussions sur l'apatridie au niveau de l'Union européenne et dans le « paquet asile ». Il faut également créer un dispositif spécialisé d'identification des cas d'apatridie et d'aide à la constitution des dossiers »*[695]. Effectivement, la France doit porter ce débat au niveau européen, mais il serait opportun de ne pas l'inclure dans le paquet l'asile car le sujet relève d'une autre protection. Mieux encore, il s'agit d'une protection à part entière. La maintenir dans la rubrique de l'asile comme c'est déjà le cas aujourd'hui, c'est en définitive requérir le statut-quo. Une configuration insusceptible de garantir des avancées en droit. Les attentes du H.C.R doivent être relayées par les Etats estime Philippe Leclerc tout en espérant : *« pouvoir compter sur le soutien de la France à travers la ratification prochaine de la Convention [de 1961] et par le soutien qu'elle pourra apporter aux autres États à travers la systématisation de l'enregistrement des naissances et l'aide apportée aux États qui s'engagent à résoudre les graves situations d'apatridie auxquels ils sont confrontés »*[696]. Sur ce versant, des progrès sont franchement plus que souhaitables pour ne pas dire indispensables. A l'instar de la date du 20 juin pour les réfugiés, la France pourrait proposer « une journée mondiale de lutte contre l'apatridie » en vue d'afficher sa solidarité avec les victimes. Une initiative internationale symboliquement forte ayant le mérite d'accentuer la visibilité de ceux qui existent sans jamais être vus auprès de ceux qui les regardent sans les voir.

[694] Cf. L'avant-propos des actes de la *« 1re conférence européenne sur la nationalité, « tendances et développement en droit interne et international sur la nationalité »*, Strasbourg, 18-19 octobre 1999, P. 5.

[695] Lors de son interview à Radio France Internationale en date du 07/12/2011.

[696] Lire *« Pour une véritable mobilisation pour réduire l'apatridie et protéger les apatrides »*, Notes de l'observatoire – numéro 9 – Décembre 2011, P. 9.

Les sociétés civiles

L'aveu du H.C.R est très explicite : *« Une faible prise de conscience dans le public du problème de l'apatridie a engendré des faiblesses au niveau des réponses concrètes aux situations d'apatridie et aux problèmes des apatrides »*[697]. Les personnes apatrides semblent lutter seules sans un véritable appui aussi bien des différentes associations nationales (y compris dans les pays développés) que de la société civile internationale. La prise en compte de ce paramètre par les O.N.G est extrêmement timide là où il aurait mieux valu justement en faire plus. Combien sont-elles à s'activer et à se déployer totalement sur ce terrain ? Quelques rares exemples sont à suivre à l'instar du *Central Tibetan Administration* qui : *« espère ainsi, en partant de l'exemple de la population tibétaine, démontrer qu'il est urgent d'accorder de l'attention aux problèmes auxquels sont confrontées les personnes « sans-papiers », en particulier le problème des apatrides ou celui de l'éventuelle impossibilité d'éloignement »*[698]. Grosso modo, leur surveillance de ce point de vue est défaillante et leur action forcément famélique. Un enchainement induisant sûrement une baisse du niveau d'exigence vis à vis des Etats. La massification de leurs activités autour de ce paradigme est cruciale face à la déshumanisation de plus en plus croissante qui menace aussi bien les migrants sans-papiers que les individus se trouvant dans un état objectivé d'apatridie. Aussi bien individuellement que collectivement, chacun d'entre nous en son âme et conscience a le devoir et bien plus encore l'obligation d'œuvrer dans la lutte contre l'apatridie, une négation intolérable de l'humanité.

---

697 Cf. *« Dialogue du haut commissaire de 2010 sur les défis de protection, document de base, lacunes et réponses de protection »*, Unhcr, 60è anniversaire, 2010, P. 11.

698 Cité dans : *« Migrations rapport annuel 2010 centre pour l'égalité des chances et la lutte contre le racisme »*, Bruxelles, Avril 2011, P. 109.

Annexes

Bibliographie sommaire

Lire le Magazine *« Réfugiés »*, n° 147, Volume, 3, Edition spéciale intitulée : *« L'univers étrange et mal connu des apatrides, les exclus »*, Unhcr, Genève, 2007, 32 pages.

« Nationalité et apatridie, guide pour les parlementaires », Union Interparlementaire (UIP), HCR, 2005, 69 p.p.

« Le monde des apatrides, Questions et réponses », Unhcr, Genève, 2006, 16 pages.

« Migrations forcées » n° 32, intitulé *« Apatrides, pas d'identité légale. Peu de droits. Cachés aux marges de la société »*, Centre d'études sur les réfugiés, université d'Oxford, Mai 2009, P. 4 à 6.

Les rapports sur les activités de l'O.F.P.R.A.

« Activités du H.CR dans le domaine de l'apatridie : Rapport intérimaire », EC/53/SC/CRP.11, Comité exécutif du programme du Haut-commissaire, 3 juin 2003, p.1.

« Neuf millions de fantômes, Sans pays, sans domicile légal, sans identité officielle : la non-existence des apatrides » tiré de l'article intitulé « Les nouveaux défis de la protection » dans le Magazine *« réfugiés »*, Unhcr, Genève, volume 3, numéro 132, 2003, P. 12-13.

Anafé dans *« Guide théorique et pratique La procédure en zone d'attente »*, Paris, Janvier 2013. & dans *« Zones d'ombre à la frontière, Rapport annuel 2011, Observations et interventions de l'Anafé dans les zones d'attente »*, Paris, Décembre 2012, 49 pages.

C-A. Chassin : *« Panorama du droit français de l'apatridie »*, Revue Française de Droit Administratif, 2003 p. 324.

Ryszard Cholewinski dans l'*« Etude des obstacles à l'accès effectif des migrants irréguliers aux droits sociaux minimaux »,* Editions du Conseil de l'Europe, Strasbourg, décembre 2005, P. 38.

Ouvrages généraux

Dominique Schnapper avec la collaboration de Christian Bachelier dans *« Qu'est-ce que la citoyenneté » ?,* Paris, Folio actuel, Paris, 2000, 320 pages.

Yves Beigbeder dans *« Le Haut Commissariat des Nations Unies pour les Réfugiés »,* Que-sais-je n° 3489, Paris, Puf, 1999, 127 pages.

Anicet Le Pors *« Juge de l'asile »*, Paris, Michel Houdiard éditeur, 2010, P. 162.

« Sans papiers, mais pas sans droits », Gisti, Paris, 5è édition, 2009, 76 pages.

« Rétention des ressortissants de pays tiers dans le cadre des procédures de retour », Agence des droits fondamentaux de l'Union européenne, Office des publications de l'Union européenne, Luxembourg, 2011, 72 pp.

Convention de New-York du 28 septembre 1954 relative au statut des apatrides

Adoptée le 28 septembre 1954 par une conférence de plénipotentiaires réunie en application des dispositions de la résolution 526 A (XVII) du Conseil économique et social en date du 26 avril 1954.

Préambule

Les Hautes Parties contractantes, Considérant que la Charte des Nations Unies et la Déclaration universelle des droits de l'homme approuvée le 10 décembre 1948 par l'Assemblée générale des Nations Unies ont affirmé le principe que les êtres humains, sans discrimination, doivent jouir des droits de l'homme et des libertés fondamentales,

Considérant que l'Organisation des Nations Unies a, à plusieurs reprises, manifesté la profonde sollicitude qu'elle éprouve pour les apatrides et qu'elle s'est préoccupée d'assurer à ceux-ci l'exercice le plus large possible des droits de l'homme et des libertés fondamentales,

Considérant que seuls les apatrides qui sont aussi des réfugiés peuvent bénéficier de la Convention du 28 juillet 1951 relative au statut des réfugiés et qu'il existe de nombreux apatrides auxquels ladite Convention n'est pas applicable,

Considérant qu'il est désirable de régler et d'améliorer la condition des apatrides par un accord international,

Sont convenues des dispositions ci-après : Chapitre premier, Dispositions générales,

Article premier – Définition du terme "apatride"

1. Aux fins de la présente Convention, le terme "apatride" désigne une personne qu'aucun Etat ne considère comme son ressortissant par application de sa législation.

2. Cette Convention ne sera pas applicable :

i) Aux personnes qui bénéficient actuellement d'une protection ou d'une assistance de la part d'un organisme ou d'une institution des Nations Unies autre que le Haut Commissariat des Nations Unies pour les réfugiés, tant qu'elles bénéficieront de ladite protection ou de ladite assistance ;

ii) Aux personnes considérées par les autorités compétentes du pays dans lequel ces personnes ont établi leur résidence comme ayant les droits et les obligations attachés à la possession de la nationalité de ce pays ;

iii) Aux personnes dont on aura des raisons sérieuses de penser : a) Qu'elles ont commis un crime contre la paix, un crime de guerre ou un crime contre l'humanité, au sens des instruments internationaux élaborés pour prévoir des dispositions relatives à ces crimes ;

b) Qu'elles ont commis un crime grave de droit commun en dehors du pays de leur résidence avant d'y être admises ; c) Qu'elles se sont rendues coupables d'agissements contraires aux buts et aux principes des Nations Unies.

Article 2 – Obligations générales

Tout apatride a, à l'égard du pays où il se trouve, des devoirs qui comportent notamment l'obligation de se conformer aux lois et règlements ainsi qu'aux mesures prises pour le maintien de l'ordre public.

Article 3 – Non-discrimination

Les Etats contractants appliqueront les dispositions de cette Convention aux apatrides sans discrimination quant à la race, la religion ou le pays d'origine.

Article 4 – Religion

Les Etats contractants accorderont aux apatrides sur leur territoire un traitement au moins aussi favorable que celui accordé aux nationaux en ce qui concerne la liberté de pratiquer leur religion et en ce qui concerne la liberté d'instruction religieuse de leurs enfants.

Article 5 – Droits accordés indépendamment de cette Convention

Aucune disposition de cette convention ne porte atteinte aux autres droits et avantages accordés, indépendamment de cette Convention, aux apatrides.

Article 6 – L'expression "dans les mêmes circonstances"

Aux fins de cette Convention, les termes "dans les mêmes circonstances" impliquent que toutes les conditions (et notamment celles qui ont trait à la durée et aux conditions de séjour ou de résidence) que l'intéressé devrait remplir pour pouvoir exercer le droit en question, s'il n'était pas un apatride, doivent être remplies par lui, à l'exception des conditions qui, en raison de leur nature, ne peuvent pas être remplies par un apatride.

Article 7 – Dispense de réciprocité

1. Sous réserve des dispositions plus favorables prévues par cette Convention, tout Etat contractant accordera aux apatrides le régime qu'il accorde aux étrangers en général.
2. Après un délai de résidence de trois ans, tous les apatrides bénéficieront, sur le territoire des Etats contractants, de la dispense de réciprocité législative.
3. Tout Etat contractant continuera à accorder aux apatrides les droits et avantages auxquels ils pouvaient déjà prétendre, en l'absence de réciprocité, à la date d'entrée en vigueur de cette Convention pour ledit Etat.
4. Les Etats contractants envisageront avec bienveillance la possibilité d'accorder aux apatrides, en l'absence de réciprocité, des droits et des avantages outre ceux auxquels ils peuvent prétendre en vertu des paragraphes 2 et 3, ainsi que la possibilité de faire bénéficier de la dispense de réciprocité des apatrides qui ne remplissent pas les conditions visées aux paragraphes 2 et 3.
5. Les dispositions des paragraphes 2 et 3 ci-dessus s'appliquent aussi bien aux droits et avantages visés aux articles

13, 18, 19, 21 et 22 de cette Convention qu'aux droits et avantages qui ne sont pas prévus par elle.

Article 8 – Dispense de mesures exceptionnelles

En ce qui concerne les mesures exceptionnelles qui peuvent être prises contre la personne, les biens ou les intérêts de ressortissants ou des anciens ressortissants d'un Etat déterminé, les Etats contractants n'appliqueront pas ces mesures à un apatride uniquement parce qu'il a possédé la nationalité de l'Etat en question. Les Etats contractants qui, de par leur législation, ne peuvent appliquer le principe général consacré dans cet article accorderont dans des cas appropriés des dispenses en faveur de tels apatrides.

Article 9 – Mesures provisoires

Aucune des dispositions de la présente Convention n'a pour effet d'empêcher un Etat contractant, en temps de guerre ou dans d'autres circonstances graves et exceptionnelles, de prendre provisoirement à l'égard d'une personne déterminée les mesures que cet Etat estime indispensables à la sécurité nationale, en attendant qu'il soit établi par ledit Etat contractant que cette personne est effectivement un apatride et que le maintien desdites mesures est nécessaire à son égard dans l'intérêt de la sécurité nationale.

Article 10 – Continuité de résidence

1. Lorsqu'un apatride a été déporté au cours de la deuxième guerre mondiale et transporté sur le territoire de l'un des Etats contractants et y réside, la durée de ce séjour forcé comptera comme résidence régulière sur le territoire.

2. Lorsqu'un apatride a été déporté du territoire d'un Etat contractant au cours de la deuxième guerre mondiale et y est retourné avant l'entrée en vigueur de cette Convention pour y établir sa résidence, la période qui précède et celle qui suit cette déportation seront considérées, à toutes les fins pour lesquelles une résidence ininterrompue est nécessaire, comme ne constituant qu'une seule période ininterrompue.

Article 11 – Gens de mer apatrides

Dans le cas d'apatrides régulièrement employés comme membres de l'équipage à bord d'un navire battant pavillon d'un Etat contractant, cet Etat examinera avec bienveillance la possibilité d'autoriser lesdits apatrides à s'établir sur son territoire et de leur délivrer des titres de voyage ou de les admettre à titre temporaire sur son territoire, afin notamment de faciliter leur établissement dans un autre pays.

Chapitre II, Condition juridique

Article 12 – Statut personnel

1. Le statut personnel de tout apatride sera régi par la loi du pays de son domicile ou, à défaut de domicile, par la loi du pays de sa résidence.

2. Les droits précédemment acquis par l'apatride et découlant du statut personnel, et notamment ceux qui résultent du mariage, seront respectés par tout Etat contractant, sous réserve, le cas échéant, de l'accomplissement des formalités prévues par la législation dudit Etat, étant entendu, toutefois, que le droit en cause doit être de ceux qui auraient été reconnus par la législation dudit Etat si l'intéressé n'était devenu apatride.

Article 13 – Propriété mobilière et immobilière

Les Etats contractants accorderont à tout apatride un traitement aussi favorable que possible et, de toute façon, un traitement qui ne soit pas moins favorable que celui qui est accordé, dans les mêmes circonstances, aux étrangers en général en ce qui concerne l'acquisition de la propriété mobilière et immobilière et autres droits s'y rapportant, le louage et les autres contrats relatifs à la propriété mobilière et immobilière.

Article 14 – Propriété intellectuelle et industrielle

En matière de protection de la propriété industrielle, notamment d'inventions, dessins, modèles, marques de fabrique, nom commercial, et en matière de protection de la propriété littéraire, artistique et scientifique, tout apatride bénéficiera dans le pays où il a sa résidence habituelle de la protection qui est accordée aux nationaux dudit pays. Dans le territoire de l'un quelconque des autres Etats contractants, il bénéficiera de la protection qui est accordée dans ledit territoire aux nationaux du pays dans lequel il a sa résidence habituelle.

Article 15 – Droit d'association

Les Etats contractants accorderont aux apatrides qui résident régulièrement sur leur territoire, en ce qui concerne les associations à but non politique et non lucratif et les syndicats professionnels, un traitement aussi favorable que possible et, de toute façon, un traitement qui ne soit pas moins favorable que celui qui est accordé, dans les mêmes circonstances, aux étrangers en général.

Article 16 – Droit d'ester en justice

1. Tout apatride aura, sur le territoire des Etats contractants, libre et facile accès devant les tribunaux.
2. Dans l'Etat contractant où il a sa résidence habituelle, tout apatride jouira du même traitement qu'un ressortissant en ce qui concerne l'accès aux tribunaux, y compris l'assistance judiciaire et l'exemption de la caution judicatum solvi.
3. Dans les Etats contractants autres que celui où il a sa résidence habituelle et en ce qui concerne les questions visées au paragraphe 2, tout apatride jouira du même traitement qu'un ressortissant du pays dans lequel il a sa résidence habituelle.

Chapitre III, Emplois lucratifs

Article 17 – Professions salariées

1. Les Etats contractants accorderont à tout apatride résidant régulièrement sur leur territoire un traitement aussi favorable que possible et, de toute façon, un traitement qui ne soit pas moins favorable que celui qui est accordé, dans les mêmes circonstances, aux étrangers en général en ce qui concerne l'exercice d'une activité professionnelle salariée.

2. Les Etats contractants envisageront avec bienveillance l'adoption de mesures tendant à assimiler les droits de tous les apatrides en ce qui concerne l'exercice des professions salariées à ceux de leurs nationaux, et ce notamment pour les apatrides qui sont entrés sur leur territoire en application d'un programme de recrutement de la main-d'œuvre ou d'un plan d'immigration.

Article 18 – Professions non salariées

Les Etats contractants accorderont aux apatrides se trouvant régulièrement sur leur territoire un traitement aussi favorable que possible et, de toute façon, un traitement qui ne soit pas moins favorable que celui qui est accordé, dans les mêmes circonstances, aux étrangers en général, en ce qui concerne l'exercice d'une profession non salariée dans l'agriculture, l'industrie, l'artisanat et le commerce, ainsi que la création de sociétés commerciales et industrielles.

Article 19 – Professions libérales

Tout Etat contractant accordera aux apatrides résidant régulièrement sur son territoire, qui sont titulaires de diplômes reconnus par les autorités compétentes dudit Etat et qui sont désireux d'exercer une profession libérale, un traitement aussi favorable que possible et, de toute façon, un traitement qui ne soit pas moins favorable que celui qui est accordé, dans les mêmes circonstances, aux étrangers en général.

Chapitre IV, Avantages sociaux

Article 20 – Rationnement

Dans le cas où il existe un système de rationnement auquel est soumise la population dans son ensemble et qui réglemente la répartition générale de produits dont il y a pénurie, les apatrides seront traités comme les nationaux.

Article 21 – Logement

En ce qui concerne le logement, les Etats contractants accorderont, dans la mesure où cette question tombe sous le coup des lois et règlements ou est soumise au contrôle des autorités publiques, aux apatrides résidant régulièrement sur leur territoire un traitement aussi favorable que possible et, de toute façon, un traitement qui ne soit pas moins favorable que celui qui est accordé, dans les mêmes circonstances, aux étrangers en général.

Article 22 – Education publique

1. Les Etats contractants accorderont aux apatrides le même traitement qu'aux nationaux en ce qui concerne l'enseignement primaire.

2. Les Etats contractants accorderont aux apatrides un traitement aussi favorable que possible et, de toute façon, un traitement qui ne soit pas moins favorable que celui qui est accordé aux étrangers en général, dans les mêmes circonstances, quant aux catégories d'enseignement autres que l'enseignement primaire et, notamment, en ce qui concerne l'accès aux études, la reconnaissance de certificats d'études, de diplômes et de titres universitaires délivrés à l'étranger, la remise des droits et taxes et l'attribution de bourses d'études.

Article 23 – Assistance publique

Les Etats contractants accorderont aux apatrides résidant régulièrement sur leur territoire le même traitement en matière d'assistance et de secours publics qu'à leurs nationaux.

Article 24 – Législation de travail et sécurité sociale

1. Les Etats contractants accorderont aux apatrides résidant régulièrement sur leur territoire le même traitement qu'aux nationaux en ce qui concerne les matières suivantes : a) Dans la mesure où ces questions sont réglementées par la législation ou dépendent des autorités administratives : la rémunération, y compris les allocations familiales lorsque ces allocations font partie de la rémunération, la durée du travail, les heures supplémentaires, les congés payés, les restrictions au travail à domicile, l'âge d'admission à l'emploi, l'apprentissage et la formation professionnelle, le travail des femmes et des adolescents et la jouissance des avantages offerts par les conventions collectives :

b) La sécurité sociale (les dispositions légales relatives aux accidents du travail, aux maladies professionnelles, à la maternité, à la maladie, à l'invalidité, à la vieillesse et au décès, au chômage, aux charges de famille, ainsi qu'à tout autre risque qui, conformément à la législation nationale, est couvert par un système de sécurité sociale), sous réserve : i) Des arrangements appropriés visant le maintien des droits acquis et des droits en cours d'acquisition ; ii) Des dispositions particulières prescrites par la législation nationale du pays de résidence et visant les prestations ou fractions de prestations payables exclusivement sur les fonds publics, ainsi que les allocations versées aux personnes qui ne réunissent pas les conditions de cotisation exigées pour l'attribution d'une pension normale.

2. Les droits à prestation ouverts par le décès d'un apatride survenu du fait d'un accident du travail ou d'une maladie professionnelle ne seront pas affectés par le fait que l'ayant droit réside en dehors du territoire de l'Etat contractant.

3. Les Etats contractants étendront aux apatrides le bénéfice des accords qu'ils ont conclus ou viendront à conclure entre eux concernant le maintien des droits acquis ou en cours d'acquisition en matière de sécurité sociale, pour autant que les apatrides réunissent les conditions prévues pour les nationaux des pays signataires des accords en question.

4. Les Etats contractants examineront avec bienveillance la possibilité d'étendre, dans toute la mesure du possible, aux apatrides le bénéfice d'accords similaires qui sont ou seront en vigueur entre ces Etats contractants et des Etats non contractants.

Chapitre V, Mesures administratives

Article 25 – Aide administrative

1. Lorsque l'exercice d'un droit par un apatride nécessiterait normalement le concours d'autorités étrangères auxquelles il ne peut recourir, les Etats contractants sur le territoire desquels il réside veilleront à ce que ce concours lui soit fourni par leurs propres autorités.

2. La ou les autorités visées au paragraphe 1 délivreront ou feront délivrer, sous leur contrôle, aux apatrides les documents ou certificats qui, normalement, seraient délivrés à un étranger par ses autorités nationales ou par leur intermédiaire.

3. Les documents ou certificats ainsi délivrés remplaceront les actes officiels délivrés à des étrangers par leurs autorités nationales ou par leur intermédiaire et feront foi jusqu'à preuve du contraire.

4. Sous réserve des exceptions qui pourraient être admises en faveur des indigents, les services mentionnés dans le présent article pourront être rétribués, mais ces rétributions seront modérées et en rapport avec les perceptions opérées sur les nationaux à l'occasion de services analogues.

5. Les dispositions de cet article n'affectent en rien les articles 27 et 28.

Article 26 – Liberté de circulation

Tout Etat contractant accordera aux apatrides se trouvant régulièrement sur son territoire le droit de choisir leur lieu de résidence et d'y circuler librement, sous les réserves instituées par la réglementation applicable aux étrangers en général, dans les mêmes circonstances.

Article 27 – Pièces d'identité

Les Etats contractants délivreront des pièces d'identité à tout apatride se trouvant sur leur territoire et qui ne possède pas un titre de voyage valable.

Article 28 – Titres de voyage

Les Etats contractants délivreront aux apatrides résidant régulièrement sur leur territoire des titres de voyage destinés à leur permettre de voyager hors de ce territoire, à moins que des raisons impérieuses de sécurité nationale ou d'ordre public ne s'y opposent. Les dispositions de l'annexe à cette Convention s'appliqueront à ces documents. Les Etats contractants pourront délivrer un tel titre de voyage à tout autre apatride se trouvant sur leur territoire ; ils accorderont une attention particulière aux cas d'apatrides se trouvant sur leur territoire et qui ne sont pas en mesure d'obtenir un titre de voyage du pays de leur résidence régulière.

Article 29 – Charges fiscales

1. Les Etats contractants n'assujettiront pas les apatrides à des droits, taxes, impôts, sous quelque dénomination que ce soit, autres ou plus élevés que ceux qui sont ou qui seront perçus sur leurs nationaux dans des situations analogues.

2. Les dispositions du paragraphe précédent ne s'opposent pas à l'application aux apatrides des dispositions des lois et règlements concernant les taxes afférentes à la délivrance aux étrangers de documents administratifs, pièces d'identité y comprises.

Article 30 – Transfert des avoirs

1. Tout Etat contractant permettra aux apatrides, conformément aux lois et règlements de leur pays, de transférer les avoirs qu'ils ont fait entrer sur son territoire dans le territoire d'un autre pays où ils ont été admis afin de s'y réinstaller.

2. Tout Etat contractant accordera sa bienveillante attention aux demandes présentées par des apatrides qui désirent obtenir l'autorisation de transférer tous autres avoirs nécessaires à leur réinstallation dans un autre pays où ils ont été admis afin de s'y réinstaller.

Article 31 – Expulsion

1. Les Etats contractants n'expulseront un apatride se trouvant régulièrement sur leur territoire que pour des raisons de sécurité nationale ou d'ordre public.

2. L'expulsion de cet apatride n'aura lieu qu'en exécution d'une décision rendue conformément à la procédure prévue par la loi. L'apatride devra, sauf si des raisons impérieuses de sécurité nationale s'y opposent, être admis à fournir des preuves tendant à le disculper, à présenter un recours et à se faire représenter à cet effet devant une autorité compétente ou devant une ou plusieurs personnes spécialement désignées par l'autorité compétente.

3. Les Etats contractants accorderont à un tel apatride un délai raisonnable pour lui permettre de chercher à se faire admettre régulièrement dans un autre pays. Les Etats contractants peuvent appliquer, pendant ce délai, telle mesure d'ordre interne qu'ils jugeront opportune.

Article 32 – Naturalisation

Les Etats contractants faciliteront, dans toute la mesure du possible, l'assimilation et la naturalisation des apatrides. Ils s'efforceront notamment d'accélérer la procédure de naturalisation et de réduire, dans toute la mesure du possible, les taxes et les frais de cette procédure.

Chapitre VI, Clauses finales

Article 33 – Renseignements portant sur les lois et règlements nationaux

Les Etats contractants communiqueront au Secrétaire général des Nations Unies le texte des lois et des règlements qu'ils pourront promulguer pour assurer l'application de cette Convention.

Article 34 – Règlement des différends

Tout différend entre les partis à cette Convention relatif à son interprétation ou à son application, qui n'aura pu être réglé par d'autres moyens, sera soumis à la Cour internationale de Justice à la demande de l'une des parties au différend.

Article 35 – Signature, ratification et adhésion

1. Cette Convention sera ouverte à la signature au Siège de l'Organisation des Nations Unies jusqu'au 31 décembre 1955.

2. Elle sera ouverte à la signature : a) De tout Etat Membre de l'Organisation des Nations Unies ; b) De tout autre Etat non membre invité à la Conférence des Nations Unies sur le statut des apatrides ; c) De tout Etat auquel l'Assemblée générale des Nations Unies aurait adressé une invitation à signer ou à adhérer.

3. Elle devra être ratifiée et les instruments de ratification seront déposés auprès du Secrétaire général des Nations Unies.

4. Les Etats visés au paragraphe 2 du présent article pourront adhérer à cette Convention. L'adhésion se fera par le dépôt d'un instrument d'adhésion auprès du Secrétaire général des Nations Unies.

Article 36 – Clause d'application territoriale

1. Tout Etat pourra, au moment de la signature, ratification ou adhésion, déclarer que cette Convention s'étendra à l'ensemble des territoires qu'il représente sur le plan international, ou à l'un ou plusieurs d'entre eux. Une telle déclaration produira ses effets au moment de l'entrée en vigueur de la Convention pour ledit Etat.

2. A tout moment ultérieur, cette extension se fera par notification adressée au Secrétaire général des Nations Unies et produira ses effets à partir du quatre-vingt-dixième jour qui suivra la date à laquelle le Secrétaire général des Nations Unies aura reçu la notification ou à la date d'entrée en vigueur de la Convention pour ledit Etat si cette dernière date est postérieure.

3. En ce qui concerne les territoires auxquels cette Convention ne s'appliquerait pas à la date de la signature, ratification ou adhésion, chaque Etat intéressé examinera la possibilité de prendre aussitôt que possible toutes mesures nécessaires afin d'aboutir à l'application de cette Convention auxdits territoires, sous réserve, le cas échéant, de l'assentiment des gouvernements de ces territoires qui serait requis pour des raisons constitutionnelles.

Article 37 – Clause fédérale

Dans le cas d'un Etat fédératif ou non unitaire, les dispositions ci-après s'appliqueront :

a) En ce qui concerne les articles de cette Convention dont la mise en œuvre relève de l'action législative du pouvoir législatif fédéral, les obligations du gouvernement fédéral seront, dans cette mesure, les mêmes que celles des parties qui ne sont pas des Etats fédératifs ;

b) En ce qui concerne les articles de cette Convention dont l'application relève de l'action législative de chacun des Etats, provinces ou cantons constituants, qui ne sont pas, en vertu du système constitutionnel de la fédération, tenus de prendre des mesures législatives, le gouvernement fédéral portera le plus tôt possible, et avec son avis favorable, lesdits articles à la connaissance des autorités compétentes des Etats, provinces ou cantons ;

c) Un Etat fédératif partie à cette Convention communiquera, à la demande de tout autre Etat contractant qui lui aura été transmise par le Secrétaire général des Nations Unies, un exposé de la législation et des pratiques en vigueur dans la fédération et ses unités constituantes en ce qui concerne telle ou telle disposition de la Convention, indiquant la mesure dans laquelle effet a été donné, par une action législative ou autre, à ladite disposition.

Article 38 – Réserves

1. Au moment de la signature, de la ratification ou de l'adhésion, tout Etat pourra formuler des réserves aux articles de la Convention autres que les articles premier, 3, 4, 16 (1) et 33 à 42 inclus.

2. Tout Etat contractant ayant formulé une réserve conformément au paragraphe 1 de et article pourra à tout moment la retirer par une communication à cet effet adressée au Secrétaire général des Nations Unies.

Article 39 – Entrée en vigueur

1. Cette Convention entrera en vigueur le quatre-vingt-dixième jour qui suivra la date du dépôt du sixième instrument de ratification ou d'adhésion.

2. Pour chacun des Etats qui ratifieront la Convention ou y adhéreront après le dépôt du sixième instrument de ratification ou d'adhésion, elle entrera en vigueur le quatre-vingt-dixième jour qui suivra la date du dépôt par cet Etat de son instrument de ratification ou d'adhésion.

Article 40 – Dénonciation

1. Tout Etat contractant pourra dénoncer la Convention à tout moment par notification adressée au Secrétaire général des Nations Unies.

2. La dénonciation prendra effet pour l'Etat intéressé un an après la date à laquelle elle aura été reçue par le Secrétaire général des Nations Unies.

3. Tout Etat qui a fait une déclaration ou une notification conformément à l'article 36 pourra notifier ultérieurement au Secrétaire général des Nations Unies que la Convention cessera de s'appliquer à tout territoire désigné dans la notification. La Convention cessera alors de s'appliquer au territoire en question un an après la date à laquelle le Secrétaire général aura reçu cette notification.

Article 41 – Révision

1. Tout Etat contractant pourra en tout temps, par voie de notification adressée au Secrétaire général des Nations Unies, demander la révision de cette Convention.

2. L'Assemblée générale des Nations Unies recommandera les mesures à prendre, le cas échéant, au sujet de cette demande.

Article 42 – Notifications par le Secrétaire général des Nations Unies

Le Secrétaire général des Nations Unies notifiera à tous les Etats Membres des Nations Unies et aux Etats non membres visés à l'article 35 : a) Les signatures, ratifications et adhésions visées à l'article 35; b) Les déclarations et les notifications visées à l'article 36; c) Les réserves formulées ou retirées visées à l'article 38; d) La date à laquelle cette Convention entrera en vigueur, en application de l'article 39; e) Les dénonciations et les notifications visées à l'article 40; f) Les demandes de révision visées à l'article 41.

En foi de quoi, les soussignés, dûment autorisés, ont signé, au nom de leurs gouvernements respectifs, la présente Convention.

Fait à New York, le vingt-huit septembre mil neuf cent cinquante-quatre, en un seul exemplaire dont les textes anglais, espagnol et français font également foi et qui sera déposé dans les archives de l'Organisation des Nations Unies et dont les copies certifiées conformes seront remises à tous les Etats Membres des Nations Unies et aux Etats non membres visés à l'article 35.

Convention sur la réduction des cas d'apatridie

Adoptée le 30 août 1961 par une conférence de plénipotentiaires réunie en 1959 et à nouveau en 1961 en application de la résolution 896 (IX) de l'Assemblée générale en date du 4 décembre 1954. Entrée en vigueur : le 13 décembre 1975, conformément aux dispositions de l'article 18

Les Etats contractants, Agissant conformément à la résolution 896 (IX) adoptée par l'Assemblée générale des Nations Unies le 4 décembre 1954, et considérant qu'il est souhaitable de réduire l'apatridie par voie d'accord international, Sont convenus des dispositions suivantes :

Article premier

1. Tout Etat contractant accorde sa nationalité à l'individu né sur son territoire et qui, autrement, serait apatride. Cette nationalité sera accordée, a) De plein droit, à la naissance, ou b) Sur demande souscrite, suivant les modalités prévues par la législation de l'Etat en cause, auprès de l'autorité compétente par l'intéressé ou en son nom ; sous réserve des dispositions du paragraphe 2 du présent article, la demande ne peut être rejetée.

L'Etat contractant dont la législation prévoit l'octroi de sa nationalité sur demande conformément à l'alinéa b du présent paragraphe peut également accorder sa nationalité de plein droit à l'âge et dans les conditions fixées par sa loi.

2. L'Etat contractant peut subordonner l'acquisition de sa nationalité en vertu de l'alinéa b du paragraphe 1 du présent article, à une ou plusieurs des conditions suivantes : a) Que la demande soit souscrite pendant une période fixée par l'Etat contractant, période commençant au plus tard à l'âge de 18 ans et ne pouvant se terminer avant 21 ans, étant entendu toutefois

que l'intéressé doit disposer d'au moins une année pour souscrire sa demande personnellement et sans habilitation ;

b) Que l'intéressé ait résidé habituellement sur le territoire de l'Etat contractant, sans toutefois que la durée de résidence fixée par ce dernier puisse excéder 10 ans au total, dont 5 ans au plus précédant immédiatement le dépôt de la demande ;

c) Que l'intéressé n'ait pas été déclaré coupable d'une infraction contre la sécurité nationale ou qu'il n'ait pas été condamné à une peine d'emprisonnement d'au moins cinq années pour fait criminel ;

d) Que l'intéressé n'ait pas acquis à la naissance ou postérieurement une nationalité.

3. Nonobstant les dispositions de l'alinéa b du paragraphe 1 et le paragraphe 2 du présent article, l'enfant légitime qui est né sur le territoire d'un Etat contractant et dont la mère possède la nationalité de cet Etat acquiert cette nationalité à la naissance si, autrement, il serait apatride.

4. Tout Etat contractant accorde sa nationalité à l'individu qui, autrement, serait apatride et dont, au moment de la naissance, le père ou la mère possédait la nationalité dudit Etat si, ayant dépassé l'âge fixé pour la présentation de sa demande ou ne remplissant pas les conditions de résidences imposées, cet individu n'a pu acquérir la nationalité de l'Etat contractant sur le territoire duquel il est né. Si les parents n'avaient pas la même nationalité au moment de la naissance, la législation de l'Etat contractant dont la nationalité est sollicitée détermine si l'enfant suit la condition du père ou celle de la mère. Si la nationalité est accordée sur demande, cette dernière sera introduite, selon les modalités prévues par la législation de l'Etat en cause, auprès de l'autorité compétente par l'intéressé ou en son nom. Sous réserve des dispositions du paragraphe 5 du présent article, cette demande ne peut être rejetée.

5. L'Etat contractant peut subordonner l'octroi de sa nationalité en vertu du paragraphe 4 du présent article aux conditions suivantes ou à l'une d'elles : a) Que la demande soit souscrite avant que l'intéressé ait atteint un âge fixé par l'Etat contractant en cause, cet âge ne pouvant être inférieur à 23 ans ; b) Que l'intéressé ait résidé habituellement sur le territoire de l'Etat contractant en cause pendant une période donnée précédant immédiatement la présentation de la demande, période fixée par

cet Etat et dont la durée exigible ne peut toutefois dépasser trois ans ; c) Que l'intéressé n'ait pas acquis à la naissance ou postérieurement une nationalité.

Article 2

L'enfant trouvé sur le territoire d'un Etat contractant est, jusqu'à preuve du contraire, réputé né sur ce territoire de parents possédant la nationalité de cet Etat.

Article 3

Aux fins de déterminer les obligations des Etat contractants, dans le cadre de la présente Convention, la naissance à bord d'un navire ou d'un aéronef sera réputée survenue sur le territoire de l'Etat dont le navire bat pavillon ou dans lequel l'aéronef est immatriculé.

Article 4

1. Tout Etat contractant accorde sa nationalité à l'individu qui, autrement serait apatride et n'est pas né sur le territoire d'un Etat contractant, si, au moment de la naissance, le père ou la mère possédait la nationalité du premier de ces Etats. Si, à ce moment, les parents n'avaient pas la même nationalité, la législation de cet Etat détermine si l'enfant suit la condition du père ou celle de la mère. La nationalité attribuée en vertu du présent paragraphe est accordée, a) De plein droit, à la naissance, ou b) Sur demande souscrite, suivant les modalités prévues par la législation de l'Etat en cause auprès de l'autorité compétente par l'intéressé ou en son nom ; sous réserve des dispositions du paragraphe 2 du présent article, la demande ne peut être rejetée.

2. L'Etat contractant peut subordonner l'acquisition de sa nationalité en vertu du paragraphe 1 du présent article aux conditions suivantes ou à l'une d'elles : a) Que la demande soit souscrite avant que l'intéressé ait atteint un âge fixé par l'Etat contractant en cause, cet âge ne pouvant être inférieur à 23 ans ; b) Que l'intéressé ait résidé habituellement sur le territoire de l'Etat contractant en cause pendant une période donnée précédant immédiatement la présentation de la demande, période fixée par cet Etat et dont la durée exigible ne peut toutefois

dépasser trois ans ; c) Que l'intéressé n'ait pas été déclaré coupable d'une infraction contre la sécurité nationale ; d) Que l'intéressé n'ait pas acquis à la naissance ou postérieurement une nationalité.

Article 5

1. Si la législation d'un Etat contractant prévoit la perte de la nationalité par suite d'un changement d'état tel que mariage, dissolution du mariage, légitimation, reconnaissance ou adoption, cette perte doit être subordonnée à la possession ou à l'acquisition de la nationalité d'un autre Etat.

2. Si, conformément à la législation d'un Etat contractant, un enfant naturel perd la nationalité de cet Etat à la suite d'une reconnaissance de filiation, la possibilité lui sera offerte de la recouvrer par une demande souscrite auprès de l'autorité compétente, demande qui ne pourra être soumise à des conditions plus rigoureuses que celles prévues au paragraphe 2 de l'article premier de la présente Convention.

Article 6

Si la législation d'un Etat contractant prévoit que le fait pour un individu de perdre sa nationalité ou d'en être privé entraîne la perte de cette nationalité pour le conjoint ou les enfants, cette perte sera subordonnée à la possession ou à l'acquisition par ces derniers d'une autre nationalité.

Article 7

1. a) Si la législation d'un Etat contractant prévoit la répudiation, celle-ci n'entraîne pour un individu la perte de sa nationalité que s'il en possède ou en acquiert une autre ;

b) La disposition de l'alinéa a du présent paragraphe ne s'appliquera pas lorsqu'elle apparaîtra inconciliable avec les principes énoncés aux articles 13 et 14 de la Déclaration universelle des droits de l'homme approuvée le 10 décembre 1948 par l'Assemblée générale des Nations Unies.

2. Un individu possédant la nationalité d'un Etat contractant et qui sollicite la naturalisation dans un pays étranger ne perd sa

nationalité que s'il acquiert ou a reçu l'assurance d'acquérir la nationalité de ce pays.

3. Sous réserve des dispositions des paragraphes 4 et 5 du présent article, nul ne peut perdre sa nationalité, s'il doit de ce fait devenir apatride, parce qu'il quitte le pays dont il possède la nationalité, réside à l'étranger, ne se fait pas immatriculer ou pour tout autre raison analogue.

4. La perte de la nationalité qui affecte un individu naturalisé peut être motivée par la résidence à l'étranger pendant une période dont la durée, fixée par l'Etat contractant, ne peut être inférieure à sept années consécutives, si l'intéressé ne déclare pas aux autorités compétentes son intention de conserver sa nationalité.

5. En ce qui concerne les individus nés hors du territoire de l'Etat contractant dont ils possèdent la nationalité, la conservation de cette nationalité au-delà d'une date postérieure d'un an à leur majorité peut être subordonnée par la législation de l'Etat contractant à des conditions de résidence à cette date sur le territoire de cet Etat ou d'immatriculation auprès de l'autorité compétente.

6. A l'exception des cas prévus au présent article, un individu ne peut perdre la nationalité d'un Etat contractant s'il doit de ce fait devenir apatride, alors même que cette perte ne serait pas expressément exclue par toute autre disposition de la présente Convention.

Article 8

1. Les Etats contractants ne priveront de leur nationalité aucun individu si cette privation doit le rendre apatride.

2. Nonobstant la disposition du premier paragraphe du présent article, un individu peut être privé de la nationalité d'un Etat contractant ; a) Dans les cas où, en vertu des paragraphes 4 et 5 de l'article 7, il est permis de prescrire la perte de la nationalité ; b) S'il a obtenu cette nationalité au moyen d'une fausse déclaration ou de tout autre acte frauduleux.

3. Nonobstant la disposition du paragraphe 1 du présent article, un Etat contractant peut conserver la faculté de priver un individu de sa nationalité, s'il procède, au moment de la signature, de la ratification ou de l'adhésion, à une déclaration à cet

effet spécifiant un ou plusieurs motifs prévus à sa législation nationale à cette date et entrant dans les catégories suivantes :

a) Si un individu, dans des conditions impliquant de sa part un manque de loyalisme envers l'Etat contractant ; i) A, au mépris d'une interdiction expresse de cet Etat, apporté ou continué d'apporter son concours à un autre Etat, ou reçu ou continué de recevoir d'un autre Etat des émoluments, ou ii) A eu un comportement de nature à porter un préjudice grave aux intérêts essentiels de l'Etat ;

b) Si un individu a prêté serment d'allégeance, ou a fait une déclaration formelle d'allégeance à un autre Etat, ou a manifesté de façon non douteuse par son comportement sa détermination de répudier son allégeance envers l'Etat contractant.

4. Un Etat contractant ne fera usage de la faculté de priver un individu de sa nationalité dans les conditions définies aux paragraphes 2 et 3 du présent article que conformément à la loi, laquelle comportera la possibilité pour l'intéressé de faire valoir tous ses moyens de défense devant une juridiction ou un autre organisme indépendant.

Article 9

Les Etats contractants ne priveront de leur nationalité aucun individu ou groupe d'individus pour des raisons d'ordre racial, ethnique, religieux ou politique.

Article 10

1. Tout traité conclu entre Etats contractants portant cession d'un territoire doit contenir des dispositions ayant pour effet de garantir que nul ne deviendra apatride du fait de la cession. Les Etats contractants feront tout ce qui est en leur pouvoir pour que tout traité ainsi conclu avec un Etat qui n'est pas partie à la présente Convention contienne des dispositions à cet effet.

2. En l'absence de dispositions sur ce point, l'Etat contractant auquel un territoire est cédé ou qui acquiert autrement un territoire accorde sa nationalité aux individus qui sans cela deviendraient apatrides du fait de la cession ou de l'acquisition.

Article 11

Les Etats contractants s'engagent à promouvoir la création, dans le cadre de l'Organisation des Nations Unies, dès que possible après le dépôt du sixième instrument de ratification ou d'adhésion, d'un organisme auquel les personnes se croyant en droit de bénéficier de la présente Convention pourront recourir pour examiner leur demande et pour obtenir son assistance dans l'introduction de la demande auprès de l'autorité compétente.

Article 12

1. Le paragraphe 1 de l'article premier ou l'article 4 de la présente Convention s'appliquera, pour les Etats contractants qui n'accordent pas leur nationalité de plein droit à la naissance, aux individus nés tant avant qu'après l'entrée en vigueur de la Convention.
2. Le paragraphe 4 de l'article premier de la présente Convention s'appliquera aux individus nés tant avant qu'après l'entrée en vigueur de la Convention.
3. L'article 2 de la présente Convention ne s'appliquera qu'aux enfants trouvés après l'entrée en vigueur de la Convention.

Article 13

Les dispositions de la présente Convention ne font pas obstacle à l'application des dispositions plus favorables à la réduction des cas d'apatridie contenues ou qui seraient introduites ultérieurement soit dans la législation de tout Etat contractant, soit dans tout traité, convention ou accord entre deux ou plusieurs Etats contractants.

Article 14

Tout différend entre les Parties contractantes relatif à l'interprétation ou à l'application de la Convention qui ne peut être réglé par d'autres moyens sera porté devant la Cour internationale de Justice à la demande de l'une des parties au différend.

Article 15

1. La présente Convention s'appliquera à tous les territoires non autonomes, sous tutelle, coloniaux et autres territoires non métropolitains dont un Etat contractant assure les relations internationales ; l'Etat contractant intéressé devra, sous réserve des dispositions du paragraphe 2 du présent article, au moment de la signature, de la ratification ou de l'adhésion, indiquer le territoire ou les territoires non métropolitains auxquels la présente Convention s'appliquera ipso facto à la suite de cette signature, de cette ratification ou de cette adhésion.

2. Si, en matière de nationalité, un territoire non métropolitain n'est pas considéré comme formant un tout avec le territoire métropolitain, ou si le consentement préalable d'un territoire non métropolitain est nécessaire, en vertu des lois ou pratiques constitutionnelles de l'Etat contractant ou du territoire non métropolitain, pour que la Convention s'applique à ce territoire, ledit Etat contractant devra s'efforcer d'obtenir, dans le délai de douze mois à compter de la date à laquelle il aura signé la Convention, le consentement nécessaire du territoire non métropolitain, et lorsque ce consentement aura été obtenu, l'Etat contractant devra le notifier au Secrétaire général de l'Organisation des Nations Unies. Dès la date de la réception de cette notification par le Secrétaire général, la Convention s'appliquera au territoire ou aux territoires indiqués par celle-ci.

3. A l'expiration du délai de douze mois mentionné au paragraphe 2 du présent article, les Etats contractants intéressés informeront le Secrétaire général des résultats des consultations avec les territoires non métropolitains dont ils assurent les relations internationales et dont le consentement pour l'application de la présente Convention n'aurait pas été donné.

Article 16

1. La présente Convention sera ouverte à la signature au Siège de l'Organisation des Nations Unies du 30 août 1961 au 31 mai 1962.

2. La présente Convention sera ouverte à la signature : a) De tous les Etats Membres de l'Organisation des Nations Unies ; b) De tout autre Etat invité à la Conférence des Nations Unies sur l'élimination ou la réduction des cas d'apatridie dans l'avenir ;

c) De tout autre Etat auquel l'Assemblée générale des Nations Unies aura adressé une invitation à signer ou à adhérer.

3. La présente Convention sera ratifiée et les instruments de ratification seront déposés auprès du Secrétaire général de l'Organisation des Nations Unies.

4. Les Etats visés au paragraphe 2 du présent article pourront adhérer à la présente Convention. L'adhésion se fera par le dépôt d'un instrument d'adhésion auprès du Secrétaire général de l'Organisation des Nations Unies.

Article 17

1. Au moment de la signature, de la ratification ou de l'adhésion, tout Etat peut formuler des réserves aux articles 11, 14 et 15. 2. Il ne peut être fait d'autres réserves à la présente Convention.

Article 18

1. La présente Convention entrera en vigueur deux ans après la date du dépôt du sixième instrument de ratification ou d'adhésion.

2. Pour tout Etat qui ratifiera la présente Convention ou y adhérera après le dépôt du sixième instrument de ratification ou d'adhésion, la Convention entrera en vigueur le quatre-vingt-dixième jour après le dépôt par cet Etat de son instrument de ratification ou d'adhésion ou à la date d'entrée en vigueur de la Convention, conformément aux dispositions du paragraphe premier du présent article, si cette dernière date est la plus éloignée.

Article 19

1. Tout Etat contractant peut dénoncer la présente Convention à tout moment par notification écrite, adressée au Secrétaire général de l'Organisation des Nations Unies. La dénonciation prend effet, à l'égard de l'Etat contractant intéressé, un an après la date à laquelle le Secrétaire général en a reçu notification.

2. Dans le cas où, conformément aux dispositions de l'article 15, la présente Convention aura été rendue applicable à un territoire non métropolitain d'un Etat contractant, ce dernier pourra,

avec le consentement du territoire en question, notifier par la suite à tout moment au Secrétaire général de l'Organisation des Nations Unies que la Convention est dénoncée à l'égard de ce territoire. La dénonciation prendra effet un an après la date où la notification sera parvenue au Secrétaire général, lequel informera tous les autres Etats contractants de cette notification et de la date où il l'aura reçue.

Article 20

1. Le Secrétaire général de l'Organisation des Nations Unies notifiera à tous les Etats Membres de l'Organisation et aux Etats non membres mentionnés à l'article 16 : a) Les signatures, les ratifications et les adhésions prévues à l'article 16 ; b) Les réserves formulées conformément à l'article 17 ; c) La date à laquelle la présente Convention entrera en vigueur en exécution de l'article 18 ; d) Les dénonciations prévues à l'article 19.

2. Le Secrétaire général de l'Organisation des Nations Unies devra au plus tard après le dépôt du sixième instrument de ratification ou d'adhésion signaler à l'attention de l'Assemblée générale la question de la création, conformément à l'article 11, de l'organisme qui y est mentionné.

Article 21

La présente Convention sera enregistrée par le Secrétaire général de l'Organisation des Nations Unies à la date de son entrée en vigueur.

En foi de quoi les plénipotentiaires soussignés ont signé la présente Convention.

Fait à New York, le trente août mil neuf cent soixante et un, en un seul exemplaire dont les textes anglais, chinois, espagnol, français et russe font également foi, qui sera déposé aux archives de l'Organisation des Nations Unies et dont des copies certifiées conformes seront transmises par le Secrétaire général de l'Organisation des Nations Unies à tous les Etats Membres de l'Organisation ainsi qu'aux Etats non membres visés à l'article 16 de la présente Convention.

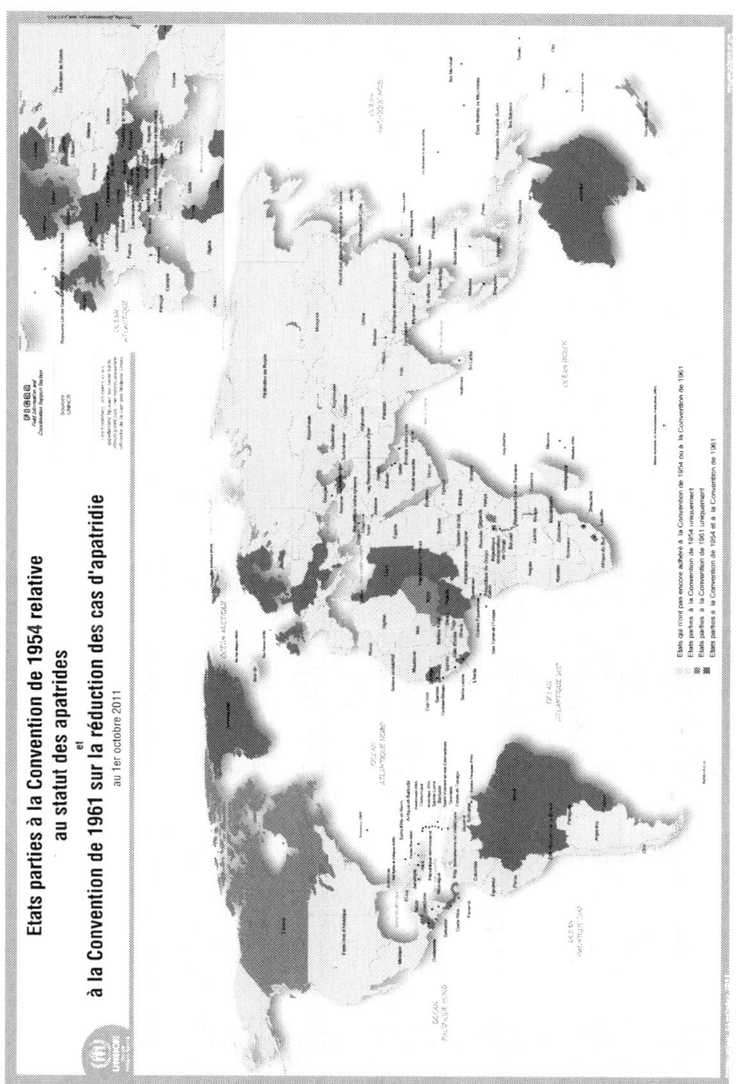
Etats parties à la Convention de 1954 relative
au statut des apatrides
et
à la Convention de 1961 sur la réduction des cas d'apatridie
au 1er octobre 2011
Sources:
UNHCR
Etats qui n'ont pas encore adhéré à la Convention de 1954 ou à la Convention de 1961
Etats parties à la Convention de 1954 uniquement
Etats parties à la Convention de 1961 uniquement
Etats parties à la Convention de 1954 et à la Convention de 1961

Table des matières

Printed in Great Britain
by Amazon